Christine Czinglar
Grammatikerwerb vor und nach der Pubertät

DaZ-Forschung. Deutsch als Zweitsprache, Mehrsprachigkeit und Migration 6

Herausgegeben von

Bernt Ahrenholz
Christine Dimroth
Beate Lütke
Martina Rost-Roth

De Gruyter

Christine Czinglar

Grammatikerwerb vor und nach der Pubertät

Eine Fallstudie zur Verbstellung im
Deutschen als Zweitsprache

De Gruyter

ISBN 978-3-11-033245-2
e-ISBN 978-3-11-033260-5
ISSN 2192-371X

Library of Congress Cataloging-in-Publication Data

A CIP catalog record for this book has been applied for at the Library of Congress.

Bibliografische Information der Deutschen Nationalbibliothek

Die Deutsche Nationalbibliothek verzeichnet diese Publikation in der Deutschen
Nationalbibliografie; detaillierte bibliografische Daten sind im Internet
über http://dnb.dnb.de abrufbar.

© 2014 Walter de Gruyter GmbH, Berlin/Boston

Druck: Hubert & Co. GmbH & Co. KG, Göttingen
∞ Gedruckt auf säurefreiem Papier

Printed in Germany

www.degruyter.com

Danksagung

Dieses Buch ist die gekürzte und überarbeitete Version meiner Dissertation. Ohne Christine Dimroth hätte ich es wohl kaum geschrieben: Sie stellte mir das DaZ-AF-Korpus zur Verfügung und gab mir in verschiedenen Arbeitsphasen immer wieder wertvolles und konstruktives Feedback. Neben der produktiven inhaltlichen Auseinandersetzung lud sie mich ans Max-Planck-Institut für Psycholinguistik in Nijmegen ein und stärkte mir immer wieder den Rücken. Meinem Betreuer an der Universität Wien, Rudolf de Cillia, danke ich für seine stetige Unterstützung und seine umsichtigen Kommentare, die mir Sicherheit gaben und meine Motivation am Laufen hielten.

Wolfgang U. Dressler, Ira Gawlitzek, Simone Heine und Barbara Rössl danke ich für ihre erhellenden Kommentare zu einzelnen Kapiteln. Sabine Laaha und Isa Hager haben mich mit ihrer statistischen Expertise unterstützt. Stefanie Haberzettl, Monika Rothweiler und Nadja Wulff danke ich für wichtige inhaltliche Impulse, Natalja Gagarina und Mascha Voiekova für die Beantwortung meiner Fragen zum Russischen. Ursula Stephany und ihren MitarbeiterInnen an der Universität Köln gebührt Dank für die aufwändige Datenerhebung, den beiden Probandinnen Nastja und Dascha und ihrer Mutter dafür, dass sie uns diesen Einblick in ihre sprachliche Entwicklung ermöglicht haben. Bei Katharina Korecky-Kröll, Florian Menz, Martin Prinzhorn, Tom Rankin und Kumru Uzunkaya-Sharma bedanke ich mich ganz allgemein für inhaltliche Diskussionen und moralische Unterstützung. Johanna Enzenhofer hat unter Zeitdruck ein wunderbar präzises Endlektorat durchgeführt. Den HerausgeberInnen der DaZ-For-Reihe danke ich für ihr Interesse an der vorliegenden Studie und ihre Kommentare. Das dem Buch zugrundeliegende Dissertationsprojekt wurde zum Teil durch ein Forschungsstipendium der Universität Wien finanziert.

Meine Eltern, Eva und Hansjörg Czinglar, haben mein Doktorat und die Fertigstellung des Buches immer aufmerksam verfolgt und mich finanziell und moralisch dabei unterstützt. Sibylle Moser und Carmen Unterholzer haben ihre Expertise als Autorinnen und Wissenschaftlerinnen mit mir geteilt. Und Niki Kandioler hat alle Entstehungsphasen der Dissertation und des Buches mitgetragen. Sie hat Texte gelesen und kommentiert, mich bei wichtigen Entscheidungen beraten und mich auch mal vom Schreibtisch weggeholt, wenn das Maß längst überschritten war. Vielen Dank!

Inhalt

Kapitel 1
Einleitung

Als Lehrende im DaF/DaZ-Bereich finde ich es immer wieder erstaunlich, die Bandbreite der individuellen Unterschiede zwischen LernerInnen in allen linguistischen Bereichen zu beobachten.[1] Bei der Frage nach den Ursachen für diese Unterschiede kommt die Sprache meist sehr schnell auf das Alter: Je früher man mit dem Sprachenlernen beginnt, desto besser erlernt man sie. Die Erklärung, die sich auch im Alltagsdiskurs durchgesetzt hat, lautet, dass ein junges Gehirn besser Sprachen lernt als ein älteres.

Zum Altersfaktor im Zweitspracherwerb (kurz L2-Erwerb) existiert einerseits eine Fülle von Literatur, andererseits gibt es systematische Forschungslücken. Die meisten Studien beschäftigen sich dabei mit dem L2-Erwerb des Englischen, untersuchen den Endzustand des Spracherwerbs und konzentrieren sich auf eine Argumentation für oder gegen eine kritische Periode im Spracherwerb. Das vorliegende Buch leistet einen Beitrag zur Erforschung des Altersfaktors im Deutschen und nimmt neben der Hypothese der kritischen Periode auch andere Erklärungsmöglichkeiten in den Blick. Im Unterschied zu den meisten Studien zum Altersfaktor wird hier nicht der Endzustand von vielen LernerInnen im Querschnitt verglichen, sondern der Erwerbsverlauf bei zwei Lernerinnen im Detail. Die beiden Lernerinnen sind sehr gut vergleichbar und unterscheiden sich hauptsächlich in ihrem Alter bei Erwerbsbeginn (AbE). Die Ergebnisse der Fallstudie werden denen anderer Studien gegenübergestellt, um den singulären Charakter einer longitudinalen Untersuchung mit nur zwei Probandinnen etwas auszugleichen.

Ein zentraler Problembereich beim Spracherwerb des Deutschen ist die Verbstellung. Als SOV-Sprache mit V2-Eigenschaft hat das Deutsche zwei Verbpositionen: Im Hauptsatz steht das finite Verb an zweiter Stelle (V2) und möglicherweise vorhandene infinite Verbteile stehen an letzter Stelle

---

[1] Ich werde in verallgemeinernden Aussagen durchgehend die gender-neutrale Form mit hochgestelltem Binnen-I verwenden. Wo möglich, verwende ich den generischen Plural, z.B. LernerInnen, wo unbedingt ein Singular erforderlich ist, verwende ich die gender-neutrale Form des Substantivs, z.B. LernerIn, beschränke mich jedoch aus Gründen der besseren Lesbarkeit auf die weibliche Form der Deklination (bei Nomen, Artikel und Adjektiv), z.B. *einer LernerIn*. Bei fixen Begriffen bzw. Komposita wie *Lernervarietät* verwende ich die übliche männliche Form.

(OV), im Nebensatz steht auch das finite Verb in Endposition (VE). Rund um diese Verbpositionen lassen sich die Satzglieder relativ frei anordnen, je nachdem wie die Informationsstruktur der Äußerung aussieht. Für Deutschlernende entsteht so häufig der Eindruck einer Sprache mit freier Wortstellung, die strikten Beschränkungen der Verbstellung werden oft nicht sofort erkannt. Dies ist besonders bei Lernerinnen zu erwarten, deren Erstsprache oberflächliche Ähnlichkeiten mit dem Deutschen aufweist, jedoch keine SOV-Sprache mit V2-Eigenschaft darstellt. Deshalb untersucht die vorliegende Fallstudie zwei Lernerinnen mit Erstsprache (L1) Russisch.

Im Unterschied zum Deutschen weist das Russische tatsächlich eine freie, informationsstrukturell gesteuerte Wortstellung auf. Die am häufigsten vorkommende und pragmatisch neutrale Wortstellung ist jedoch Subjekt-Verb-Objekt (SVO). Auch im Input von Deutschlernenden gibt es viele Sätze, in denen das Subjekt vor dem finiten Verb steht, und die daher mit einer SVO-Analyse kompatibel sind. Die grundlegenden Unterschiede zwischen den beiden Sprachen sind also für die LernerInnen am Anfang verdeckt, sie werden erst beim Erwerb von komplexeren Strukturen und Nebensätzen erkannt. Gerade diese subtilen Unterschiede machen die Verbstellung des Deutschen zu einem schwierigen Erwerbsgegenstand für LernerInnen mit L1 Russisch.

Das hier untersuchte DaZ-AF-Korpus dokumentiert den ungesteuerten L2-Erwerb von zwei Probandinnen mit L1 Russisch. Nastja kam mit acht Jahren von St. Petersburg nach Köln und ihre ältere Schwester Dascha mit 14 Jahren. Für das Korpus wurden beide 18 Monate lang eine Stunde pro Woche in spontanen Interaktionen mit MuttersprachlerInnen aufgenommen. Dass beide Probandinnen im gleichen sozialen Umfeld aufwachsen und zeitlich parallel aufgenommen wurden, ermöglicht eine maximale Vergleichbarkeit des Erwerbsverlaufs. Das Hauptziel meiner Fallstudie ist der detaillierte Vergleich des ungesteuerten Erwerbs der Verbstellung bei Nastja und Dascha im Hinblick auf den Altersfaktor. Auf der Basis der Literatur zum Verbstellungserwerb und der bereits durchgeführten Studien zum DaZ-AF-Korpus (Bast 2003; Dimroth 2007; Dimroth 2008a; Dimroth 2008b; Dimroth 2008c; Pagonis 2009b) habe ich folgende Hypothesen formuliert:

(A) *Erwerbsverlauf und Endzustand*

    A1. Die jüngere Lernerin erwirbt die deutsche Verbstellung im Haupt-
        und Nebensatz schneller als die ältere Lernerin.

A2. Die Verbstellung der jüngeren Lernerin ist am Ende des Untersuchungszeitraums (18 Monate) zielsprachlich, was für die ältere Lernerin nicht gilt.

(B) *Verbstellung und Finitheit*
B1. Der Erwerb der Finitheit (Subjekt-Verb-Kongruenz und funktionale Verben) unterstützt den Erwerb der V2-Stellung.
B2. Die Kategorie der Finitheit wird von der jüngeren Lernerin schneller erworben als von der älteren.

(C) *L1-Transfer und Erwerbsalter*
C1. Beide Lernerinnen transferieren Verbstellungsmuster aus ihrer L1 Russisch (positiver und negativer Transfer).
C2. Die jüngere Lernerin gibt negativen Transfer aus der L1 schneller auf als die ältere Lernerin.

(D) *Wortschatz und Erwerbsgeschwindigkeit*
D1. Ein reiches Verblexikon beschleunigt den L2-Erwerb der Verbstellung.
D2. Die jüngere Lernerin besitzt ein reicheres Verblexikon als die ältere Lernerin.

Die Struktur des Buches erlaubt es, diese Hypothesen der Reihe nach abzuarbeiten. Zuerst gibt jedoch Kapitel 2 einen Überblick über den Stand der Forschung zum Altersfaktor. Aus diesem Überblick leite ich ein multifaktorielles Modell des Altersfaktors ab, das den Einfluss verschiedener vom Alter abhängiger Faktoren auf den Zweitspracherwerb beschreibt. Kapitel 3 beschreibt den Lerngegenstand Verbstellung in der Zielsprache Deutsch und in der Ausgangssprache Russisch.

Die Studien zum Erwerb der Verbstellung im Deutschen gruppiere ich entsprechend der häufig angesetzten Grenze zwischen frühem und spätem Spracherwerb danach, ob mit dem Erwerb vor und nach der Pubertät begonnen wurde. Die Untersuchung von erwachsenen LernerInnen hat die Theoriebildung im Fach Zweitspracherwerb bis vor kurzem dominiert. Deshalb beginne ich in Kapitel 4 mit dem Erwerb der Verbstellung nach der Pubertät, das heißt, von Erwachsenen und Jugendlichen. Anhand einzelner longitudinaler Fallstudien führe ich theoretische Konzepte aus der generativen und der funktionalistischen Forschungstradition ein, die für den Erwerb der Verbstellung zentral sind. Kapitel 5 beschäftigt sich mit Verbstellungserwerb vor der Pubertät und beginnt mit einem kurzen Überblick über die Entwicklung der Verbstellung im Erstspracherwerb. Sehr ähnlich wie im L1-Erwerb läuft der ganz frühe L2-Erwerb im Kindergartenalter ab, mit zunehmendem Alter nehmen die Ähnlichkeiten jedoch immer mehr ab. Ziel von Kapitel 4 und 5 ist es, die wichtigsten Studien zum Erwerb der Verbstellung im Deutschen als Zweitsprache zusammenzufassen, um eine breitere Vergleichsbasis für meine eigene empirische Untersuchung zu schaffen. Eine ähnlich umfassende Zusammenfassung der Forschungsliteratur, die Studien zu LernerInnen aller Altersgruppen systematisch vergleicht, gibt es meines Wissens noch nicht.

Die nächsten fünf Kapitel sind meiner empirischen Untersuchung gewidmet. In Kapitel 6 werden zunächst Korpus, Probandinnen und Methodik kurz beschrieben. Hier findet sich auch ein Überblick über später nicht mehr weiter untersuchte Äußerungen wie Chunks, Fragesätze und Imperative. Außerdem wird anhand des produktiven Inventars der Lernerinnen die Entwicklung von komplexen Satzstrukturen nachgezeichnet. Das Herzstück der Fallstudie ist Kapitel 7, das den Erwerbsverlauf der beiden Probandinnen im Detail vergleicht. Hier werden die Hypothesen in (A) anhand der V2-Stellung und der Satzklammer im deklarativen Hauptsatz und der VE-Stellung im Nebensatz überprüft.

In den Kapiteln 8-10 gehe ich drei explanativen Hypothesen nach, die die Gemeinsamkeiten und Unterschiede zwischen den beiden Lernerinnen erklären sollen. Kapitel 8 überprüft die Hypothesen in (B) zum Zusammenhang zwischen dem Erwerb der Finitheit und der V2-Stellung im Hauptsatz. In Kapitel 9 beschreibe ich die Strukturmuster der Lernerinnen im Deutschen im Lichte ihrer Erstsprache und stelle wie in (C) einen Zusammenhang zwischen Transfer und Erwerbsalter her. Um die Hypothesen in (D) geht es schließlich in Kapitel 10, das das Verblexikon der beiden Lernerinnen genau unter die Lupe nimmt und eine mögliche Verbindung zwischen dem aktiv verwendeten Verblexikon und dem Verbstellungserwerb aufzeigt. Die abschließende Zusammenfassung in Kapitel 11 stellt alle Ergebnisse nochmals komprimiert dar und gibt einen Ausblick auf eine Umsetzung dieser Ergebnisse im DaF-Unterricht.

Kapitel 2
Der Einfluss des Alters auf den ungesteuerten Zweitspracherwerb

In diesem einleitenden Kapitel fasse ich kurz den aktuellen Stand der Forschung zum Einfluss des Alters auf den Zweitspracherwerb zusammen, stelle ein multifaktorielles Erklärungsmodell des Altersfaktors vor und verorte die vorliegende empirische Studie in diesem Modell.

Zunächst möchte ich einige Begriffe erklären. Der erste Schlüsselbegriff dieses Kapitels ist *Alter*: Während beim Erstspracherwerb das chronologische Alter (zum Zeitpunkt der Messung) das relevante ist, steht bei der Diskussion des Altersfaktors im Zweitspracherwerb (L2-Erwerb) das *Alter bei Erwerbsbeginn (AbE)* im Mittelpunkt, manchmal auch *Erwerbsalter* genannt. In der englischsprachigen Terminologie finden sich viele entsprechende Begriffe, z.B. bei Long 2005 die Begriffe *age of onset (AO), age of arrival (AoA oder AA)*, oder bei Birdsong 2009 *age of acquisition (AA), age of immersion*, oder bei Newport, Bavelier & Neville 2001 *age of exposure*. Zwei ProbandInnen können also zum Zeitpunkt der Messung (*age at time of testing*) beide 30 Jahre alt sein, die eine hat jedoch seit dem fünften Lebensjahr Kontakt mit der L2, die andere erst seit dem 22. Lebensjahr. Die eine wird daher als frühe (AbE = fünf Jahre) und die andere als späte LernerIn (AbE = 22 Jahre) klassifiziert. Die beiden unterscheiden sich also nicht im chronologischen Alter, sehr wohl aber im AbE, und darüber hinaus auch in der Dauer des Sprachkontakts (*length of exposure*) bzw. der Aufenthaltsdauer (*length of residence*), die bei der frühen Lernerin 25 Jahre, bei der späten Lernerin acht Jahre beträgt.

Im Gegensatz zum Fremdsprachenerwerb läuft der L2-Erwerb in erster Linie ungesteuert ab, das heißt, LernerInnen destillieren aus einer ausreichenden Menge an Input ihre eigenen Hypothesen über die Regularitäten der Zielsprache. Dies setzt voraus, dass die LernerInnen in einer Umgebung leben, in der die Zielsprache gesprochen wird. Die meisten empirischen Studien zum Altersfaktor im L2-Erwerb untersuchen ProbandInnen, die die L2 als ImmigrantInnen im Land der L2 gelernt haben, manche haben auch zusätzlich Sprachunterricht genommen. Es gibt allerdings auch Studien, deren ProbandInnen im Rahmen eines Sprachstudiums ein eingehendes Sprachtraining absolviert haben und somit ein hohes Maß an explizitem

Wissen über die L2 besitzen (z.B. Moyer 1999, Bongaerts 1999). Manche von ihnen haben die Zweitsprache sogar vorwiegend gesteuert im Ausland gelernt und sich nur einige Monate in einer Umgebung aufgehalten, in der die L2 gesprochen wird (*Immersion*). Wenn auch klar ist, dass ein ausschließlich ungesteuerter L2-Erwerb ein idealtypisches Konstrukt ist, so ist es doch für die Vergleichbarkeit von Studien problematisch, wenn sich die Lernbedingungen der ProbandInnen sehr stark unterscheiden.

Eine Erklärung verlangt auch meine Verwendung des Worts *L2-LernerIn*: In der Literatur wird oft zwischen *Lernen* und *Erwerben* unterschieden, wobei ersteres eher gesteuerten Kontexten und expliziten Lernmechanismen zugeschrieben wird, während zweites ungesteuert und implizit ablaufen soll. Natürlich ist es wichtig, zwischen in erster Linie gesteuertem und in erster Linie ungesteuertem Erwerb zu unterscheiden. Aber es scheint mir im Einzelnen kaum möglich festzulegen, ob ein konkreter Lernprozess explizit oder implizit abläuft, das heißt, ob tatsächlich gelernt oder erworben wird. Ich werde daher durchgehend den Ausdruck *LernerInnen* für Menschen verwenden, die eine Erst- oder Zweitsprache ungesteuert oder gesteuert erwerben.

Es gibt genügend Artikel, die einen aktuellen Überblick über den Stand der Forschung in englischer Sprache geben (z.B. Birdsong 2009; DeKeyser 2011; Muñoz & Singleton 2011). Auch auf Deutsch sind mittlerweile gute Überblicksartikel zur Altersfaktorforschung erschienen (Grotjahn & Schlak 2010; Grotjahn & Schlak 2013). Das Ziel dieses Kapitels ist es daher weniger, einen umfassenden Überblick über die umfangreiche Literatur zum Altersfaktor zu geben (siehe auch Czinglar 2012), sondern vielmehr ein multifaktorielles Modell zur Erklärung des Altersfaktors vorzustellen und die vorliegende empirische Studie in diesem zu verorten.

1. Der Altersfaktor: Je jünger desto besser

Fast alle empirischen Studien zum Altersfaktor im ungesteuerten Zweitspracherwerb zeigen, dass sich das Alter bei Erwerbsbeginn auf den Endzustand des Spracherwerbs auswirkt. Als allgemeine Tendenz gilt: Je jünger die LernerInnen bei Erwerbsbeginn sind, umso erfolgreicher erwerben sie die Grammatik einer Zweitsprache (Hyltenstam & Abrahamsson 2003; Birdsong 2009; Pagonis 2009b; DeKeyser 2011; Muñoz & Singleton 2011).

Studien zum Altersfaktor lassen sich methodisch folgendermaßen gruppieren: Nach Klein (2001) lässt sich der Prozess des ungesteuerten Spracherwerbs in einen Anfangszustand, einen Verlauf und einen Endzustand unterteilen. Empirische Studien zum Altersfaktor beziehen sich auf unterschiedliche Aspekte dieses Prozesses, entweder auf die erreichte Sprachkompetenz, also die Qualität des Endzustands, oder auf die Struktur oder die Geschwindigkeit des Erwerbsverlaufs (Krashen, Long & Scarcella 1979; Long 1990; DeKeyser 2011).

Sprache ist ein dynamisches System, daher ist der Begriff *Endzustand* (*ultimate attainment*) nicht absolut zu verstehen (Birdsong 2009). Einzelne Aspekte einer Zielsprache werden schneller erworben als andere, der Wortschatz wird grundsätzlich nie vollständig erworben. Trotzdem wird idealisiert von einem Endzustand gesprochen, wenn die SprecherInnen zu den meisten abstrakten Merkmalen der zielsprachlichen Grammatik eine stabile mentale Repräsentation aufgebaut haben. Nach fünf (Johnson & Newport 1989) bis zehn (Birdsong 2009) Jahren Aufenthaltsdauer (*length of residence*) in dem Land, in dem die Zielsprache gesprochen wird, gilt der Endzustand des Grammatikerwerbs als erreicht. Zu diesem Zeitpunkt noch bestehende Abweichungen von der Zielsprache werden als *fossiliert* bezeichnet, das heißt, sie werden sich nicht mehr verändern bzw. höchstens durch gezieltes Training.

Die meisten empirischen Studien zum Altersfaktor sind Querschnittstudien, die den Endzustand des L2-Erwerbs in verschiedenen Lerngegenständen untersuchen. Dabei werden möglichst viele ProbandInnen nach dem Alter bei Erwerbsbeginn (AbE) in verschiedene Gruppen eingeteilt. Ihre Sprachkompetenz wird in verschiedenen Bereichen getestet und mit der von MuttersprachlerInnen verglichen. Die Methoden hängen von den ProbandInnen und den zu testenden Bereichen ab. In Tabelle 2.1 gebe ich einen Überblick über einige klassische Querschnittstudien, die einen Einfluss des Alters auf den ungesteuerten L2-Erwerb ermitteln und immer wieder zitiert werden. Alle diese Studien untersuchen Englisch als Zielsprache, die Ausgangssprachen sind teilweise verschieden. Lerngegenstand, Untersuchungsmethode und ermittelte Altersgrenzen variieren, kaum eine Studie testet die sprachliche Kompetenz umfassend.[2]

---

[2] Eine Ausnahme bildet die Studie von Abrahamsson & Hyltenstam (2009), wobei hier ausschließlich ProbandInnen mit fast-muttersprachlicher L2-Kompetenz getestet werden.

Tabelle 2.1   Empirische Studien zum Endzustand des Grammatikerwerbs

Alters-grenze	L2 und L1	Lerngegen-stand	Methode	AutorInnen
12 Jahre	L2 Englisch L1 Italienisch	Phonologie, Aussprache	Spontansprache Bewertung MS	Oyama 1976
Konti-nuum	L2 Englisch L1 Italienisch	Phonologie, Aussprache	5 Sätze Bewertung MS	Flege, Munro & MacKay 1995
6 Jahre	verschiedene Sprachen	Phonologie, Aussprache	Metastudie	Long 1990
15 Jahre	L2 Englisch L1 divers	Morphosyntax	Spontansprache Bewertung MS	Patkowski 1981
7 Jahre 16 Jahre	L2 Englisch L1 Chinesisch L1 Koreanisch	Morphosyntax Grammatik	Grammatika-litätsurteile	Johnson & Newport 1989
16 Jahre	L2 Englisch L1 Ungarisch	Morphosyntax Grammatik	Grammatika-litätsurteile	DeKeyser 2000
Konti-nuum	L2 Englisch L1 Spanisch L1 Chinesisch	allgemeine Sprach-kompetenz	Volksbefragung: Selbstein-schätzung	Bialystok & Hakuta 1999

Querschnittstudien zum Endzustand haben im Wesentlichen gezeigt, dass das Alter bei Erwerbsbeginn (AbE) der Faktor mit der höchsten Voraussagekraft für den Endzustand im L2-Erwerb ist. Viele Studien ermitteln im Rahmen ihres Untersuchungsdesigns eine Altersgrenze, allerdings variieren diese Altersgrenzen stark, vermutlich abhängig von Lerngegenstand, Messmethode und der Kombination von L1 und L2. Zwei Altersgrenzen werden häufiger erwähnt: 6-7 Jahre (vor der Pubertät) und 12-16 Jahre (während der Pubertät). Die niedrigere Altersgrenze wird häufig mit der Aussprache in Verbindung gebracht (Long 1990), aber in einzelnen Studien auch mit der Morphosyntax. Nach Pagonis (2009b) stellt die Pubertät den kleinsten gemeinsamen Nenner vieler Endzustandsstudien für die Altersgrenze dar: Der Endzustand von LernerInnen, die vor der Pubertät mit dem Spracherwerb begonnen haben, entspricht tendenziell eher der Zielsprache als der Endzustand von LernerInnen, die erst nach der Pubertät begonnen haben.

Interessanterweise verhalten sich präpubertäre LernerInnen dabei relativ homogen, das heißt, sie erreichen Sprachkompetenzen, die denen von MuttersprachlerInnen zumindest nahe kommen. Die Sprachkompetenzen von postpubertären LernerInnen sind dagegen sehr heterogen, sie reichen von muttersprachnah bis deutlich von der Zielsprache abweichend (z.B. Patkowski 1981, Johnson & Newport 1989 und die Zusammenfassung in Hyltenstam & Abrahamsson 2003 und Pagonis 2009b). Daher nehmen Hyltenstam & Abrahamsson (2003) an, dass der Altersfaktor die homogen gute Performanz jüngerer L2-LernerInnen erklärt, während für einzelne gute Leistungen von älteren LernerInnen individuelle Faktoren wie z.B. Sprachtalent oder Motivation verantwortlich sind.

Aber nicht alle empirischen Studien zum Altersfaktor ermitteln eine klare Altersgrenze. Bialystok & Hakuta (1999) werten Volkszählungsdaten aus, für die alle ImmigrantInnen eine Selbsteinschätzung ihrer Sprachkompetenzen in der L2 Englisch vornehmen mussten. Die Daten zeigen, dass die Selbsteinschätzung mit zunehmendem Alter bei Erwerbsbeginn kontinuierlich schlechter wird.

Auch wenn das Alter bei Erwerbsbeginn einer der stärksten Einflussfaktoren im ungesteuerten Zweitspracherwerb ist, wirken sich auch andere Faktoren auf den Endzustand aus. So spielen etwa Motivation, Menge und Qualität des Inputs, Häufigkeit der Sprachverwendung oder Sprachtalent ebenfalls eine Rolle. Manche dieser Faktoren sind unter Umständen systematisch mit dem Alter bei Erwerbsbeginn verbunden. Diese Einflussfaktoren wurden in den Querschnittstudien zum Altersfaktor, die meist auf ein monokausales Erklärungsmodell ausgerichtet sind, oft nicht ausreichend kontrolliert. Obwohl der Altersfaktor ein zentrales Thema der Spracherwerbsforschung darstellt, fehlen bis jetzt breit angelegte Querschnittstudien zum Endzustand in den meisten Sprachen – außer Englisch. Immerhin zeigt sich der Altersfaktor im L2-Erwerb des Englischen auch bei unterschiedlichen Ausgangssprachen, seien sie nun typologisch mit Englisch verwandt, wie die romanischen Sprachen, oder nicht, wie Chinesisch, Koreanisch und Ungarisch.

Im Unterschied zu Querschnittstudien wird in Longitudinalstudien der Erwerbsverlauf bei einigen wenigen ProbandInnen im Detail untersucht. Die meisten Longitudinalstudien beginnen möglichst bei Erwerbsbeginn und sind auf ein bis zwei Jahre angelegt, manche decken einen Beobachtungszeitraum von drei Jahren ab. Aus Kostengründen erstrecken sich Lon-

gitudinalstudien fast nie über den gesamten Erwerbsverlauf vom Anfangs-
bis zum Endzustand. In Longitudinalstudien wird der Endzustand für einen
Lerngegenstand meist mit einem Erwerbskriterium von 90% Korrektheit
operationalisiert, wobei dieser Prozentsatz über einige Zeit stabil bleiben
sollte (Brown 1973b). Longitudinalstudien geben Aufschluss über die genaue Erwerbsfolge und über die Geschwindigkeit des Erwerbs, aber sie
können auch etwas über den Endzustand aussagen, wenn für einen Lerngegenstand die 90%ige Korrektheitsrate stabil erreicht wurde. Längsschnittstudien liegen meist Daten zugrunde, die in möglichst authentischen Kommunikationssituationen erhoben wurden, wie Spontansprachdaten, oder
auch kontrolliert erhobene Sprachdaten, wie Nacherzählungen von Filmen
oder Bildergeschichten.

Genauere Beobachtungen zum Erwerbsverlauf, wie sie in longitudinalen
Untersuchungen möglich sind, zeigen, dass die Altersgrenze für einen dem
L1-Erwerb ähnlichen Erwerbsverlauf vor der Pubertät anzusetzen ist. So
zeigt Meisel (2009), dass die Finitheit im Deutschen von Kindern ab vier
Jahren anders erworben wird als von jüngeren Kindern, da sie andere Fehler machen. Dasselbe gilt nach Thoma & Tracy (2006), Tracy & Thoma
(2009) und Rothweiler (2006) für die Verbstellung: Kinder, die vor dem
vierten Lebensjahr mit dem Deutscherwerb beginnen, zeigen denselben
Erwerbsverlauf wie im Erstspracherwerb, während ältere LernerInnen davon abweichen (siehe Kapitel 4 und 5). Es ist nicht auszuschließen, dass es
sich bei diesen longitudinalen Beobachtungen um vorübergehende Schwankungen handelt, die sich später wieder ausgleichen und sich deshalb auf
den Endzustand des Erwerbs nicht auswirken. In Längsschnittstudien werden andere Dimensionen des Spracherwerbs gemessen, daher sind die Daten nicht direkt mit den Ergebnissen von Endzustandsuntersuchungen vergleichbar. Longitudinale Untersuchungen bieten jedoch einen Einblick in
den tatsächlichen Verlauf des Spracherwerbs und sind daher auch für den
Altersfaktor von großer Bedeutung. Leider gibt es bis jetzt nur wenige
Longitudinalstudien, in denen gezielt LernerInnen mit unterschiedlichem
Erwerbsalter verglichen werden.

Neben einer genaueren Bestimmung der Altersgrenze geben Longitudinalstudien auch über Unterschiede im Erwerbstempo Auskunft. Snow &
Hoefnagel-Höhle (1978) zeigen, dass jugendliche L2-LernerInnen einen
Erwerbsvorteil sowohl gegenüber erwachsenen als auch gegenüber jüngeren L2-LernerInnen haben (L1 Englisch, L2 Niederländisch). In fast allen
untersuchten Bereichen von Morphologie über Syntax zu Wortschatz und
Hörverständnis erbringen Jugendliche innerhalb des ersten Erwerbsjahres

bessere Leistungen als Kinder und Erwachsene. Diese Ergebnisse wurden oft als Gegenbeweis zur Generalisierung *je jünger, desto besser* zitiert, beziehen sich jedoch nur auf die Lerngeschwindigkeit in der Anfangsphase des L2-Erwerbs (Krashen, Long & Scarcella 1979). Langfristig gesehen holen jüngere L2-LernerInnen mit der Zeit wieder auf und überholen die älteren LernerInnen sogar, wie die Ergebnisse von Endzustandsstudien zeigen. Dies zeigt sich auch bei Snow & Hoefnagel-Höhle (1978), denn die Vorteile der Jugendlichen gegenüber den anderen Altersgruppen nehmen bereits bei der dritten und vierten Messung wieder ab. Diese Beobachtungen zur Lerngeschwindigkeit zeigen jedoch, dass ältere LernerInnen nicht in allen Bereichen im Nachteil sind. So können besonders Jugendliche zentrale Ressourcen mobilisieren, die im Sprachunterricht unbedingt genutzt und gefördert werden sollten.

Geschwindigkeitsstudien unterscheiden sich häufig auch in ihrer Methodologie: Da der gerade stattfindende Spracherwerb und nicht der Endzustand untersucht wird, müssen Kinder, Jugendliche und Erwachsene mit derselben Methode getestet werden (z.B. Nachsprechen von Sätzen, Übersetzen, Nacherzählung einer gehörten Geschichte). Möglicherweise sind Jugendliche aus verschiedenen Gründen im Vorteil gegenüber den anderen Altersgruppen. Einerseits sind sie jünger als erwachsene LernerInnen (Altersfaktor). Andererseits sind Jugendliche kognitiv weiter entwickelt als Kinder und haben durch die Schule mehr Erfahrung mit solchen Testverfahren, was ihnen einen relevanten Vorteil gegenüber den jüngeren LernerInnen verschaffen könnte.

Dieser Einwand fällt beim Vergleich verschiedener spontansprachlicher Längsschnittkorpora weg. So zeigen Dimroth & Haberzettl (2008) und Dimroth & Haberzettl (2012), dass LernerInnen, die in der Grundschule, also im Alter von 6-8 Jahren, mit dem Erwerb des Deutschen begonnen haben, sehr effiziente LernerInnen sind. Sie erwerben die Verbalparadigmen des Deutschen schneller als Kinder im Erstspracherwerb. Wie Haberzettl et al. (2013) zeigen, gilt dies auch für den Erwerb der Verbstellung. Dimroth & Haberzettl (2012) arbeiten vier Faktoren heraus, die sich für die L2-Kinder in diesem Zusammenhang positiv auswirken könnten: Im Unterschied zu L1-Kindern besitzen sie eine höhere kognitive Reife und bereits mehr L1-Wissen, das ihnen eine erfahrungsgeleitete Suche ermöglicht. Im Gegensatz zu älteren L2-LernerInnen haben sich bei Kindern die Regeln der Erstsprache noch nicht so tief eingeprägt und automatisiert (*L1-Entrenchment*). Außerdem haben Kinder eine höhere Bereitschaft, nicht analysierte *Chunks* (siehe Kapitel 6.2) aus dem Input zu filtern und zu verwenden. So vereinen 6-8 jährige Kinder die Vorteile der beiden anderen Altersgruppen.

Longitudinale Untersuchungen spontansprachlicher Daten werden meist zu bestimmten Gegenstandsbereichen oder Lerngegenständen durchgeführt. Das DaZ-AF-Korpus, das auch in dieser Studie ausgewertet wird, dokumentiert den Spracherwerb von zwei sehr gut vergleichbaren L2-Lernerinnen mit unterschiedlichem Alter bei Erwerbsbeginn (siehe Kapitel 6.1). Zum DaZ-AF-Korpus gibt es bereits mehrere Untersuchungen zu verschiedenen Aspekten des Grammatikerwerbs: Bast (2003), Loll (2007), Dimroth (2008a) und Pagonis (2009b). Dimroth (2007) fasst die ermittelten Unterschiede zwischen beiden ProbandInnen je nach Lerngegenstand folgendermaßen zusammen:

Tabelle 2.2   Alterseffekte je nach Lerngegenstand im DaZ-AF-Korpus nach Dimroth (2007)

keine Unterschiede	kleine Unterschiede	große Unterschiede
– Distanzstellung und OV-Stellung – postverbale Stellung der Negation – Anhebung des finiten Verbs (SVO, V2/V3) – Nominalflexion: Numerus	– Verbalflexion: Subjekt-Verb-Kongruenz, Tempus – Auxiliarselektion – V2 mit Inversion – Nominalflexion: Kasus	– Auslassung der Determinierer – Adjektivflexion – Nominalflexion Genus

Angesichts dieser Verteilung diskutiert Dimroth (2008b) zwei in der Literatur geäußerte Hypothesen: Das Alter hat einen größeren Einfluss (i) auf den Erwerb der Flexionsmorphologie als auf den der Syntax und (ii) auf den Erwerb von irregulärer Flexionsmorphologie als auf reguläre. Eine Ausnahme zu Hypothese (i) bildet die Pluralmorphologie, die beide Lernerinnen schnell erwerben. Zu Hypothese (ii) passt wiederum nicht, dass die Adjektivflexion zwar komplex, jedoch völlig regulär ist.

Dimroth (2008b) plädiert daher für eine mehrdimensionale funktionale Erklärung: LernerInnen verrechnen den kommunikativen Nutzen eines sprachlichen Lerngegenstandes mit den kognitiven Kosten des Erwerbs. Eine korrekte Tempusmarkierung ist zwar kommunikativ äußerst relevant, kann jedoch auch durch Adverbien und Quantoren ausgedrückt werden. Der Lernaufwand für die reguläre Präteritum- und Perfektbildung ist nicht allzu hoch, weshalb die regulären Formen auch von der älteren Lernerin bald erworben werden, anders als die Ausnahmen. Die komplexen Regeln der Adjektivdeklination sind zwar völlig regulär, es erfordert jedoch einen hohen kognitiven Einsatz, sie aus dem Input herauszufiltern und zu memorieren, zumal es nur wenige unterschiedliche Formen gibt (Synkretismus). Damit ist die Adjektivdeklination doppelt betroffen: Ihr Erwerb ist einerseits mit hohem Aufwand verbunden, und bringt andererseits nicht viel für die Kommunikationsfähigkeit. Zusammenfassend lässt sich sagen, dass Strukturen, die eine hohe Frequenz, Salienz und kommunikative Relevanz haben und dabei möglichst wenig komplex und redundant sind, auch von älteren LernerInnen gut erworben werden.

Die Ergebnisse von Endzustandsstudien deuten bereits darauf hin, dass die Aussprache früher erworben wird als die Morphosyntax, und die Altersgrenze für die Aussprache daher früher anzusetzen ist. Die Ergebnisse von longitudinalen Verlaufsstudien legen eine weitere Differenzierung nahe: Es gibt Bereiche der Grammatik, in denen kaum Alterseffekte zu beobachten sind, und andere, in denen die Unterschiede zwischen den Altersgruppen besonders groß sind. Diese Ergebnisse müssen jedoch noch auf eine breitere empirische Basis gestellt werden. Zusammenfassend lässt sich sagen, dass sowohl in Querschnittstudien zum Endzustand als auch in Längsschnittstudien zum Verlauf ein eindeutiger Einfluss des Alters auf den Grammatikerwerb in L2 ermittelt wird. Umstritten bleibt, wo genau die Altersgrenze anzusetzen ist und welche Theorie den Altersfaktor am besten erklärt.

2. Die Hypothese der kritischen Periode

Die Tatsache, dass das Alter bei Erwerbsbeginn negativ mit dem Endergebnis des Zweitspracherwerbs korreliert, gilt wie in Kapitel 2.1 aufgezeigt als erwiesen. Umstritten ist jedoch, wie der Einfluss des Alters auf den Zweitspracherwerb zu erklären ist.

Der am weitesten verbreitete Erklärungsansatz geht von einer *kritischen Periode* aus, innerhalb derer das Gehirn für sprachliche Stimuli besonders empfänglich ist (Hyltenstam & Abrahamsson 2003, DeKeyser, Alfi-Shabtai & Ravid 2010). Dieses *window of opportunity* wird jedoch im Zuge der neurobiologischen Entwicklung geschlossen (Eubank & Gregg 1999). Soweit untersucht, betreffen kritische Perioden bei Tieren erste Umwelterfahrungen, die zum Erwerb einer für das Überleben der Spezies wichtigen Fähigkeit führen, wie z.B. Vogelgesang, die Prägung bei Enten oder der visuelle Kortex bei Säugetieren (Newport, Bavelier & Neville 2001, Knudsen 2004). Nach Newport, Bavelier & Neville (2001) lässt sich eine kritische Periode als eine beschränkte Zeitspanne definieren, in der das Gehirn besonders plastisch ist und Stimuli aus der Umwelt (Input) daher eine starke Auswirkung auf die Verarbeitungsroutinen des Gehirns haben. Die Effekte eines fehlenden oder mangelhaften Inputs sind nach Ablauf dieser Zeitspanne nicht mehr oder nur noch teilweise reversibel.

Das Konzept einer kritischen Periode im Spracherwerb geht auf den Biologen Eric Lenneberg zurück, der dabei in erster Linie den Erstspracherwerb im Blick hatte (Lenneberg 1967). Die Annahme, dass die erste Erfahrung des Spracherwerbs direkt an die Entwicklung der dafür notwendigen Gehirnstrukturen gekoppelt ist, und dass diese Entwicklung auf ein Zeitfenster in der neurobiologischen Reifung des Organismus beschränkt ist, ist durchaus einleuchtend. Für eine kritische Periode im Erstspracherwerb gibt es auch sehr gute empirische Argumente.

Zunächst stellt der L1-Erwerb eine erste Erfahrung mit sprachlichem Input dar und verläuft insgesamt relativ homogen, was Reihenfolge, Erwerbsphasen, Fehler und den Endzustand betrifft (siehe Kapitel 5.1). Wie Studien zum Down-Syndrom und zum Williams-Syndrom zeigen, ist die Fähigkeit, eine Sprache zu erwerben von anderen kognitiven Fähigkeiten weitgehend unabhängig (Schaner-Wolles 2000, Herschensohn 2007). Die klassischen Aphasiestudien zeigen, dass sich die sprachlichen Fähigkeiten von AphasiepatientInnen bei einem Gehirntrauma vor der Pubertät wieder herstellen lassen. Bei einem Ausfall im Erwachsenenalter ist dies meist nicht mehr möglich (Penfield & Roberts 1959, Lenneberg 1967).

Anhand von tragischen Einzelfällen wie Isabelle, Genie und Chelsea, die in ihrer Kindheit sozial und sprachlich völlig vernachlässigt wurden, konnte man feststellen, dass sprachliche Deprivation den Erstspracherwerb stark beeinträchtigt (Long 1990, Newport 1991, Herschensohn 2007). Bekommt das Kind noch vor dem Alter von sieben Jahren sprachlichen Input, so führt dies nur zu einem leicht abweichenden L1-Erwerb. Dauert die Deprivation jedoch bis zur Pubertät und über diese hinaus an, so zeigen sich starke Abweichungen bei Morphologie und Syntax in der Muttersprache, die nie mehr erfolgreich erworben wird.

Studien zu gehörlosen Kindern von nicht-gebärdenden Eltern, die mit normalen Sozialkontakten aufwachsen, jedoch keinen gebärdensprachlichen Input bekommen, erhärten die Theorie von einer kritischen Periode im L1-Erwerb (Newport 1990, Newport 1991). Sie dauert von der Geburt an bis zu einem Alter von ungefähr fünf Jahren, danach beginnt die Sensibilität für sprachlichen Input bis zur Pubertät langsam abzunehmen. Zögert sich der L1-Erwerb bis nach der Pubertät hinaus, so ist ohne Ausnahme mit einem von der Zielsprache stark abweichenden Sprachverhalten zu rechnen.

Die Hypothese einer kritischen Periode für den Spracherwerb basiert auf der Annahme neurobiologischer Reifungsprozesse. Nach Pulvermüller & Schumann (1994) bietet sich der Prozess der *Myelinisierung* aufgrund seiner langen Dauer und seiner graduellen Natur als neurophysiologisches Korrelat hier besonders an. Demnach reifen sensomotorische Areale, die für den Erwerb der Aussprache wichtig sind, früher als Areale rund um die Sylvische Furche, in denen viele grammatikbezogene Informationen gespeichert sind. Das Lernen neuer Wortbedeutungen und semantischer Bezüge zwischen Wörtern ist von Reifungsprozessen nicht so stark betroffen, da sich diese Informationen über den gesamten Kortex verteilen und viele kortikale Areale später myelinisieren. Allerdings ist die Verbindung zwischen der fortschreitenden Reifung des Gehirns und dem Erwerb verschiedener sprachlicher Bereiche (Phonologie, Morphologie, Syntax oder Lexikon) beim heutigen Stand der Neurolinguistik immer noch sehr spekulativ.

Die Theorie der kritischen Periode für den L1-Erwerb steht auf einer guten theoretischen und empirischen Basis und wird auch von ForscherInnen akzeptiert, die sich gegen eine kritische Periode im L2-Erwerb aussprechen (Birdsong 2009, Herschensohn 2007). In der Literatur findet sich neben dem Konzept der kritischen auch das der sensiven Periode oder Phase (z.B. Long 1990). Eine sensive Phase kann nach Knudsen (2004) als eine limitierte Zeitspanne definiert werden, in der die Wirkung von Erfahrungen auf das Gehirn ungewöhnlich hoch ist. Er sieht eine kritische Phase als eine Unterkategorie der sensiven Phasen, bei der die durch den fehlenden Input beeinträchtigten Gehirnstrukturen auch mithilfe späterer Erfahrungen nicht wieder hergestellt werden können. Die Annahme einer kritischen Periode macht also starke Voraussagen über den menschlichen Spracherwerb, die auch getestet werden können. Wenn Erfahrungsarmut während der sensiven Phase durch späteren Input wieder kompensiert werden kann, macht die Annahme einer sensiven Phase keine testbaren Voraussagen über den Spracherwerb. Dass es eine sensive Phase auch im Zweitspracherwerb gibt, wird im Gegensatz zu einer kritischen Phase von niemandem bestritten. Daher werde ich den Begriff sensive Phase in Anlehnung an Eubank & Gregg (1999) und Newport, Bavelier & Neville (2001) hier nicht weiter diskutieren.

Bei der Unterscheidung zwischen einer kritischen Periode im Erst- und im Zweitspracherwerb gibt es in der Forschungsliteratur eine gewisse Unschärfe: Solange der kindliche L1-Erwerb mit dem erwachsenen L2-Erwerb verglichen wird, wie es in den 80er und 90er Jahren häufig der Fall war, kann zu Recht auf die *Hypothese einer kritischen Periode* zurückgegriffen werden. Dies ist z.B. bei der ursprünglichen Formulierung der *Fundamental Difference Hypothesis* der Fall: In seinem vielzitierten Artikel geht Bley-Vroman (1990) davon aus, dass Kindern beim L1-Erwerb grundsätzlich andere Lernmechanismen zur Verfügung stehen als Erwachsenen. Kinder können auf universalgrammatisches Wissen und einen speziellen Spracherwerbsmechanismus zurückgreifen, während Erwachsene sich auf allgemein logische Problemlösungsstrategien verlassen müssen. Wenn es dagegen um einen Vergleich des Zweitspracherwerbs von Kindern und Erwachsenen geht, wird durch den Bezug auf die HKP eine eigene kritische Periode für den L2-Erwerb postuliert, und diese ist in der Literatur nach wie vor umstritten.

Es ist jedoch notwendig, bei der *Hypothese der kritischen Periode (HKP)* klar zwischen Erst- und Zweitspracherwerb zu unterscheiden: Da der L2-Erwerb auf bereits erworbenem sprachlichen Wissen (über L1 und möglicherweise auch andere L2) aufbaut, handelt es sich nicht mehr um die erste Erfahrung mit sprachlichem Input. Dies ist jedoch üblicherweise bei einer kritischen Periode z.B. beim visuellen Kortex von Katzen der Fall. Trotzdem ist die kritische Periode die am weitesten verbreitete Erklärung für den Altersfaktor im Zweitspracherwerb. Das spiegelt sich zum einen in der öffentlichen Meinung (auch der von SprachtrainerInnen) wieder, und zum anderen in der Menge der Forschungsliteratur, die von einer kritischen Periode im Zweitspracherwerb ausgeht (Pagonis 2009a). In der Zweitspracherwerbsforschung ist die HKP seit Jahrzehnten umstritten. Die meisten empirischen Studien zum Altersfaktor wurden konzipiert, um die HKP entweder zu unterstützen oder zu widerlegen.

Die Befunde aus den Querschnittstudien (Kapitel 2.1) können sowohl als Argumente für als auch gegen eine kritische Periode im Zweitspracherwerb interpretiert werden. Der Endzustand von präpubertären L2-LernerInnen entspricht relativ homogen eher der Zielsprache, während der Endzustand bei einem Erwerbsbeginn nach der Pubertät sehr heterogen ist (von fast zielsprachlich bis deutlich abweichend). Allerdings liegt die Bandbreite der in verschiedenen Studien ermittelten Altersgrenze zwischen 5 und 15 Jahren. Daher monieren Kritiker der HKP, dass es trotz einer Fülle von empirischen Studien nicht gelungen sei, eine konkrete Altersgrenze festzulegen (Singleton 2005, Muñoz & Singleton 2011, Birdsong 2009). Dies ist insofern relevant, als eine klar beschränkte Zeitspanne bzw. eine

Diskontinuität rund um ihr postuliertes Ende für die Hypothese der kritischen Periode ausschlaggebend ist. GegnerInnen der HKP sehen keine klar identifizierbare Altersgrenze, für sie nimmt die Lernleistung mit zunehmendem Alter kontinuierlich ab. MacWhinney (2008) geht z.B. davon aus, dass sich neuronale Gehirnstrukturen mit der Zeit immer mehr festigen und dadurch an Plastizität verlieren. Mit einem höheren Alter bei Erwerbsbeginn ist also auch eine höhere Festigung oder Einprägung der L1-Strukturen verbunden (*L1 entrenchment*), die die Neubildung von L2-Strukturen erschwert.

Mit der Hypothese der kritischen Periode ist die Behauptung verbunden, dass späte L2-LernerInnen grundsätzlich keinen muttersprachlichen Endzustand (*native-like attainment*) erreichen können, frühe L2-LernerInnen hingegen schon. Dies wird häufig als einziges Falsifikationskriterium für die HKP gehandelt (Long 2005) und dementsprechend häufig untersucht. Als kleinster gemeinsamer Nenner für die Altersgrenze wird meist die Pubertät angesetzt (Pagonis 2009b). Verschiedene Studien zeigen, dass auch späte, also postpubertäre L2-LernerInnen in einzelnen Bereichen Sprachkompetenzen erwerben können, die mit denen von MuttersprachlerInnen vergleichbar sind (Birdsong 1992; Flege, Munro & MacKay 1995; Moyer 1999; Boxtel, Bongaerts & Coppen 2003). Allerdings ist anzumerken, dass die meisten erfolgreichen späten LernerInnen nicht nur in einem Land leben, in dem die Zielsprache gesprochen wird, sondern auch ein intensives Sprachtraining absolviert haben. Außerdem haben sie meist eine starke berufliche Motivation, ihre Sprachkompetenzen weiter auszubauen. Long (2005) kritisiert an diesen Studien unter anderem, dass sie jeweils nur einen Aspekt der Sprachkompetenz testen und nicht zeigen, dass diese erfolgreichen LernerInnen in ihren gesamtsprachlichen Leistungen *perfekt*, d.h. mit MuttersprachlerInnen vergleichbar, sind. Eine Studie von Ioup et al. (1994) dokumentiert jedoch zwei begabte späte Lernerinnen, deren Sprachkompetenz in mehreren Bereichen von muttersprachlichen BeurteilerInnen gleich eingestuft wurde wie die von MuttersprachlerInnen.

Die meisten VertreterInnen der HKP gehen grundsätzlich davon aus, dass monolingual erworbene muttersprachliche Kompetenzen eine Richtschnur für den Endzustand des Zweitspracherwerbs darstellen. Hyltenstam & Abrahamsson (2003) bezweifeln jedoch, dass bilinguale L2-LernerInnen überhaupt je an die Sprachkompetenzen von monolingualen L1-LernerInnen herankommen. Dazu untersuchen sie 42 sehr erfolgreiche L2-LernerInnen, deren Spontansprache in der L2 Schwedisch von MuttersprachlerInnen als muttersprachlich eingestuft wurde (Abrahamsson &

Hyltenstam 2009). Bei den experimentellen Tests zu verschiedenen sprachlichen Fähigkeiten stellte sich heraus, dass nur zwei frühe L2-LernerInnen in allen Bereichen wie MuttersprachlerInnen abschnitten, und die beste späte LernerIn (AbE 19 Jahre) immerhin bei sieben von zehn Tests. Abrahamsson & Hyltenstam (2009) schließen daraus, dass es zwar einen klaren Altersfaktor, jedoch keine kritische Periode für den L2-Erwerb gibt. Bis zu einem Alter von 15 Jahren sind neurobiologische Reifungsprozesse ausschlaggebend für den Erfolg des Spracherwerbs, später werden andere Faktoren wie z.B. die Sprachlerneignung wichtiger. Obwohl sie die neurobiologische Reifung (*maturation*) stark in den Vordergrund stellen, schlagen Abrahamsson & Hyltenstam (2009) somit ein multifaktorielles Modell des Altersfaktors vor, auf dem auch mein eigenes Modell aufbaut (siehe Kapitel 2.4).

Wenn selbst sehr erfolgreiche frühe L2-LernerInnen unter Laborbedingungen kaum je muttersprachliche Kompetenzen erreichen, stellt das den in der Altersfaktorforschung bisher üblichen Vergleich mit L1-SprecherInnen massiv in Frage. Aus der Bilingualismusforschung wissen wir, dass sich L1 und L2 gegenseitig beeinflussen. Es ist also von vornherein nicht zu erwarten, dass L2-SprecherInnen, selbst wenn sie muttersprachnahe Kompetenzen haben, über dieselbe mentale Grammatik wie L1-SprecherInnen verfügen (Cook 1995). Monolinguale L1-SprecherInnen unterscheiden sich also nicht nur im Alter bei Erwerbbeginn von bilingualen L2-SprecherInnen. Um tatsächlich nur den Altersfaktor zu testen, müsste man von Geburt an bilinguale L1-SprecherInnen mit frühen und späten L2-LernerInnen vergleichen (Birdsong 2009, Grotjahn & Schlak 2010).

Immer wieder werden auch die Ergebnisse von neurolinguistischen Experimenten als Argumente für die Existenz einer kritischen Periode herangezogen (Weber-Fox & Neville 1999, Meisel 2009). Einige dieser Studien zeigen, dass MuttersprachlerInnen lexikalisch-semantische Informationen grundsätzlich anders verarbeiten als grammatische Information. Vergleiche mit späten L2-LernerInnen haben ergeben, dass diese semantische Information ähnlich verarbeiten wie L1-SprecherInnen, grammatikalische Information jedoch anders (Weber-Fox & Neville 1999, Hahne & Friederici 2001). Zippel (2009) und Birdsong (2009) halten jedoch Schlüsse im Hinblick auf den Altersfaktor für verfrüht: Die Unterschiede zwischen L1- und (späten) L2-SprecherInnen nehmen mit einer höheren Sprachkompetenz und einem höheren Grad an Automatisierung der Verarbeitung ab. Für Birdsong (2009) ist das Niveau der Sprachkompetenz für die sprachliche Verarbeitung ausschlaggebend, nicht das unterschiedliche Alter bei Erwerbsbeginn.

Beim jetzigen Forschungsstand liefern neurolinguistische Studien zur Sprachverarbeitung noch keine eindeutige Evidenz für oder gegen eine kritische Periode.

Zusammenfassend plädiere ich dafür, die widersprüchlichen Ergebnisse zur kritischen Periode im Zweitspracherwerb ernst zu nehmen und insgesamt vorsichtiger zu argumentieren. Relativ gesichert ist die Existenz einer kritischen Periode im L1-Erwerb und einer sensitiven Phase im L2-Erwerb. Zusätzlich kommen noch andere Faktoren ins Spiel, die allerdings bis jetzt noch zu wenig untersucht wurden.

3. Alternative Erklärungsansätze

Obwohl die Hypothese der kritischen Periode schon seit längerer Zeit stark kritisiert wird, wurde bis jetzt erstaunlich wenig an der Ausarbeitung und Überprüfung alternativer Erklärungsmodelle für den Altersfaktor im ungesteuerten L2-Erwerb gearbeitet (Pagonis 2009b). Auf der Suche nach einem multifaktoriellen Erklärungsmodell beschreibe ich drei weitere Einflussfaktoren, die systematisch mit dem Alter bei Erwerbsbeginn zusammenhängen und deren Einfluss auf den Endzustand empirisch zumindest in Ansätzen untersucht wurde: Motivation, Sprachlerneignung und Input.

Motivation

Motivation ist ein komplexes psychologisches Konstrukt, von dessen Facetten ich drei für den Spracherwerb relevante Dimensionen herausgreife: die alterstypische, die sozialgruppenspezifische und die individuelle Motivation. Das Modell der alterstypischen Motivation in Tabelle 2.3 (nächste Seite) stellt eine systematische Verbindung zum Alter bei Erwerbsbeginn her (Klein 1996, Pagonis 2009b). Die alterstypische Motivation, bei Klein (1996) *Bereitschaft* genannt, ergibt sich aus entwicklungspsychologischen Gegebenheiten und ist dem Bewusstsein nicht direkt zugänglich. Kinder haben eine ganz andere Spracherwerbsmotivation als Erwachsene, da sie noch keine abgeschlossene sprachliche Identität besitzen und sich daher der Sprachgemeinschaft ihrer Umgebung maximal anpassen wollen (Assimilation). Ältere L2-LernerInnen identifizieren sich bereits stark mit der Sprachgemeinschaft ihrer Erstsprache und haben daher andere Spracherwerbsziele: Sie wollen ihre kommunikativen Bedürfnisse befriedigen, die je nach Person und privater und beruflicher Situation unterschiedlich sind.

Daraus resultiert eine jeweils unterschiedliche individuelle Motivation. Jugendliche stehen zwischen diesen beiden Polen, ihre sprachliche Identität ist weiter entwickelt als die von Kindern, jedoch noch nicht abgeschlossen. Ihre Suche nach sprachlicher Identität oszilliert zwischen Anpassungsbestreben und der Orientierung an ihren spezifischen kommunikativen Bedürfnissen.

Tabelle 2.3   Modell der alterstypischen Motivation nach Klein (1996) und Pagonis (2009b)

kindliche Motivation L1/L2	jugendliche Motivation L2	erwachsene Motivation L2
soziale Integration und Assimilation an die Umgebung und Kommunikation	zwischen Assimilation und individuellen kommunikativen Bedürfnissen	individuelle kommunikative Bedürfnisse
Ergebnis homogen	Ergebnis zwischen homogen und heterogen	Ergebnis heterogen
starke Annäherung an die formalsprachliche Norm	mittlere Annäherung an die formalsprachliche Norm	geringe Annäherung an die formalsprachliche Norm

Pagonis (2009b) analysiert die Erwerbsverläufe der beiden Halbschwestern im DaZ-AF-Korpus, das auch in dieser Arbeit empirisch untersucht wird (siehe Kapitel 6.1). Der Vergleich einer präpubertären und einer postpubertären L2-Lernerin (AbE 8 vs. 14 Jahre) zeigt, dass die ältere Lernerin gemäß ihrem alterstypischen Lernantrieb eher kommunikativ relevante Strukturen aufbaut und kommunikativ irrelevante grammatische Strukturbereiche tendenziell ignoriert. Die präpubertäre Lernerin erwirbt hingegen alle Strukturbereiche gleichermaßen, unabhängig von ihrer kommunikativen Relevanz.

Als kommunikativ relevante Strukturbereiche werden z.B. Negation, Fragesatzbildung, Tempus, Subjekt-Verb-Kongruenz und Nominalplural eingestuft, während grammatikalische Eigenschaften wie die Wortstellung im deklarativen Haupt- und Nebensatz, die Auxiliarselektion und die Deklination attributiver Adjektive tendenziell weniger relevant für die Kommunikation sind. V3-Stellung im Hauptsatz bzw. V2-Stellung im Nebensatz wird von MuttersprachlerInnen sofort als eine Lernervariante der entsprechenden zielsprachlichen Struktur verstanden, ebenso wird *Ich habe nach Russland gefahren* als Perfektkonstruktion verstanden. Da attributive Adjektive im Deutschen ohnehin immer vor ihrem Bezugsnomen stehen, ist die morphologische Kongruenzmarkierung funktional überflüssig. Die jüngere Lernerin bemüht sich hingegen in allen sprachlichen Bereichen der Zielsprache möglichst nahe zu kommen, auch in solchen, die für die unmittelbare Kommunikation nicht ausschlaggebend sind.[3]

Dies entspricht im Wesentlichen der bereits in Kapitel 2.1 erwähnten Argumentation von Dimroth (2008b), die sich gut mit dem Modell der alterstypischen Motivation verbinden lässt. Die höheren kognitiven Fähigkeiten und die höhere Erfahrung von älteren LernerInnen, so das Argument von Dimroth, ermöglichen es ihnen, sowohl die Komplexität als auch den unmittelbaren Nutzen von sprachlichen Eigenschaften besser einschätzen zu können als jüngere LernerInnen. Ältere Lernende können besser entscheiden, welche sprachlichen Strukturen ihnen mehr kommunikative Reichweite ermöglichen, und dies mit dem geschätzten Lernaufwand vergleichen. Aus dieser Perspektive gesehen, erwerben beide Schwestern das Deutsche gemäß ihren alterstypischen Motivationsvorgaben optimal: Die jüngere assimiliert sich sprachlich so gut es geht an ihre Umgebung, die ältere Lernerin verschafft sich den größtmöglichen kommunikativen Handlungsspielraum, ohne ihre an der Erstsprache geformte Identität aufzugeben (siehe auch Dimroth 2008c).

Statt neurobiologische Veränderungen im Gehirn, wie bei der Hypothese der kritischen Periode, sind für die *Hypothese der alterstypischen Motivation* unbewusste entwicklungspsychologische Veränderungen in der Herausbildung einer sprachlichen Identität zentral. Von der Argumentationslogik her können beide Erklärungshypothesen die wesentlichen Daten zum Altersfaktor erklären: zum einen die Homogenität des L1- und des frühen L2-Erwerbs, zum anderen die individuellen Unterschiede bei älteren L2-LernerInnen. Welche der beiden Hypothesen Recht hat, kann zum jetzigen Zeitpunkt empirisch nicht entschieden werden, letztlich gilt die Plausibilität der Argumentation.

---

[3] Die allgemeine Beobachtung, dass die Entwicklung des Wortschatzes nicht vom Altersfaktor betroffen ist, passt zu dieser Einteilung. Nach den Berechnungen von Pagonis (2009b) steht die ältere Lernerin der jüngeren Lernerin beim Wortschatz, der für die unmittelbare Kommunikation sehr relevant ist, um nichts nach. Nach meinen Berechnungen gilt dies allerdings nicht für das Verblexikon (siehe Kapitel 10).

In seinem sehr breit angelegten Akkulturationsmodell erläutert Schumann (1986) unter anderem die sozialgruppenspezifische Motivation, die sich aus dem Größen- und Machtverhältnis zwischen bereits einheimischen L1- und (neu) zugewanderten L2-SprecherInnen ergibt. Wenn die wirtschaftlichen oder politischen Unterschiede zwischen beiden Gruppen zu groß sind, behindert das den Erwerb der Mehrheitssprache. Ist die eingewanderte Minderheit sehr groß und homogen, weist sie oft einen hohen Gruppenzusammenhalt auf, was sich weiterhin negativ auf die sozialgruppenspezifische Motivation auswirken kann. Sie ist ebenfalls unbewusst und vom Einzelnen nicht modifizierbar und betrifft vermutlich ältere LernerInnen stärker als jüngere.

Die individuelle Motivation ist hingegen zumindest teilweise bewusst vom Einzelnen steuerbar und von persönlichen Zielen und Erfahrungen geprägt. Ihr Einfluss ist vor allem bei älteren L2-LernerInnen spürbar: Sie gleichen den erwarteten Lernaufwand mit ihren Lernzielen ab, welche von einfachen kommunikativen Bedürfnissen bis zur maximalen Assimilation an die Zielsprache alles beinhalten könnten. Größere Unterschiede in der individuellen Motivation können also bei älteren L2-LernerInnen zu unterschiedlichen sprachlichen Endzuständen führen und somit die Heterogenität des erwachsenen L2-Erwerbs erklären. Diese Art der Motivation kann direkt erforscht werden, was jedoch häufiger beim gesteuerten Fremdsprachenlernen passiert. So zeigt Moyer (1999), dass professionelle Motivation, z.B. bei ÜbersetzerInnen und DolmetscherInnen einen starken Einfluss auf den Erwerb der Aussprache hat. Als eine der wenigen Querschnittstudien zum Altersfaktor im ungesteuerten L2-Erwerb haben Johnson & Newport (1989) die individuelle Motivation untersucht, mit dem Ergebnis, dass sie für den Endzustand keine Rolle spiele. Ihre methodische Vorgangsweise ist allerdings sehr problematisch (Pulvermüller & Schumann 1994).

Sprachlerneignung

In jüngeren empirischen Untersuchungen konnte gezeigt werden, dass die Sprachlerneignung oder das Sprachtalent einen wichtigen Faktor im ungesteuerten L2-Erwerb darstellt, der einen Teil der Variation im erwachsenen L2-Erwerb erklären kann (DeKeyser 2000, Dörnyei & Skehan 2003, Abrahamsson & Hyltenstam 2008, Reiterer 2009). Die Sprachlerneignung wird durch verschiedene standardisierte Tests gemessen, bei denen Fähigkeiten, wie das Erkennen von Lauten, Konstituenten und grammatischen Regularitäten im sprachlichen Material, getestet werden. Hohe Sprachkompetenzen bei erwachsenen L2-LernerInnen korrelieren mit einer hohen Sprachlerneignung, bei Kindern spielt die Sprachlerneignung jedoch eine untergeordnete Rolle. Sprachlerneignung kann also individuelle Unterschiede vor allem bei älteren LernerInnen erklären, jedoch für sich genommen nicht den beobachteten Altersfaktor im L2-Erwerb.

Input

Input ist zwar eine Grundvoraussetzung für den Spracherwerb, ist er jedoch ausreichend vorhanden, so ist sein Einfluss auf den Endzustand des Grammatikerwerbs umstritten. Die an Kinder gerichtete Sprache (*child directed speech*) weist typischerweise unter anderem kürzere Sätze, weniger syntaktische Komplexität, mehr deiktische Elemente und mehr Wiederholungen auf. Solange Kinder ausreichend L1-Input und Interaktionsmöglichkeiten haben, beeinflussen Menge und Qualität des Inputs den Endzustand in der Kerngrammatik jedoch kaum (Klein 1996, Mitchell & Myles 2004).

Dies ist auch das Hauptargument gegen die Inputhypothese als Erklärung für den Altersfaktor im ungesteuerten L2-Erwerb: Wenn der Input beim L1-Erwerb keine große Rolle spielt, wieso sollte er sich im L2-Erwerb so fundamental auswirken (Long 1990, Hyltenstam & Abrahamsson 2003). Kinder bekommen vielleicht einen vereinfachten Input, ältere LernerInnen haben dafür jedoch Zugang zu verschiedenartigem Input, was sich auch unterstützend auswirken müsste: So haben Erwachsene Zugang zu schriftlichen Daten, die beim Erkennen der Wortgrenzen sehr hilfreich sind (Klein 1996). Zudem nutzen sie auch andere Lernstrategien, können z.B. nachfragen und die Bedeutung von sprachlichen Einheiten im Kontext mit ihren GesprächspartnerInnen verhandeln (Long 1990).

Ein einfaches Mehr an Input ist ebenfalls keine ausreichende Erklärung für den Lernerfolg, als z.B. phonologische Merkmale sich im Input sehr häufig wiederholen, und trotzdem von älteren LernerInnen weniger aufgenommen werden (Klein 1996). Gerade im phonologischen Bereich, wo die Diskrepanz zwischen jüngeren und älteren LernerInnen am größten ist, variiert der Input sicherlich am wenigsten (DeKeyser 2000).

Als weiteres Argument wird angeführt, dass in Querschnittstudien zum Altersfaktor kein Einfluss des Inputs ermittelt werden konnte. Allerdings wird die Inputmenge in Endzustandsstudien meist über die Anzahl der Aufenthaltsjahre geschätzt. Da der Endzustand per definitionem erst nach fünf bis zehn Jahren Aufenthalt eintritt, ist diese Schätzung relativ nutzlos. Denn ob L2-LernerInnen seit fünf, sieben oder zehn Jahren in einem Land leben, in dem die Zielsprache gesprochen wird, dürfte tatsächlich keinen großen Einfluss auf den Endzustand mehr haben. Außerdem ist die Dauer des Sprachkontakts kein zuverlässiges Maß für die Messung der Inputmenge. Und neben der Menge des Inputs spielt auch seine Qualität eine Rolle.

Wenn auch der Einfluss des Inputs auf den Endzustand (L1 und L2) umstritten ist, so hat er doch einen Einfluss auf die Geschwindigkeit des Grammatikerwerbs (Gathercole & Hoff 2007). Außerdem wirken sich Menge und Qualität des Inputs auf den Lexikonerwerb, die stilistische Ausdrucksfähigkeit und die Beherrschung verschiedener sprachlicher Register aus. So zeigen Naigles & Hoff-Ginsberg (1998), dass Kinder sensibel auf die die Frequenz reagieren, mit der bestimmte Verben im Input ihrer Mütter vorkommen, und diese Verben früher lernen als andere.

Außerdem wurde mehrfach nachgewiesen, dass Kinder aus bildungsfernen Familien weniger Input erhalten als Kinder aus bildungsnahen Familien, und dass dieser Input eine vergleichsweise geringere Bandbreite an lexikalischen und grammatikalischen Elementen abdeckt (Hart & Risley 1995, Hoff 2003). Solche Unterschiede in Menge und Qualität des Inputs wirken sich auf die Entwicklung des Wortschatzes und auf die Geschwindigkeit des Grammatikerwerbs aus (Hoff-Ginsberg 1991, Weizman & Snow 2001). Alle Kinder, ob aus bildungsnahen oder -fernen Familien, erwerben die Kerngrammatik ihrer Umgebung perfekt. Unterschiede werden erst in der Schule spürbar, wo die Beherrschung des Registers Bildungssprache bewertet wird (Gogolin 2009).

Die Frage nach der Bildungssprache ist auch für den Altersfaktor im L2-Erwerb relevant: Das Durchlaufen des Bildungssystems in der Zielsprache fördert die sprachliche Entwicklung von Kindern und Jugendlichen und trägt nach Bialystok (1997) auch zu einer gewissen Homogenisierung der sprachlichen Kompetenz bei. Bei Erwachsenen hängt es hingegen stark von ihrem Beruf und ihrem Umfeld ab, ob sie die Möglichkeit haben, ihre sprachlichen Leistungen zu verbessern und zu konsolidieren. So plausibel diese Annahme ist, wurde sie bis jetzt noch nicht empirisch überprüft.

Im gesteuerten L2-Erwerb bzw. im Fremdsprachenlernen stellen Input, Interaktion und Output seit langem wichtige Größen dar (Mitchell & Myles 2004). Fragen nach dem Einfluss von positiver und negativer Evidenz durch Feedback, nach der Transformation von Input zu *Intake* (tatsächlich verarbeiteter Input) und nach der Intensität der Sprachverwendung (v.a. mit MuttersprachlerInnen) spielen sicherlich auch im ungesteuerten Erwerb eine Rolle. So zeigen z.B. Flege, Munro & MacKay (1995), dass die Häufigkeit der Sprachverwendung sehr wohl einen positiven Einfluss auf den

Endzustand des L2-Erwerbs hat, wenn auch einen geringeren als das Alter bei Erwerbsbeginn. Eine Sprache, in der man viel Input bekommt und viel sprachlich interagiert, ist mit hoher Wahrscheinlichkeit auch die dominante Sprache im Alltag, was nach Birdsong (2009) für den Erfolg des Spracherwerbs ausschlaggebend ist.

Im Kontext des Fremdsprachenerwerbs ist es leichter, den Input der LernerInnen zu kontrollieren: So zeigt z.B. die Interventionsstudie von Winkler (2011) mit italienischen MuttersprachlerInnen zum Erwerb der deutschen Verbstellung im Anfängerunterricht, wie wichtig der frühzeitige Hinweis auf die beiden Verbpositionen im Deutschen (Satzklammer) durch die Verwendung von Auxiliaren, Modalverben, Partikelverben und OV-Abfolgen im Allgemeinen ist. Andere relevante Input-Studien im gesteuerten Fremdsprachenerwerb sind z.B. Rast (2010) oder das aktuelle laufende internationale VILLA-Projekt, das den kompletten Input eines Polnischkurses mit derselben Lehrperson in verschiedenen Ländern aufzeichnet und L2-LernerInnen mit verschiedenen Erstsprachen systematisch testet (Dimroth et al. 2013). Die Ergebnisse der Forschung zum gesteuerten L2-Erwerb sollten als weitere Grundlage für Studien zum Einfluss des Inputs auf den ungesteuerten Erwerb herangezogen werden.

4. Fazit: Ein multifaktorielles Modell des Altersfaktors

Zunächst möchte ich die Faktoren zusammenfassen, die einen Einfluss auf den ungesteuerten Zweitspracherwerb haben können und mit dem Alter bei Erwerbsbeginn zusammenhängen. Auf der Basis der Forschungsliteratur (siehe auch Czinglar 2012) erweitere ich die Klassifikation von Klein (1996) um einige Kategorien und Faktoren.[4] Von den Faktoren in Tabelle 2.4 (nächste Seite) wurden bisher nur zwei als umfassende Erklärungsansätze zum Altersfaktor im Zweitspracherwerb ausformuliert: die Hypothese der kritischen Periode (HKP) und die Hypothese der alterstypischen Motivation. Die vollständige Ersetzung der HKP durch die Motivationshypothese haben Klein (1996) und Pagonis (2009b) vorgeschlagen. Andere For-

---

[4] In der Literatur (v.a. zum gesteuerten Spracherwerb) werden noch weitere Faktoren erwähnt, wie Einstellungen zur Zielsprache und zur Kultur des Landes, in dem die Zielsprache gesprochen wird, Sprachlernstrategien, Selbstbewusstsein, Kommunikationsbereitschaft, Intelligenz (Edmondson & House 2000; Robinson 2002; Dörnyei & Skehan 2003; Dörnyei 2005). Diese individuellen Unterschiede zwischen LernerInnen wurden jedoch bis jetzt nicht in einen systematischen Zusammenhang zum Erwerbsalter gebracht und kommen daher in Tabelle 2.4 nicht vor.

scherInnen, wie Hyltenstam & Abrahamsson (2003), sehen in Motivation oder Sprachlerneignung keine tragfähigen Erklärungsansätze für den Altersfaktor, halten sie jedoch für sinnvolle Ergänzungen der HKP oder Reifungshypothese, die individuelle Unterschiede bei den Sprachkompetenzen von Erwachsenen erklären könnten.

Tabelle 2.4   Einflussfaktoren auf den L2-Erwerb

Kategorie	Einflussfaktoren
biologische Grundausstattung	neurobiologische Reifung spezifischer Spracherwerbsmechanismus allgemeine Alterungsprozesse Sprachlerneignung (soweit angeboren)
Kognition & erworbenes Wissen	L1-Entrenchment kognitive Reife Wissen über L1, L2, L3 ... Sprachlerneignung (soweit erworben) Bildung, Lernerfahrung, Weltwissen allgemeine Problemlösungsstrategien
Motivation	alterstypische Motivation individuelle Motivation
Input & Output	Menge und Qualität des Inputs Intensität der Sprachverwendung Dominanz L1 vs. L2
soziale Faktoren	Bildungssprache L1 vs. L2 Status/Prestige von L1 und L2 sozialgruppenspezifische Motivation
innersprachliche Faktoren	Lerngegenstand: Struktur L1 vs. L2, Frequenz, Salienz, Komplexität, Redundanz, kommunikative Relevanz ...

Die Gretchenfrage nach einer kritischen Periode im Spracherwerb beantworte ich folgendermaßen: Es gibt eine kritische Periode für den Erstspracherwerb. Die Formbarkeit des Gehirns durch sprachliche Reize beginnt ungefähr ab dem vierten Lebensjahr abzunehmen und erreicht mit der Pubertät eine kritische Grenze. Kommt das Gehirn bis zu diesem Zeitpunkt nicht mit genügend sprachlichem Input in Kontakt, ist der erlittene Schaden irreversibel und ein unauffälliger Erstspracherwerb unmöglich. Wird die Erstsprache innerhalb dieser kritischen Periode erworben, so baut der Erwerb jeder weiteren Sprache auf den Gehirnstrukturen auf, die während des L1-Erwerbs gebildet wurden. Es ist also naheliegend, dass auch der Zweitspracherwerb während der kritischen Phase von der höheren Plastizität des Gehirns und der erhöhten Sensibilität für sprachlichen Input profitiert. Je geringer der Abstand zwischen L1- und L2-Erwerb ist, umso leichter schreiben sich auch die Strukturen der L2 ins Gehirn ein. Dies kann auch zu einem insgesamt etwas verlangsamten Spracherwerb führen, da sich Automatismen aufgrund der erhöhten Komplexität weniger schnell einstellen können.[5]

In Anbetracht der komplexen Datenlage zum ungesteuerten L2-Erwerb plädiere ich für eine multifaktorielle Erklärung des Altersfaktors im L2-Erwerb, auch wenn eine solche schwerer zu falsifizieren ist als ein monokausales Erklärungsmodell. Hyltenstam & Abrahamsson (2003) schlagen ebenfalls ein multifaktorielles Modell vor, in dem neurobiologische Reifungsprozesse die Haupterklärung darstellen. Mit zunehmendem Alter bei Erwerbsbeginn gewinnen in ihrem Modell auch individuelle Faktoren wie Sprachlerneignung und Motivation an Relevanz. Das multifaktorielle Modell, das ich in Abbildung 2.1 vorschlage, geht im Gegensatz dazu davon aus, dass neurobiologische und kognitive Reifung und alterstypische Motivation gleichermaßen Einfluss auf den Zweitspracherwerb nehmen, und damit den Altersfaktor zu einer robusten Konstante im L2-Erwerb machen.

Bei sehr jungen L2-LernerInnen wirken sich die erhöhte Sensibilität des Gehirns für sprachliche Stimuli, die erhöhte Plastizität des Gehirns und die alterstypische Motivation, die auf maximale Anpassung an die sprachliche Umwelt abzielt, allesamt positiv auf die Erwerbsleistung aus. Die Plastizität des Gehirns nimmt mit zunehmendem Alter bei Erwerbsbeginn ab und gleichzeitig verändert sich die alterstypische Erwerbsmotivation. Eine höhere kognitive Reife erlaubt es den LernerInnen, den Lernaufwand für einen Lerngegenstand abzuschätzen und eine Kosten-Nutzen-Rechnung, je nach ihrer individuellen Motivation, anzustellen (Dimroth 2008c). Natürlich spielt auch eine Rolle, welche Sprache die dominante Sprache oder die Bildungssprache ist. Mit zunehmendem Alter bei Erwerbsbeginn werden nicht-biologische Faktoren immer wichtiger für den Lernerfolg und er hängt verstärkt von den eigenen Zielen, den kommunikativen Bedürfnissen, der individuellen Motivation und der Sprachlerneignung ab.

---

[5] Beim einem sehr frühen L2-Erwerb verschwimmen die Grenzen zum bilingualen L1-Erwerb, in dem beide Sprachen weitgehend muttersprachlich erworben werden.

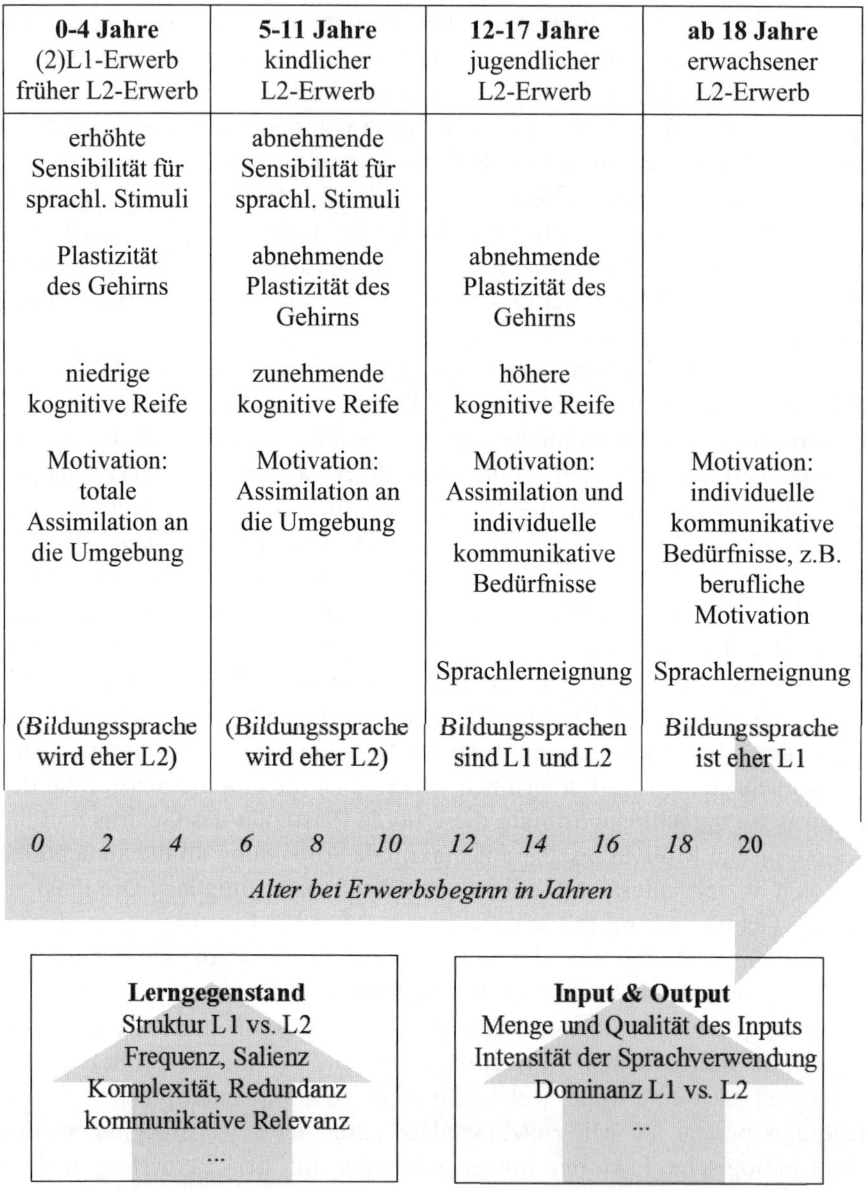

0-4 Jahre (2)L1-Erwerb früher L2-Erwerb	5-11 Jahre kindlicher L2-Erwerb	12-17 Jahre jugendlicher L2-Erwerb	ab 18 Jahre erwachsener L2-Erwerb
erhöhte Sensibilität für sprachl. Stimuli	abnehmende Sensibilität für sprachl. Stimuli		
Plastizität des Gehirns	abnehmende Plastizität des Gehirns	abnehmende Plastizität des Gehirns	
niedrige kognitive Reife	zunehmende kognitive Reife	höhere kognitive Reife	
Motivation: totale Assimilation an die Umgebung	Motivation: Assimilation an die Umgebung	Motivation: Assimilation und individuelle kommunikative Bedürfnisse	Motivation: individuelle kommunikative Bedürfnisse, z.B. berufliche Motivation
		Sprachlerneignung	Sprachlerneignung
(Bildungssprache wird eher L2)	(Bildungssprache wird eher L2)	Bildungssprachen sind L1 und L2	Bildungssprache ist eher L1

| 0 | 2 | 4 | 6 | 8 | 10 | 12 | 14 | 16 | 18 | 20 |

Alter bei Erwerbsbeginn in Jahren

Lerngegenstand	Input & Output
Struktur L1 vs. L2 Frequenz, Salienz Komplexität, Redundanz kommunikative Relevanz ...	Menge und Qualität des Inputs Intensität der Sprachverwendung Dominanz L1 vs. L2 ...

Abbildung 2.1 Multifaktorielles Erklärungsmodell des Altersfaktors

Das in Abbildung 2.1 unten dargestellte multifaktorielle Modell erfasst den Einfluss des Alters bei Erwerbsbeginn auf den ungesteuerten L2-Erwerb in seiner ganzen Komplexität, wobei die Altersangaben für die Gruppeneinteilung als Annäherungen zu verstehen sind. Auch für die Praxis, also im DaF/DaZ-Unterricht oder als Grundlage für sprachenpolitische Entscheidungen, ist ein multifaktorielles Modell gewinnbringender als ein vereinfachendes monokausales Modell.

Mein empirisches Erkenntnisinteresse wird durch das oben darstellte Modell des Altersfaktors geleitet. Die empirische Studie (Kapitel 6 bis 10) zeichnet die sprachliche Entwicklung im Bereich der Verbstellung bei zwei Probandinnen nach, die sich hauptsächlich durch das Alter bei Erwerbsbeginn unterscheiden. Longitudinale Studien zu so gut vergleichbaren ProbandInnen liegen bisher kaum vor. Auch zu jugendlichen L2-LernerInnen gibt es nur wenige longitudinale Studien. Langzeitstudien ermöglichen eine differenzierte Perspektive auf die sprachliche Entwicklung in verschiedenen Lerngegenständen und sagen sowohl etwas über die Geschwindigkeit als auch über die Struktur des Erwerbsverlaufs aus. Wenn auch aus einer Einzelfallstudie keine allgemeingültigen Konsequenzen zum Altersfaktor gezogen werden können, so beleuchtet ein detaillierter Blick auf den Erwerbsverlauf die Grauzone der Altersgrenze(n) in einzelnen Lerngegenständen, die in Querschnittstudien immer wieder variieren.

Kapitel 3
Der Lerngegenstand

In diesem Kapitel behandle ich die wichtigsten Eigenschaften der Verbstellung in der Ziel- und der Ausgangssprache: In Kapitel 3.1 beschreibe ich die Verbstellung in der Zielsprache Deutsch und in Kapitel 3.2 zeige ich sowohl Gemeinsamkeiten als auch Unterschiede zur Verbstellung im Russischen auf. Die Strukturbeschreibungen der Ziel- und Ausgangssprache bilden die Grundlage für das Verständnis der Studien zum Verbstellungserwerb in den Kapiteln 4 und 5 einerseits, und für die Analyse meiner eigenen Daten in den Kapiteln 6 bis 10 andererseits.

1. Die Verbstellung in der Zielsprache Deutsch

Gute Beschreibungen der Verbstellung im Deutschen gibt es zur Genüge (z.B. Wöllstein-Leisten et al. 1997, Eisenberg 1999, DUDEN 2006, Meibauer et al. 2007, Wöllstein 2010). Ich werde mich hier auf einen Überblick beschränken, um die Voraussetzungen für die folgende Diskussion von empirischen Studien zum Erwerb der Verbstellung im Deutschen zu schaffen. Grundsätzlich lassen sich wie in (1) zwei Typen von Verben im Satz unterscheiden: das finit flektierte Verb, dessen Form sich je nach Person und Numerus des Subjekts (Subjekt-Verb-Kongruenz) und Modus und Tempus verändert, und das infinite Verb (Infinitiv und Partizip), dessen Form sich nicht verändert.

(1) *Finites* vs. *infinites Verb*[6]
    a. Valerie **hat** / wir **haben** … eine Schokolade gegessen.
    b. Du **wirst** / sie **werden** … heute nicht pünktlich kommen.
    c. Ich **esse** / Valerie **isst** … heute keine Schokolade.
    d. Du **kommst** / ihr **kommt** … ja nie pünktlich.

Außer infiniten Nebensätzen wie (2)a und Konstruktionen wie Ellipsen in (2)b und Matrixinfinitive in (2)c, die auf bestimmte pragmatische Kontexte

---

[6] In den Beispielen verwende ich durchgehend **Fettdruck** für das relevante finite Verb.

beschränkt sind, haben alle Sätze genau ein finites Verb (die Diskussion um Assertion in Kapitel 4.4):

(2) *Sätze ohne finites Verb*
  a. (Er hat abgesagt,) ohne mit der Wimper zu zucken.
  b. (Was macht Valerie am liebsten?) Auf die Trommel hauen.
  c. Eine ganze Tafel Schokolade essen?! (Das würde ich nie tun!)

Das regelmäßige Flexionsparadigma des finiten Verbs im Deutschen enthält sowohl eindeutige Formen, als auch solche, die für sich allein noch nicht das Subjekt des Satzes festlegen (v.a. das Suffix *–en*, das auch mit dem Infinitiv ident ist):

(3)   *Singular*   *Plural*
  1.   arbeit-*e*   arbeit-*en*
  2.   arbeit-*est*   arbeit-*et*
  3.   arbeit-*et*   arbeit-*en*

Deutsch ist keine Nullsubjektssprache, alle Sätze mit einem finiten Verb müssen auch ein Subjekt enthalten. Die Position des finiten Verbs verändert sich im Deutschen je nach Satztyp, auch wenn die Entsprechung zwischen Form und Funktion nicht eindeutig ist: In einem deklarativen Satz (Aussagesatz) steht das finite Verb an der zweiten Position im Satz (V2), ebenso in Ergänzungsfragen, die mit einem Fragewort (W-Wort) eingeleitet werden (W-Fragen). In Imperativen und Entscheidungsfragen (*Ja-Nein-*Fragen) steht es an erster Position (V1). In abhängigen Nebensätzen mit einem hypotaktischen Konnektor bzw. einer Subjunktion steht das finite Verb an letzter Stelle, also in Verb-End-Position (VE).

(4) *Satztypen*
  a. Valerie **isst** gerne Schokolade. (deklarativ)
  b. **Isst** Valerie schon wieder Schokolade?
     (interrogativ, Entscheidungsfrage)
  c. Was **isst** Valerie am liebsten? (interrogativ, W-Frage)
  d. **Iss** nicht so viel Schokolade, Valerie! (Imperativ)
  e. Ich bin dagegen, dass Valerie schon Schokolade **isst**. (Nebensatz)

Während V1 und V2 zwischen funktional verschiedenen Satztypen unterscheiden, also einen semantischen Wert haben, hat die VE-Position nur

syntaktische Bedeutung, da sie auf die syntaktische Einbettung des Nebensatzes verweist. Ob der Nebensatz deklarativ, interrogativ oder relativ ist,
wird durch den Kontext und den Konnektor bestimmt.

Tabelle 3.1   Funktion der finiten Verbposition

Position	Satztyp
V1	Imperativ, Entscheidungsfrage
V2	Deklarativsatz, W-Frage
VE	syntaktische Einbettung (Nebensatz)

Im topologischen Satzmodell (auch Felderanalyse genannt) sind für das
Deutsche zwei Verbpositionen vorgesehen, die den Satz wie eine Klammer
zusammenhalten, nämlich die linke und die rechte Satz- oder Verbklammer
(u.a. Drach 1937, Höhle 1986, Wöllstein-Leisten et al. 1997, Eisenberg
1999, DUDEN 2006, Wöllstein 2010). Rund um diese beiden Verbpositionen lassen sich die anderen Konstituenten im Vor-, Mittel- und Nachfeld
relativ frei anordnen, abhängig u.a. von der Informationsstruktur des Satzes.[7] Die Position des finiten Verbs ist dabei variabel: Bei V1 bleibt das
Vorfeld frei, wie auch bei VE, wobei hier die einbettende Subjunktion in
der linken Satzklammer (LSK) steht und das finite Verb deshalb in der
rechten Satzklammer (RSK) unterkommen muss. Die Besetzung des Vorfelds hat also klare Konsequenzen für die Verbposition, diejenige des
Nachfelds nicht, denn die Position bleibt VE auch wenn danach noch eine
Konstituente folgt. Die Verschiebung ins Nachfeld (auch Extraposition
genannt) betrifft hauptsächlich Sätze und Präpositionalphrasen. Tabelle 3.2
zeigt das topologische Modell des Deutschen in maximaler Besetzung:

Tabelle 3.2   Topologisches Modell des Deutschen

	Vorfeld	linke SK	Mittelfeld	rechte SK	Nachfeld
V1	--	finites V	Konstituenten	infinites V	Konstituente
V2	Konstituente	finites V	Konstituenten	infinites V	Konstituente
VE	--	Subjunktion	Konstituenten	infin. V finites V	Konstituente
VE	NS-Einleiter	--	Konstituenten	infin. V finites V	Konstituente

---

[7]   Die Wortstellung im Mittelfeld ist dabei relativ frei, abhängig z.B. von der *Thema-
Rhema*-Gliederung, Definitheit und Länge der Phrasen. Pronomina stehen an der Spitze
des Mittelfelds, an der so genannten *Wackernagel*-Position (Wöllstein-Leisten et al.
1997).

Gibt es zwei Verben im Satz, so ist das funktionale Verb (Auxiliar, Modal-verb) immer finit realisiert und das lexikalische Verb (Vollverb) infinit.[8] Die Position des infiniten Verbs ist, falls vorhanden, konstant: Es steht immer in der rechten Satzklammer (im Nebensatz vor dem finiten Verb). Die Objekte des lexikalischen Verbs und verschiedene Adverbiale stehen im Mittelfeld, das heißt, die Wortstellung von Objekt (O) und infinitem Verb (V) ist OV. Dies lässt sich an den folgenden Beispielen mit infiniten Verben überprüfen:

(5)   *OV-Reihenfolge im Deutschen*
   a. Ich **möchte** Schokolade essen / *essen Schokolade.
   b. Was hast du heute gemacht?
      Schokolade gegessen / *Gegessen Schokolade.
   c. Was willst du heute tun?
      Schokolade essen / *Essen Schokolade.

In analytischen Konstruktionen mit funktionalen Verben stehen das finite und das infinite Verb im Hauptsatz nur dann nebeneinander (oder *adja-zent*), wenn das Mittelfeld wie in (6)a leer ist. Sobald Elemente im Mittel-feld stehen, wie z.B. die Negation in (6)b oder ein Subjekt bzw. ein Adverb in (6)c werden der finite und der infinite Verbteil getrennt. Deshalb spricht man bei der Verbklammer im Deutschen auch häufig von *Distanzstellung*.

(6)   Distanzstellung im Deutschen
   a. Valerie **hat** aufgegessen.
   b. Valerie **hat** noch nicht aufgegessen.
   c. Heute **hat** Valerie brav aufgegessen.

Ist das Vollverb selbst das finite Verb, so bleibt es nicht in der rechten Satzklammer stehen, sondern bewegt sich in die Position des finiten Verbs, d.h. in die linke Satzklammer. Dass es zwischen der linken und der rechten Satzklammer tatsächlich eine Verbindung gibt, die mit Bewegung von rechts nach links beschrieben werden kann, wird u.a. am Beispiel von trennbaren Partikelverben deutlich: Ist das finite Verb ein trennbares Parti-

---

[8]   Es gibt nur ein finites Verb pro Satz, aber es kann mehrere infinite Verben geben, deren interne Reihenfolge im Verbalkomplex, wie Bech (1983) gezeigt hat, ebenfalls genau geregelt ist. Da im Korpus kaum Verbalkomplexe vorkommen, beschränke ich mich hier auf die einfachen Fälle.

kelverb, so wandert nur der finite Verbteil in die finite Position (LSK), während der infinite Verbteil (Partikel) in der RSK stehen bleibt.

(7)   *trennbare Partikelverben im Deutschen*
   a. Valerie **hat** die Suppe aufgegessen.
   b. Was macht Valerie? Die Suppe aufessen.
   c. Valerie **isst** die Suppe auf. / *Valerie **aufisst** die Suppe. /
      *Valerie die Suppe **aufisst**.

Auch im Nebensatz verändert sich die Besetzung der linken und der rechten Satzklammer: In der LSK steht das Element, das den Nebensatz einleitet (z.B. Subjunktion) und einen Bezug zum Hauptsatz (Matrixsatz) herstellt. Das finite Verb steht im Nebensatz nach optional auftretenden infiniten Verben in der RSK, finite Partikelverben bleiben hier erwartungsgemäß ungetrennt:

(8)   *Verbstellung im Nebensatz*
   a. (Ich glaube,) **dass** Valerie heute ihre Suppe aufessen **wird**.
   b. (Ich glaube,) **dass** Valerie heute ihre Suppe **aufisst**.

Die Reihenfolge zwischen dem infiniten Vollverb (V) und seinen Argumenten im Haupt- und Nebensatz entspricht OV. Das finite Verb (FIN) im Nebensatz steht ebenfalls am Ende (VE), also O-FIN, bzw. wenn auch ein Vollverb vorhanden ist, O-V-FIN. Aus diesen Eigenschaften lässt sich ableiten, dass Deutsch typologisch gesehen eine SOV-Sprache ist. Im Hauptsatz steht FIN allerdings in V2-Stellung, häufig nach einem Subjekt (S) im Vorfeld wie in den Beispielen in (1) und (9)a, was zu der Abfolge S-FIN führt, die auch SVO-Sprachen aufweisen.

Korpusanalysen gesprochener und geschriebener Sprache zeigen, dass in ca. 50% aller Hauptsätze im Deutschen ein Subjekt im Vorfeld steht (Hinrichs & Kübler 2005). Das häufige Auftreten von S-FIN legt also die Frage nahe, ob Deutsch nicht, wie z.B. Englisch oder Spanisch, eine SVO-Sprache sein könnte. Im Deutschen können jedoch im Vorfeld auch andere Konstituenten stehen, wie ein Adverb in (9)b, ein Objekt in (9)c, eine infinite Verbalphrase wie in (9)d oder auch ein ganzer Satz wie in (9)e:

(9)   *Besetzung des Vorfelds im Hauptsatz*
   a. Valerie **wird** heute die Suppe aufessen.
   b. Heute **wird** Valerie die Suppe aufessen.

c. Die Suppe **hat** Valerie heute nicht ganz aufgegessen.
d. Ganz aufgegessen **hat** sie die Suppe heute leider nicht.
e. Weil sie schon satt war, **hat** Valerie die Suppe heute nicht ganz
   aufgegessen.

Werden in reinen SVO-Sprachen andere Konstituenten (X) an den Satzanfang verschoben, so bleibt die SVO-Abfolge erhalten (X-SVO wie in
Yesterday, Valerie alte her soup). Im Deutschen kann jedoch nur ein Element im Vorfeld stehen, entweder S oder X, und wenn X im Vorfeld steht,
so steht S hinter dem finiten Verb im Mittelfeld (*Subjekt-Verb-Inversion*).
Aus diesem Grund wird Deutsch typologisch (wie Niederländisch) als
SOV-Sprache mit V2-Eigenschaft klassifiziert.[9]

Die V2-Eigenschaft wird nur im Hauptsatz realisiert und zwingt das fi-
nite Verb, sich in die zweite Position im Satz bzw. in die LSK zu bewe-
gen.[10] Dabei bleibt offen, welche Konstituente im Vorfeld steht, es handelt
sich also nicht um eine SV-Abfolge, sondern um eine XV-Abfolge (bzw.
X-FIN-Abfolge). Es gibt auch SVO-Sprachen mit V2-Eigenschaft wie z.B.
Schwedisch (Vikner 1995), aber eine solche Klassifikation kommt für das
Deutsche aufgrund der OV-Eigenschaft (mit infiniten Verben) und der
SOV-Abfolge im Nebensatz nicht in Frage.

In den folgenden Tabellen gebe ich Beispiele für verschiedene Satztypen im topologischen Satzmodell (z.T. nach Wöllstein-Leisten et al.
1997):

Tabelle 3.3   Hauptsätze im topologischen Satzmodell

Vorfeld	LSK	Mittelfeld	RSK	Nachfeld
--	Wird	sie uns morgen eine Geschichte	erzählen	aus ihrem Leben?
--	Erzähl	eine Geschichte aus deinem Leben!		
Welche Geschichte	wird	sie morgen	erzählen?	
Sie	erzählt	eine Geschichte.		

---

9   Eisenberg (1999) stellt fest, dass sich diese ursprünglich von der generativen Grammatik
    vertretene Position inzwischen weitgehend durchgesetzt hat.
10 Eigentlich müsste es also FIN2-Eigenschaft heißen, aber V2 ist der übliche Terminus.
    Das finite Verb (FIN) ist entweder ein eigenes funktionales Verb (Auxiliar, Modalverb),
    das finit markierte Vollverb oder der finite Teil eines Partikelverbs.

Vorfeld	LSK	Mittelfeld	RSK	Nachfeld
Sie	liest	morgen die Geschichte	vor,	von der ich dir erzählt habe.
Morgen	wird	sie eine Geschichte	vorlesen.	
Die Geschichte	wird	sie morgen nicht	vorlesen.	
Deshalb	liest	sie die Geschichte morgen nicht	vor.	
Sie	hat		versprochen,	uns eine Geschichte vorzulesen.
Ob sie die Geschichte vorgelesen hat,	will	sie uns nicht	sagen.	

Außer in Imperativen und Entscheidungsfragen muss das Vorfeld in Hauptsätzen besetzt sein, die Besetzung des Nachfeldes ist optional. Mit Wöllstein (2010) gehe ich von der *Uniformitätshypothese* aus und nehme eine parallele Struktur für Haupt- und Nebensätze an.[11] NS-Einleiter stehen entweder in der LSK oder im Vorfeld und das finite Verb in der RSK:

Tabelle 3.4   Nebensätze im topologischen Satzmodell

Vorfeld	LSK	Mittelfeld	RSK	Nachfeld
--	ob	sie die Geschichte	vorgelesen hat,	von der ich dir erzählt habe.
--	weil	sie uns eine Geschichte	vorliest.	
--	dass	sie uns eine Geschichte	vorliest.	
von der	--	ich dir	erzählt habe.	
welche Geschichte	--	sie uns morgen	vorlesen wird.	

---

[11] Nach der *Uniformitätshypothese* können in der LSK nur Köpfe stehen, d.h. entweder im Hauptsatz das finite Verb oder im NS die Subjunktion (LSK entspricht also C° im generativen Modell). Phrasale Elemente wie Relativ- und W-Pronomen stehen im Vorfeld des Nebensatzes, z.B. *mit dem, durch deren Wirkung* etc. Ist das Vorfeld im NS besetzt, muss die LSK phonetisch leer bleiben, damit das finite Verb sich nicht in die linke Satzklammer (nach C°) bewegen kann. Nach der *Differenzhypothese* wird in Nebensätzen kein Vorfeld angenommen und nebensatzeinleitende Phrasen können neben Köpfen in der LSK stehen (z.B. Meibauer et al. 2007).

Wenn subordinierende Konjunktionen gleich lauten wie Vorfeldelemente, so kann das für LernerInnen zusätzlich Verwirrung stiften. Jordens (2005) zeigt dies für das Niederländische, einer SOV-Sprache mit V2-Eigenschaft. Dies gilt z.B. auch für die deutschen Elemente *das(s)* und *da*:

(10) a. dass er **sieht** (NS)
      b. das **sieht** er (HS)

(11) a. da sie **schläft** (NS)
      b. da **schläft** sie (HS)

Aber damit sind noch nicht alle Schwierigkeiten der deutschen Verbstellung beschrieben. Vor dem Vorfeld muss noch eine Position für die koordinierenden Konjunktionen (*und, aber, oder, denn*) angenommen werden. Diese verbinden zwei Hauptsätze und stehen außerhalb der übrigen topologischen Felder, an der so genannten Position 0:

Tabelle 3.5   Parataktische Konjunktionen im topologischen Satzmodell

Pos. 0	Vorfeld	LSK	Mittelfeld	RSK
Und	sie	erzählt	eine Geschichte.	
Oder	welche Geschichte	wird	sie morgen	erzählen?
Aber	die Geschichte	liest	sie morgen nicht	vor.
Denn	morgen	wird	sie eine Geschichte	vorlesen.

Zwei Elemente erweisen sich hier als problematisch: Zum einen unterscheidet sich die parataktische Konjunktion *denn* in seiner Semantik nicht wesentlich von Konjunktionaladverben (*deshalb, deswegen, darum*), diese stehen jedoch wie in Tabelle 3.6 im Vorfeld und lösen Subjekt-Verb-Inversion aus. Außerdem hat *denn* phonologische Ähnlichkeit mit dem Vorfeldadverb *dann*, das ebenfalls Inversion auslöst. Zum anderen finden sich in der gesprochenen Sprache viele Sätze, die mit *weil* eingeleitet werden und V2-Stellung wie im Hauptsatz aufweisen. Berend (2005) bezeichnet V2-Stellung mit *weil* als ein prototypisches Beispiel für einen regionalen Gebrauchsstandard. Es handelt sich also um ein regionaltypisches sprechsprachliches Merkmal, das im jeweiligen regionalen Kontext ein hohes Prestige besitzt und daher auch im formellen Sprachgebrauch akzeptiert wird. Auch in informellen schriftsprachlichen Kontexten, die sich an die Regeln der mündlichen Rede anlehnen (SMS, Chats, Internetforen etc.) kommt *weil* mit V2-Stellung häufig vor.[12]

Was die Verbstellung betrifft, gleicht die V2-Variante von *weil* der parataktischen Konjunktion *denn*. Ich werde *weil* als ambig zwischen einem Position-0-Element wie *denn* (V2-Stellung) und einer Subjunktion in der LSK wie *wenn* behandeln (VE-Stellung). Da *weil* zwischen Haupt- und Nebensatzeinleiter oszilliert, werde ich *weil*-Sätze in der Analyse von anderen Nebensätzen trennen.

Tabelle 3.6   Die Einleiter *denn* und *weil* im topologischen Satzmodell

Pos. 0	Vorfeld	LSK	Mittelfeld	RSK
Aber	deshalb	wird	sie die Geschichte morgen nicht	vorlesen.
Denn	sie	wird	morgen eine Geschichte	vorlesen.
weil	morgen	wird	sie die Geschichte nicht	vorlesen.
		weil	sie die Geschichte nicht	vorlesen wird

Für bestimmte Konstruktionen, wie die Linksversetzung und *wenn-dann*-Sätze im Deutschen, muss ein erweitertes Vorfeld geschaffen werden, das so genannte *Vor-Vorfeld*. Bei der Linksversetzung wird eine Konstituente (XP) ins Vor-Vorfeld verschoben und im Vorfeld steht ein Demonstrativpronomen, das mit der XP formal übereinstimmt (Wöllstein-Leisten et al. 1997). In manchen Analysen wird auch ein *wenn*-Satz im Vor-Vorfeld positioniert, wenn er mit einem *dann*-Korrelat im Hauptsatz auftritt. Dann steht der *wenn*-Satz im Vor-Vorfeld und das *dann*-Korrelat im Vorfeld. Hat der *wenn*-Satz kein *dann*-Korrelat, steht er selbst im Vorfeld.[13] Sowohl Linksversetzung als auch *wenn-dann*-Sätze kommen häufig in der gesprochenen Sprache vor, was es L2-LernerInnen erschweren könnte, die V2-Eigenschaft des Deutschen zu erkennen.[14]

---

[12]   Auch wenn häufig in modernen Kommunikationsmitteln anzutreffen ist, handelt es sich dabei, anders als häufig von Vertretern der konservativen Sprachverfallsrhetorik dargestellt, nicht um ein neues Sprachwandelphänomen (Freywald 2009).

[13]   Wenn man den *wenn*-Satz nicht ins Vor-Vorfeld stellt, muss man wie z.B. Günthner (1999) von einem doppelt besetzten Vorfeld ausgehen. Für die Argumentation in diesem Kapitel spielen die syntaktischen Detaillösungen jedoch keine Rolle.

[14]   Müller (2005) gibt weitere Beispiele für (scheinbare) V3-Strukturen, die die V2-Eigenschaft des Deutschen ebenfalls verschleiern könnten. Allerdings sind seine Belege komplexe Sätze, die meist in journalistischen Texten vorkommen, und ich halte es für unwahrscheinlich, dass L2-LernerInnen in ihrem Input häufig auf solche Sätze treffen. Trotzdem gebe ich hier einige seiner Beispiele wieder:
(i)   [Alle Träume] [gleichzeitig] lassen sich nur selten verwirklichen.

Tabelle 3.7 Das erweiterte Vorfeld im Deutschen

Pos.0	Vor-Vorfeld	Vorfeld	LSK	Mittelfeld	RSK
Aber	(die) Valerie,	die	hat	ihre Suppe heute	aufgegessen.
Und	wenn sie Lust hat,	dann	wird	sie uns morgen eine Geschichte	vorlesen.
weil	--	wenn sie Lust hat,	wird	sie uns morgen schon eine Geschichte	vorlesen.

Zusammenfassend lässt sich der Lerngegenstand *Verbstellung im Deutschen* folgendermaßen charakterisieren:

i. *OV-Eigenschaft*: Das infinite Verb ist seinen Objekten bzw. Komplementen nachgestellt (kopffinale VP).

ii. *XV/Distanzstellung*: Im Hauptsatz sind finiter und infiniter Verbteil getrennt, außer das Mittelfeld ist zufällig unbesetzt.

iii. *V2-Eigenschaft*: Im Hauptsatz steht das finite Verb an zweiter Stelle (in der LSK). Steht ein Nicht-Subjekt an erster Stelle, findet daher Inversion zwischen Verb und Subjekt statt.

iv. *VE-Eigenschaft*: Im Nebensatz steht der Nebensatzeinleiter in der LSK und das finite Verb in der Endposition (in der RSK).

L2-LernerInnen müssen alle diese Eigenschaften aus dem Input herausfiltern. In Tabelle 3.8 ergänze ich die Eigenschaften mit Bezügen zum topologischen Modell und Beispielen.

(ii) [Zum zweiten Mal] [die Weltmeisterschaft] errang Clark 1965 ...

(iii) [Gezielt] [Mitglieder] [im Seniorenbereich] wollen die Kendoka allerdings nicht werben.

(iv) [Den Kürzungen] [zum Opfer] fiel auch das vierteljährlich erscheinende Magazin *aktuell*, das ...

Da die Reihenfolge der beiden Konstituenten der Reihenfolge entspricht, die sie im Mittelfeld einnehmen würden, und nicht veränderbar ist, argumentiert Müller (2005), dass es sich bei diesen und ähnlichen Beispielen um eine ins Vorfeld verschobene Verbalphrase handelt, die einen leeren V-Kopf aufweist. Solche Beispiele stellen also nicht die Generalisierung in Frage, dass das Deutsche eine V2-Sprache ist.

Tabelle 3.8   Die Verbstellung im Deutschen

Satztyp	Eigenschaft	Elemente	Beispiel
alle	OV	RSK	Suppe aufessen
HS	XV (Distanz)	LSK & RSK	Valerie hat schon aufgegessen.
HS	V2	Vorfeld & LSK	Valerie isst ihre Suppe auf.
HS	V2 & Inversion	Vorfeld & LSK	Gestern hat Valerie nicht aufgegessen.
NS	VE	LSK & RSK	dass Valerie gestern nicht aufgegessen hat

Abschließend skizziere ich in Anlehnung an Haberzettl (2005), welche Eigenschaften des Deutschen es L2-LernerInnen erschweren könnten, die Verbstellungsregularitäten des Deutschen zu erkennen:

Tabelle 3.9   Erschwerende Faktoren beim Verbstellungserwerb

Satztyp	Eigenschaft	Beispiel
alle	OV	besetztes Nachfeld (Sätze oder PPs) SVO-Abfolgen mit lexikalischen Verben
HS	XV (Distanz)	leeres Mittelfeld (FIN-INF)
HS	V2	SVO-Abfolgen mit lexikalischen Verben
HS	V2 & Inversion	besetztes Vor-Vorfeld (scheinbar V3)
NS	VE	*weil*-Nebensätze mit V2

In Anbetracht dieser komplexen Situation ist es eigentlich fast ein Wunder, dass L2-LernerInnen überhaupt in der Lage sind, die Verbstellung im Deutschen zu erwerben.

2.   Die Verbstellung in der Ausgangssprache Russisch

Ähnlich wie das Deutsche ist das Russische eine flektierende Sprache, allerdings weist das Flexionsparadigma des russischen Verbs weniger Synkretismen auf. Anders als das Deutsche verfügt das Russische über ein ausgefeiltes Aspektsystem (Comrie 2009): Verben bilden Aspektpaare mit einer perfektiven (PF) und einer imperfektiven (IMPF) Form. Einfache Verben ohne Präfix sind meist imperfektiv, z.B. *čitát'* (lesen), *pisát'* (schreiben), durch ein nicht vorhersagbares Präfix bekommen sie eine perfektive Bedeutung, z.B. *pročitát'* (durchlesen), *napisát'* (aufschreiben).[15] Das Flexionsparadigma im Präsens (I. Konjugation) und in der Vergangenheit (eine ehemalige Partizipform, die nicht mit der Person, sondern mit dem Genus des Subjekts kongruiert) sieht folgendermaßen aus (Comrie 2009):

(12) *Flexionsparadigma Präsens und Vergangenheit*

PRÄS	Singular	Plural	VGH	Singular	Plural
1.	čitáju	čitáem	M	čitál	čitáli
2.	čitáješ'	čitáete	F	čitála	čitáli
3.	čitáet	čitájut	N	čitálo	čitáli

Das Russische ist keine Nullsubjekt- oder *pro drop* Sprache im klassischen Sinn, da unbetonte Subjektpronomen anders als z.B. im Italienischen realisiert werden müssen (Timberlake 2004, King 1995). Aber anders als in Sprachen ohne *pro drop* wie Deutsch oder Englisch verlangt das Russische keine expletiven Subjekte. Außerdem sind diskursiv lizensierte Subjektellipsen in der gesprochenen Sprache möglich, wenn der Inhalt durch den Kontext erschlossen werden kann. Sogar in der Schriftsprache sind Subjektauslassungen teilweise möglich (z.B. im Nebensatz), kommen jedoch nicht häufig vor (Timberlake 2004). Auch Siewierska & Uhlířová (1997) stellen fest, dass die Auslassung von Subjektpronomen im Russischen viel beschränkter ist als in anderen slawischen Sprachen.

Die Wortstellung ist im Unterschied zum Deutschen sehr frei, die Position des finiten Verbs unterliegt keinerlei Beschränkungen. Theoretisch sind daher, wie in (13) veranschaulicht, im Russischen alle Permutationen der Wortstellung möglich (Bailyn 2012):

(13)

	Russisch	*Deutsch*
SVO:	Mal'čiki **čitajut** knigi.	Buben **lesen** Bücher.
SOV:	Mal'čiki knigi **čitajut**.	(... dass) Buben Bücher **lesen**.
OSV:	Knigi mal'čiki **čitajut**.	
OVS:	Knigi **čitajut** mal'čiki.	Die Bücher **lesen** Buben.
VSO:	**Čitajut** mal'čiki knigi.	**Lesen** Buben Bücher?
VOS:	**Čitajut** knigi mal'čiki.	
	'Boys read books.'	

---

[15] Da der Verbalaspekt für die Fragen der Verbstellung, die für meine Studie relevant sind, keine große Rolle spielt, werde ich nicht weiter auf ihn eingehen.

Wortstellungsfreiheit bedeutet jedoch nicht, dass jede Abfolge in jedem Kontext möglich ist, die Wahl ist durch die Informationsstruktur der Äußerung beschränkt. Eine allgemeines Prinzip ist dabei, dass bereits bekannte Information (*Thema*) der neuen Information (*Rhema*) vorausgeht (Siewierska & Uhlířová 1997, Bailyn 2012). Das Russische verfügt anders als das Deutsche nicht über definite Artikel und kodiert Definitheit weitgehend durch die Wortstellung. Die Flexionsmorphologie ist im Russischen etwas stärker ausgeprägt als im Deutschen und unterstützt die Identifikation syntaktischer Funktionen.

Ob das Russische eine Grundwortstellung hat und welche, wird in der Literatur immer wieder diskutiert. Bailyn (2012) argumentiert ausführlich dafür, dass SVO die Basiswortstellung im Russischen ist und andere Abfolgen von SVO abgeleitet werden können.[16] Im Folgenden schließe ich mich seiner detaillierten syntaktischen Argumentation an, werde diese hier jedoch nur teilweise wiedergeben.

Zunächst ist SVO die unmarkierte Wortstellung, die in so genannten *out-of-the-blue* Kontexten verwendet werden kann (Siewierska & Uhlířová 1997, Bailyn 2012). Diese Kontexte erlauben Sätze ohne Topik oder Thema, z.B. die Antwort auf die Frage *Was ist passiert?* wie in (14): [17]

(14)   Segodnja glava gosudarstva **podpišet** utočnennyj bjudžet na 2011.
       heute Staats-Oberhaupt wird-unterschreiben detail. Budget für 2011
       'Heute **wird** der Premierminister ein detailliertes Budget für 2011 unterschreiben.'

Außerdem verfügt das Russische über eine eigene Intonationskontur für die neutrale Wortstellung, und bei transitiven Verben ist diese Intonation nur mit SVO-Abfolge möglich. Bei intransitiven Verben entspricht die neutrale Wortstellung allerdings VS und nicht SV.[18]

---

[16]   Bailyn (2012) spricht sich hier u.a. gegen King (1995) aus.

[17]   Wenn nicht anders angegeben, wurden die russischen Beispiele und englischen Übersetzungen in diesem Kapitel von Bailyn (2012) übernommen. Glossen und Paraphrasen wurden von mir ins Deutsche übersetzt.

[18]   Dies wird nach Bailyn (2012) auch an der sog. generischen Interpretation des Subjekts erkennbar: Bei intransitiven Verben kann das Subjekt nur in abgeleiteter SV-Stellung generisch, in VS-Stellung nur existentiell interpretiert werden: *pticy letajut* (Vögel fliegen) vs. *letajut pticy* (einige Vögel fliegen). Die SVO-Abfolge mit transitiven Verben lässt beide Interpretationen gleichzeitig zu: *korovy edjat travu* (Kühe fressen Gras und einige Kühe fressen Gras).

Bei transitiven Verben ist – und darüber herrscht auch in der Literatur Einigkeit – SVO die statistisch dominante Abfolge, sowohl im Russischen (Bivon 1971, Timberlake 2004, Bailyn 2012) als auch in allen anderen slawischen Sprachen (Siewierska & Uhlířová 1997).

Häufigkeit von SVO in Korpusanalysen geschriebener Sprache

79% aller transitiven Verben im Russischen (Bivon 1971)
46% aller transitiven Verben im Russischen (Timberlake 2004)
69% aller transitiven Verben und 15% aller Verben im Polnischen (Siewierska & Uhlířová 1997)

Häufigkeit von SV-Abfolgen

dreimal so häufig wie alle anderen Abfolgen, wenn das Subjekt ein Pronomen ist sogar 15-Mal so häufig (Bivon 1971)

Häufigkeit anderer Abfolgen

11% aller transitiven Verben OVS, 4% OSV, die restlichen Abfolgen je ca. 1% (Bivon 1971)

Aus diesen Gründen wird das Russische häufig als SVO-Sprache mit freier Wortstellung bezeichnet. Trotz der Freiheit in der Wortstellung ist das Russische jedoch auf jeden Fall eine konfigurationale Sprache mit hierarchischen Strukturen. Dass nicht lineare Oberflächenstrukturen, sondern tiefer liegende hierarchische Strukturen die syntaktischen Möglichkeiten bestimmen, zeigt Bailyn (2012) an Beispiel (15). Das Antezedens des reflexiven Possessivpronomens (*Ivan*) muss der Anapher (*svoju*) nicht linear vorausgehen, sondern hierarchisch höher stehen, und die Nominativposition (IP) steht strukturell höher als die Akkusativposition (VP).

(15)   Bindung eines reflexiven Possessivpronomens
    a. Svoju daču Ivan **ljubit**.
        [ANAPHER Datscha]-$_{ACC}$ Ivan-$_{NOM}$ liebt
        'Seine Datscha liebt Ivan.'
    b. *Svoj dom **volnuet** Ivana.
        [ANAPHER Haus-$_{NOM}$] beunruhigt Ivan-$_{ACC}$
        'Sein Haus beunruhigt Ivan.'

Diese Bindungsdaten zeigen, dass es trotz der freien Wortstellung im Russischen hierarchische Strukturen gibt, die mit der Annahme von SVO als Grundwortstellung erklärt werden können. Die VO-Eigenschaft des Russischen macht bereits Isačenko (1966) an Beispiel (16) fest: Das Verb *vypol-niv* stellt eine infinite Gerundivform mit Vergangenheitsbezug dar, die es im Deutschen nicht gibt, und bildet mit seinem Komplement *rabotu* (Arbeit-ACC) eine an den Satzanfang verschobene VP. Dass das infinite Verb seinem Komplement in dieser Konstellation vorangehen muss, spricht klar dafür, dass die VP im Russischen kopfinitial ist.

(16)   VO-Struktur mit infiniten Verben
    a. Vypolniv rabotu, Sereža **axnul**.
      [erledigt Arbeit-$_{ACC}$]$_{GERUNDIV}$ Seriozha-$_{NOM}$ seufzte
    b. *Rabotu vypolniv, Sereža **axnul**.
      [Arbeit-$_{ACC}$ erledigt]$_{GERUNDIV}$ Seriozha-$_{NOM}$ seufzte
      'Nach erledigter Arbeit **seufzte** Seriozha.'

In den folgenden Beispielen von Bailyn (2012) wird der Kontrast zur OV-Eigenschaft des Deutschen klar: Die VP mit dem analytischen Auxiliar *budet'* (werden) steht in (17) in Basisposition und in (18) vorangestellt:

(17)   Ivan (objazatel'no) **budet** (objazatel'no) smotret' televizor.
    Ivan-$_{NOM}$ (sicherlich) wird (sicherlich) sehen TV-$_{ACC}$
    'Ivan **wird** (sicherlich) fernsehen / TV schauen.'

(18)   [Govorit' po-francuzski vsë leto] ja ne **budu** _ .
    [sprechen auf-Französisch den ganzen Sommer] ich NEG werde _ .
    'Den ganzen Sommer Französisch sprechen **werde** ich nicht.'

Wie in anderen SVO-Sprachen kann ein Adverb wie *sicherlich* in (17) an verschiedenen Positionen stehen. Zusätzlich kann es auch an den Anfang des Satzes gestellt werden, die SVO-Stellung bleibt dann erhalten und das Verb steht an dritter Stelle wie in (14).
    Entscheidungsfragen werden im Russischen entweder durch Intonation oder mit dem Fragepartikel *li* gebildet:

(19)   Entscheidungsfragen
    a. Ivan **SMOtrit** televizor?
      Ivan-$_{NOM}$ sieht TV 'Ivan **sieht** fern?'
    b. **Smotrit** li Ivan televizor?
      sieht PRT Ivan TV '**Sieht** Ivan fern?'

In Informationsfragen oder W-Fragen wird auch im Russischen ein W-Wort bzw. eine W-Phrase an den Satzanfang gestellt:

(20) W-Fragen/Informationsfragen
   a. Gde ty **rabotaeš**?
   wo du arbeitest 'Wo **arbeitest** du?'
   b. Kogo ty včera **videl**?
   wen du gestern sahst
   'Wen **sahst** du gestern? / Wen **hast** du gestern gesehen?'

Im Unterschied zum Deutschen steht jedoch das Verb in W-Fragen nicht an zweiter Stelle und bei mehreren W-Wörtern müssen alle vorangestellt werden (multiple W-Fragen):

(21) Multiple W-Fragen
   a. Kto gde **rabotaet**?
   wer wo arbeitet 'Wer **arbeitet** wo?'
   b. Kto kogo **videl**?
   wer wen sah 'Wer **sah** wen? / Wer **hat** wen gesehen?'

Imperative (IMP) werden ähnlich wie im Deutschen gebildet:

(22) Imperativ
   a. **Pozvoni** emu!
   anrufen-$_{IMP.PF}$ ihn '**Ruf** ihn an!'
   b. **Vedite** sebja xorošo!
   verhalten-$_{IMP.IMPF}$ ANAPHER gut
   '**Verhaltet** euch gut! / **Seid** brav!'

Nebensätze sehen im Russischen zunächst ähnlich aus wie im Deutschen: Sie werden durch unterordnende Konjunktionen eingeleitet, die eine passende Entsprechung im Deutschen haben. Anhand von Bindungsdaten zeigt Bailyn (2012), dass diese Nebensätze auch tatsächlich eingebettet sind. Der große Unterschied zum Deutschen besteht allerdings darin, dass russische Nebensätze dieselben Wortstellungsmuster aufweisen wie Hauptsätze. Im Prinzip sind auch im Nebensatz alle Abfolgen möglich, aber die Variation ist nach Bailyn (2012) geringer. Vermutlich ist der Anteil von SVO-Abfolgen im Nebensatz also noch höher als im Hauptsatz. Alle Nebensätze in den folgenden Beispielen gleichen bis auf die ihnen vorangestellte Konjunktion bzw. Subjunktion den entsprechenden Hauptsätzen:

(23)   *Deklarativer NS = HS (Komplementsatz)*
Ja dumaju [čto [Ivan **smotrit** televizor].
ich denke [dass [Ivan sieht TV]] 'Ich denke, dass Ivan fern**sieht**.'

(24)   *Eingebettete W-Frage = W-Frage (Komplementsatz)*
a.   Nikto ne znaet [gde ty **rabotaeš**]
niemand NEG weiß [wo du arbeitest]
'Niemand weiß, wo du **arbeitest**.'
b.   Nikto ne znaet [kto gde **rabotaet**].
niemand NEG weiß [wer wo arbeitet]
'Niemand weiß, wer wo **arbeitet**.'

(25)   *Eingebettete Entscheidungsfrage = JN-Frage (Komplementsatz)*
Ja xotel uznat', [**smotrit** li Ivan televizor].
ich wollte herausfinden [sieht PRT Ivan TV]
'Ich wollte herausfinden, ob Ivan fern**sieht**.'

(26)   *Adverbialer NS = HS (Adverbialsatz)*
Saša napisal novuju pesnju   [kogda [on **vernulsja** iz Tomska]].
Sasha schrieb neues Lied   [wann [er zurückkam aus Tomsk]]
'S. schrieb ein neues Lied, als er aus Tomsk **zurückkehrte**.'

Relativsätze werden im Russischen mit dem adjektivischen Relativpronomen *kotoryj* (welcher) gebildet, das wie im Deutschen in Genus und Numerus mit dem Bezugsnomen kongruiert. Auch die W-Pronomen *kto* (wer) und *čto* (was) können in manchen Fällen Relativsätze einleiten.

(27)   *Relativsätze*
a.   zima, [kotoruju ne **ždali** _]
Winter-$_{F.SG}$ [welch-$_{ACC.F.SG\ NEG}$ erwartete _]
'der Winter, den niemand **erwartete**'
b.   učebnik, [kotoryj _ **potrjas** ves' mir]
Lehrbuch-$_{M.SG}$ [welch-$_{NOM.M.SG}$ _ schockierte die ganze Welt]
'das Lehrbuch, das die ganze Welt **schockierte**'
c.   vso, [kogo ja **znaju** _]
alles, [was ich weiß _] 'alles was ich **weiß**'

Zusammenfassend lässt sich festhalten, dass Russisch als eine SVO-Sprache mit freier Wortstellung klassifiziert werden kann. Nebensätze unterliegen im Russischen denselben Wortstellungsregeln wie Hauptsätze, wobei weniger Variation in der Wortstellung zu finden ist. In Kapitel 9 werde ich noch auf einige weitere Eigenschaften des Russischen eingehen.

3. Fazit: Die Verbstellung in L1 und L2

In diesem Kapitel habe ich die grundlegenden Fakten zur Verbstellung im Deutschen im topologischen Modell zusammengefasst. Deutsch ist eine SOV-Sprache mit V2-Eigenschaft, das heißt, im Hauptsatz steht das finite Verb an zweiter Stelle und im Nebensatz an letzter Stelle. Kennzeichnend für das Deutsche ist die so genannte Satzklammer, damit sind die beiden Verbpositionen gemeint, um die herum sich die anderen Konstituenten relativ frei bewegen können. In der linken Satzklammer (LSK) steht im Hauptsatz das finite Verb, im Nebensatz die Subjunktion. Ist der Nebensatzeinleiter eine Phrase, so steht sie im Vorfeld und die LSK bleibt leer. In der rechten Satzklammer (RSK) stehen infinite Verbteile und im Nebensatz das finite Verb.

Anders als Deutsch ist Russisch eine SVO-Sprache mit freier Wortstellung und weist keine Asymmetrie in der Verbstellung in Haupt- und Nebensätzen auf. In wesentlichen Aspekten gleicht Russisch also anderen SVO-Sprachen wie Englisch oder den romanischen Sprachen, auch wenn diese keine freie Verbstellung aufweisen. Aber Deutsch und Russisch haben auch einiges gemeinsam: Sowohl in der gesprochenen als auch in der geschriebenen Sprache kommen die Abfolgen SV bzw. SVO sehr häufig vor. Dies und die anderen im vorhergehenden Kapitel beschriebenen Gemeinsamkeiten könnten L2-LernerInnen dazu verleiten, davon auszugehen, dass die deutsche Syntax ganz ähnlich funktioniere wie die russische. Auf die Hypothese, dass Transfer aus der Erstsprache für den L2-Erwerb ein große Rolle spielt und mit dem Alter bei Erwerbsbeginn immer robuster wird, werde ich in Kapitel 9 genauer eingehen.

Kapitel 4
Der Erwerb der Verbstellung nach der Pubertät

Nach einer intensiven Forschungsphase zum kindlichen L2-Erwerb in den 70er Jahren (Lakshmanan 2009, Paradis 2007) konzentrierte sich die L2-Erwerbsforschung auf erwachsene LernerInnen. Der Terminus Zweitspracherwerb wurde gleichbedeutend mit dem L2-Erwerb von Erwachsenen. Obwohl es insgesamt wenige umfassende Untersuchungen zum ungesteuerten Zweitspracherwerb von Erwachsenen gibt (Klein & Dimroth 2003), hat die Untersuchung von erwachsenen L2-LernerInnen die Theoriebildung im L2-Erwerb bis vor kurzem dominiert. Deshalb beginne ich auch nicht chronologisch mit dem Erwerb nach der Pubertät. Aus den zahlreichen Publikationen zum erwachsenen L2-Erwerb der deutschen Wort- bzw. Verbstellung wähle ich diejenigen aus, die eine geeignete Vergleichsbasis zu meiner eigenen empirischen Untersuchung darstellen.

In diesem Kapitel beschreibe ich die Ergebnisse verschiedener Studien zum L2-Erwerb der Verbstellung im Erwachsenenalter. In Kapitel 4.1 und 4.2 eröffne ich die Diskussion mit zwei großen Forschungsprojekten, die die Datengrundlage auch für spätere Analysen legten: das ZISA- und das ESF-Projekt.[19] In Kapitel 4.3 stelle ich Studien vor, die den lexikalischen Bereich (OV/XV-Stellung) betreffen, und in Kapitel 4.4. solche, die den Erwerb des funktionalen Bereichs (V2-Stellung) untersuchen. Dabei führe ich sowohl Begriffe aus der generativen Grammatiktheorie als auch aus funktionalen Modellen ein. Kapitel 4.5 gibt einen Überblick über den longitudinalen Verlauf bei einem erwachsenen Lerner mit L1 Polnisch. Und schließlich gehe ich in Kapitel 4.6 auf die vereinzelten Längsschnittstudien zu jugendlichen LernerInnen ein.

1. Das ZISA-Projekt: Erwerbsreihenfolge

Harald Clahsen, Jürgen Meisel und Manfred Pienemann haben in einem großangelegten Projekt den *Zweitspracherwerb italienischer, spanischer*

---

[19] Vor dem ZISA- und dem ESF-Projekt gab es bereits das Heidelberger Forschungsprojekt 'Pidgin Deutsch' 1975 (u.a. Klein & Dittmar 1979). Für den Verbstellungserwerb sind jedoch die oben genannten ergiebiger.

und portugiesischer ArbeiterInnen (ZISA) untersucht (Meisel, Clahsen & Pienemann 1981, Clahsen, Meisel & Pienemann 1983). Von 45 L2-LernerInnen in Deutschland wurden mittels informeller Interviews Querschnittdaten erhoben. Diese Interviews wurden anhand eines Leitfadens geführt und es kamen Themen wie die Situation vor der Emigration, Arbeitsplatz in Deutschland, Familienverhältnisse, Wohnung und Freizeit etc. zur Sprache. Die konkrete Aufnahmedauer bewegte sich zwischen 20 und 120 Minuten, je nach den Sprachkenntnissen der Interviewten.

Alle LernerInnen waren HilfsarbeiterInnen oder angelernte ArbeiterInnen und die meisten hatten maximal acht Jahre Schulbildung hinter sich, viele nur vier oder fünf Jahre. Bildungsniveau und sozialer Status sind bei den untersuchten ProbandInnen relativ konstant, das Alter bei Erwerbsbeginn nicht. Nach der Definition von Clahsen, Meisel & Pienemann (1983) handelt es sich durchgehend um erwachsene LernerInnen, da alle (bis auf einen) bei Erwerbsbeginn das 14. Lebensjahr vollendet hatten. Insgesamt weisen immerhin 12 ProbandInnen ein Alter bei Erwerbsbeginn unter 18 Jahren auf. Zum Zeitpunkt des Tests sind die ProbandInnen zwischen 15 und 65 Jahre alt. Auch die Aufenthaltsdauer der ProbandInnen variiert: Neun Personen sind erst seit ein bis zwei Jahren in Deutschland, die restlichen bereits seit mindestens zehn Jahren. Die Bandbreite der Kontaktdauer entspricht auch dem deklarierten Ziel dieser Querschnittuntersuchung, nämlich LernerInnen in verschiedenen Erwerbsphasen zu vergleichen.

Die Daten wurden einerseits linguistisch (bezüglich Syntax und Morphosyntax) ausgewertet, andererseits wurden die inhaltlichen Aussagen in einem sozialpsychologischen Auswertungsteil verwertet. Clahsen, Meisel & Pienemann (1983) beschränken sich also nicht auf eine rein linguistische Beschreibung des L2-Erwerbs, sie beziehen neben sprachlichen Verarbeitungsstrategien auch andere Einflussfaktoren in ihre Theorie mit ein, z.B. den sozialen Kontext, den Input, die Lernmotivation, Einstellungen zur L1 oder L2, Prestige der Sprachen, etc. Diese Faktoren verbinden sie zu einem multidimensionalen Modell, mit dem sich Unterschiede zwischen den LernerInnen im Syntaxerwerb auf einer breiteren Basis erklären lassen.

Ein zentrales Thema der Untersuchung ist der Erwerb der Wortstellung im Deutschen. Wie bereits in Kapitel 3.1 erörtert, weist das Deutsche als SOV-Sprache mit V2-Eigenschaft die Strukturmuster SVO, XVS und SOV auf, wobei der Großteil der Sätze im Input von Deutschlernenden mit einer SVO-Analyse kompatibel ist. Da die L1-Sprachen der LernerInnen im ZISA-Projekt SVO-Sprachen sind (Italienisch, Spanisch oder Portugiesisch), liegt nahe, dass die LernerInnen anfangs davon ausgehen, dass auch

Deutsch eine SVO-Sprache ist. Dementsprechend postulieren Clahsen, Meisel & Pienemann 1983 als ersten Schritt im Erwerb der Wortstellung des Deutschen eine SVO-Regel/Phase.

Ausgehend von dieser SVO-Hypothese, die die LernerInnen nach Meisel, Clahsen & Pienemann (1981) im weiteren Erwerbsverlauf nicht aufgeben, erwerben sie nun Schritt für Schritt neue Ableitungsregeln, die andere mögliche Abfolgen generieren. Zunächst die Regel ADV-VOR, die es erlaubt, Adverbien und Präpositionalphrasen optional vor die SVO-Abfolge zu stellen. In SVO-Sprachen ist diese Regel durchaus erlaubt, da das Deutsche jedoch keine SVO-Sprache ist, generiert diese Regel nicht-zielsprachliche V3-Strukturen.

Als nächstes wird die Regel PARTIKEL erworben, die infinite Verbteile, wie Verbpartikel, Infinitive und Partizipien an das Satzende bewegt. Die Regel INVERSION generiert echte V2-Sätze, zunächst mit Komplementen (Nominalphrasen und Sätzen) und in Fragesätzen (also nach W-Wörtern und in Entscheidungsfragen), später auch mit Adverbien und Präpositionalphrasen (Adjunkten). In einem nächsten Schritt wird die Distanzstellung zwischen finitem und infinitem Verb (Satzklammer) weiter ausgebaut, da nun optional auch Elemente (Adverbien, Subjekte etc.) zwischen dem finiten Verb und dem Objekt stehen können. Als letztes wird die Regel V-ENDE erworben, die das finite Verb im Nebensatz an das Satzende bewegt. In Tabelle 4.1 stelle ich die sechs Phasen im Überblick dar:

Tabelle 4.1   Erwerbsphasen ZISA Querschnittstudie (Meisel, Clahsen & Pienemann 1981; Clahsen, Meisel & Pienemann 1983)

Regel/Phase	Beschreibung	Beispiele
1. SVO	kanonische Abfolge	*ich mötte eine sohn* *faule deutsche drink kakao*
2. ADV-VOR	optionale Voranstellung von ADV oder PP (= V3)	*vielleich ich arbeite* *und dann er sagen*
3. PARTIKEL	infinite Verbteile (Verbpartikel, Infinitive, Partizipien) werden ans Satzende bewegt (= Satzklammer)	*ich kann nix bezahle (= Ich kann nicht bezahlen.)* *die schmeißt mich schon jetzt raus*
4. INVERSION	Inversion zwischen Subjekt und Verb bei Voranstellung einer XP (= V2/Inversion)	*französisch kann ich auch noch heute* *was lernt man in literatur?* *jetzt kann sie mir eine frage machen*

Regel/Phase	Beschreibung	Beispiele
5. ADV-VP	ADV kann optional zwischen dem finiten Verb und dem Objekt stehen	*ich habe nur eine kleine weintraube*
6. V-ENDE	im Nebensatz wird das finite Verb ans Satzende bewegt (= VE)	*dann is schlecht, wenn eine mädchen muss alleine* (*V2) *wenn noch 2 jahr vorbei geht*

Nach Meisel, Clahsen & Pienemann (1981) entsprechen diese sechs Regeln strikt aufeinanderfolgenden Erwerbsphasen, das heißt, der Erwerb der Regel 3 setzt den Erwerb der Regeln 1 und 2 voraus. Der Erwerb der Regeln basiert auf der Beobachtung verschiedener Konstruktionen, z.B. Inversion in Fragesätzen und mit vorangestellten Objekten (Komplementen). Innerhalb einer Phase besteht jedoch Raum für individuelle Variation: Es müssen nicht alle Konstruktionen, die für eine Phase charakteristisch sind, erworben worden sein, und es ist auch kein striktes Erwerbskriterium definiert. So kann eine Phase auch dann als erworben gelten, wenn die Konstruktionen z.B. nur in 29% aller möglichen Kontexte verwendet werden (Meisel, Clahsen & Pienemann 1981) – ein meines Erachtens problematischer Aspekt dieser Analyse.

Die sechs Erwerbsphasen von Meisel, Clahsen & Pienemann (1981) wurden aus Querschnittdaten destilliert wurden, das heißt, Momentaufnahmen von LernerInnen wurden aufgrund ihrer Wortstellungsstrukturen einzelnen Phasen zugeordnet. Daher muss im Rahmen einer longitudinalen Studie erst gezeigt werden, dass jede LernerIn in ihrer Entwicklung tatsächlich alle diese Phasen durchläuft. Zu diesem Zweck wurden im Rahmen des ZISA-Projekts zwölf weitere ProbandInnen mit vergleichbarem sozialem Hintergrund zwei bis zweieinhalb Jahre lang longitudinal beobachtet. Clahsen (1984) wertet die Sprachdaten von drei LernerInnen genauer aus, um die Erwerbsreihenfolge in Tabelle 4.1 zu überprüfen: Ana (AbE 22 Jahre) und Zita (AbE 18 Jahre) werden ab dem 3. Kontaktmonat (KM) aufgenommen, die Aufnahme des jüngsten Lerners, José (AbE 16/17 Jahre), beginnt dagegen erst nach einem Jahr Aufenthalt in Deutschland. Er hatte allerdings bis dahin wenig Kontakt zu MuttersprachlerInnen des Deutschen.

Im Großen und Ganzen lassen sich die sechs Phasen auch in der longitudinalen Entwicklung der LernerInnen nachweisen. Die Regel PARTIKEL wird ab dem Auftauchen der relevanten Kategorien (Partikelverben, Auxiliar/Modalverb und Infinitiv) schnell erworben, während das

Vorkommen von INVERSION über einen längeren Zeitraum langsam ansteigt. Zu den ersten Fällen von INVERSION kommt es entgegen der vorhergesagten Erwerbsreihenfolge schon vor PARTIKEL. Diese werden jedoch von Clahsen (1984) nicht als echte Fälle von Subjekt-Verb-Inversion gewertet, sondern als Bewegung des Subjekts an das Satzende (*Extraposition*). Auffällig ist, dass ADV-VOR (Phase 2) im gesamten Untersuchungszeitraum durchgängig verwendet wird, und auch mit zunehmender Kompetenz (z.B. mit dem Erwerb der Inversion in anderen Kontexten) nicht merklich abnimmt. Dass es für V3-Strukturen mit vorangestellten Adverbien keine abnehmende Tendenz gibt, könnte bereits auf Fossilierungstendenzen hinweisen. Die Verbstellung im Nebensatz erwirbt überhaupt nur der fortgeschrittenste Lerner, José, die anderen beiden vermeiden obligatorische VE-Kontexte entweder völlig oder verwenden auch im Nebensatz konsequent SVO-Stellung.

Die Erwerbsreihenfolge stimmt also mit der in der Querschnittstudie ermittelten weitgehend überein. Zur Erwerbsgeschwindigkeit lassen sich aus dieser Studie nur einige ungefähre Anhaltspunkte extrahieren, da Clahsen (1984) kein einheitliches Erwerbskriterium definiert. Wenn man wie Vainikka & Young-Scholten (1994) als Erwerbskriterium die korrekte Realisierung in 60% der Kontexte annimmt, lassen sich aus den drei Fallstudien von Clahsen (1984) ungefähr folgende Zeitangaben entnehmen:

Tabelle 4.2   Erwerbsphasen ZISA Längsschnittstudie (Clahsen 1984)

Phase ZISA	Erwerbskriterium 60% / Beobachtung bis 30. KM
1. SVO	ab 4. KM durchgängig
2. ADV-VOR	ab 4. KM durchgängig
3. PARTIKEL	14. bis 22. KM
4. INVERSION	ab 20. KM (nur José)
5. ADV-VP	ab 17. KM (nur José)
6. V-ENDE	ab 24. KM (nur José)

Nach Clahsen (1984) entstehen diese Phasen, weil die LernerInnen unbewusst folgende Verarbeitungsstrategien anwenden: Die Strategie der kanonischen Reihenfolge (*canonical order strategy*) besagt, dass eine zugrundeliegende Abfolge nicht unterbrochen werden soll. So ist eine direkte Abbildung der zugundeliegenden semantischen Relationen auf die Oberflächenstruktur möglich. Die Initialisierungs- und die Finalisierungsstrategie blockieren Permutationen, die eine satzinterne Umordnung der Elemente verlangen, während die Bewegung an den Satzanfang und das Satzende keine Probleme bereiten. Diese Strategie trägt dem Faktum Rechnung, dass die erste und letzte Position im Satz salienter sind, das heißt, diese Elemente sind leichter zu merken und zu verarbeiten. Und aus der Nebensatz-Strategie folgt, dass Permutationen in Nebensätzen generell zu vermeiden sind.

SVO stellt bei LernerInnen mit einer romanischen L1 die zugrundeliegende und damit kanonische Abfolge dar. Da SVO und ADV-VOR im Deutschen keine satzinternen Permutationen erfordern, werden sie vor den anderen Regeln erworben, die entweder satzinterne oder Nebensatz-Permutationen voraussetzen. Dieser Argumentation folgen auch Clahsen & Muyksen (1986) in ihrer Analyse der Unterschiede zwischen kindlichem L1- und erwachsenem L2-Erwerb. Ähnlich wie bei der *Fundamental Difference Hypothesis* (Bley-Vroman 1990, siehe Kapitel 2.2) gehen sie davon aus, dass der L2-Erwerb im Unterschied zum L1-Erwerb nicht von der Universalgrammatik, sondern von allgemein kognitiven Lern- und Verarbeitungsstrategien gesteuert wird. So generieren die Regeln 3-6 in Tabelle 4.1 lediglich die oberflächliche Verbstellung im Deutschen und jede dieser Regeln wird unabhängig von den anderen gelernt. Deshalb kommt es nach Clahsen & Muyksen (1986) im erwachsenen L2-Erwerb auch nicht zu einer kontinuierlichen Restrukturierung von SVO zu SOV. Im L1-Erwerb wird dagegen die zugrundeliegende Struktur des Deutschen (SOV mit V2-Eigenschaft) erworben. Die Grammatik von erwachsenen LernerInnen (L2) unterscheidet sich also fundamental von der von Kindern (L1).

2. Das ESF-Projekt: Wortstellung und Informationsstruktur

Wie das ZISA-Projekt untersucht auch das 1982 bis 1988 von der European Science Foundation (ESF) geförderte Projekt *Second Language Acquisition by Adult Immigrant*s den Spracherwerb immigrierter ArbeiterInnen, allerdings in mehreren europäischen Ländern. Dementsprechend sind die Zielsprachen verschiedene europäische Sprachen wie Englisch, Deutsch, Niederländisch, Französisch und Schwedisch, während die Ausgangssprachen Punjabi, Italienisch, Türkisch, Arabisch, Spanisch und Finnisch umfassen (Klein & Perdue 1992).

Von allen LernerInnen wurden über zweieinhalb Jahre Longitudinaldaten in drei Zyklen zu je zehn Monaten erhoben. Dabei wurden verschiedene Techniken der Datenerhebung verwendet: Nacherzählung eines Stummfilms, persönliche Erzählung, Instruktion, Bildbeschreibung und spontane Konversation. Jede dieser Aufgaben wurde mindestens dreimal im Beobachtungszeitraum (also in jedem Zyklus einmal) durchgeführt, um die fortschreitende Entwicklung zu erfassen. Der erste Zyklus begann möglichst bald nach der Einwanderung. Insgesamt wurden von jeder LernerIn ungefähr zwei Stunden Material erhoben. Anders als in meinem Modell (siehe Kapitel 2.4, Abbildung 2.1) stufen Klein & Perdue (1992) die LernerInnen ab einem Alter bei Erwerbsbeginn von 15 Jahren als Erwachsene ein.

Das Korpus mit Deutsch als Zielsprache umfasst je vier MigrantInnen mit L1 Italienisch (SVO) und Türkisch (SOV). Exemplarisch sollen hier Biographien von jeweils zwei LernerInnen beschrieben werden: Tino kommt mit 19 Jahren (AbE) nach Deutschland, hat acht Jahre Schulbildung in Italien hinter sich (ohne Deutschunterricht), arbeitet in einem italienischen Restaurant, und hat einerseits durch seine deutsche Partnerin, andererseits durch seine Arbeit viel Kontakt mit deutschen MuttersprachlerInnen. Seine Sprachkenntnisse sind anfangs begrenzt, entwickeln sich jedoch schnell weiter. Im Gegensatz dazu ist Angelina mit einem Italiener verheiratet, lebt als Hausfrau in einem kleinen Dorf, wo ihr Kontakt mit Deutschen sehr beschränkt ist, da ihr Ehemann das Einkaufen und alle Amtswege übernimmt. Sie beginnt mit 20 Jahren Deutsch zu lernen, ihre beschränkten Kenntnisse entwickeln sich jedoch aufgrund ihrer Lebenssituation nicht so schnell weiter.

Cevdet kommt nach sechs Jahren Schulbildung in der Türkei bereits mit 15 Jahren nach Deutschland, wo er mit seinen Eltern und seinem Bruder zusammenlebt und zu Hause Türkisch spricht. Er nimmt an einem einjährigen Integrationskurs teil (20 Stunden pro Woche), der jungen MigrantInnen den beruflichen und sozialen Einstieg in Deutschland erleichtern soll. Zusätzlich besucht er drei Monate lang einen Sprachkurs. Durch seine Arbeit als Tischler und Dachdecker hat er auch viel Kontakt mit Deutschen und macht in seinem L2-Erwerb große Fortschritte. Sein Erwerb der Verbsyntax wird u.a. auch von Schwartz & Sprouse (1994) im Detail untersucht (siehe Kapitel 4.6). Wie Cevdet kommt Ayse mit 15 Jahren nach Deutschland, hat fünfeinhalb Jahre Schulbildung in der Türkei absolviert und besucht einen einjährigen Integrationskurs. Sie arbeitet in einer Wäscherei, lebt mit ihrem Vater und ihrem Bruder zusammen, die Familiensprache ist Türkisch, aber im Gegensatz zu Cevdet hat Ayse nur wenig Kontakt mit Deutsch.

Die Analyse der Äußerungsstruktur basiert hauptsächlich auf Nacherzählungen von zwei Episoden des Stummfilms *Modern Times* von Charlie Chaplin (Klein & Perdue 1992, Klein & Perdue 1997). Im Zentrum der Analyse stehen semantische und pragmatische Prinzipien, die die Struktur von Äußerungen bestimmen, und die Frage nach der Umorganisation einer Lernervarietät aufgrund des Erwerbs neuer linguistischer Kategorien. Ein zentrales Ergebnis des ESF-Projekts ist, dass sich in der Anfangsphase des L2-Erwerbs von Erwachsenen eine *Basisvarietät* herauszubilden scheint, die unabhängig von den jeweiligen Erst- und Zweitsprachen universale Charakteristika aufweist (Klein & Perdue 1997, Klein & Dimroth 2003).

Die Basisvarietät enthält vornehmlich lexikalische Elemente (Nomen, Verben, Adjektive, einzelne Präpositionen und Adverbien), funktionale Elemente (Auxiliare, Artikel, Modalverben) fehlen jedoch völlig. Darüber hinaus fehlt jegliche Flexionsmorphologie, Verben treten entweder im Infinitiv oder in einer anderen *Defaultform* (z.B. Stamm oder 1. Person Singular) auf. Die Äußerungen der Basisvarietät entsprechen universal den phrasalen Mustern NP_1-V-NP_2, NP_1-Kop-Präd und V-NP_2. Im Wesentlichen handelt es sich um ein SVO-Muster, aber der Terminus *Subjekt* soll vermieden werden. Die Anordnung von NPs ergibt sich aus einem semantischen Prinzip: *Controller zuerst*. Dieses Prinzip räumt dem Element mit der höchsten Kontrolle über die Handlung, meist ist das das *Agens*, Priorität ein. Das zweite Prinzip, das die Wortstellung leitet, ist ein pragmatisches und lautet: *Fokus zuletzt*. Jede Äußerung lässt sich nach Klein & Stutterheim (1992) als eine Antwort auf eine implizite oder explizite Frage (*Quaestio*) verstehen, wobei die Antwort auf diese Frage als *Fokus* und der Rest als *Topik* bezeichnet wird (*Topik-Fokus-Gliederung*). Meist entspricht der Fokus auch der neuen Information (*Rhema*), und das Topik der alten Information (*Thema*) – diese Zuordnung ist jedoch nicht zwingend (Klein 2008). Diese grundlegenden Prinzipien der Wortstellung und der Informationsstruktur bestimmen nach Klein & Perdue (1997) die Basisvarietät.

In den folgenden Beispielen aus Klein & Perdue (1992) kommen zwar funktionale Elemente wie Artikel und Demonstrativpronomen vor, diese werden jedoch noch nicht produktiv verwendet:

(28)   *Vito, L1 Italienisch*
    a. die polizei gucke diese
    b. diese polizei lasse charlie chaplin
    c. vielleicht sie keine gangster

Die Beispiele in (28) zeigen die Wirkung der phrasalen Muster mit dem semantischen Prinzip *Controller zuerst* und ein Beispiel für eine prädikative Struktur, allerdings ohne Kopula. Die Verben weisen zwar eine scheinbar finite Form auf (1sg), sie kommen jedoch zunächst nur in dieser einen Form vor und es gibt keine Subjekt-Verb-Kongruenz, das heißt, Vito verwendet noch keine produktive Flexionsmorphologie. Seine Lernervarietät entspricht also dem Stadium der Basisvarietät.

Die Beispiele in (29) stellen den Beginn einer Filmnacherzählung dar: Das Pronomen *sie* bezieht sich auf Charlie Chaplin, der vom Interviewer in der unmittelbar vorangehenden Äußerung eingeführt wurde. In (29)a wird Charlie Chaplin pronominal aufgegriffen und kann als thematisches Element in derselben Position in (29)b elliptisch entfallen.

(29)   *Vito, L1 Italienisch*
   a.   sie habe brief + brief für gefängnis
   b.   komme in eine baustell

In (29)a ist von einem Zustand die Rede, das heißt, es gibt hier kein kontrollierendes Element oder Agens. Aber Charlie Chaplin ist in beiden Äußerungen sowohl Thema (alte Information) als auch Topik (Teil der Frage, z.B. *Was macht Charlie Chaplin als nächstes?*) und geht daher aufgrund des pragmatischen Prinzips *Fokus zuletzt* dem Fokusmaterial (Antwort auf die Frage) voraus.

Wie aus dieser kurzen Darstellung hervorgeht, argumentieren die AutorInnen im Umfeld des ESF-Projekt funktionalistisch, da sie davon ausgehen, dass LernerInnen in frühen Erwerbsphasen vor allem semantische und pragmatische Prinzipien zur Strukturierung von Äußerungen verwenden.[20] Der Ansatz der *Lernervarietäten* stellt die LernerInnen und die von ihnen entwickelte Varietät ins Zentrum der Analyse. Anstatt Lernervarietäten als defizitäre Abweichungen von der Zielvarietät zu beschreiben, wird von einem im Lernprozess eigenständig konstruierten Organisationssystem ausgegangen, das von der L1 und der L2 weitgehend unabhängig ist.

---

[20]   Aufbauend auf den Ergebnissen des ESF-Projekts wurden Kategorien der Informationsstruktur im Zweitspracherwerb weiter intensiv beforscht. Pragmatische Kategorien (z.B. Topik, Fokus, neue vs. erhaltene Information etc.), die die Einbettung einer Äußerung in ihren situativen und textuellen Kontext betreffen, spielen im (erwachsenen) L2-Erwerb eine große Rolle (Carroll et al. 2000; Dimroth & Narasimhan 2012). Fortgeschrittene LernerInnen haben zwar oft die grammatikalischen Strukturen im Griff, sind jedoch, was die korrekte funktionale Anwendung dieser Strukturen im Diskurs betrifft, oft unsicher bzw. noch den Präferenzen ihrer L1 verhaftet (Stutterheim 1997).

Es ist durchaus plausibel, dass das Organisationssystem besonders am Anfang auch von anderen als rein grammatikinternen Prinzipien geleitet ist, speziell bei erwachsenen L2-LernerInnen, die einem großen Kommunikationsdruck ausgesetzt sind. Der Fokus auf frühe Erwerbsstadien und der Versuch, die Lernervarietäten als eigenständige, von der Zielsprache unabhängige Systeme zu verstehen, führen allerdings auch dazu, dass Beschreibungskategorien, wie V2-Stellung, Entwicklung der Satzklammer (OV) und VE-Stellung im Nebensatz, nicht im Mittelpunkt der Analyse stehen. Außerdem führen viele Arbeiten im Ansatz der Lernervarietäten keine quantitativen Belege der vorgefundenen Wortstellungsmuster an, was die Argumentation etwas schwächt.

Ebenfalls kritisiert wurde die Behauptung einer universalen Basiswortstellung SVO im L2-Erwerb, unabhängig von der Basiswortstellung in L1 und L2. So zeigen Schwartz & Sprouse (1994), dass türkische LernerInnen des Deutschen ausgehend von der SOV-Eigenschaft ihrer Erstsprache sehr schnell SOV-Strukturen produzieren. Die L1 hat also einen Einfluss auf die Lernervarietät (Schwartz 1997). Dass im ESF-Projekt nur Zielsprachen untersucht wurden, die entweder SVO-Sprachen sind (Englisch, Französisch) oder aufgrund ihrer V2-Eigenschaft viele SVO-Strukturen enthalten (Deutsch, Niederländisch, Schwedisch), stellt den Schluss, dass es im L2-Erwerb eine universale SVO-Basisvarietät gibt, ebenfalls in Frage (Comrie 1997).

Der sprachübergreifende Befund, dass der ungesteuerte L2-Erwerb erwachsener ArbeiterInnen zunächst zur Ausbildung einer grammatikalisch beschränkten Basisvarietät führt, erscheint mir jedoch gerade auch für altersbedingte Erwerbsunterschiede zentral. Trotz ihrer grammatikalischen Beschränktheit und der auffallenden Abweichungen von der Zielsprache stellt die Basisvarietät ein für grundlegende kommunikative Bedürfnisse ausreichendes sprachliches System dar. Für ein Drittel der erwachsenen LernerInnen im ESF-Projekt (insg. 40) scheint die Basisvarietät absolut auszureichen, ihre Lernervarietäten fossilieren bereits auf dieser Stufe. Die anderen zwei Drittel bauen ihre Basisvarietät jedoch sukzessive aus, bis es mit dem Erwerb der Finitheit, nach Klein & Perdue (1992) die Schlüsselkategorie für den fortgeschrittenen Erwerb, zu einer Neuorganisation des Systems kommt (siehe Kapitel 4.4).

3. Die Entwicklung der lexikalischen Struktur

Arbeiten aus dem generativen Umfeld legen im Unterschied zu einem funktional orientierten Ansatz einen starken Fokus auf die Entwicklung der Syntax und Morphosyntax und damit auch auf die Verbstellung. Meist sind mit diesen Arbeiten sehr spezifische Annahmen über die Satzstruktur verbunden, die jeweils dort vorgestellt werden, wo sie für das Verständnis der Argumentation notwendig sind. In diesem Kapitel stelle ich eine häufig zitierte generative Studie zum erwachsenen L2-Erwerb der Verbstellung vor (Vainikka & Young-Scholten 1994), die sich vor allem mit dem Erwerb der OV-Stellung beschäftigt.

Unter den ProbandInnen der Querschnittstudie von Vainikka & Young-Scholten (1994) sind elf L1-SprecherInnen des Türkischen und sechs L1-SprecherInnen des Koreanischen. Sie leben seit eineinhalb bis 24 Jahren in Deutschland und haben keinen oder fast keinen formalen Deutschunterricht besucht. Zum Zeitpunkt des Tests waren die ProbandInnen zwischen 28 und 60 Jahre alt, das Alter bei Erwerbsbeginn liegt bei allen über 20 Jahren. Zwischen der reinen Aufenthaltsdauer und der syntaktischen Entwicklung konnte keine Korrelation festgestellt werden.

Anders als bei rein spontansprachlichen Erhebungen wurden verschiedene Elizitationsaufgaben durchgeführt, um elliptische Äußerungen möglichst zu vermeiden und die intendierte Bedeutung besser zu kontrollieren. Die Aufgabenformate waren: (i) die Nacherzählung eines Comicstrips ohne Text, wobei die InterviewerIn möglichst globale Fragen stellt (*Was passiert auf dem Bild?*); (ii) die Beschreibung von Aktivitäten auf Bildern in der 3. Person Singular; (iii) die Beschreibung einer Handlung, die die InterviewerIn gerade durchgeführt hat, in der 2. Person Singular; (iv) eine auf Bildern basierende Beschreibung einer Teezubereitung, einmal im Präsens (lexikalisches Verb in V2-Stellung) und einmal im Perfekt (Auxiliar in V2-Stellung). Der Vorteil dieser Vorgangsweise ist, dass in relativ kurzer Zeit viele komplexe Sätze produziert werden (müssen), die für eine syntaktische Analyse ergiebig sind. Die Sprachproduktion als Ganzes entspricht jedoch nicht der in natürlichen Kommunikationssituationen beobachteten, und einige der gestellten Aufgaben wirken nicht authentisch.

Bezüglich der für die Wortstellung relevanten Eigenschaften zeigen die drei Sprachen folgende Gemeinsamkeiten und Unterschiede (siehe Kapitel 3): Die Wortstellung in der Verbalphrase (VP) ist in allen drei Sprachen gleich, das lexikalische Verb folgt seinem Komplement (OV-Stellung). Das finite Verb steht im generativen Satzmodell in einer funktionalen Phrase

(IP/AGRP, siehe weiter unten). Die IP/AGRP ist im Türkischen und Koreanischen immer satzfinal, im Deutschen ist dies nur im Nebensatz der Fall. Im Hauptsatz steht das finite Verb aufgrund der V2-Eigenschaft des Deutschen in der zweiten Position im Satz. Diese ist im generativen Satzmodell der Kopf der CP (Satz), und im topologischen Modell die linke Satzklammer. Während Türkisch als auch Koreanisch Nullsubjekte erlauben, also *pro drop* Sprachen sind, verlangt ein finiter Satz im Deutschen ein overtes Subjekt. Im Deutschen und Türkischen kongruieren flektierte Verben mit dem Subjekt (Person, Numerus), im Koreanischen nicht.

Für die Analyse der Syntaxentwicklung wurden Imitationen und idiomatische Phrasen (*chunks*) ausgeschlossen. Außerdem wurden nur Äußerungen mit einer eindeutigen Strukturanalyse für die weitere Auswertung herangezogen (es kommt somit zu 72-304 Äußerungen pro SprecherIn). Strukturell zwischen SVO und SOV ambige Zweiwortäußerungen (einfaches SV) und andere unklare Sätze wurden ausgeschlossen. Nur wenn eindeutig ersichtlich war, ob eine Bewegung des Verbs aus der VP (Verbanhebung) stattgefunden hat oder nicht, wurde der Satz miteinbezogen. Die Grenze der VP wird nach Vainikka & Young-Scholten (1994) durch folgende Elemente eindeutig markiert: direkte und indirekte Objekte, lokative Adverbien oder PPs, PP-Argumente des Verbs, Prädikatsnomen bzw. prädikative Adjektive, und natürlich Subjekte.[21] Hier einige Beispiele (Vainikka & Young-Scholten 1994: 274), das Verb ist fett markiert (Hervorhebung von CC):

(30) *Verb in der VP (keine Verbanhebung)*
   a. Haar schön **machen**.
      'She is making her hair look pretty.'
   b. Er mit Schnee **spielen**.
      'He is playing with snow.'
   c. Unten Frau ganz nix Deutsch **sprechen**.
      'The woman downstairs doesn't speak German at all.'

---

[21] Zeitadverbien, Satzadverbien, Satzpartikeln, nicht-finite Verbformen und Negation akzeptieren Vainikka & Young-Scholten (1994) nicht als verlässliche Marker der VP-Grenze. Ist die Ausgangssprache eine SOV-Sprache, können alle Sätze, in denen Argumente rechts vom Verb stehen, als Verbanhebung über die VP-Grenze interpretiert werden. Ist die Ausgangssprache jedoch eine SVO-Sprache, müssen andere Kriterien gefunden werden. Meist wird deshalb die Bewegung des Verbs über die Negation (V-NEG) als Hinweis auf Verbanhebung interpretiert (z.B. Parodi 1998, Dimroth 2008a).

(31)   *Verb links von der VP (Verbanhebung)*
   a. Ich **kaufen** Brot so türkische Geschäft.
      'I buy bread at a Turkish store.'
   b. Wir **kaufen** hier so Kaffee extra.
   c. **Trinkst** du Cola?

Als Erwerbskriterium bestimmen die Autorinnen die korrekte Verwendung in mind. 60% aller obligatorischen Kontexte.[22] Vainikka & Young-Scholten (1994) ermitteln folgende Erwerbsreihenfolge: Zuerst wird die OV-Eigenschaft erworben, dann dass Deutsch keine Nullsubjektsprache ist, danach dass das Verb aus der VP angehoben werden muss und als letztes dass das Verb mit dem Subjekt kongruieren muss. Diese Reihenfolge ist wie die von Meisel, Clahsen & Pienemann (1981) implikativ, das heißt, aus einer bereits erworbenen Stufe lässt sich ableiten, dass alle vorhergehenden Stufen bereits erworben wurden:

(32)   *implikationelle Skala: SV-Kongruenz → Verbanhebung*
         → keine Nullsubjekte → kopffinale VP

Im Unterschied zur kanonischen SVO-Reihenfolge, die im ZISA- und ESF-Projekt erhoben wurde, produzieren die hier untersuchten türkischen und koreanischen LernerInnen hauptsächlich SOV-Strukturen. Von allen Sätzen mit dem Verb innerhalb der VP weisen mehr als 80% eine verbfinale Struktur auf, auch bei den am wenigsten fortgeschrittenen LernerInnen.

   Der Erwerb von funktionalen Verben wie Auxiliaren oder Modalverben wird allerdings ebenso wenig diskutiert wie die Distanzstellung bei periphrastischen Verbkonstruktionen. Ebenso wenig wird die V2-Stellung untersucht, da Vainikka & Young-Scholten (1994) nur daran interessiert sind, ob das Verb inner- oder außerhalb der VP steht und nicht an Inversion. Wenn über 60% aller Sätze mit einer klar markierten VP-Grenze ein angehobenes Verb enthalten (unabhängig von V2 und Finitheit), so ist diese Erwerbsstufe erreicht.

   In der letzten Stufe müssen über 60% von allen Sätzen mit angehobenem Verb eine korrekte Subjekt-Verb-Kongruenz aufweisen. Als Produkti-

---

[22] Ein obligatorischer Kontext für eine Struktur X ist ein Satz, in der X vorkommen muss, damit der Satz zielsprachlich ist. Ein Erwerbskriterium von 60% ist eine relativ geringe Anforderung, da man bei 50% Korrektheit noch von einer Zufallsverteilung ausgehen muss. In vielen Erwerbsstudien wird ein Erwerbskriterium von 90% angenommen. Trotzdem kann ein niedrigeres Kriterium eine Tendenz anzeigen.

vitätskriterium für finite Verben gilt, dass das Verb mit mindestens zwei verschiedenen Flexionsendungen in mindestens zwei Kontexten korrekt verwendet werden muss. Hier werden ausschließlich lexikalische Verben ausgewertet, da Auxiliare und Modalverben kein vollständiges Flexionsparadigma aufweisen. Die sechs fortgeschrittensten LernerInnen, die die SV-Kongruenz bereits erworben haben, zeigen zwar Anzeichen einer CP-Projektion (W-Fragen, Entscheidungsfragen, V2-Eigenschaft), jedoch noch kaum Nebensätze mit Konjunktionen, sodass der Erwerb der VE-Eigenschaft im Nebensatz in diesem Korpus nicht untersucht werden kann.

Tabelle 4.3   Erwerbsphasen L1=SOV (Vainikka & Young-Scholten 1994)

Erwerbsphase	L1 Türkisch und Koreanisch (SOV)
1. OV-Eigenschaft (kopffinale VP)	Oya Zigarette trinken. Teekanne die Ofen setzen. ('I put the teapot on the stove.')
2. keine Nullsubjekte	Ich kaufen Brot so türkische Geschäft. Polizei komm zu mir ja.
3. Verbanhebung (V2, V3)	Ich sehen Schleier. Der kleine geht Kindergarten.
4. SV-Kongruenz und Finitheit	Sie kommt zu Hause. Ich kaufe dich Eis.
5. VE im NS	[noch nicht erworben]

Das Hauptziel der Studie von Vainikka & Young-Scholten 1994 ist zu zeigen, dass L1-SprecherInnen einer kopffinalen Sprache wie Türkisch und Koreanisch diese Eigenschaft sehr wohl auf den L2-Erwerb übertragen (*Transfer*), zumal die deutsche VP ebenso kopffinal ist. Die Argumentation richtet sich dabei explizit gegen Clahsen & Muyksen (1986) und Meisel, Clahsen & Pienemann (1981), die keinen Transfer der Wortstellung aus der L1 annehmen, sondern von einer kanonischen Satzstruktur SVO ausgehen. Implizit richtet sich die Argumentation auch gegen die Ergebnisse des ESF-Projekts, die dafür sprechen, dass unabhängig von der Erstsprache am Beginn des L2-Erwerbs eine universale Basisvarietät mit SVO-Stellung steht.[23]

---

[23]   Die ProbandInnen von Vainikka & Young-Scholten (1994) leben zum Zeitpunkt der Untersuchung bereits seit mindestens eineinhalb Jahren in Deutschland. Man könnte also annehmen, dass sie das Stadium der Basisvarietät bereits hinter sich gelassen haben. Angesichts der vielen infiniten Verben in den Beispielen und der Tatsache, dass im

Dass Vainikka & Young-Scholten (1994) einen viel höheren Anteil an SOV-Strukturen finden, ist auf eine andere methodische Vorgangsweise zurückzuführen: Sie trennen die SOV-Eigenschaft des Deutschen ganz klar von der V2-Eigenschaft. Für die Eigenschaft *kopffinale VP* werden nur Sätze ausgewertet, die eindeutig ein in der VP verbliebenes Verb enthalten, während in den anderen Studien SOV und SVO als reine Oberflächenabfolge behandelt werden. Der Datenauswertung von Vainikka & Young-Scholten (1994) liegt folgende konkrete Annahme über die Satzstruktur zugrunde:

(33)   Satzstruktur im Deutschen

```
        FP (AgrP)
         /\
       Spec  F'
             /\
            F   VP
                /\
             Spec  V'
                   /\
                  NP   V
                 /\
               Objekt
```

Nach der *Hypothese der minimalen Bäume* (*Minimal Trees Hypothesis*) von Vainikka & Young-Scholten (1994) beginnen L2-LernerInnen mit einfachen lexikalischen Projektionen, also im Falle des Verbs mit einer Verbalphrase (VP). Die Universalgrammatik stellt das X-bar-Format zur Verfügung, und sobald die LernerIn einen lexikalischen Kopf aus dem Input isoliert hat, kann dieser eine Projektion aufbauen. Sobald das Verb außerhalb der VP steht, muss eine Position dafür vorhanden sein. Eine solche Position wird durch eine noch nicht spezifizierte funktionale Projektion (FP) geschaffen. Erst mit dem Erwerb der Subjekt-Verb-Kongruenz erhält die FP eine spezifische Funktion und wird zur AGRP (*agreement phrase*).

Die Theorie der minimalen Bäume geht ebenso wie das Modell einer organischen Grammatik *(Organic Grammar,* siehe Vainikka & Young-Scholten 2011) von der *Hypothese der schwachen Kontinuität (weak continuity)* aus. Ausgehend von dieser erwerbstheoretischen Position wird angenommen, dass funktionale Projektionen mit dem erworbenen lexikalischen

---

ESF-Projekt ein Drittel der LernerInnen auf der Stufe der Basisvarietät fossilieren, ist das jedoch eher unwahrscheinlich.

Material nach und nach aufgebaut werden. Der Aufbau der Satzstruktur passiert graduell über minimale Bäume und die Hauptaufgabe der LernerInnen ist es, die funktionalen Köpfe aus dem Input herauszufiltern. Im Unterschied dazu geht die *Hypothese der starken Kontinuität (strong continuity)* davon aus, dass alle funktionalen Phrasen bereits von Anfang an vorhanden sind (z.B. Schwartz & Sprouse 1996, siehe Kapitel 4.6 oder Prévost & White 2000, siehe Kapitel 4.4).

In Modell des graduellen Strukturaufbaus (minimale Bäume, organische Grammatik) gibt es drei Phasen: 1) das VP-Stadium, 2) das FP-Stadium und 3) das AGRP-Stadium, wobei die ersten vier der in der Tabelle 4.3 oben beschriebenen Stadien diesen drei Strukturbildungsphasen zugeordnet werden: Das VP-Stadium entspricht SOV, das AGRP-Stadium der Subjekt-Verb-Kongruenz und dazwischen liegt das FP-Stadium. Offen bleibt, wie die FP-Struktur mit dem Erwerb von Nebensätzen umgebaut wird, denn dann wird nicht nur ein kopffinales V, sondern auch ein kopffinales F/Agr benötigt, da im Nebensatz auch das flektierte Verb am Satzende steht.

Vainikka & Young-Scholten (1994) zeigen überzeugend, dass L2-LernerInnen OV-Strukturen aus ihrer Erstsprache (SOV) transferieren. L1-Transfer spielt also eine wichtige Rolle für den ungesteuerten L2-Erwerb. Sie argumentieren allerdings, dass Transfer aus der L1 nur lexikalische Projektionen (hier die VP) betrifft. Für den weiteren Aufbau grammatischer Strukturen wird Evidenz aus dem Input herangezogen, wobei für den Aufbau von IP/AGRP vor allem Auxiliare als auslösende Elemente (*trigger*) fungieren. Auf diese Annahmen werde ich in Kapitel 8 und 9 nochmals eingehen.

4. Die Entwicklung der funktionalen Struktur

Wie Vainikka & Young-Scholten (1994) zeigen, ist der nächste Schritt nach dem Erwerb der OV-Stellung der Erwerb der Verbanhebung. Die Bewegung des Verbs aus seiner Basisposition in der VP heraus nach links wird häufig mit der Finiteit des Verbs in Zusammenhang gebracht. Die reine Anhebung des Verbs aus der VP ist jedoch noch nicht mit dem Erwerb der V2-Stellung ident. Diese wird erst mit dem Erwerb der Subjekt-Verb-Inversion vollständig erworben. Ich werde zuerst Studien vorstellen, die auf den Aspekt der Verbanhebung fokussieren, und dann Studien, die sich mit der V2-Stellung beschäftigen. Zum erwachsenen L2-Erwerb der Verb-End-Stellung im Nebensatz gibt es bislang keine Studien im Detail.

Finitheit und Verbanhebung

Sowohl für funktionalistische als auch für universalgrammatische Modelle ist der Erwerb der Finitheit das zentrale Element für den weiteren Ausbau der Lernervarietät bzw. der Satzstruktur. Im Unterschied zu den meisten UG-basierten Modellen gehen funktionalistische Modelle nicht nur auf morphologische, sondern auch auf semantische Finitheit ein (Lasser 1997, Gretsch & Perdue 2007).

Klein (1998) beschreibt zwei semantisch-pragmatische Funktionen von Finitheit: Zum einen sorgt sie durch die spatio-temporale Verankerung (Tempus, Aspekt) der Äußerung für eine kontextuelle Einbettung, zum anderen ist sie für die illokutive Kraft der Äußerung verantwortlich, im Falle eines deklarativen Hauptsatzes für die Assertion. Sie stellt die Beziehung zwischen dem ausgedrückten Sachverhalt (Prädikat) und den spezifischen spatio-temporalen Parametern der Topiksituation her (die durch ein oder mehrere topikale Elemente gekennzeichnet ist). Dimroth et al. (2003) nennen dies *linking* bzw. das Element selbst *link*, Klein & Dimroth (2003) verwenden den Begriff *Assertion*, ich werde im Folgenden den Ausdruck *Link* verwenden. Die beiden semantischen Aspekte der Finitheit lassen sich anhand des folgenden Beispiels verdeutlichen (Klein 1998):

(34)   The book WAS on the table.

Durch die Betonung der Kopula können beide Bedeutungen hervorgehoben werden: (i) die spatio-temporale Verankerung durch das Tempus (Referenzzeit vor der Zeit der Äußerung), und (ii) die Assertion mit positiver Polarität. Die Betonung in (ii) wird auch *Verum Fokus* genannt (Höhle 1982), das heißt, es wird hervorgehoben, dass der Wahrheitswert positiv ist (kontrastive Polarität).

Der semantische Beitrag der Finitheit spielt nach Dimroth et al. (2003) bereits in frühen Stadien des Spracherwerbs eine Rolle, sowohl im L1- als auch im L2-Erwerb. Schon in der Basisvarietät (siehe Kapitel 4.2), wo es zwar Verben, jedoch noch keine finite Äußerungsstruktur gibt, lassen sich lexikalische Elemente isolieren, die die semantische Aufgabe der Assertion übernehmen. Dimroth et al. (2003) nennen diese Phase das Stadium der konzeptuellen Anordnung, die eine dreigeteilte Informationsstruktur <*Topik-Link-Prädikat*> vorsieht, wobei der Link auch leer sein kann. In ihrer

Studie ziehen sie Daten aus dem ESF-Projekt und andere Daten zum L1-und L2-Erwerb des Deutschen und Niederländischen heran.

Tabelle 4.4   <*Topik-Link-Prädikat*> Struktur (Dimroth et al. 2003: 76ff)

Topik	Link	Prädikat	(ProbandIn)
in italia	nix	mark	(Marcello, 1. Zyklus)
meine kind	nix	in schul	(Angelina, 1. Zyklus)
jetzt mein bruder	auch	zweiundzwanzig jahre	(Janka, 2. Zyklus)
rote mann	noch	bier trinken	(Ivan)
immer	0	alles weg	(Urszula, 3. Zyklus)

Als Links fungieren Elemente geschlossener Klassen, die entweder positive und negative Assertion ausdrücken (*nicht, net, nix*), assertive Skopuspartikel wie *auch, noch, wieder* oder Vorläufer von grammatikalisierten Imperativen oder Modalverben (*bitte, willnet, daman* 'darf man'). Auf dem Weg ins Stadium der finiten Assertion, in dem nach Dimroth et al. (2003) das finite Verb die Rolle des Links übernimmt, müssen LernerInnen drei Schwierigkeiten meistern:

(i)   Die finite Verbmorphologie muss in Numerus und Person mit dem grammatischen Subjekt (SVK) und in Tempus und Aspekt mit der Topiksituation abgestimmt werden.

(ii) Wenn kein funktionales Verb (Auxiliar, Modalverb, Kopula) vorhanden ist, verschmilzt der Träger der morphologischen und semantischen Finitheit mit dem verbalen Teil des Prädikats (Verbanhebung).

(iii) Vor dem finiten Verb darf nur eine einzige (Topik-)Konstituente stehen, andere Elemente der Topiksituation bleiben implizit oder stehen weiter hinten (V2-Eigenschaft).

Diese Probleme werden von den LernerInnen Schritt für Schritt gelöst: Zuerst bleibt es bei der konzeptuellen Abfolge und es wird am Assertionsmarker gearbeitet, wobei funktionale Verben (vor allem Auxiliare) hier eine große Hilfestellung leisten, da sie nur die Kongruenzmerkmale tragen und keine eigenen lexikalischen Beitrag leisten, und das lexikalische Verb vorerst als Teil des Prädikats stehen bleiben kann.

Tabelle 4.5   Auxiliare als Links (Dimroth et al. 2003: 84ff)

Topik	Link	Prädikat	(ProbandIn)
dann wir	habe	freundschaft mache	(Tino, 1. Zyklus)
in diese strasse	war	auch Chaplin	(Janka, 3. Zyklus)
der Charlie	hat	auch gemacht	(Cevdet, 3. Zyklus)
dann die polizei	hat	ihn festgehalten	(Cevdet, 2. Zyklus)

Obwohl diese Beobachtungen nur durch Beispiele aus den jeweiligen Korpora und nicht durch quantitative Auswertungen gestützt werden, zeigen sie eine klare Richtung an. Der Weg von der Basisvarietät zur finiten Äußerungsorganisation verläuft also im Wesentlichen dreistufig (Klein & Perdue 1992, Klein & Perdue 1997, Becker 2005, Dimroth 2008a):

(i) Basisvarietät: nicht-finite lexikalische Verben, wenige frühe funktionale Verben, präverbale Negation, assertive und negative Partikel als Links

(ii) Post-Basisvarietät I: nicht-thematische Verben (Auxiliare, Modalverben, Kopula) in finiter Form und Position, postverbale Negation mit nicht-thematischen Verben, Partikel und finite Auxiliare als Links

(iii) Post-Basisvarietät II: finite Äußerungsstruktur für funktionale und lexikalische Verben, Anhebung von lexikalischen Verben über Negation, finite Verben als Links

Ähnliche Ideen wurden auch in UG-basierten Modellen formuliert, allerdings beziehen sich diese nur auf die morphologische Seite der Finitheit. So untersucht Parodi (2000) Unterschiede zwischen nicht-thematischen und lexikalischen Verben bei der morphologischen Markierung der Finitheit (SV-Kongruenz) und bei der Verbstellung (siehe auch Parodi 1998). Dazu zieht sie Longitudinaldaten von drei Lernern aus dem ZISA-Projekt heran: Giovanni (AbE 23) und Bruno (AbE 16) mit L1 Italienisch und José (AbE 16/17) mit L1 Spanisch (siehe Kapitel 4.1).

Parodi (2000) unterscheidet zwischen lexikalischen und leichten Verben (*light verbs*). Leichte Verben sind alle nicht-thematischen Verben, also Verben ohne spezifischen semantischen Gehalt wie Auxiliare, Kopula, Modalverben und possessives *haben*. Modalverben verfügen zwar über semantischen Gehalt, erhalten ihre genaue Bedeutung jedoch erst in Verbindung mit anderen Verben bzw. aus dem Kontext. Auch der semantische Gehalt von possessivem *haben* ist unterspezifiziert und stark vom jeweiligen Komplement abhängig (Beispiele aus Parodi 2000, von mir ins Deutsche übersetzt):

(35) a. Alice **hat** ein Haus.
      b. Das Haus **hat** einen Garten.
      c. Alice **hat** schreckliche Nachbarn.
      d. Alice **hat** Kopfweh.

Parodi zeigt klar, dass leichte Verben fast nur finit auftreten und zwar zu 93-100% mit der korrekten Verbmorphologie. Parodi argumentiert, dass der Grund dafür nicht in der Frequenz von leichten Verben zu suchen ist, da andere frequente Verben (wie *sprechen* oder *verstehen*) deshalb nicht korrekter flektiert werden als andere. Es kann auch nicht an ihrem unregelmäßigen Flexionsparadigma liegen, denn unregelmäßige (starke) Verben sind im Allgemeinen fehleranfälliger als regelmäßige (siehe auch Dimroth 2008b und Kapitel 2.1). Sie argumentiert, dass leichte Verben deshalb fast nur finit vorkommen, weil sie Instanzen eines funktionalen Kopfes *I/INFL* (*inflection*) oder *AGR* (*agreement*) sind, der oberhalb der VP generiert wird. Ähnlich wie bei den funktionalistischen Ansätzen oben wird also davon ausgegangen, dass es eine Arbeitsteilung zwischen lexikalischer Information (thematische Verben in V) und syntaktischer Information (leichte Verben in I/INFL oder AGR) gibt.

Parodi zeigt weiters, dass leichte bzw. nicht-thematische Verben immer vor der Negation stehen. Dies erklärt sie dadurch, dass leichte Verben in I/AGR basisgeneriert werden. Unter der Annahme von Pollock (1989), dass die Negation zwischen I/AGR und VP steht, müssen sie daher immer vor der Negation stehen. Lexikalische Verben können dagegen auch in ihrer Basisposition (VP) bleiben und somit der Negation folgen (NEG-V). Dies entspricht auch der Stellung der Negation im Italienischen und Spanischen (möglicher L1-Transfer). Parodi (2000) versucht nun nachzuweisen, dass dies nur für lexikalische Verben gilt, die keine overte SV-Kongruenz aufweisen, wie *bezahl* in (36):

(36) wenn schiedsrichter nich schreiben, versicherung **nich bezahl** (G III)
      'if the referee does not write a report, the insurance will not pay'

Wenn präverbale Negation tatsächlich nur mit nicht kongruierenden lexikalischen Verben vorkommen würde, würde dies tatsächlich für eine starke Verbindung zwischen Verbanhebung nach I/AGR und korrekter Kongruenz sprechen. Allerdings gibt es in ihrem Korpus insgesamt nur wenige Sätze mit präverbaler Negation. Die meisten stammen aus der ersten Aufnahme eines Lerners (Giovanni/G). Aufgrund der geringen Datenbasis halte ich Parodis Argumentation bezüglich Finitheit und Verbposition nicht für überzeugend, bezüglich Verbtyp (leichte Verben) und Verbposition bzw. SV-Kongruenz hingegen schon.

Prévost & White (2000) stellen ebenfalls einen Zusammenhang zwischen korrekter Verbflexion und Verbstellung im erwachsenen L2-Erwerb her. Ihre Studie basiert auch auf ZISA-Daten: Die beiden Lernerinnen Ana (AbE 22) und Zita (AbE 17) sprechen Spanisch bzw. Portugiesisch als Erstsprache. Zwei Jahre lang werden sie jeden Monat aufgenommen, die erste Aufnahme findet drei Monate nach der Ankunft in Deutschland statt. Die AutorInnen gehen davon aus, dass die funktionale Satzstruktur beim L2-Erwerb von Anfang an vorhanden ist (starke Kontinuität). Aufgrund der hohen Verarbeitungskomplexität kann jedoch die Auswahl der korrekten Finitheitsmarkierung Schwierigkeiten bereiten. Das führt dazu, dass oberflächlich infinite Defaultformen (Infinitiv, Stamm) in finiten Positionen verwendet werden, im Grunde sind diese Formen jedoch finit. Prévost & White (2000) nennen ihre Hypothese zum Zusammenhang zwischen overter morphologischer Finitheit des Verbs und seiner Position die *Missing Surface Inflection Hypothesis (MSIH)*, ins Deutsche übersetzt die *Hypothese der fehlenden Oberflächenflexion*.

Prévost & White (2000) argumentieren dabei gegen Clahsen & Muyksen (1986) und Meisel (1997), die in den Daten zum erwachsenen L2-Erwerb keinen solchen Zusammenhang sehen, sondern davon ausgehen, dass die funktionale Satzstruktur im erwachsenen L2-Erwerb nicht vollständig vorhanden ist. Prévost & White (2000) nennen diese Position die *Impaired Representation Hypothesis (IRH)*, übersetzt ins Deutsche etwa die *Hypothese der beeinträchtigten Repräsentation*. Prévost & White (2000) sehen ihre MSIH darin bestätigt, dass finite Verben in ihrem Korpus zu einem großen Teil vor der Negation stehen, wie *willst* in (37). Infinite Verben, die entweder echte infinite Verben oder finite Defaultformen sind, können dagegen sowohl vor als auch nach der Negation stehen, also sowohl in finiten als auch infiniten Verbpositionen. Generell kommen finite Verben kaum in nicht-finiten Positionen vor. Nur 2,8% bzw. 7,2% aller eindeutig finit markierten Verben stehen wie *arbeite* in (37) nach Modalverben, anderen Verben oder Präpositionen (Prévost & White 2000: 115f).

(37) du **willst** nich **arbeite** hier   (Zita, L1 Portugiesisch)

Die Korrektheitsquote von eindeutig finiten Suffixen (alle außer *-en*) liegt für die Formen von *sein* zwischen 87-100% und für reguläre Verbendungen (1./2./3. Singular) zwischen 70-100% wie in (38)a,b. Fehleranfällig sind vor allem die 1. Person Singular mit dem Suffix *–e* wie in (38)c oder die 2. Person Singular mit dem Suffix *–st*, weniger die 3. Person Singular mit dem Suffix *–t*:

(38) *Ana, L1 Spanisch (Prévost & White 2000: 122)*
    a. er **sagt** der Herr
    b. ich **lese** wenig
    c. er **kaufe** ein Blume

All dies spricht nach Prévost & White (2000) gegen eine zufällige Verteilung von morphologischer Finitheit, wie sie die unter der IRH erwartet wäre, und für ihre MSIH und die starke Kontinuität auch im erwachsenen L2-Erwerb.

Den Vorhersagen der beiden Hypothesen (MSIH und IRH) geht Schimke (2009) in ihrer experimentellen Querschnittstudie mit 48 erwachsenen türkischsprachigen LernerInnen des Deutschen nach. Im Türkischen, einer kopffinalen Sprache, wird die Negation als Suffix an das finite Verb angehängt (V-NEG). Die Position eines einzelnen Verbsuffixes ist jedoch nicht so klar erkennbar wie die des alleinstehenden Negationspartikels im Deutschen. Ein klarer Unterschied zum Deutschen ergibt sich auch daraus, dass das infinite Verb im Türkischen dem finiten Verb immer vorangeht, und somit das Negationssuffix hinter dem infiniten Verb steht. Im Deutschen hingegen steht die Negation immer vor dem infiniten Verb.

Schimke (2009) elizitierte Produktionsdaten mittels Video- und Bildsequenzen (u.a. Dimroth 2005), die zeigen, dass leichte Verben (LV) ausnahmslos vor der Negation und lexikalische infinite Verben fast immer hinter der Negation stehen. Finite lexikalische Verben stehen zu zwei Drittel vor der Negation und zu einem Drittel danach. Die ProbandInnen mussten auch Sätze nachsprechen (elizitierte Imitation), um das Abrufen bestimmter Strukturen als *chunks* zu vermeiden. Bei einer elizitierten Imitation sind besonders diejenigen Strukturen interessant, die von den

ProbandInnen verändert werden. Die grundlegende Annahme ist, dass diese Veränderungen vom tatsächlichen grammatikalischen Wissen der Proband-Innen geleitet werden. Schimke zeigt, dass Strukturen mit leichten Verben (LV) signifikant häufiger in Richtung LV-NEG (Anhebung des leichten Verbs über die Negation) verbessert werden während es für lexikalische Verben (unabhängig von ihrer Finitheit) keine so klare Tendenz gibt.

Insgesamt ermittelt Schimke (2009) einen statistischen Zusammenhang zwischen der Finitheit der morphologischen Markierung und der Verbposition im L2-Erwerb. Finite Verben stehen also signifikant häufiger vor der Negation, wie es die MSIH (Prévost & White 2000) vorhersagen würde. Trotzdem verhalten sich finite leichte Verben anders als finite lexikalische Verben, und die Korrelation zwischen Verbtyp und Verbposition ist höher als die für die Finitheit. Das ist jedoch keine Voraussage der MSIH. Umgekehrt kann die IRH, die von einem permanenten Fehlen funktionaler Strukturen ausgeht, die Korrelation zwischen Verbposition und -typ erklären, jedoch nicht die zwischen Verbposition und Finitheit. Schimke (2009) interpretiert ihre Ergebnisse als Unterstützung von Modellen des Grammatikerwerbs, die von einer schwachen Kontinuität und damit von einem schrittweisen Aufbau der Satzstruktur ausgehen (z.B. Dimroth et al. 2003, Vainikka & Young-Scholten 1994, Vainikka & Young-Scholten 2011).

V2-Stellung und Inversion

Für das Deutsche gilt wie für alle V2-Sprachen, dass im Vorfeld, also vor dem finiten Verb, nur eine Konstituente stehen darf (siehe Kapitel 3.1). Die Konstituente im Vorfeld hat eine wichtige kommunikative Funktion: Sie verankert den Satz im Diskurs, das heißt, es wird eine Verbindung zu den vorhergehenden Äußerungen hergestellt. Oft steht hier das *Topik* (die Situation oder Entität über die gesprochen wird) und der restliche Satz gibt den *Kommentar* wieder, also das, was über das Topik ausgesagt wird. In dieser Position steht auch oft thematische, also bereits gegebene Information ohne neuen Informationsgehalt, während hinter dem finiten Verb tendenziell eher rhematische, also neue Information, steht.

Obwohl dies für V2-Sprachen im Allgemeinen gilt, haben SprecherInnen von V2-Sprachen oft Schwierigkeiten beim Erwerb einer anderen V2-Sprache. Daher wurde bisher angenommen, dass bei der V2-Eigenschaft kein Transfer von der L1 auf die L2 stattfindet. Bohnacker (2006) konnte jedoch zeigen, dass V2-Transfer sehr wohl passiert, aber nur dann, wenn es keinen Einfluss des Englischen gibt. So haben erwachsene SprecherInnen des Schwedischen, einer V2-Sprache, nur dann Probleme beim L2-Erwerb der V2-Stellung im Deutschen, wenn sie vorher Englisch gelernt haben – und das haben die meisten Schweden. Ist dies nicht der Fall, wird die V2-Eigenschaft aus der L1 Schwedisch ins Deutsche transferiert.

Über die reine Wortstellung hinaus zeigen Bohnacker & Rosén (2008) jedoch Unterschiede zwischen V2-Sprachen auf: Das Vorfeld wird im Schwedischen und im Deutschen unterschiedlich besetzt, und diese Unterschiede führen unter Umständen auch beim fortgeschrittenen L2-Erwerb zu einer nicht-zielsprachlichen Informationsorganisation im Satz. Ihre Analyse informeller von MuttersprachlerInnen geschriebenen Briefe zeigt, dass in beiden Sprachen Subjekte und expletive Elemente die wichtigsten Vorfeld-kategorien darstellen. Im Deutschen stehen jedoch auch häufig temporale und lokative Angaben bzw. Adverbien im Vorfeld. Im Schwedischen ist das Vorfeld dagegen häufiger durch expletive Elemente besetzt. Objekte im Vorfeld sind in beiden Sprachen ungefähr gleich selten.

Nach Bohnacker & Rosén (2008) übertragen L2-LernerInnen neben der V2-Syntax auch die informationsstrukturellen Regularitäten aus ihrer L1 auf die L2: Während die V2-Syntax von schwedischen L2-LernerInnen des Deutschen im Wesentlichen korrekt ist, verwenden sie im Vorfeld viel häufiger Subjekte und expletive Elemente (v.a. *es*) in ihren Texten als im Deutschen üblich. Dies führt zu zwar grammatikalisch korrekten, jedoch informationsstrukturell abweichenden Texten.

Für LernerInnen, deren Erstsprache keine V2-Sprache ist, stellt der Erwerb der V2-Eigenschaft im Deutschen eine große Herausforderung dar. Jordens (2005), der von einem graduellen Aufbau der Satzstruktur beim Spracherwerb ausgeht, weist dem Erwerb des Auxiliars im Niederländischen eine Schlüsselrolle für den Erwerb der Inversion zu. Sobald L2-LernerInnen des Niederländischen Strukturen mit den Auxiliarformen *heb/heeft* (*habe/hat*) bilden, tauchen neben S-Aux-Abfolgen auch X-Aux-S-Abfolgen auf. Das nachgestellte Subjekt ist dabei zunächst meist prono-minal. Die folgenden Beispiele von Jordens (2005) stammen aus dem ESF-Korpus:

(39) a. dat **heb** ik nooit gezegd.
      'das hab ich nie gesagt'
   b. Izmir **heb** ik niet geweest.
      Izmir hab ich nicht gewesen
      'In Izmir bin ich nie gewesen.'

Sobald die Abfolge Auxiliar-Subjektpronomen erworben wird, fungiert diese nach Jordens (2006) als Topikalisierungsmechanismus, der den LernerInnen hilft, zielsprachliche Inversionsstrukturen zu bilden. Später wird diese Regel in der Lernervarietät für nicht-pronominale Subjekte ausgebaut. Diese Hypothese greife ich in Kapitel 8.1 nochmals auf.

Verb-End-Stellung im Nebensatz (VE)

Es gibt bislang keine detaillierte Analyse zur Entwicklung der Nebensätze im erwachsenen L2-Erwerb des Deutschen. Das liegt vermutlich auch daran, dass die Verb-End-Stellung gerade im ungesteuerten erwachsenen L2-Erwerb erst spät beginnt und somit eine lange Beobachtungszeit voraussetzt. In Kapitel 4.6 werde ich eine Detailanalyse zum Nebensatzerwerb eines Lerners aus dem ZISA-Projekt vorstellen (Müller 1998), der aufgrund seines Alters bei Erwerbsbeginn allerdings in die Kategorie Jugendlicher fällt. Die verschiedenen Erkenntnisse zum Erwerb der deutschen Verbstellung bei erwachsenen LernerInnen sollen im nächsten Kapitel nochmals durch eine Longitudinalstudie illustriert werden.

5. Longitudinale Fallstudie eines erwachsenen Lerners

Um eine Vergleichsbasis zu meiner eigenen empirischen Studie zu schaffen, stelle ich hier die longitudinale Fallstudie von Ahrenholz (2008) zu Sascha vor, einem erwachsenen L2-Lerner mit Polnisch als Erstsprache. Polnisch ist eine westslawische Sprache, teilt jedoch viele der in Kapitel 3.2 beschriebenen Eigenschaften des Russischen. Wie Russisch ist Polnisch eine freie SVO-Sprache, und die Abfolge SV(O) kommt am häufigsten vor (Siewierska & Uhlířová 1997). Es ist also anzunehmen, dass polnisch- und russischsprachige LernerInnen ähnliche Hypothesen zur deutschen Verbstellung bilden. In Ermangelung einer vergleichbaren Studie zu einer russischsprachigen erwachsenen LernerIn bietet sich die Studie zum Verbstellungserwerb von Sascha als Vergleich zu meinen jüngeren L2-LernerInnen im DaZ-AF-Korpus an (siehe Kapitel 6 bis 10).

Der Spracherwerb von Sascha wurde im Rahmen des *P-Moll-Projekts* vom 1. bis 29. Kontaktmonat (KM), also über zweieinhalb Jahre hinweg, beobachtet. Im Vergleich zu den anderen ProbandInnen in diesem Projekt kann Sascha als sehr erfolgreicher Lerner bezeichnet werden (Dittmar & Skiba 1992). Kurz zu seiner Biografie: Er schloss in Polen ein Mathematikstudium ab, lernte Russisch und ein wenig Englisch (aber kein Deutsch), und kam im Alter von 24 Jahren mit seiner Familie nach Berlin, wo er Geld mit Renovierungsarbeiten und seinen Computerkenntnissen verdiente. Sein Alter bei Erwerbsbeginn ist somit 24 Jahre. Neben einem polnischen hatte er in Berlin auch einen wachsenden deutschen Freundeskreis. Die Daten wurden mittels verschiedener Aufgaben elizitiert und in drei Zyklen mit 21 Aufnahmen über fast zweieinhalb Jahre erhoben. In Tabelle 4.6 fasse ich die Ergebnisse kurz zusammen:

Tabelle 4.6   Erwerbsphasen Sascha (L1 Polnisch) nach Ahrenholz (2008)

Regel	Sascha (Beobachtungszeitraum 2 ½ Jahre)
Verbklammer	ab 6. KM mit *möchten*
FIN – X – V	ab 10. KM mit *wollen/können*
	ab 11. KM mit dem Auxiliar *haben*
	X-Elemente sind zuerst Adverbien, dann Objekte
V2/Inversion	V3- und Inversionsstrukturen in freier Variation
	20. bis 27. KM: ein Drittel der Inversionskontexte korrekt
	mit Inversion realisiert (140/414), Rest V3 oder V1
	keine Weiterentwicklung erkennbar
	Vorfeldbesetzung nicht systematisch
VE im NS	trotz häufiger Verwendung von Nebensätzen wird VE im
	Untersuchungszeitraum nicht annähernd erworben
	VE-Stellung nur in 5/527 VE-Kontexten mit *wenn/wann*
	(218), *dass* (104), *ob* (28) und *weil* (164)

Aus diesen Daten schließt Ahrenholz (2008), dass Saschas Verbstellung sich ganz ähnlich entwickelt wie die von den L2-LernerInnen im ZISA-Projekt (L1 romanische SVO-Sprachen), die allerdings ab einer Kontakt-dauer von zwei Jahren häufiger verbfinale Nebensätze produzieren als Sascha. In Kapitel 6 und 7 werde ich zeigen, dass sich die beiden jüngeren Lernerinnen aus dem DaZ-AF-Korpus vor allem in der Erwerbsgeschwindigkeit drastisch von Sascha unterscheiden.

6. Longitudinale Fallstudien von zwei jugendlichen Lernern

Jugendliche werden in der Debatte um den Altersfaktor im ungesteuerten L2-Erwerb selten als eigene Kategorie betrachtet. Auf der Basis meines multifaktoriellen Modells des Altersfaktors (siehe Kapitel 2.4) behandle ich postpubertäre Jugendliche (AbE 12-17) als eigenständige Gruppe. Diese jugendlichen L2-LernerInnen gehen also entweder noch in Schule oder haben die Pflichtschule bereits abgeschlossen. Üblicherweise werden postpubertäre Jugendliche, wenn ihr Spracherwerb überhaupt untersucht wird, mit Hinweis auf die Hypothese der kritischen Periode der Kategorie der erwachsenen LernerInnen zugeordnet (z.B. Clahsen, Meisel & Pienemann 1983, Klein & Perdue 1992). Ausnahmen sind jedoch Dimroth (2008a) und Pagonis (2009b), die die jugendliche Lernerin Dascha, die auch in der vorliegenden Studie untersucht wird, zwischen Kind und Erwachsener verorten.

L1 Türkisch: Cevdet

So wird auch die Studie von Schwartz & Sprouse (1994) üblicherweise als Fallstudie zum erwachsenen L2-Erwerb des Deutschen zitiert, obwohl der Proband Cevdet bereits im Alter von 15 Jahren aus der Türkei nach Deutschland immigriert ist. Die Daten dieser longitudinalen Fallstudie wurden im Rahmen des ESF-Projekts erhoben und auch schon von Klein & Perdue (1992) analysiert. Die Untersuchungsperiode beginnt im 9. Kontaktmonat (KM) und erstreckt sich über 26 Monate. Zu elf Erhebungszeitpunkten wurden Daten erhoben, die sowohl spontansprachliche Äußerungen zu Cevdets Biographie, Familie und Lebensumständen, als auch Rollenspiele (z.B. einkaufen gehen) enthalten. Der Großteil der hier ausgewerteten Daten stammt jedoch aus Nacherzählungen von Ausschnitten eines Stummfilms (siehe Kapitel 4.2).

Schwartz & Sprouse (1994) ermitteln drei Entwicklungsphasen: Nachdem die erste Aufnahme im 9. KM nur Einwortäußerungen und idiomatische Chunks wie *ich weiß nicht* enthält, umfasst die erste Phase die Aufnahmen 12. bis 16. KM. Insgesamt wurden in dieser Phase allerdings nur 33 Sätze analysiert. Bei infiniten Verben gibt es Evidenz für ein SOV-System wie in (40)a, finite Verben stehen nicht satzfinal, sondern entweder in V2- oder V3-Stellung. Die meisten Sätze sind subjekt-initial (N=29/33) wie in (40), das heißt, es gibt keine Inversion. Es tauchen erste eingebettete Sätze auf, allerdings nur V2-Nebensätze ohne syntaktische Subordination wie in (40)c:

(40)   a. der Mann seine Frau geküsst
      b. jetzt er **hat** Gesicht
      c. der Chef hat gesagt [der Zug **fährt ab**]

Die zweite Phase dauert fast ein Jahr, vom 20. bis zum 31. KM, und umfasst immerhin 336 Sätze. Jetzt finden sich neben subjektinitialen V2-Sätzen (SVO, N=202) bereits mehr Inversionen (XVS, N=70) als V3-Strukturen (XSV, N=64). Da das Verb im Türkischen immer an letzter Stelle steht (SOV, VE), gibt es keine XVS-Abfolgen im Türkischen. Daher werten Schwartz & Sprouse (1994) Inversionen als Indiz dafür, dass die V2-Eigenschaft erworben wurde. Allerdings werden Inversionen wie in (41) in dieser Phase nur mit pronominalen Subjekten gebildet (bis auf eine Ausnahme). V3-Sätze wie in (42) kommen dagegen sowohl mit NP-Subjekt als auch mit Subjektpronomen vor:

(41)   *V2-Sätze mit Inversion*
      a. hier **gibt** es nicht viel
      b. dann **trinken** wir bis neun Uhr

(42)   *V3-Sätze ohne Inversion*
      a. Ankara ich **kenne**
      b. in mein Dorf ich **habe** 5 Jahre in die Schule gegangen
      c. in der Türkei der Lehrer **kann** den Schüler schlagen

Daneben produziert Cevdet auch syntaktisch eingebettete Nebensätze mit VE-Stellung (nur eine Ausnahme mit V2-Stellung!), aber leider gibt es zu den Nebensätzen bei Schwartz & Sprouse (1994) keine weiteren quantitativen Angaben:

(43)   *VE-Nebensätze*
      a. wenn du so wie ein Holz gefunden **hast**, dann bringst de mir
      b. dass ich mit Brot **war**
      c. dass sie ein Brot geklaut **hat**
      d. dass du mein Kind genommen **hast**
      e. ob der Zug noch da **ist**

Die dritte Phase umfasst nur ein Interview im 34. KM, aus dem 178 Sätze analysiert wurden, davon 94 subjektinitial, 75 mit Inversion und nur noch neun mit V3. Zum einen gehen V3-Strukturen immer mehr zurück, zum anderen kommt es nun auch mit nicht-pronominalen Subjekten zu Inversion (aber nur 8/75).

(44)   *Inversion mit nicht-pronominalen Subjekten*
   a.   das **hat** eine andere Frau gesehen
   b.   draußen **hatte** die Polizei eine andere Wagen brauchen sollen

Schwartz & Sprouse (1994) und Schwartz & Sprouse (1996) interpretieren diese Daten als Argument für ihre *Full Transfer/Full Access Hypothese* Modell. Sie gehen von der Hypothese der starken Kontinuität aus, und nehmen an, dass LernerInnen auch im L2-Erwerb einen vollständigen Zugang (*full access*) zu universalgrammatischen Prinzipien haben und ihnen von Anfang an eine vollständige Baumstruktur zur Verfügung steht. Durch positiven Transfer (*full transfer*) aus dem Türkischen (SOV) weisen die deutschen Satzstrukturen von Cevdet von Beginn an korrekte OV- und VE-Stellung auf.

Schwartz & Sprouse (1994) argumentieren also wie Vainikka & Young-Scholten (1994) gegen die Hypothese einer universalen SVO-Phase am Anfang des L2-Erwerbs des Deutschen (Meisel, Clahsen & Pienemann 1981, Klein & Perdue 1992). Aber im Unterschied zur Hypothese der minimalen Bäume ist bei der *Full Transfer/Full Access Hypothese* durch die vorhandenen funktionalen Projektionen (IP/AGRP, CP) von Anfang an die Möglichkeit von V-nach-I-nach-C-Bewegung gegeben (V2). Cevdet extrahiert die Regel, dass finite Verben angehoben werden müssen, relativ schnell aus den Inputdaten, verwendet sie allerdings anfangs noch nicht zielsprachlich. Zuerst verwendet er auch V3-Strukturen wie (42). V3-Sätze entstehen nach Schwartz & Sprouse (1994) durch eine optionale Regel der Adjunktion an den Satz, wie es sie in ähnlicher Form in SVO-Sprachen wie dem Englischen gibt. Sie halten es für fast unmöglich, diese Adjunktionsregel aus der Lernergrammatik zu eliminieren, da es zu wenig negative Evidenz dafür gibt. Hier ist allerdings zu beachten, dass V3-Sätze für frühe L2-LernerInnen kein Problem darstellen (siehe Kapitel 5.2). Inversion, also echtes V2, verwendet Cevdet am Anfang nur mit pronominalen Subjekten. Diese Einschränkung wird dadurch erklärt, dass postverbale Subjekte in seiner Lernergrammatik auf eine Art und Weise Kasus (Nominativ) zugewiesen bekommen, die nur pronominalen bzw. klitischen Subjekten, nicht jedoch vollen NPs, offen steht.

Nach Schwartz & Sprouse (1994) spricht auch die fast ausschließlich korrekte Verwendung von verbfinalen Nebensätzen im Korpus von Cevdet für einen Transfer von SOV aus dem Türkischen. Allerdings gibt es keine quantitativen Angaben zu den Nebensätzen und aufgrund der Beschreibung in Klein & Perdue (1992) ist anzunehmen, dass diese im gesamten Korpus sehr selten vorkommen. Die Daten stehen zudem in einem klaren Gegensatz zu den Beobachtungen von Clahsen & Muyksen (1986), die zehn LernerInnen mit L1 Türkisch im Alter von 14 bis 16 Jahren untersuchen. Diese leben seit mindestens zwei Monaten und höchstens drei Jahren in Deutschland und produzieren angeblich viele Beispiele mit SVO-Stellung im Nebensatz wie in (45). Allerdings geben die Autoren hier ebenfalls keine genauen quantitativen Informationen (Clahsen & Muyksen 1986: 109):

(45) *Nebensätze mit SVO bei Jugendlichen mit L1 Türkisch*
  a. so dass wir **kann** nicht verstehen
  b. wenn sie **will** gehen
  c. wenn ich **geh** zurück, ich arbeit elektriker in Türkei

Im Modell von Schwartz & Sprouse (1994) ist unklar, warum türkische LernerInnen, deren L1 keine SVO-Struktur aufweist, subordinierte Nebensätze mit SVO- oder „V2"-Stellung bilden sollten. Nach Clahsen & Muyksen (1986) sprechen die Beispiele in (45) dafür, dass LernerInnen unabhängig von ihrer Erstsprache beim Zweitspracherwerb von einer kanonischen Satzstruktur SVO ausgehen. Eine andere Erklärung für die SV(O)-Strukturen in (45) könnte darin liegen, dass die LernerInnen die SV- bzw. V2-Stellung im deutschen Hauptsatz bereits erworben haben und diese Struktur nun auf den Nebensatz übertragen (siehe auch Kapitel 9).

Aus der Beschreibung der Daten von Schwartz & Sprouse (1994) und von Klein & Perdue (1992) geht jedenfalls klar hervor, dass Cevdet im Vergleich zu anderen L2-LernerInnen im ESF-Projekt ein erfolgreicher L2-Lerner ist. In Tabelle 4.7 fasse ich Cevdets Entwicklung der Verbstellung zusammen:

Tabelle 4.7 Erwerbsphasen bei Cevdet nach Schwartz & Sprouse (1994)

Phasen im L2-Erwerb der Verbstellung	Beginn (Kontaktmonat)
1. OV_{inf} und SV_{fin} keine Inversion, V3 keine syntaktische Subordination	12. bis 16. KM
2. Inversion nur mit Subjektspronomen V3 mit NP-Subjekten und Pronomen syntaktische Subordination mit VE	20. bis 31. KM

Phasen im L2-Erwerb der Verbstellung	Beginn (Kontaktmonat)
3. wenige V3-Strukturen Inversion auch mit NP (aber noch selten)	34. KM (1 Aufnahme)

L1 Italienisch: Bruno

Müller (1998) untersucht den Verbstellungserwerb bei dem jugendlichen Lerner Bruno, dessen Erstsprache Italienisch eine SVO-Sprache ist. Der L2-Erwerb von Bruno sieht anders aus als der von Cevdet, zumindest was die OV-Stellung im Hauptsatz (infinite Verben) und die VE-Stellung im Nebensatz (finite Verben) betrifft. Die Daten wurden im Rahmen des ZISA-Projekts erhoben (siehe Kapitel 4.1): Bruno kam mit 16 Jahren nach Deutschland und wurde ab der 7. Kontaktwoche[24] ca. zwei Jahre lang beobachtet. Müller (1998) zeigt, dass Brunos Verbstellung im Hauptsatz sich graduell über drei Phasen hinweg in Richtung zielsprachlicher Abfolgen entwickelt:

Tabelle 4.8   Erwerb der OV-Stellung bei Bruno (Müller 1998)

Hauptsatz	Zeitraum	Beispiele
1. Phase: VO	bis 5. KM	ich habe geler französisch drei jahr
2. Phase: VO und OV	bis 12. KM	ich habe da alle meine schule gemacht nach isch habe eine jahre gemacht fotograf
3. Phase: OV	ab 14. KM	ich habe nur die alte geklebt mit die klebe in zehn sekund

Müller (1998) zeigt nun, dass Bruno die OV-Stellung für jede einzelne Form des Perfektpartizips (die häufigsten infiniten Verben sind *ge*-Partizipien) einzeln lernt, z.B. zuerst für *gesehen, gehabt, gelernt* und erst später für *geschrieben, gerechnet* und *geklebt*. Bruno baut also seine Satzstrukturen nicht nur graduell auf, sondern auch lexemspezifisch (*item-by-item learning*). Etwas Ähnliches beobachtet sie für den Erwerb der VE-Stellung im Nebensatz, die erst im 14. KM, also nach dem Erwerb der OV-Abfolge im Hauptsatz, einsetzt. Davor ist die Stellung des finiten Verbs im Nebensatz nicht zielsprachlich, dies entspricht im Wesentlichen der V2- oder SV-Abfolge im Hauptsatz (quasi „V2"):

---

[24] Müllers Angaben in Kontaktwochen werden im Folgenden grob in Kontaktmonate umgerechnet, damit die Zahlen mit den anderen Studien vergleichbar sind.

Tabelle 4.9 Erwerb der VE-Stellung bei Bruno (Müller 1998)

Nebensatz	Zeitraum	Beispiele
1. Phase: „V2"	bis 14. KM	wenn isch habe kein geld er weiss daß du kennst du die italienisch
2. Phase: „V2" und VE	ab 14. KM	daß er sollt in de messe fahren ... gesagt, daß du in deutschland fahren sollst
3. Phase: VE	ab 23. KM mehrheitlich	is scheißegal wer daneben steht wenn du irgendwas nicht verstehst

Auch der Erwerb der Stellung des finiten Verbs im Nebensatz läuft nach Müller (1998) lexemspezifisch ab, das heißt, er erfolgt für jede subordinierende Konjunktion einzeln. Insgesamt überwiegt ungefähr ab dem 23. Kontaktmonat (KM) die Verb-End-Stellung, je nach Lexem ist die Verbstellung jedoch unterschiedlich. Die Konjunktionen *bis, bevor* und *als* werden ab dem 15. KM ausschließlich mit VE-Stellung verwendet, während Nebensätze mit *dass, ob* und *wenn* (auch temporal verwendet) bis zum Ende des Untersuchungszeitraums (zweieinhalb Jahre) noch häufiger mit nicht-zielsprachlicher Verbstellung vorkommen. Durch W-Wörter eingeleitete Nebensätze erscheinen am Ende des Untersuchungszeitraums ausschließlich mit zielsprachlicher Verbstellung, wobei die Verbstellung für einzelne W-Wörter früher erworben wird als für andere (z.B. *wer* ab dem 10. KM, *wann* ab dem 16. KM und *warum* ab dem 22. KM).

Die abweichenden Stellungen im Nebensatz können nach Müller (1998) nicht einem *blinden Transfer* aus der L1 zugeschrieben werden, da Abfolgen vorkommen, die es im Italienischen gar nicht gibt (z.B. mit postverbalen Subjekten). Da solche Abfolgen jedoch in anderen natürlichen Sprachen auftauchen, argumentiert sie, dass Brunos Lernervarietät eigenen Gesetzen folgt, die die von der Universalgrammatik vorgegebenen Möglichkeiten ausschöpfen.

L1 Russisch: Dascha

Abschließend erwähne ich noch kurz zwei Studien zum L2-Erwerb von Dascha, die u.a. auch die Verbstellung thematisieren (Dimroth 2008a, Pagonis 2009b). Dascha ist die ältere L2-Lernerin im DaZ-AF-Korpus, das ich in der vorliegenden Studie genauer untersuche (siehe Kapitel 6.1). Dascha spricht Russisch als L1 und Englisch als erste Fremdsprache. Sie kam mit 14 Jahren nach Deutschland, wo ihre Spontansprache eineinhalb Jahre lang regelmäßig beobachtet wurde.

Dimroth (2008a) zeigt, dass Dascha innerhalb von sechs Kontaktmonaten (KM) die postverbale Stellung der Negation, die im Russischen präverbal steht, und damit die Anhebung des finiten Verbs über die Negation erwirbt. Pagonis (2009b) untersucht neben anderen Lerngegenständen auch den Erwerb der Verbstellung bei Dascha. Ihre Fragesätze (sowohl W- als auch Entscheidungsfragen) und Imperative sind von Anfang an zielsprachlich, kommen jedoch nicht sehr häufig vor. Im Untersuchungszeitraum erwirbt Dascha auch die Distanzstellung zwischen finitem und infinitem Verb (Satzklammer). Sie braucht allerdings länger, um die V2-Eigenschaft des Deutschen zu erwerben: Bis zum Ende der 18 Monate variiert sie frei zwischen Inversions- und V3-Strukturen, wobei die Tendenz für Inversion zunehmend ist. Ebenfalls außerhalb des Untersuchungszeitraums liegt der vollständige Erwerb der VE-Stellung im Nebensatz: Dascha produziert zwar VE-Stellung im NS, aber in der Mehrzahl bildet sie Nebensätze mit nicht zielsprachlicher Hauptsatzverbstellung (quasi „V2"). Da die beiden Kategorien OV im HS und im NS bei Pagonis (2009b) nicht klar getrennt werden, fehlen jedoch wichtige Informationen. Außerdem gibt es nur wenige quantitative Angaben zur Verbstellung.

7.   Fazit: Postpubertäre L2-LernerInnen

In diesem Kapitel habe ich die wichtigsten Studien zum L2-Erwerb der Verbstellung im Erwachsenenalter zusammengefasst. Der theoretische Hintergrund dieser Studien ist dabei weit gefächert. Die Entwicklung der Verbstellung wird sowohl aus einer generativen als auch aus einer funktionalen Perspektive beleuchtet. Für beide theoretischen Perspektiven wird das notwendigste Instrumentarium vorgestellt. Dabei zeigen sich trotz unterschiedlicher Schwerpunktsetzungen zum Teil ähnliche Beobachtungen und Erklärungskonzepte.

In allen Studien wird dieselbe Erwerbsreihenfolge für die Verbstellung ermittelt: Zuerst wird die lexikalische Struktur der Verbalphrase (OV-Struktur) und die Distanzstellung (XV) der Satzklammer erworben. Die V2-Eigenschaft, das heißt die Inversion im Hauptsatz, bereitet erwachsenen L2-LernerInnen einige Schwierigkeiten, oft wird sie im Untersuchungszeitraum nicht stabil erworben (Erwerbskriterium 90% Korrektheit). Mehrfach wurde beobachtet, dass Inversion zuerst mit pronominalen Subjekten und erst später mit vollen NPs gebildet wird. Der Erwerb der VE-Eigenschaft im Nebensatz beginnt häufig erst nach zwei Jahren Sprachkontakt. Da der Untersuchungszeitraum einer Längsschnittstudie meist nicht mehr als zwei bis drei Jahre umfasst, erreicht kaum eine erwachsene LernerIn bei der VE-Stellung im Nebensatz einen Endzustand, das heißt eine stabile Korrektheitsrate von 90%.[25] Insgesamt gibt es bei der V2- und bei der VE-Stellung viel individuelle Variation, was das Ausmaß des Erwerbs und das Erwerbstempo anlangt.

Systematische Unterschiede zwischen den LernerInnen ergeben sich dort, wo die Erstsprachen relevante Unterschiede aufweisen: Während die SOV-Struktur des Türkischen eine Hilfestellung im Erwerb der Satzstruktur des Deutschen darstellt, verlocken SVO-Sprachen wie Italienisch oder Russisch zu einer falschen SVO-Hypothese (L1 Transfer). Der Schlüssel für eine Umorganisation der Lernervarietät in Richtung Satzklammer bzw. V2-Eigenschaft liegt in der Finitheit. Das wurde sowohl in funktional als auch in generativ orientierten Studien ermittelt, wobei in funktionalen Modellen neben der morphologischen auch auf die semantische Finitheit eingegangen wird. Besonders klar zeigt sich die Finitheit an funktionalen Verben (Kopula, Modalverben, Auxiliaren), deren Erwerb eine Umorganisation der Lernervarietät auslösen kann. Es gibt einen eindeutigen statistischen Zusammenhang zwischen dem Verbtyp (funktional oder lexikalisch) und der Verbposition (Verbanhebung/V2 oder nicht). Der Zusammenhang zwischen der finiten Verbmorphologie und der Verbposition ist dagegen bei erwachsenen L2-LernerInnen nicht so stark. Dies ist ein klarer Unterschied zum Erstspracherwerb (siehe Kapitel 5.1).

Abschließend fasse ich die Erwerbsreihenfolge für den postpubertären L2-Erwerb in Tabelle 4.10 zusammen. Die zeitliche Dimension der Phasen lässt sich nicht einfach festmachen, da insgesamt nur wenige umfassende Langzeitstudien vorliegen und diese teilweise mit unterschiedlichen Erwerbskriterien operieren. Die Angaben zu den Kontaktmonaten (KM) sind also vorsichtig zu interpretieren:

---

[25] Für den gesteuerten Erwerb hat die DiGS-Studie eine etwas andere Reihenfolge ermittelt, allerdings auf der Basis schriftsprachlicher Daten: Französischsprachige SchülerInnen in der Schweiz erwerben die VE-Stellung im deutschen Nebensatz vor der Inversion (Diehl, Christen, Leuenberger, Pelvat & Studer 2000).

Tabelle 4.10 Erwerbsphasen bei Erwachsenen und Jugendlichen im Vergleich (L1 = SVO, SOV)

Erwerbsphasen	Erwachsene	Jugendliche
1. SV(O)	ab 4. KM	ab 5. KM
2. V3/Adv-SV(O)	ab 4. KM	ab 12. KM (SOV)
3. OV & XV Satzklammer	ab 22.-27. KM (SVO) ab Beginn (SOV)	ab 14. KM (SVO) ab Beginn (SOV)
4. V2 Inversion	ab 20.-30. KM (nicht zu 90%)	18.-34. KM (nicht zu 90%)
5. VE im Nebensatz	ab 24.-30. KM (nicht alle Lerner, nicht zu 90%)	ab 23. KM (nicht zu 90%) ab 20. KM (SOV)
Zusammenhang		
V2 & Finitheit	leicht	leicht
V2 & Verbtyp	stark	stark

Die Erwerbsreihenfolge ist für jugendliche und erwachsene L2-LernerInnen gleich. Die Erwerbsgeschwindigkeit unterscheidet sich hauptsächlich beim Erwerb der Satzklammer (OV/XV), die von den Jugendlichen schneller erworben wird. Allerdings ist die Anzahl der ProbandInnen zu gering und die Erwerbsumstände sind zu divers, um aus Tabelle 4.10 wirkliche Konsequenzen für den Altersfaktor ziehen zu können. Andere Einflussfaktoren wie Input, Motivation oder Sprachlerneignung spielen möglicherweise auch eine große Rolle.

Kapitel 5
Der Erwerb der Verbstellung vor der Pubertät

In den letzten Jahrzehnten stand der L2-Erwerb von Erwachsenen im Mittelpunkt des Forschungsinteresses. Er galt als prototypischer L2-Erwerb, während angenommen wurde, dass jüngere L2-LernerInnen die Sprache ohnehin wie im Erstspracherwerb lernen. Diese Annahme ist auf die *Hypothese der kritischen Periode* zurückzuführen, die sich auch im öffentlichen Diskurs durchgesetzt hat. Sie schreibt dem Erwerb einer Zweitsprache vor der Pubertät dieselben Mechanismen zu wie dem L1-Erwerb (siehe Kapitel 2). Man ging daher davon aus, dass nur die erste Generation der EinwandererInnen, die im Erwachsenenalter immigriert sind, Schwierigkeiten beim Erwerb des Deutschen als Zweitsprache hat. Erst als offensichtlich wurde, dass auch Kinder, die bereits in einem deutschsprachigen Land geboren wurden, in der Schule Probleme haben, die mit einer unzureichenden Beherrschung des Deutschen (v.a. als Bildungssprache) zusammenhängen, rückte der ungesteuerte L2-Erwerb von Kindern verstärkt in den Vordergrund und wurde zu einem eigenen Forschungsfeld.

In Kapitel 5.1 beschreibe ich kurz, wie Kinder ohne sprachliches Vorwissen die Verbstellung im Deutschen als Erstsprache erwerben. Studien zum frühen sukzessiven L2-Erwerb im Kindergartenalter werden in Kapitel 5.2 vorgestellt. Kapitel 5.3 beschäftigt sich mit Studien zum L2-Erwerb im Grundschulalter. Die Zusammenfassung in Kapitel 5.4 umreißt die die Ergebnisse zum Erwerb der Verbstellung bei allen Altersgruppen (Kapitel 4 und 5) und bildet die Grundlage für die empirische Studie in den Kapiteln 6-10.

1. Die Entwicklung der Verbstellung in der Erstsprache

In diesem Abschnitt skizziere ich kurz, wie der monolinguale Erwerb des Deutschen als Erstsprache (L1) abläuft. Grundsätzlich gibt es im L1-Erwerb weniger interindividuelle Variation als im erwachsenen L2-Erwerb. Die Grammatikkompetenzen von L1-SprecherInnen konvergieren auf einem einheitlichen muttersprachlichen Sprachniveau, während der Erwerbserfolg bei erwachsenen L2-LernerInnen sehr unterschiedlich ist (siehe Kapitel 2.1). Kinder beginnen ungefähr im Alter von eineinhalb bis 2 Jahren

Wörter zu kombinieren: Nach Tracy & Thoma (2009) verwenden sie Verb-partikeln von Anfang an in zielsprachlicher Position, also satzfinal bzw. in der rechten Satzklammer.

(46)   a. tür auf.
       b. mama auch raus.   (Tracy & Thoma 2009)

Die ersten Verben treten in infiniter Form als Infinitive, Partizipien oder Stammformen auf, und zwar ebenfalls am Satzende. Die OV-Struktur des Deutschen wird also im L1-Erwerb von Anfang an erkannt. Nach Dimroth et al. (2003) werden Fokuspartikeln wie *auch* oder *nicht* in diesem frühen Stadium als semantische Finitheitsmarker verwendet, die eine Assertions-beziehung zwischen dem Topik (meistens das Subjekt, aber nicht immer) und dem Fokus (Prädikat) herstellen.

(47)   a. des auchnoch rausmach.
       b. mama auch spielplatz.   (Dimroth et al. 2003)

Bald erscheinen die ersten finiten Verbformen, wobei funktionale Verben wie Kopula, Auxiliare und Modalverben fast nur in finiter Form und in V2-Position vorkommen (Wexler 1994; Rothweiler 2006; Philips 2010; zum bilingualen Erwerb: Parodi 1998). Nach Dimroth et al. (2003) übernehmen diese grammatischen Verben nun die Funktion des Assertionsmarkers:

(48)   a. Lisa **hat** was malt.
       b. das **wollma** abmachen.   (Dimroth et al. 2003)

Trotzdem werden weiterhin Sätze produziert, die nur infinite lexikalische Verben in VE-Position enthalten. Nach Wexler (1994) spricht man hier von optionalen Infinitiven *(optional infinitives)*, Wurzelinfinitiven (*root infiniti-ves*) oder Matrixinfinitiven. Auffallend ist in diesem Stadium ein starker Zusammenhang zwischen der Finitheitsmarkierung des Verbs und seiner Position: Der Großteil der flektierten Verben steht, wie zielsprachlich ver-langt, in V2-Position, während infinite Verben meist in VE-Position stehen (z.B. Clahsen & Muyksen 1986, Clahsen & Penke 1992, Poeppel & Wexler 1993, Philips 2010). Diese optionalen Infinitive kommen nicht in W-Fragen und Sätzen mit vorangestellten Objekten (XVS) vor und stehen häufig ohne overtes Subjekt (Philips 2010).

Mit der Ausweitung der Finitheitsmarkierung auf lexikalische Verben und dem Rückgang der optionalen Infinitive übernimmt das flektierte Verb generell die Funktion des Assertionsmarkers. Die V2-Eigenschaft des Deutschen kann damit als endgültig erworben gelten. Doch schon vor diesem Zeitpunkt deutet das Verhalten von finiten Verben darauf hin, dass die V2-Eigenschaft des Deutschen erkannt wurde: Mit vorangestellten Objekten oder Adverbien finden sich in den L1-Daten durchgängig zielsprachliche Inversionsstrukturen wie in (48)b (Köhler 1998; zum bilingualen Erwerb: Parodi 1998). V3-Strukturen mit vorangestelltem Adverb kommen im L1-Erwerb des Deutschen bis auf wenige Ausnahmen nicht vor (Tracy & Thoma 2009: *dann da kommt rauch raus*).

Als letztes wird die Verbstellung im Nebensatz erworben, wobei erste Nebensätze durchaus schon vor Abschluss des V2-Erwerbs auftauchen. Manche Kinder produzieren zunächst nicht-eingeleitete Sätze mit VE-Stellung, die im Kontext als intendierte Nebensätze erkennbar sind und daher als typische Vorläuferkonstruktionen bezeichnet werden können (Rothweiler 1993, Fritzenschaft et al. 1990). Dabei werden nach Rothweiler (1993) vor allem Subjunktionen wie *dass* ausgelassen, die über keine spezifischen semantischen Eigenschaften verfügen. Im Allgemeinen werden die ersten eingebetteten Sätze von Anfang an mit der korrekten VE-Stellung des Finitums produziert (z.B. Clahsen & Muyksen 1986, Fritzenschaft et al. 1990, Rothweiler 1993).

In Tabelle 5.1 werden die Meilensteine im Erstspracherwerb nach Tracy (2007) und Tracy & Thoma (2009) dargestellt:

Tabelle 5.1   Verlauf des L1-Erwerbs der Verbstellung

	Alter	Meilensteine im Erstspracherwerb
I	1 bis 1 ½ Jahre	Einwortphase Vorläuferkonstruktionen mit Verbpartikeln
II	1 ½ bis 2 Jahre	Mehrwortäußerungen: Formeln/*chunks*, Vorläuferkonstruktionen mit Verbpartikeln und Fokuspartikeln, Verbpartikel und infinite Verben in VE-Position (OV), Matrixinfinitive, viele Wortklassen wie Artikel, Präpositionen, Frageprono-men fehlen noch
III	2 bis 3 Jahre	einfache vollständige Sätze, finite Verben in zielsprachli-cher V2-Position, aber auch noch Strukturformate von Mei-lenstein II (Matrixinfinitive)
IV	3 bis 4 Jahre	komplexe Sätze, finite Verben im Nebensatz in VE-Position, die meisten Wortklassen sind vorhanden

Dieser Erwerbsverlauf wurde mehrfach in unterschiedlichen Fallstudien nachgewiesen. Allerdings gibt es auch im L1-Erwerb interindividuelle Variation: So zeigt z.B. Köhler (1998) in ihrer Fallstudie zur optionalen Infinitivphase im Nico-Korpus (2;2 bis 2;7)[26], dass zwar 60% aller Infinitive eindeutig satzfinal sind, jedoch immerhin 40% (zumindest oberflächlich) an der zweiten Stelle im Satz stehen. Auch das finite Verb kommt in mehreren Fallstudien zu einem erheblichen Prozentsatz (bis zu 20%) in VE-Stellung vor (Clahsen & Penke 1992, Müller et al. 2006). Ebenso wird für den monolingualen Nebensatzerwerb vereinzelt von Variation berichtet: So verwendet z.B. Benny über zehn Monate abweichende Verbstellungsmuster in Nebensätzen (Fritzenschaft et al. 1990, Müller 1998). Trotz einer gewissen Variationsbreite lässt sich mit Tracy & Thoma (2009) jedoch feststellen, dass der monolinguale L1-Erwerb der deutschen Verbstellung klar umrissenen Entwicklungsphasen folgt und interindividuelle Unterschiede am Ende des Verbstellungserwerbs verschwunden sind (Konvergenz).

Von bilingualem (simultanem, doppeltem) L1-Erwerb, kurz 2L1-Erwerb, spricht man, wenn das Kind von Geburt an regelmäßig Input aus zwei Sprachen erhält. Das heißt, es hat für jede Sprache mindestens eine muttersprachliche GesprächspartnerIn innerhalb des engeren Familienkreises. Der 2L1-Erwerb läuft grundsätzlich sehr ähnlich ab wie der monolinguale L1-Erwerb. Beide Erwerbsformen weisen eine ähnliche Variationsbreite auf. Wenn also behauptet wird, dass der 2L1-Erwerb langsamer abläuft, so ist zu bedenken, dass auch 20% der monolingualen Kinder erst später zu sprechen beginnen (Meisel 2004).

Gerade der Erwerb der Verbstellung zeigt, dass Kinder, die gleichzeitig Deutsch und eine romanische Sprache erwerben, von Anfang an für jede Sprache ein eigenes grammatikalisches System aufbauen. Meisel (2004) spricht hier von *dualem Erwerb*. Die Verbstellung im Deutschen unterscheidet sich in wesentlichen Aspekten von der Verbstellung in romanischen Sprachen (z.B. Französisch, Italienisch, Spanisch, Portugiesisch), die alle SVO-Sprachen darstellen (siehe Kapitel 3.1). Somit lässt sich sehr gut beobachten, wie bilinguale Kinder V2- und OV-Strukturen nur im Deutschen und V3-Strukturen mit vorangestellten Adverbien und VO-Strukturen nur in den romanischen Sprachen produzieren (Meisel 2004). Der Ablauf der Entwicklungsphasen beim bilingualen Verbstellungserwerb ist dem monolingualen Erwerb sehr ähnlich, wenn es auch zu einer gewis-

---

[26] Die Schreibweise Jahr;Monat ist in der Spracherwerbsforschung bei Altersangaben üblich. Die Altersangabe 2;2 steht dementsprechend für zwei Jahre und zwei Monate.

sen Einflussnahme durch die andere Sprache kommen kann, die zur Beschleunigung oder Verlangsamung des Erwerbsprozesses führt (Meisel 2004, Müller et al. 2006).

Ebenso wie im monolingualen Erwerb gibt es auch im bilingualen Erwerb der Verbstellung interindividuelle Variation. Müller (1998) beschreibt z.B. das simultan zweisprachige Kind Ivar (Französisch und Deutsch), dessen Erwerb der VE-Stellung im Nebensatz deutlich länger dauert als bei monolingualen Kindern. Wie bei den jugendlichen Lerner Bruno (siehe Kapitel 4.6) beobachtet Müller (1998) drei Phasen: In der ersten Phase (bis 4;4 Jahre) finden sich fast nur abweichende Verbstellungsmuster. Meist handelt es sich dabei um Abfolgen, die an V2 erinnern, z.B. *erst wenn wir sind fertig mit das* oder *dass dann sagt er*. In der zweiten Phase (bis 4;11) produziert Ivar neben abweichenden auch korrekte NS-Strukturen, vor allem mit lexikalischen Verben. Erst nach und nach generalisiert Ivar die VE-Stellung im Nebensatz für funktionale Verben und für alle Nebensatzeinleiter, wobei es so aussieht, als würde er die korrekte Verbstellung für jeden NS-Einleiter einzeln lernen (zuerst für *was*, dann für *damit* und erst am Schluss für *dass* und *ob*). Die letzten abweichenden Nebensätze finden sich im Alter von 5;2 – das heißt, erst danach ist der Erwerb der VE-Stellung abgeschlossen. Insgesamt benötigt Ivar ab dem Auftreten des ersten eingeleiteten Nebensatzes im Alter von drei Jahren mehr als zwei Jahre dafür.

Der Vergleich des monolingualen L1-Erwerbs mit dem L2-Erwerb ist grundsätzlich problematisch, da nicht nur der L1- mit dem L2-Erwerb, sondern auch monolinguale mit bilingualen SprecherInnen verglichen werden (Cook 1995, Birdsong 2009). Daher wäre ein Vergleich der beiden russischsprachigen Lernerinnen (siehe Kapitel 6-10) mit von Geburt an bilingualen LernerInnen (Russisch und Deutsch) wünschenswert gewesen. Leider thematisieren die mir bekannten Studien zum Spracherwerb bei bilingualen russisch- und deutschsprachigen Kindern nicht den Erwerb der Verbstellung (z.B. Topaj 2010, Anstatt 2008).

2. Früher L2-Erwerb im Kindergartenalter

Der sukzessive L2-Erwerb von Kindern, die bereits im Vorschulalter, meist im Kindergarten, mit der Zweitsprache in Kontakt kommen, rückt in der jüngeren Forschung wieder vermehrt in den Fokus des Interesses. So haben z.B. Kostyuk (2005), Rothweiler (2006), Thoma & Tracy (2006), Tracy & Thoma (2009), Şenyıldız (2010) und Sopata (2011) die sprachliche Entwicklung von Kindern longitudinal beobachtet, die im Alter von drei bis fünf Jahren mit dem L2-Erwerb begonnen haben. Ich gruppiere die Studien grob nach der L1 der ProbandInnen.

L1 Türkisch (SOV)

Rothweiler (2006) untersucht drei Kinder mit L1 Türkisch, die zwar in Deutschland geboren sind, jedoch bis zum Eintritt in den Kindergarten (im Alter von 2;10 bis 4;5) ausschließlich mit der Familiensprache Türkisch aufwachsen. Die Eltern sprechen nur Türkisch und kaum Deutsch, es gibt keine älteren Geschwister und die Familie lebt in einem Bezirk, wo viele türkische Familien leben. Im gemeinsamen Spiel mit einer monolingual Deutsch sprechenden InterviewerIn wurden mehrere 45-minütige Aufnahmen mit Spontansprachdaten erhoben. Die folgenden Aufnahmen wurden ausgewertet (bei längeren Dateien nur die ersten 500 Äußerungen):

Tabelle 5.2   Longitudinales Korpus (L1=Türkisch/SOV, Rothweiler 2006)

Kind	AbE	MLUw	Beobachtungszeitraum
Furkan (FE)	2;10	1,6 bis 2,9	3;1 bis 4;0 → 3. bis 15. KM (7 Aufn.)
Ece (EB)	3;0	2,6 bis 2,4	3;9 bis 4;3 → 9. bis 15. KM (3 Aufn.)
Melisa (MK)	4;5	2,2 bis 2,0	5;2 bis 5;7 → 9. bis 15. KM (3 Aufn.)

Rothweiler (2006) untersucht die Verbstellung im Haupt- und Nebensatz und beobachtet eine ähnliche Entwicklung wie im L1-Erwerb: Im Unterschied zu erwachsenen L2-LernerInnen gibt es einen klaren Zusammenhang zwischen Subjekt-Verb-Kongruenz und Verbposition. Pro Kind gibt es max. drei Sätze mit infiniten Verbformen in V2-Position, wobei Sätze mit der Abfolge XV ohne overtes Subjekt extra ausgewertet wurden, da diese auch einfache VPs darstellen können. Neben V2-Sätzen (sowohl SVO als auch XVO-Abfolgen) gibt es vor allem bei Furkan zu Beginn auch Hauptsätze mit dem Verb in satzfinaler Position, die meines Erachtens für einen L1-Transfer aus dem Türkischen sprechen. Furkan scheint auch zu Beginn ein Stadium mit optionalen Infinitiven durchzumachen. Ab dem 6. Kontaktmonat (KM) produziert Furkan jedoch ausschließlich V2-Strukturen mit 86% bis 100% korrekter SV-Kongruenz, ganz ähnlich wie Ece und Melisa (Beobachtung erst ab dem 9. KM), wobei Melisas Verbstellung sich langsamer entwickelt als die der anderen beiden.

Die für erwachsene L2-LernerInnen so typischen V3-Strukturen sind in diesem Korpus überhaupt nicht zu beobachten. Sätze mit abweichender Verbstellung weisen so gut wie immer Verb-End-Stellung auf, wie in Beispiel (49)a. Dies ist vermutlich auf L1-Transfer aus dem Türkischen, einer SOV-Sprache, zurückzuführen. Subjekt-Verb-Inversion wie in den Beispielen (49)b-e kommt bereits ab dem 8. und 9. KM vor (keine genaueren quantitativen Angaben).

(49) a. dann sie frosch essen   (MK, 12. KM)
       b. das hat de hexe demalt   (MK, 9,5. KM)
       c. dann spielen wir weiter   (EC, 9,5. KM)
       d. zwei haben wir noch   (FE, 8. KM)
       e. was macht der hier?   (FE, 8. KM)

Die ersten subordinierten Sätze kommen verhältnismäßig spät (15. KM) angesichts der Tatsache, dass Objekttopikalisierungen wie (49)b und W-Fragen wie (49)e bereits ab dem 8. KM eine CP-Struktur vermuten lassen. Insgesamt gibt es jedoch pro Kind nur ca. zehn Nebensätze, was für eine ernsthafte Analyse zu wenig ist. Auffällig ist, dass nur ein Kind (Melisa) Nebensätze mit abweichender Verbstellung und der *dummy*-Konjunktion *so* produziert, die Verbstellung in den Nebensätzen der anderen Kinder (mit *wenn, weil* und W-Wörtern) entspricht weitgehend der Zielsprache. In Tabelle 5.3 fasse ich den Erwerbsverlauf von Furkan zusammen:

Tabelle 5.3   Erwerbsphasen bei L1-Türkisch/SOV (Rothweiler 2006)

Regel	L2-Erwerb von Furkan
OV-Stellung	kein Problem (L1 Türkisch = SOV)
V2 & Inversion	ab 8. bis 12. KM Inversion keine V3 Strukturen, VE im HS (L1 Türkisch = SOV)
VE im NS	ab 10. bis 15. KM erste Nebensätze zielsprachlich, aber zu wenige Beispiele

Für Rothweiler (2006) entspricht die Entwicklung von Furkan und Ece ganz klar dem L1-Erwerb, bei Melisa gibt es Abweichungen, da bei ihr die einzelnen Stadien überlappen. Diese Unterschiede liegen zwar immer noch innerhalb der Variationsbreite im L1-Erwerb, könnten aber laut Rothweiler auch in Melisas höherem Alter bei Erwerbsbeginn begründet sein (4;5 Jahre). Die Frage, welche Rolle die L1 (z.B. eine SOV-Sprache wie Türkisch) im frühen L2-Erwerb spielt, thematisiert Rothweiler (2006) nicht.

L1 divers (SVO, SOV, VSO)

Tracy & Thoma (2009) und Thoma & Tracy (2006) untersuchen in ihrem longitudinalen Korpus[27] acht Kinder, die als L1 Arabisch, Russisch und Türkisch sprechen und im Durchschnitt ein gutes Jahr lang im Kindergarten beobachtet wurden. Die MitarbeiterInnen des Projekts spielen ungefähr alle zwei Wochen in einem ruhigen Zimmer mit dem Kind (teilnehmende Beobachtung) und führen dabei gezielte Tests durch. Diese Interaktionen werden aufgenommen und phonetisch transkribiert. Zusätzlich werden zu Hause bei den Kindern zwei bis vier Aufnahmen in der Erstsprache gemacht, die zeigen, dass die L1-Entwicklung altersgemäß und unauffällig verläuft. Alle Kinder wurden in Deutschland geboren, kamen jedoch erst im Kindergarten in Kontakt mit dem Deutschen, die Deutschkenntnisse der Eltern sind gering. Die Eltern der tunesischen und türkischen Kinder haben keinen Schulabschluss, die Eltern der russischen Kinder verfügen über einen mittleren oder höheren Schulabschluss, und die Eltern der syrischen Kinder (zwei Brüder) sind zum Studieren nach Deutschland gekommen. Hier einige Grundinformationen zu den untersuchten Kindern:

Tabelle 5.4   Longitudinales Korpus mit div. L1 (Tracy & Thoma 2009)

Kind	L1	Alter	KM[28]	MLUw
AHA	Tunesisches Arabisch	3;5 bis 4;9	2. bis 15. KM	2,25 bis 4,33
AII	Syrisches Arabisch	4;7 bis 5;8	ab 3. KM (?)	2,50 bis 3,98
AMI	Syrisches Arabisch	3;3 bis 4;4	ab 3. KM (?)	3,01 bis 2,19
RAS	Russisch	3;7 bis 4;7	1. bis 12. KM	1,67 bis 2,09
RNV	Russisch	3;0 bis 4;1	2. bis 12. KM	1,84 bis 3,16
TEO	Türkisch	3;11 bis 5;1	ab 6. KM	2,39 bis 3,42

Die Erstsprachen dieser sechs Kinder unterscheiden sich im Hinblick auf die Verbstellung grundlegend: Arabisch ist eine VSO-Sprache, Türkisch eine SOV-Sprache und Russisch eine SVO-Sprache mit freier Wortstellung

---

[27]   Das Korpus ermöglicht den Vergleich des Erwerbsverlaufs bei unterschiedlichen Erstsprachen und wurde von Rosemarie Tracy und Erika Kaltenbacher erstellt.

[28]   Die Angaben zu den Kontaktmonaten (KM) habe ich aus den Angaben in den Artikeln ungefähr berechnet.

(siehe Kapitel 3.2). Trotzdem konnten Thoma & Tracy (2006) und Tracy & Thoma (2009) zeigen, dass alle Kinder die deutsche Verbstellung auf ähnliche Art und Weise erwerben wie im monolingualen L1-Erwerb (siehe Kapitel 5.1). Dies ist in Tabelle 5.5 in Bezug auf die von Rosemarie Tracy isolierten Meilensteine des Spracherwerbs zusammengefasst (Tracy 2007, Thoma & Tracy 2006):

Tabelle 5.5   Meilensteine im frühen L2-Erwerb (Tracy & Thoma 2009

	Beschreibung der Meilensteine	Kontaktmonate
II	OV mit Verbpartikeln und infiniten Verben	bis 6. KM RAS: bis 9. KM
III	einfache vollständige Sätze finite Verben in zielsprachlicher V2-Position Finitheit und Verbposition stimmen überein nur wenige V3-Strukturen (meist mit *dann*)	4. bis 6. KM RAS, AMI: ab 11. KM
IV	Nebensätze mit *dummy*-Konjunktionen NS von Anfang an VE bei TEO (L1=SOV) nicht immer mit VE-Stellung bei RNV (L1=SVO)	nur RNV, TEO: 8. bis 9. KM

Aus Tabelle 5.5 wird schnell ersichtlich, dass es zwischen den LernerInnen Unterschiede gibt, so sind etwa RNV und AII schnelle und RAS und AMI eher langsame LernerInnen. Diese Unterschiede in der Erwerbsgeschwindigkeit bringen Thoma & Tracy (2006) auch mit einem eingeschränkteren lexikalischen (v.a. verbalen) Inventar in Zusammenhang. Diese Hypothese überprüfe ich für das DaZ-AF-Korpus in Kapitel 10. Die schnellen LernerInnen erwerben die V2-Eigenschaft des Deutschen innerhalb von einem halben Jahr, alle LernerInnen schaffen es in einem Jahr. Das ist im Vergleich zu erwachsenen LernerInnen sehr schnell. Aber auch verglichen mit L1-LernerInnen sind frühe L2-LernerInnen schneller (Dimroth & Haberzettl 2012, Haberzettl et al. 2013).

Wegen der relativ kurzen Beobachtungszeit von einem Jahr können nur bei zwei LernerInnen (RNV, TEO) Nebensätze beobachtet werden: Das Kind mit L1 Türkisch (TEO) produziert von Anfang an Nebensätze mit zielsprachlicher VE-Stellung, während bei dem Kind mit L1 Russisch (RNV) Verbstellungsfehler zu beobachten sind („V2" im NS). Obwohl dies für den L1-Erwerb nicht typisch ist, wurden ähnliche Fehler auch im L1-Erwerb bereits beobachtet. Ob es sich hier um ein Phänomen innerhalb der Bandbreite des L1-Erwerbs oder um L1-Transfer handelt, müssen weitere Studien zeigen.

L1 Russisch (SVO)

Zum frühen L2-Erwerb des Deutschen auf der Basis von L1 Russisch gibt es auch eine extensive longitudinale Studie von Kostyuk (2005), die drei Buben mit L1 Russisch über ein bis zwei Jahre beobachtet hat (Artur, Igor, Jakob). Die Familiensprache ist in allen drei Familien Russisch, Jakobs Großmutter spricht allerdings einen russlanddeutschen Dialekt. Da die Eltern ganztägig arbeiten, verbringen die Kinder vor Eintritt in den Kindergarten (KG) viel Zeit mit den Großeltern. Abgesehen vom Eintritt in den KG gibt Kostyuk keine klaren Informationen über den Zeitpunkt des ersten Kontakts mit Deutsch (u.a. eine deutschsprachige Tagesmutter oder Spielen am Spielplatz mit deutschen Kindern) oder das Ausmaß des Inputs auf Deutsch. Aus ihren Angaben habe ich die ungefähren Kontaktmonate beginnend mit dem Eintritt in den Kindergarten errechnet:

Tabelle 5.6   Longitudinales Korpus (L1=SVO/Russisch, Kostyuk 2005)

Kind	Beobachtung	KG-Eintritt	Beobachtungszeitraum
Artur	4;0 bis 5;4	3;5	7. bis 23. KM (19 Aufnahmen)
Igor	2;9 bis 3;11	3;1	1. KM (4 Monate vor KG) bis 15. KM (12 Aufnahmen)
Jakob	3;0 bis 3;11	3;1	1. KM (1 Monat vor KG) bis 11. KM

Die häufigste Struktur ist SVO, aber bald steigt bei Igor (ab 7. KM) und Artur (ab 15. KM) der Anteil von V2-Strukturen mit Inversion. Bei Jakob sind zunächst V1-Strukturen sehr häufig (ab 2. KM), vor allem mit Modalverben und Subjektauslassung, aber ab dem 10. KM ist auch bei ihm die Inversion die zweithäufigste Struktur. Neben Inversion produziert Igor jedoch auch klare V3-Strukturen (ab 4. KM), die im L1-Erwerb normalerweise nicht zu finden sind. Leider zählt Kostyuk V3-Strukturen als Teil der Kategorie SVO und gibt nicht an, wann sie zurückgehen.

Bei Artur und Igor gibt es wie im L1-Erwerb einen klaren Zusammenhang zwischen Finitheit und Verbposition: infinite Verben stehen meist am Satzende. Bei Jakob ist ein solcher Zusammenhang jedoch nicht zu erkennen, er produziert auch Infinitive in V2-Position und zeigt generell wenig SV-Kongruenz. Ähnliche interindividuelle Variation zeigt auch Sopata (2011) in ihrer Studie zum frühen L2-Erwerb des Deutschen bei LernerInnen mit L1 Polnisch. Jakob braucht auch länger als die anderen beiden Buben, um die Distanzstellung zu erwerben (bis zum 8. KM). Bis dahin klammert er Akkusativobjekte häufig aus (Kostyuk 2005: 121):

(50) *VO-Sätze von Jakob*
  a. papa **hat** gekauft musik
  b. schlange **hat** weh getan spritze
  c. mädchen **hat** vergessen tuch

Besonders interessant sind Kostyuks Ergebnisse in Bezug auf die Verbstellung im Nebensatz, die ja bis jetzt in den meisten Studien stiefmütterlich behandelt wurde. Zwei Kinder beginnen im Untersuchungszeitraum, produktiv Nebensätze zu benutzen, während Jakob diese eher vermeidet. Wenn er überhaupt eingeleitete NS (N=30) produziert, so verwendet er ausschließlich eine SVO-Abfolge. Kostyuk (2005) erklärt dies durch den Hinweis, dass Jakob zu diesem Zeitpunkt die Verbstellung im Hauptsatz noch nicht erworben hat. Artur hingegen beginnt ungefähr ab dem 8. KM Nebensätze zu produzieren. Anfangs sind es nur wenige, und die Verbstellung variiert zwischen zielsprachlicher VE-Stellung und abweichender Verbstellung (oft quasi „V2") wie in (51):

(51) *Nebensätze von Artur*
  a. weisch du warum ich auf russisch **sag** .
  b. weisch du warum diese **habe** ich da .
  c. wann **ischt** oben wasser, dann macht auto so .
  d. weil das **heisst** auf russisch schram, was er hat .
  e. ich will dass wir jetzt kinderüberraschung **spielen** .

Ab dem 17. Kontaktmonat bildet Artur Nebensätze produktiv, am Ende des 20. Kontaktmonats, also bereits vier Monate später, kann man den Erwerb der VE-Stellung als abgeschlossen bezeichnen. Bei (51)d handelt es sich um einen meines Erachtens zielsprachlichen V2-Satz mit *weil*. Kostyuk (2005) wertet V2-Sätze mit *weil* und Nebensätze mit einer extraponierten PP durchgehend als nicht-zielsprachlich. Diese kommen jedoch im mündlichen Sprachgebrauch häufig vor und werden daher in meiner Analyse als zielsprachlich gewertet (siehe Kapitel 3.1).

Igor bildet bereits ab dem 5. Kontaktmonat produktiv Nebensätze, allerdings bleibt bei ihm bis zum 14. KM die „V2"-Stellung dominant. In (52)a ist sowohl die VE-Stellung im Nebensatz, als auch die Inversion im Hauptsatz realisiert. Beispiel (52)b stellt einen freien Relativsatz mit nicht-zielsprachlicher „V2"-Stellung dar. Erst in der letzten Aufnahme im 15. Kontaktmonat bildet er mehr Nebensätze mit VE- als mit „V2"-Stellung.

(52) *Nebensätze von Igor*
  a. wenn du auch **schreist** dann gehe ich (.) weg
  b. kuck mal was **habe** ich gefunden ein weihnachtsmann

Darüber hinaus produzieren alle Kinder auch Nebensätze ohne einleitende Subjunktion, die funktional als Nebensätze erkennbar sind. Diese Strukturen unterscheiden sich jedoch von den Vorläuferkonstruktionen ohne Einleiter im L1-Erwerb, da diese immer mit VE-Stellung vorkommen:

(53) *Nebensätze ohne einleitende Subjunktion*
  a. ich weiß nicht (.) **soll** ich tun   (Igor)
  b. ich will (.) **machst** du hilf   (Igor)
  c. ich will sehen da **ist** wasch   (Artur)

In Tabelle 5.7 fasse ich die Ergebnisse nochmals mit meiner eigenen Kategorisierung zusammen:

Tabelle 5.7   Erwerbsphasen (L1=SVO/Russisch, Kostyuk 2005)

Erwerbsphasen	Beginn	Ende (24. KM)
SV(O)	(keine Angabe)	häufigste Struktur
V3/Adv-SV(O)	Igor: ab 4. KM	abnehmend
OV/XV Satzklammer	(keine Angabe)	Jakob: bis 8. KM
		Artur/Igor: schneller
V2 & Inversion	ab 7.-15. KM	(keine Angabe)
VE im Nebensatz	ab 5.- 8. KM	Artur: bis 20. KM
		Igor: nicht vollständig
		Jakob: nicht produktiv

Ein ähnliches Bild zeichnet auch Şenyıldız (2010) in ihren drei Fallstudien von russischsprachigen Kindern, deren Deutscherwerb mit dem Kindergarteneintritt vor dem vierten Lebensjahr einsetzt. Der Fokus dieser Studie liegt auf dem Input und der Interaktion zwischen Mutter/Vater und Kind im Rahmen eines Eltern-Kind-Deutschkurses. Aber auch die kurze qualitative Beschreibung der Entwicklung der Verbstellung ist aufschlussreich.

Wahrscheinlich aufgrund von Unterschieden im Input vollzieht sich der Deutscherwerb dieser Kinder um vieles langsamer als der der Kinder aus Tracy & Thoma (2009). Nina (AbE 3;8) ist zu Beginn der Untersuchung im 5. KM, wo sie in erster Linie mit dem Wortschatzerwerb beschäftigt ist und hauptsächlich Einwortsätze produziert. Mit Infinitiven bildet sie ähnlich wie im L1-Erwerb ausschließlich OV-Strukturen. Zu komplexeren Konstruktionen mit einer Satzklammer kommt es im gesamten Untersuchungszeitraum von neun Monaten nicht. Am Ende der Untersuchung bildet Nina mit einiger Anstrengung SVO-Sätze. Bei Michael (AbE 3;2) und Daniel (AbE 3;0) beginnt die Beobachtung erst im 18. KM. Während Michael den Erwerb der Inversion bereits abgeschlossen hat, produziert Daniel zu diesem Zeitpunkt abgesehen von Fragen nur SVO-Strukturen. Ab dem 22. KM beginnt er V3-Strukturen und Inversionen zu bilden, einen Monat später überwiegen bereits Inversionen. Beide Lerner arbeiten sich an der Verbstellung im Nebensatz ab und produzieren, anders als im L1-Erwerb, viele Nebensätze mit abweichender Verbstellung. Meist weisen diese Nebensätze eine ähnliche Verbstellung wie im Hauptsatz auf („V2"):

(54) *Nebensätze mit nicht-zielsprachlicher „V2"-Stellung*
    a. ich weiß wasch **isch** dasch   (Michael)
    b. warrum warrum (=weil) er **hat** keine
       schwarze Katze gefunden   (Daniel)
    c. wenn ich **hab** hmmm geschlaft, er hat auch geschlaft   (Daniel)

(55) *Nebensätze mit zielsprachlicher VE-Stellung*
    a. wenn es hier zu viel **ist**   (Michael)
    b. ich will dass du mir das auch **vorliese'en**   (Daniel)

VE-Nebensätze wie in (55) kommen im 25. KM bei Michael bereits häufiger vor, bei Daniel gelingen sie allerdings nur ganz selten. Es sieht also so aus, als würde der Nebensatzerwerb dieser beiden Kinder mit L1 Russisch anders ablaufen als es für den L1-Erwerb typisch ist. Da Şenyıldız (2010) keine quantitativen Angaben macht, können aus diesen Daten allerdings keine validen Schlüsse gezogen werden. Es bleibt nur festzustellen, dass L1-Transfer auch im frühen L2-Erwerb eine Rolle spielen könnte. Eine genauere Untersuchung des frühen Nebensatzerwerbs bei Kindern mit L1 Russisch (bzw. einer SVO-Sprache) steht noch aus.

3.   Der kindliche L2-Erwerb im Grundschulalter

In diesem Kapitel stelle ich einige Untersuchungen zum ungesteuerten L2-Erwerb von Grundschulkindern vor, wobei ich einen besonderen Fokus auf Studien zu LernerInnen mit L1 Russisch lege. Eine der ersten Studien zum kindlichen L2-Erwerb des Deutschen möchte ich der Vollständigkeit halber hier trotzdem erwähnen: Angelehnt an das ZISA-Projekt (siehe Kapitel 4.1) legt Pienemann (1981) eine Langzeitstudie zum Deutscherwerb von drei italienischen Mädchen aus dem Arbeitermilieu vor. Zu Erwerbsbeginn waren sie acht Jahre alt und wurden 14 Monate lang im Abstand von drei bis sechs Wochen in spontanen Gesprächen mit erwachsenen MuttersprachlerInnen aufgenommen. Da ein Mädchen häufig Verben tilgt, liefern nur die Sprachdaten von zwei Mädchen Informationen zur Verbstellung. Pienemann (1981) behandelt nur den Erwerb der rechten Satzklammer und der Inversion und zeigt, dass beide Mädchen die rechte Satzklammer und die Inversion in unterschiedlichem Ausmaß verwenden. Aber keine der beiden Probandinnen erwirbt die OV/XV-Stellung oder V2/Inversion im Untersuchungszeitraum stabil und vollständig (Erwerbskriterium 90%). Wenn auch der Untersuchungszeitraum mit 14 Monaten relativ beschränkt ist, so ist doch erstaunlich, dass die beiden Mädchen nicht wenigstens die Satzklammer vollständig erwerben.

Interessant ist, dass diese Mädchen in Deutschland mit anderen italienischsprachigen Kindern eine so genannte Vorbereitungsklasse besuchten und der Kontakt zu deutschsprachigen (oder nicht italienischsprachigen) Kindern in der Schule sehr gering war. Dies entspricht auch der Input-Situation der beiden türkischen Kinder in der Studie von Haberzettl (2005), deren Erwerbstempo ebenfalls weit hinter dem anderer Kinder zurückbleibt. Dies zeigt, dass separierte Vorschulklassen, die Kinder beim Deutscherwerb unterstützen sollen und deren Einführung in Österreich gerade wieder diskutiert wird, eher das Gegenteil bewirken. Hilfreich ist hingegen ein früher Eintritt in einen deutschsprachigen Kindergarten: Kinder, die keinen deutschsprachigen Kindergarten besucht haben, haben am Beginn der Grundschule deutliche Schwierigkeiten mit der Verbstellung (Grießhaber 2005). Dagegen haben neun- bis zehnjährige Grundschulkinder, die schon in Deutschland einen Kindergarten besucht haben, keine Schwierigkeiten mehr mit der Verbstellung (Ahrenholz 2006).

In ihrer umfassenden Langzeitstudie zum Verbstellungserwerb im Deutschen vergleicht Haberzettl (2005) sehr detailliert die Erwerbsverläufe von vier Kindern mit L1 Türkisch und Russisch. Die Daten stammen aus einem

Korpus mit zwölf Kindern mit L1 Türkisch, Russisch und Polnisch, das unter der Leitung von Heide Wegener zwischen 1989 und 1992 in Augsburg aufgenommenen wurde. Die Kinder sind zu Beginn der Aufnahmen zwischen sechs und acht Jahre alt, besuchen die Grundschule in Deutschland und wurden über vier Jahre einmal im Monat beobachtet. Von den vier Kindern wurden freie Gespräche mit MuttersprachlerInnen und Nacherzählungen von Bildergeschichten ausgewertet.

Die beiden Mädchen mit L1-Türkisch (ME, NE) stammen aus Mittelschichtsfamilien, in denen nur Türkisch gesprochen wird. Sie kamen kurz vor der Einschulung nach Deutschland (Augsburg) und besuchten eine zweisprachige Klasse, in der nur türkische Kinder unterrichtet wurden. In den ersten beiden Klassen umfasste der Unterricht auf Deutsch nur sechs, später 16 bis 19 Wochenstunden. Beide Mädchen bekommen also vor allem am Anfang relativ wenig deutschsprachigen Input, haben aber in der Freizeit auch Kontakt mit deutschsprachigen Kindern. Für die beiden Kinder mit L1 Russisch, ein Mädchen (AN) und ein Junge (EU), sieht die Spracherwerbssituation anders aus: Sie stammen aus Spätaussiedlerfamilien der unteren Mittelschicht und besuchen eine Übergangsklasse mit verschiedensprachigen Neuankömmlingen, die untereinander und im Unterricht Deutsch sprechen. In dieser Übergangsklasse findet kein DaZ-Unterricht statt, es wird derselbe Unterrichtsstoff wie mit deutschsprachigen Kindern durchgenommen. AN hat Spielkameraden mit L1 Deutsch und bei EU wird auch zu Hause Deutsch gesprochen, da der neue Partner seiner Mutter Deutscher ist. Die beiden russischen Kinder haben also im Vergleich zu den türkischen viel mehr deutschsprachigen Input und sowohl Anlass als auch Druck, Deutsch zu sprechen.

Aufgrund der unterschiedlichen Inputsituation betont Haberzettl (2005), dass ein Vergleich der Kinder hinsichtlich der Erwerbsgeschwindigkeit, das heißt, in welchem Kontaktmonat (KM) welche Interlanguage zu beobachten ist, nicht aussagekräftig ist. Interessant ist jedoch ein Vergleich der einzelnen Erwerbsverläufe, die abhängig von der L1 relevante Analogien und Differenzen aufweisen. Haberzettl (2005) weist überzeugend nach, dass bei einem Erwerbsalter von sechs bis acht Jahren die Erstsprache eine wichtige Rolle beim L2-Erwerb spielt: Während bei jüngeren Kindern mit unterschiedlichen Erstsprachen der L2-Erwerb relativ uniform abläuft und der Erwerbsverlauf dem L1-Erwerb gleicht (siehe Kapitel 5.1 und 5.2), lassen sich bei älteren Kindern klare Einflüsse der Erstsprache erkennen.

Unabhängig vom Tempo des Erwerbs, der bei den türkischen Kindern aufgrund der Inputsituation viel langsamer voranschreitet als bei den russischen Kindern, können die türkischen Kinder die SOV-Eigenschaft ihrer L1 zu ihrem Vorteil nutzen. Sie gehen von Anfang an von einer verbfinalen Struktur des Deutschen aus (OV-Eigenschaft) und haben damit eine zentrale Eigenschaft der deutschen Verbstellung bereits korrekt erfasst. Die V2-Eigenschaft filtern sie aus dem Input heraus, wobei, wie Haberzettl (2005) vermutet, hier die Kopulakonstruktion eine zentrale Rolle spielt. Dass beide LernerInnen früh *sein* (aber auch andere funktionale Verben) als eine Art Platzhalter für die V2-Konstruktion verwenden, spricht für diese Vermutung (Haberzettl 2005: 85, 103):

(56)   a.   die mein Bruder **ist** die komme   (ME, 10. KM)
            'Mein Bruder kommt.' (Beschreibung üblicher Ereignisse)
       b.   Hotel, das **ist** Hotel mo, das Kind **ist** Hotel Mama gehen
            'Das Kind geht mit der Mama zum Hotel.'   (NE, 9. KM)

Die Konstruktion in (56) entspricht bereits der deutschen Satzklammer: Die Kinder mit L1 Türkisch müssen nur noch lernen, dass die V2-Position nicht nur von Auxiliaren, sondern auch vom finiten Vollverb besetzt sein kann. Sobald sie die morphologische Finitheitsmarkierung erworben haben, stehen auch lexikalische Verben in V2-Position. Die SOV-Eigenschaft von Nebensätzen macht den türkischen Kindern – ähnlich wie im L1- und frühen sukzessiven L2-Erwerb – keine Probleme. In Tabelle 5.8 systematisiere ich die die wichtigsten Ergebnisse zum Erwerbsverlauf der beiden türkischsprachigen Kinder:

Tabelle 5.8   Erwerbsverlauf L1 Türkisch/SOV (Haberzettl 2005)

Erwerbsverlauf ab dem 6. KM	Zeitraum (4 Jahre)
V2 I: Funktionsverben[29] Verwendung vieler Funktionsverben, meist finit und in V2-Stellung, OV mit lexikalischen Verben	ab 10. KM (NE, ME)
V2 II: Verbflexion mehrheitlich korrekte Verbflexion, lexikalische Verben meist mit V2, Rückgang von Matrixinfinitiven	ab 15.-16. KM (ME)

---

[29]   Die Beschreibungen stammen von Haberzettl (2005), die jedoch keine Einteilung in Erwerbsphasen vornimmt. Namen und zeitliche Zuordnung der Erwerbsphasen stammen von mir.

Erwerbsverlauf ab dem 6. KM	Zeitraum (4 Jahre)
V2 III: Inversion	16.-17. KM (NE)
wenige Inversionskontexte, aber Anteil der Inversion (vs. V3) bei 80-90%	24.-28. KM (ME)
VE/SOV: Nebensätze	ab 18. KM (NE)
von Anfang an mit VE-Stellung (VE)	ab 26. KM (ME)

Während die türkischen Kinder zwei Jahre für diese Entwicklung brauchen, erwerben die russischen Kinder die deutsche Verbstellung in gut einem Jahr – was vermutlich an der bereits erwähnten günstigeren Inputsituation liegt. Dieses Tempo ist jedoch mehr als erstaunlich, vor allem wenn man bedenkt, dass die russischsprachigen Kinder beim Aufbau der Satzstruktur einen Umweg machen: Sie gehen gemäß ihrer L1 zunächst von einer SVO-Struktur des Deutschen aus, lernen schnell die korrekte Verbflexion und verwenden auch Vollverben schon mehrheitlich in V2-Position, während die OV-Eigenschaft des Deutschen, also die Satzklammer und die Distanzstellung von finitem und infinitem Verbteil wie in (57)a, noch problematisch sind. Aber auch wenn diese dann erworben sind, bedeutet dies nicht automatisch, dass auch die VE- und die OV-Stellung im Nebensatz erworben sind. Noch einige Monate lang produzieren die LernerInnen die nichtzielsprachliche V2-Stellung im Nebensatz wie in (57)b und (57)c, die oft wie VO-Strukturen aussehen. Nach dem 10. bis 15. Kontaktmonat haben beide LernerInnen die VE-Stellung erworben und produzieren nur noch Sätze wie (57)d – allerdings ist die Anzahl von Nebensätzen im Korpus insgesamt gering (Haberzettl 2005: 124, 132-134):

(57) *Erwerb von OV im HS und VE im HS*
   a. Die Katze **möchte** essen Maus.   (EU, 6. KM)
   b. Nicht jeden Tag. Wenn ich **habe** Kabel.   (EU, 7. KM)
   c. Er will, dass Mama **kauft** Bonbons.   (AN, 8. KM)
   d. … dass der Baum nicht fest – fest – gewachst **ist**. (AN, 11. KM)

Anders als Müller (1998) beobachtet Haberzettl (2005) jedoch keine Systematik in der Variation zwischen V2- und VE-Stellung im Nebensatz je nach einleitendem Element (siehe Kapitel 4.6). In Tabelle 5.9 systematisiere ich die die wichtigsten Ergebnisse zum Erwerbsverlauf der beiden russischsprachigen Kinder:

Tabelle 5.9   Erwerbsverlauf L1 Russisch/SVO (Haberzettl 2005)

Erwerbsverlauf (4 Jahre Beobachtung ab 1./4. KM)	Zeitraum
SVO-Abfolgen[30] infinite Verben mehrheitlich mit VO-Stellung bei EU auch mit OV-Stellung	von Anfang an
V2 I: Verbflexion mehrheitlich korrekte Verbflexion, lexikalische Verben meist mit V2, Rückgang von Matrixinfinitiven	ab 6. KM (EU) ab 8. KM (AN)
V2 II: Inversion wenige Inversionskontexte, aber Anteil der Inversion (vs. V3) bei 80-90%	7.-8. KM (EU) 8.-11. KM (AN)
SOV I: OV-Eigenschaft im Hauptsatz OV im HS, Distanzstellung im HS, Satzklammer aber noch nicht im Nebensatz	9. KM (EU) 10. KM (AN)
SOV II: OV und VE im Nebensatz anfangs mehrheitlich „V2"-Stellung, freie Variation mit VE, dann ausschließlich VE aber insgesamt nur wenige Nebensätze	6.-10. KM (EU) 10.-15. KM (AN)

Im Unterschied zum L1- und zum frühen sukzessiven L2-Erwerb produzieren die älteren Kinder, sowohl mit L1 Russisch als auch mit L1 Türkisch, V3-Strukturen in Inversionskontexten. V3-Sätze kommen zwar bei ME und AN nicht so häufig vor, aber bei NE und EU sind Beispiele wie (58) über ein bis drei Monate in 12-47% der obligatorischen Kontexte zu finden. Nach dieser kurzen Zeit bilden jedoch alle Kinder bereits korrekte Inversionsstrukturen wie (59) (Haberzettl 2005: 107, 129):

(58)   *V3-Sätze*
    a. Und dann ein Kind **kommt** her.   (NE, 13. KM)
    b. Und hier er **esst**.   (EU, 6. KM)
    c. Aber Mathematik ich **hab** keine – ha.   (EU, 6. KM)

(59)   und dann **essen** wir das Kuchen   (NE, 13. KM)

Häufig wird die Anhebung des Verbs über die Negation oder Fokuspartikeln als Indikator für V2-Bewegung angesehen (z.B. Schwartz & Sprouse 1994, Dimroth 2008a). Haberzettl (2005) beobachtet jedoch in ihren Daten,

---

[30]   Namen und zeitliche Zuordnung der Erwerbsphasen stammen von mir.

dass Verbanhebung über Negation und Fokuspartikeln relativ schnell erworben wird, jedenfalls ein bis zwei Monate bevor Inversionsstrukturen als erworben gelten können. Da die beiden Phänomene nicht überlappen, argumentiert Haberzettl, dass die Beherrschung der Inversion der relevante Meilenstein für den Erwerb der V2-Eigenschaft ist.

Insgesamt weist Haberzettl (2005) also überzeugend nach, dass Kinder, die erst im Volksschulalter mit dem L2-Erwerb beginnen, zwar immer noch sehr effiziente LernerInnen sind, jedoch im Erwerbsverlauf einige klare Unterschiede zum L1- und zum frühen sukzessiven L2-Erwerb aufweisen. So wirkt sich bei Kindern im Grundschulalter die Erstsprache klar auf den Erwerbsverlauf aus: Türkischsprachige Kinder schlagen durch die bereits vorhandene SOV-Struktur einen einfacheren Erwerbsweg ein (Haberzettl spricht hier von einem „Königsweg"). Russischsprachige Kinder beginnen ihrer L1 gemäß mit einer initialen SVO-Hypothese und müssen diese erst wieder verwerfen, um mühevoll eine satzfinale Verbposition aufbauen zu können (dies nennt Haberzettl einen „Holzweg").

Abschließend fasse ich kurz die bereits in anderen Studien ermittelten Ergebnisse zur Verbstellung bei Nastja zusammen, der achtjährigen russischsprachigen L2-Lernerin im DaZ-AF-Korpus, das ich in der vorliegenden Studie genauer untersuche (Details siehe Kapitel 6.1). Nastja spricht Russisch als L1 und kam mit acht Jahren nach Deutschland, wo ihre Spontansprache eineinhalb Jahre lang regelmäßig beobachtet wurde. Pagonis (2009b) zeigt, dass Nastja bei Fragesätzen (sowohl bei W- als auch bei Entscheidungsfragen) und bei Imperativen keine Probleme mit der Verbstellung hat. Nach Dimroth (2008a) erwirbt Nastja die postverbale Stellung der Negation und damit die Anhebung des finiten Verbs in den ersten drei Kontaktmonaten (KM). Das bedeutet, wie Pagonis (2009b) nachweist, jedoch nicht, dass sie damit auch die V2-Eigenschaft des Deutschen erworben hat. Die anfängliche freie Variation zwischen Inversion und V3 verschwindet im 10. KM zugunsten der Inversion und V2 kann als erworben gelten. Bis zum 13. KM erwirbt Nastja die Distanzstellung zwischen finitem und infinitem Verb und die VE-Stellung im Nebensatz. Da Pagonis die Distanzstellung und die Verb-End-Stellung im Nebensatz als eine Kategorie (SOV) behandelt, liegen für die OV-Stellung keine unabhängigen Zahlen vor. Im Nebensatz beginnt Nastja mit hauptsatzähnlichen „V2"-Abfolgen, erwirbt die VE-Eigenschaft des Deutschen jedoch relativ zügig zwischen dem 5. und 13. KM. Nastja kann also auch im Vergleich zu ihrer Altersgruppe als sehr erfolgreiche Lernerin bezeichnet werden.

4.   Fazit: Alle Altersgruppen im Vergleich

Mein Hauptaugenmerk in diesem Kapitel liegt auf den empirischen Fakten zum Verbstellungserwerb im Deutschen, wie sie hauptsächlich in Longitudinalstudien erhoben werden. Jahrelang stand der Kontrast zwischen erwachsenem L2-Erwerb und kindlichem L1-Erwerb im Zentrum der Zweitspracherwerbsforschung. Wie jedoch in Kapitel 4 und 5 ersichtlich wurde, macht der Vergleich von L2-LernerInnen verschiedener Altersgruppen differenziertere Unterscheidungen notwendig.

Tatsächlich läuft der Erstspracherwerb des Deutschen anders ab, als der in Kapitel 4 skizzierte L2-Erwerb nach der Pubertät: Obwohl es im Deutschen aufgrund der V2-Regel viele SV(O)-Abfolgen gibt, beginnen Kinder im Erstspracherwerb nie mit SV(O), sondern mit der rechten Satzklammer (OV/XV). Sie verwenden satzfinale Verbpartikeln und infinite Verben und erweitern diese links um Fokuspartikel, Subjekte und Objekte. Erst nach einer längeren Matrixinfinitivphase, beginnen sie mit finiten Verben, die sie meist korrekt in der linken Satzklammer bzw. in V2-Position verorten. Immer wieder wurde im L1-Erwerb ein starker Zusammenhang zwischen Finitheit und Verbposition nachgewiesen. Mit Nebensätzen beginnen Kinder zwar erst relativ spät, positionieren das finite Verb jedoch von Anfang an korrekt in Verb-End-Stellung.

Wer sich mit dem ungesteuerten Erwerb erwachsener LernerInnen beschäftigte, fand daher meist klare Evidenz gegen die *Identitätshypothese*, die davon ausgeht, dass der L2-Erwerb im Wesentlichen wie der L1-Erwerb abläuft (Dulay & Burt 1973, Dulay & Burt 1974).[31] So bezeichnet Klein (2001) die Identitätshypothese als veraltetes Modell des L2-Erwerbs. In den 80er und 90er Jahren wurden für L1- und L2-Erwerb völlig unterschiedliche Erwerbsmechanismen postuliert, vgl. die *Fundamental Difference Hypothesis* (Bley-Vroman 1990, siehe Kapitel 2.2).

Studien zum frühen L2-Erwerb zeigen jedoch, dass hier differenzierter argumentiert werden muss: Der frühkindliche L2-Erwerb im Alter von drei bis vier Jahren läuft im Unterschied zum erwachsenen L2-Erwerb ganz ähnlich ab wie der L1-Erwerb. Sowohl im L1- als auch im frühen L2-Erwerb beginnen Kinder mit OV/XV-Strukturen und erweitern diese lang-

---

[31]   In den Studien von Felix (1982) und Wode (1981) wird die Identitätshypothese als Ausgangsbasis herangezogen: Im Kieler Korpus wurden der L1-Erwerb des Deutschen und der kindliche L2-Erwerb des Englischen untersucht und verglichen. Sowohl für den L1- als auch für den L2-Erwerb (Negation und Fragesätze) konnten geordnete Entwicklungssequenzen nachgewiesen werden.

sam auf V2-Strukturen, ohne V3-Strukturen zu produzieren. Die ersten Nebensätze, die sie produzieren, weisen zielsprachliche VE-Stellung auf. Vereinzelt wurden jedoch auch im frühen L2-Erwerb Interferenzen aus der L1 festgestellt. Der Nebensatzerwerb im frühen L2-Erwerb ist meines Erachtens noch nicht ausreichend erforscht. Insgesamt verläuft der frühe L2-Erwerb der Verbstellung über verschiedene Erstsprachen und Erwerbssituationen hinweg sehr homogen. Er kann ein bis zwei Jahre dauern (wobei der NS-Erwerb oft nicht berücksichtigt wird), je nach Inputsituation kommt es beim Erwerbstempo jedoch zu größeren Unterschieden.

Auch der kindliche L2-Erwerb im Grundschulalter (fünf bis elf Jahre) läuft im Allgemeinen sehr schnell ab. Aber je älter die Kinder werden, umso mehr Einfluss übt die Erstsprache auf den Erwerbsprozess aus. Im Unterschied zum frühen L2-Erwerb sind hier schon Phänomene zu beobachten, die auch im erwachsenen L2-Erwerb vorkommen (SVO, V3 im Hauptsatz und „V2" im Nebensatz). Diese hängen jedoch auch von der Ausgangssprache ab: LernerInnen mit einer SOV-Sprache als L1 haben weniger Probleme mit der OV-Stellung und der VE-Stellung im Nebensatz als LernerInnen mit einer SVO-Sprache. Insgesamt sind diese Phänomene jedoch nur von kurzer Dauer und werden von den LernerInnen relativ schnell überwunden.

In Tabelle 5.10 wird der Erwerbsverlauf bei der Verbstellung in den Altersgruppen dargestellt, die im multifaktoriellen Modell des Altersfaktors unterschieden werden (siehe Kapitel 2.4). Die zeitlichen Angaben wurden alle in Kontaktmonate (KM) umgerechnet, dürfen aber nur als grobe Richtwerte verstanden werden. Es ist grundsätzlich problematisch, die Erwerbsgeschwindigkeit von verschiedenen LernerInnen miteinander zu vergleichen. Zum einen sind oft die Voraussetzungen bezüglich der Erstsprache nicht dieselben, zum anderen unterscheiden sich die LernerInnen stark, was ihre Ausgangssituation bezüglich Input, Motivation, soziale Umgebung usw. angeht. Bei einem Vergleich der Erwerbsgeschwindigkeit über einzelne Studien hinweg kommt noch hinzu, dass möglicherweise unterschiedliche Erwerbskriterien und Kategorien angewendet wurden. Darüber hinaus basieren die Angaben auf den Daten von einigen wenigen LernerInnen und können daher keine allgemeine Gültigkeit beanspruchen.

Sehr vorsichtig interpretiert, zeigen sich in Tabelle 5.10 zwei Tendenzen: Zum einen nimmt die Erwerbsgeschwindigkeit tendenziell mit dem Alter bei Erwerbsbeginn ab. Zum anderen zeigt sich ein mit dem Alter zunehmender Einfluss der Erstsprache auf den L2-Erwerb. Dieser manifestiert sich sowohl im Erwerbsverlauf als auch in der Erwerbsgeschwindigkeit.

Besonders groß ist die Schwankungsbreite bei der VE-Stellung im Nebensatz – genau in jenem Bereich, der für den L2-Erwerb bisher am schlechtesten erforscht ist.

Tabelle 5.10 Erwerbsphasen bei allen Altersgruppen im Vergleich

L2-Erwerb Verbstellung	0-4 Jahre früh	6-11 Jahre Schule	12-17 Jahre Jugend	ab 18 Jahre Erwachsene
1. SV(O)	4. KM	Beginn	5. KM	4. KM
2. V3	------------	4. KM	12. KM (SOV)	4. KM
3. OV/XV	Beginn	9.-10. KM (L1=SVO) Beginn (SOV)	14. KM (SVO) Beginn (SOV)	22.-27. KM (SVO) Beginn (SOV)
4. V2	6.-15. KM tw. länger	8.-28. KM	18.-34. KM nicht 90%	20.-30. KM nicht 90%
5. VE im NS	8.-20. KM (div. L1)	10.-26. KM (div. L1)	23. KM 20. KM (SOV) nicht 90%	24.-30. KM nicht alle nicht 90%
Zusammenhang				
V2 & Finitheit	stark	mittel	leicht	leicht
V2 & Verbtyp	stark	stark	stark	stark

Will man den Erwerbsprozess in seiner Gesamtheit besser verstehen, ist es meines Erachtens notwendig, Instrumente und Untersuchungsdesigns zu entwickeln, die es erlauben, neben dem Erwerbsverlauf auch die Erwerbsgeschwindigkeit zu untersuchen und zu vergleichen. Die Erwerbsgeschwindigkeit mag ein schwer zu interpretierender Faktor sein, aber sie spielt sowohl für den Erfolg als auch für den Misserfolg des Zweitspracherwerbs eine sehr große Rolle. Um die Erwerbsgeschwindigkeit besser untersuchen zu können, ist es notwendig, möglichst viele Einflussfaktoren zu isolieren und diese für mehrere LernerInnen möglichst konstant zu halten. Die vorliegende Arbeit soll dazu einen Beitrag leisten.

Aus den in diesem Kapitel erarbeiteten Forschungsergebnissen ziehe ich folgende Konsequenzen für meine eigene empirische Studie: Neben dem Vergleich des Erwerbsverlaufs erlaubt das DaZ-AF-Korpus aufgrund der gut vergleichbaren Ausgangsbedingungen der beiden Probandinnen auch einen Vergleich der Erwerbsgeschwindigkeit. Dabei werde ich vor allem die Realisierung der Satzklammer, der Inversion und der VE-Stellung im Nebensatz quantitativ und qualitativ analysieren.

Kapitel 6
Die Fallstudie: Nastja und Dascha lernen Deutsch

Dieses Kapitel stellt die Basis für die eigentliche Verbstellungsstudie in Kapitel 7 dar und liefert einen breiteren Hintergrund für die dort besprochenen Daten. In Kapitel 6.1 beschreibe ich das DaZ-AF-Korpus und die Probandinnen im Detail und gebe einen Überblick über das Subkorpus, das ich für die Verbstellung untersuchen werde. Möglicherweise als Ganzes eingeübte Formeln, die die Lernerinnen häufig verwenden, werden als potentielle *Chunks* von der weiteren Analyse ausgeschlossen, sollen jedoch vorher in Kapitel 6.2 noch kurz beschrieben werden. Außerdem wird sowohl für Haupt- als auch für Nebensätze errechnet, wie groß der Anteil der Chunks ist. In Kapitel 6.3 stelle ich alle erfassten Satztypen kurz dar, von denen einige wie Imperative und Interrogative für die Verbstellungsanalyse nicht mehr weiter untersucht werden. In Kapitel 6.4 steht die Entwicklung von komplexen Sätzen in den beiden Lernervarietäten im Mittelpunkt. Dabei werden vor allem Elemente beschrieben, die abgesehen von der Verbstellung Haupt- bzw. Nebensätze als solche markieren (z.B. Konjunktionen bzw. Subjunktionen). Aus dieser Übersicht destilliere ich mögliche frühe lernergrammatische Systeme für Haupt- und Nebensätze.

1. Zu Korpus und Methode

Das *DaZ-AF-Korpus (Deutsch als Zweitsprache – der Altersfaktor)* ist ein Längsschnittkorpus zum ungesteuerten Zweitspracherwerb des Deutschen, das den Spracherwerb von zwei Lernerinnen mit L1 Russisch dokumentiert. Es wurde zwischen Januar 1998 und Juni 1999 unter der Leitung von Ursula Stephany (Universität Köln) erhoben. Der Spracherwerb der beiden Probandinnen wurde von Anfang an mit regelmäßigen Audioaufnahmen dokumentiert. Sie wurden möglichst an denselben Tagen einzeln mit einer MuttersprachlerIn eine Stunde pro Woche aufgenommen (außer in den Ferien). Während ihres 18-monatigen Aufenthalts kamen so insgesamt 128 Aufnahmen auf digitalen Audiokassetten (DAT) zustande (65 von Dascha und 63 von Nastja). Die Probandinnen waren sich der Aufnahmesituation bewusst und erhielten eine kleine finanzielle Aufwandsentschädigung.

Im Rahmen des DFG–Projekts *Deutsch als Zweitsprache – der Alters-faktor* (STE 194/7) wurden die Daten unter der Leitung von Ursula Stephany und Christine Dimroth (Max-Planck-Institut für Psycholinguistik in Nijmegen) weiter verarbeitet. Die Aufnahmen wurden mit dem Media Editor (MED) im CHAT-Format von *CHILDES (Child Language Data Exchange System)* transkribiert (MacWhinney 2000, Stephany & Bast 2001). Die schriftlichen Daten wurden abschnittsweise im CHAT-Transkript mit den Audiodaten über eine Sound-Zeile (%snd) verlinkt. Mit Hilfe eines deutschen Lexikons wurde eine wortbasierte morphologische Kodierung erstellt, die jedoch nicht desambiguiert wurde.

Der Großteil der Daten besteht aus weitgehend spontanen Gesprächen mit MuttersprachlerInnen, sowohl Erwachsenen (meist LinguistInnen) als auch gleichaltrigen Kindern und Jugendlichen, mit denen die beiden Pro-bandinnen befreundet sind. Häufige Gesprächsthemen sind die Schule in Deutschland und Russland, Freizeitaktivitäten, Urlaub, Hobbys usw. Am Ende der spontansprachlichen Aufnahme lesen die Probandinnen häufig vor, wobei vorgelesene Passagen selbstverständlich von der Analyse ausge-schlossen werden. Das Verhalten der deutschen InterviewerInnen ist sehr unterschiedlich: Die erwachsenen SprecherInnen sorgen für ein durchgän-giges Gespräch, während der Fokus der gleichaltrigen SprecherInnen mehr auf dem gemeinsamen Spiel liegt, das oft auch ohne Sprache abläuft. Die InterviewerInnen sprechen auch unterschiedlich viel. In manchen Aufnah-men (v.a. bei der älteren Lernerin) wird der spontane Gesprächsfluss durch Korrekturverhalten etwas gestört. Daher ist die absolute Anzahl der Wörter oder Äußerungen in den verschiedenen Aufnahmen nur vorsichtig ver-gleichbar.

Zum DaZ-AF-Korpus gibt es bereits einige Studien zu anderen Frage-stellungen, auf denen ich meine Analysen aufbauen kann: Bast (2003) zur Entwicklung nominaler Kategorien, Loll (2007) zum Erwerb der Determi-nierer, Dimroth (2008a) zur Stellung der Negation und finitem Verb, und Pagonis (2009b) zu einem Vergleich der Probandinnen im Hinblick auf den Altersfaktor in verschiedenen Bereichen. Die wichtigsten Ergebnisse dieser Studien sind in Dimroth (2008b) und Dimroth (2008c) systematisch zu-sammengefasst.

Die beiden Probandinnen

Die Sprachdaten der beiden Lernerinnen sind gut vergleichbar, weil sie als Halbschwestern gemeinsam mit ihrer Mutter in einem Haushalt leben und daher ähnliche Ausgangsbedingungen aufweisen. Sie teilen Bildungshintergrund und familiäre Umgebung und unterscheiden sich in erster Linie durch das Alter bei Erwerbsbeginn: Als sie aus St. Petersburg nach Köln kamen, war die jüngere Lernerin Nastja 8;7 und ihre ältere Schwester 14;2 Jahre alt. Für Nastja ist Deutsch die erste Zweitsprache, während die ältere Dascha, die in Russland eine englische Schule besucht hat, bereits gut Englisch spricht. Beide Probandinnen bekamen vor ihrer Abreise nach Deutschland einen achtstündigen Crashkurs in Deutsch, besuchten jedoch in Deutschland keinen DaF-Unterricht, sondern sofort eine Regelschule. Nastja besucht in Köln die 2. Klasse Grundschule und Dascha die 9. Klasse Gymnasium. Man kann daher von einem weitgehend ungesteuerten L2-Erwerb sprechen. Zusätzlich besuchen beide Probandinnen muttersprachlichen Unterricht in der russischen Schule in Köln und Bonn.

Tabelle 6.1   Die Probandinnen im DaZ-AF-Korpus

Dascha/DAS	Nastja/NAS
Alter bei Erwerbsbeginn: 14;2	Alter bei Erwerbsbeginn: 8;7
postpubertäre Lernerin = Jugendliche	präpubertäre Lernerin = Kind
L1 Russisch	L1 Russisch
1. L2: Englisch (EFL), 2. L2: Deutsch	1. L2: Deutsch
lebt mit ihrer Mutter und Schwester NAS in St. Petersburg und Köln	lebt mit ihrer Mutter und Schwester DAS in St. Petersburg und Köln
8h Deutschkurs vor Ankunft	8h Deutschkurs vor Ankunft
9. Klasse Gymnasium in Köln	2. Klasse Grundschule in Köln
besucht zusätzlich einmal pro Woche eine russische Schule	besucht zusätzlich einmal pro Woche eine russische Schule

Beide Probandinnen unterscheiden sich also im Wesentlichen durch ihr Alter bei der Ankunft in Köln, d.h. ihr Alter bei Erwerbsbeginn (AbE). Aber aus dem Altersunterschied ergeben sich noch weitere relevante Unterschiede: Wie bereits erwähnt, spricht die ältere Schwester DAS bereits gut Englisch (als erste Fremdsprache). Da ihr Vater in den USA lebt und sie ihn bereits mehrmals dort besucht hat, ist Englisch für sie sehr positiv besetzt. Zum Deutschlernen hat sie dagegen eine weniger gute Einstellung: Erstens hat sie durch ihre Englischkenntnisse bereits die Möglichkeit, mit ihren KlassenkameradInnen zu kommunizieren. Und zweitens ist ihr bewusst, dass der Aufenthalt in Deutschland wahrscheinlich auf eineinhalb Jahren begrenzt ist. Drittens weiß sie, dass ihre Noten in der russischen Schule später in Russland wichtiger sein werden als die Noten der deutschen Schule. Überhaupt gilt sie im deutschen Gymnasium nur als eine Art Gasthörerin, ob sie mitlernt und ihre Hausaufgaben erledigt oder nicht, scheint relativ egal zu sein. Ihre Motivation, sich voll und ganz auf das Deutsche einzulassen, ist demnach vor allem am Anfang sehr beschränkt. Ihre negative Einstellung zur deutschen Sprache ändert sich erst in den letzten Monaten, als sie die Vorteile der Mehrsprachigkeit erkennt. Bei der jüngeren Lernerin NAS ist dies alles anders: Sie verfügt über kein anderes Kommunikationsmittel als die deutsche Sprache, ihr ist die Begrenztheit des Aufenthalts in Deutschland weniger bewusst und für sie zählt das Zeugnis der deutschen Grundschule für den Eintritt ins Gymnasium.

Der Altersunterschied der beiden Lernerinnen wirkt sich jedoch nicht nur auf die Motivation aus, sondern auch auf die Inputsituation: Der Input in der Grundschule ist besser geeignet, um in eine neue Sprache einzutauchen, da hier konkretere Lerninhalte besprochen werden und die Bedeutungsseite der Sprache stärker thematisiert wird. Im Gymnasium werden abstraktere Lerninhalte besprochen und der mündliche wie schriftliche Input, mit dem die SchülerInnen konfrontiert werden, ist auch grammatikalisch komplexer. Abgesehen vom schulischen Input, haben die beiden Probandinnen im ersten Aufenthaltsmonat ungefähr gleich viel Kontakt zu gleichaltrigen deutschsprachigen Kindern. Die jüngere Lernerin Nastja ist jedoch offener und sucht Kontakte, was zur Folge hat, dass sie schnell neue Freundschaften schließt und daher bald mehr deutschsprachige Spielkameraden hat. Sie bekommt daher auch mehr deutschsprachigen Input als Dascha, deren Kontakt zum Deutschen mehr oder weniger auf die Schule beschränkt bleibt. Grundsätzlich fiel Dascha die Trennung von ihren FreundInnen in St. Petersburg schwer. Und ihre einzige Freundin in Deutschland ist eine Georgierin, mit der sie sich auf Russisch unterhält.

Auswahl und Bearbeitung der Transkripte

Aus dem DaZ-AF-Korpus habe ich 21 einstündige Aufnahmen pro Probandin ausgewählt, die am selben Tag oder zumindest in derselben Woche aufgenommen wurden (siehe Anhang Tabelle A.1 und A.2). Im ersten Kontaktmonat (KM) wurden keine Aufnahmen analysiert, da diese abgesehen vom Kopulaverb *sein* noch kaum Verben enthalten. Am Anfang wurden mehrere Aufnahmen pro Monat ausgewertet, sobald die Probandinnen mehr gesprochen haben, wurde nur noch eine Aufnahme im Monat bzw. alle zwei Monate für die Analyse herangezogen. Bei den späteren Aufnahmen wurden wenn möglich Aufnahmen mit derselben InterviewerIn ausgewählt. Zudem wurde darauf geachtet, dass die Interaktionen möglichst vergleichbar sind. So wurde z.B. die letzte Aufnahme im Korpus nicht ausgewählt, weil bei der Aufnahme von Nastja ein Freund aus Russland dabei ist, der auch Sprechzeit in Anspruch nimmt. Die Dauer einer Aufnahme ist jeweils eine Stunde. Insgesamt wurden also über eineinhalb Jahre jeweils 21 Stunden Datenmaterial analysiert. In dieser Zeit produziert die jüngere Lernerin NAS mit 49.115 Tokens erheblich mehr Wörter als DAS mit 38.324 Tokens (siehe Tabelle A.3 im Anhang).

Für die meisten Analysen werden die 21 einstündigen Aufnahmen zu zwölf Kontaktmonaten (KM) zusammengefasst. Ich möchte nochmals darauf hinweisen, dass die ersten fünf Monate dichter dokumentiert sind als die restlichen Datenpunkte. Sie sind daher auch weniger abhängig von Tagesverfassung, InterviewerIn und Konversationsthemen. Durch die Zusammenfassung der Aufnahmen zu Kontaktmonaten ergibt sich eine unterschiedliche Tokenanzahl zwischen den einzelnen Datenpunkten (siehe Tabelle A.4):

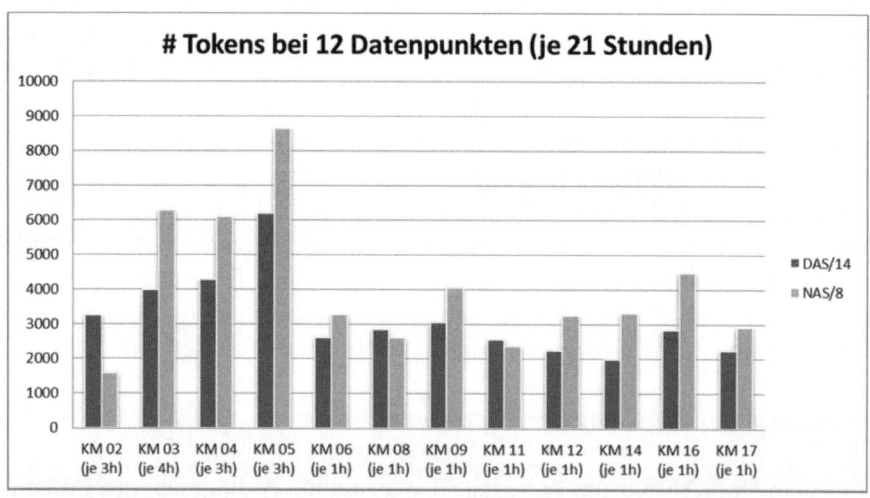

Abbildung 6.1 Anzahl der Tokens im Korpus je Kontaktmonat

Damit die grafische Darstellung die zeitliche Dimension korrekt abbildet, werden die fehlenden vier Monate (7., 10., 13. und 15. KM) durch Mittelwerte der angrenzenden Werte ergänzt. Die fehlenden Monate sind in den Grafiken wie z.B. in Abbildung 6.2 klar als Lücken gekennzeichnet. In

Abbildung 6.2 wird die Entwicklung der Äußerungslänge bei beiden Probandinnen verglichen (siehe Anhang Tabelle A.5). Die durchschnittliche Äußerungslänge, auf Englisch *mean length of utterance (MLU)*, wird hier in Wörtern angegeben (MLUw):

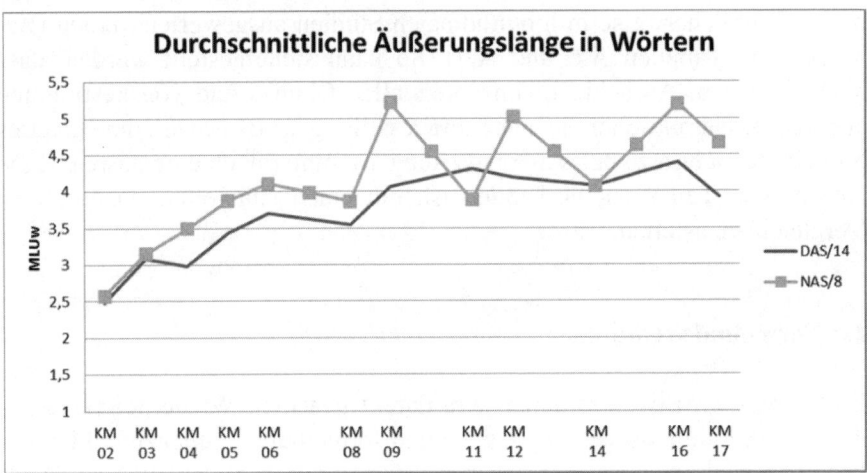

Abbildung 6.2 Durchschnittliche Äußerungslänge (MLUw)

Am MLU-Wert kann man allgemein etwas über die grammatikalische Entwicklung ablesen: Je länger die Sätze, desto komplexer werden sie, das heißt, mit dem MLU steigt auch die grammatikalische Komplexität. Ab einem Wert von 4 verliert der MLU nach Brown (1973a) jedoch seine Aussagekraft in Bezug auf die Grammatikentwicklung. Die Äußerungslänge ist dann weniger abhängig von den zur Verfügung stehenden grammatikalischen Mitteln, sondern von der Kommunikationssituation bzw. der Art der Interaktion (Rice, Redmond & Hoffmann 2006). Der MLUw der beiden Probandinnen bewegt sich im Untersuchungszeitraum zwischen 2 und 5, der Durchschnittswert über alle Aufnahmen zusammen beträgt für DAS 3,5 (Standardabweichung/SD von 2,8) und für NAS 3,9 (SD 3,0). Der Wert 4 ist ungefähr ab dem 6. (NAS) und ab dem 9. Kontaktmonat (DAS) erreicht. Beide Lernerinnen beginnen mit gleich langen Sätzen, ab dem 3. KM steigt der MLU der jüngeren Lernerin schneller an.

Die Zählung der Tokens und des MLUw-Werts basiert auf den CHAT-Transkripten. Die Berechnungen zur Verbstellung werden anhand eines Subkorpus in Tabellenform durchgeführt, das nur diejenigen Äußerungen enthält, die mindestens ein Verb (in finiter oder infiniter Form) aufweisen. Vorgelesene Passagen, Wiederholungen und unverständliche Äußerungen werden ausgeschlossen, ebenso unvollständige Sätze mit relevanten Lücken. Das Kodierungsschema lehnt sich an das von Haberzettl (2005) an, genauere Angaben zur Kodierung werden bei den einzelnen Auswertungen gegeben. Für Dascha wurden in diesem Subkorpus 4.424 und für Nastja 6.063 Teilsätze kodiert, also insgesamt 10.487 Teilsätze. Das sind erheblich mehr als üblicherweise in longitudinalen Studien ausgewertet werden (siehe Anhang Tabellen A.6 und A.7). So kann sichergestellt werden, dass auch nach dem Ausschluss von potentiellen Chunks und von bestimmten anderen Konstruktionen je nach Fragestellung (z.B. Sätze ohne overtes Subjekt, Kopulasätze bei V2-Auswertungen) immer noch eine ausreichende Anzahl von Teilsätzen vorhanden ist, um einen sinnvollen quantitativen Vergleich anzustellen.

2. Formelhafte Chunks

In den meisten Erwerbsstudien wird darauf geachtet, Wiederholungen aus dem Input, idiomatische Wendungen und formelhafte Sequenzen, die möglicherweise als Ganzes memoriert werden und daher nicht unbedingt als Resultat einer kreativen Regelanwendung zu sehen sind, aus der Auswertung auszuschließen. Ich gehe ebenso vor, möchte die formelhaften Sequenzen jedoch kurz beschreiben, die ich aus der Analyse ausgeschlossen habe.

Mit dem Ausdruck *Chunk* beziehe ich mich auf eine Ausdruckssequenz, die zusammen mit ihrer Bedeutung bzw. Funktion als Ganzes im Langzeitgedächtnis gespeichert und holistisch abgerufen bzw. verarbeitet wird (Handwerker 2008, Aguado 2002). In der Literatur finden sich auch viele andere Ausdrücke, z.B. auf Deutsch *Routineformel, idiomatische Wendung, formelhafte Sequenz, Floskel* und auf Englisch *formulaic speech, lexicalized phrase, routines* oder *formulae*. Wesentlich für Chunks ist, dass sie sehr häufig und in invarianter Form vorkommen, dass sie sehr schnell und in einem Stück gesprochen werden können, also phonologisch kohärent sind, und dass sie einen relativ hohen Grad an Komplexität und Korrektheit aufweisen (Aguado 2002).

Im muttersprachlichen Diskurs werden idiomatische Redewendungen und Formeln sehr häufig verwendet, ihre korrekte und im Kontext angemessene Verwendung gilt daher auch für L2-LernerInnen als Zeichen von hoher Sprachkompetenz. Allerdings verwenden L2-LernerInnen Floskeln und Chunks meist nicht auf muttersprachliche Weise: Meist werden die von

L2-LernerInnen verwendeten Chunks zu wenig variiert oder sind im Kontext nicht angemessen, manchmal werden sie falsch angewendet.

Für den (erwachsenen) L2-Erwerb haben Chunks nach Aguado (2002) zwei grundlegende Funktionen: Erstens weisen sie eine soziale Funktion auf, da sie die LernerInnen kurzfristig bei der Bewältigung von akuten Kommunikationsproblemen (Flüssigkeit des Gesprächs, Sicherung des Rederechts, Steuerung des Diskurses) und langfristig bei der Integration in die Zielsprachengemeinschaft unterstützen. Zweitens haben sie eine kognitive Funktion, da sie kurzfristig eine schnellere kognitive Verarbeitung ermöglichen und damit kognitive Ressourcen freigeben. Damit unterstützen sie die LernerInnen langfristig bei der Extraktion der zugrundeliegenden Strukturen und Regeln. Meist wird davon ausgegangen, dass Chunks am Anfang holistisch memoriert und mit der Zeit in ihre morphosyntaktischen Bestandteile aufgebrochen werden.

Es ist jedoch, wie Haberzettl (2007) anmerkt, nicht zu entscheiden, ob SprecherInnen solche Sequenzen nicht auch später noch holistisch abrufen, anstatt sie durch Regelanwendung zu bilden – dies gilt sowohl für L2-LernerInnen als auch für L1-SprecherInnen. Eine holistische Speicherung des gesamten Chunks wäre vom Standpunkt der Verarbeitungseffizienz aus gesehen jedenfalls vorteilhafter. Im Zuge dieses Aufbrechens einer Formel in ihre Bestandteile können, wie Haberzettl (2007) feststellt, auch sogenannte *formulaic frames* oder Konstruktionsbausteine entstehen, die Leerstellen enthalten, die mit unterschiedlichem lexikalischem Material gefüllt werden können. Sie zitiert ein Beispiel von Wong-Fillmore (1979):

(60) *Phasen beim Aufbrechen einer Formel*
    a. How do you do dese?   Formel mit 2 Leerstellen
    b. How do you do dese X?   How do you do dese little tortillas?
    c. How do you X?   How do you make the flower?

Solche Konstruktionsbausteine müssen nicht immer aus dem Input extrahiert werden, sondern können von LernerInnen auch selbst kreiert werden. Allerdings gibt es altersspezifische Unterschiede im Umgang mit Chunks: Während Kinder (auch im L1-Erwerb) Chunks dazu nutzen, längere sprachliche Einheiten in Konstruktionsbausteine zu zerlegen und daraus morphosyntaktische Muster zu extrahieren, brechen Erwachsene Chunks nicht mehr automatisch auf (Handwerker 2008), sondern nutzen hauptsächlich das kommunikationsstrategische Potential von Chunks (Aguado 2002).

Nach Aguado liegt das daran, dass erwachsene LernerInnen ihre Aufmerksamkeit verstärkt auf den Inhalt und Kinder eher auf die Form richten.

Die Entscheidung, was als Chunk zu werten ist und was nicht, kann in einer nicht-experimentellen Studie nicht psychologisch-kognitiv begründet sein, da sich nicht entscheiden lässt, welche Einheiten die ProbandInnen tatsächlich im Langzeitgedächtnis gespeichert haben bzw. holistisch verarbeiten und welche nicht. Da es in der vorliegenden Arbeit nicht primär um Chunks und ihre Funktion für den L2-Erwerb geht, stellt dies kein Problem dar. Vielmehr geht es darum, allzu große Verzerrungen der Daten aufgrund von häufig vorkommenden Verbstellungsmustern, die möglicherweise als Chunks abgespeichert sind, zu vermeiden. Ich benutze für diesen Zweck ein einfaches quantitatives Kriterium: Als potentieller Chunk gilt die Kombination einer bestimmten finiten Verbform mit einem oder mehreren anderen Elementen, wenn diese in invarianter Form 30-mal (im gesamten Korpus, also bei beiden Lernerinnen gemeinsam) vorkommt, und das bereits relativ früh. So werden in (60) alle Teilsätze mit umrahmten potentiellen Chunks von der Analyse ausgeschlossen, die restlichen Teilsätze jedoch als produktiv gezählt:

(61)   *Als Chunks kodierte Sätze im DaZ-AF-Korpus*

    a. |ich weiss nicht|, was kann ich lesen.   KM 02   DAS-06.cha

    b. und |ich verstehe nicht|, was schreibt er.   KM 03   DAS-12.cha

    c. |weisst du|, was mein frau   KM 03   NAS-11.cha
        Rumich sagt?

    d. was bedeutet singen, |ich weiss|.   KM 04   NAS-12.cha

    e. |ich glaub|, |das ist| ein film.   KM 04   DAS-16.cha

    f. das sind dreissig meter,   KM 09   NAS-31.cha
        |ich glaube|.

    g. aber trotzdem sind die freier, |glaube| KM 16   NAS-57.cha
        |ich|.

    h. also |es gibt| manche aus der klasse, die   KM 17   NAS-63.cha
        haben auch drei.

In den Beispielen in (61) werden z.B. die Matrixsätze *ich glaube* (V2) und *glaube ich* (V3) als Chunks von der Analyse ausgeschlossen, ebenso der V2-Nebensatz, der mit *das ist* beginnt. Die anderen beiden V2-Nebensätze zählen dagegen als produktive Strukturen (auch *das sind*, da diese Kombination erst später und nicht oft vorkommt). Die Konstruktion *es gibt* in

(61)h wird ebenso wie ihre Inversionsvariante *gibt es* von der Analyse ausgeschlossen. Möglicherweise wird ein früher Chunk wie *es gibt* später in seine Bestandteile zerlegt und produktiv gebraucht, aber da dieser Zeitpunkt nicht festzustellen ist, werden alle Chunks konsequent in allen Dateien von der Analyse ausgeschlossen. In Tabelle 6.2 werden alle ausgeschlossenen Chunks aufgelistet:

Tabelle 6.2   Von der Analyse ausgeschlossene Chunks

Chunk	Struktur	Beschreibung
da ist	V2-INV	potentieller Chunk für Inversion häufige Kombination, auch in NS
das ist	V2	potentieller Chunk für Verb-Zweit sehr häufig, auch NS
das weiss ich (nicht)	V2-INV	potentieller Chunk für Inversion meist isoliert ohne lexikalische Abwechslung, manchmal *noch nicht*
es gibt	V2	potentieller Chunk für Verb-Zweit semi-lexikalischer Verb-Chunk, auch in NS
gibt es	V2-INV	potentieller Chunk für Inversion semi-lexikalischer Verb-Chunk, auch in NS
hier ist	V2-INV	potentieller Chunk für Inversion
ich glaube	V2	potentieller Chunk für Verb-Zweit sehr häufig, auch in Kombination mit vorangestellten Nebensätzen (oder anderen XPs)[32]
glaube (ich)	V2-INV V1	potentieller Chunk für Inversion und Verb-Erst[33]
guck	IMP	Floskel für Imperativ, hauptsächlich bei Nastja

[32] Nach einem Satz im Vorfeld führt dieser Chunk häufig zu V3, diese V3-Sätze werden jedoch als Chunks von der Analyse ausgeschlossen. Steht *ich glaube* am Satzanfang oder am Satzende, wird es als Matrixsatz gewertet und als Chunk kodiert. Ist es ein parenthetischer Einschub (N=50) wird es nicht als Matrixsatz behandelt, sondern als integriertes Element, vergleichbar einem Modalpartikel (Bedeutung *vermutlich*), und daher nicht als Chunk kodiert.

[33] Die zielsprachliche Inversionsstruktur *glaube ich* kommt erst später vor und wird am Satzende (nach einem Satz oder einer anderen XP) als Chunk kodiert (N=30). Auch als V1-Chunk wie in *glaube ich auch* mit Topik-Drop wird es von der Analyse ausgeschlossen (N=15). Die allein stehende Form *glaube* besteht zwar nur aus einem Element, kann aber als V1-Floskel gesehen werden. Parenthetisch verwendet entspricht sie einem Modalpartikel mit der Bedeutung *vermutlich* (siehe Fußnote oben).

Chunk	Struktur	Beschreibung
ich verstehe (nicht)	V2	potentieller Chunk für Verb-Zweit
ich weiss (nicht)	V2	potentieller Chunk für Verb-Zweit mit und ohne Negation, auch in Nebensätzen
was ist (das)	W-V2	potentieller Chunk für Verb-Zweit in W-Fragen auch häufig in interrogativen NS
was/wie heisst	W-V2	potentieller Chunk für Verb-Zweit in W-Fragen auch häufig in interrogativen NS vor
weiss (ich) (nicht)	V1	potentieller Chunk für Verb-Erst, vgl. *das weiß ich nicht* ohne Vorfeld-*das* (Topik-Drop)
weisst du	JN-V1	potentieller Chunk für Verb-Erst in Entscheidungsfragen[34]

Chunks können einerseits die produktive Leistung einer LernerIn erhöhen und so das Ergebnis von Spracherwerbsstudien insofern verzerren, als diese zu gut eingeschätzt werden. Chunks können aber auch negative Folgen haben, wenn nicht-zielsprachliche Sequenzen eingeübt werden (Long 2003). Dies lässt sich auch im DaZ-AF-Korpus beobachten: Solange die Lernerinnen noch wenige VE-Sätze produzieren, greifen sie in Nebensätzen zu denselben Chunks, die sie im Hauptsatz verwenden, was zu vermehrten Verbstellungsfehlern führt (siehe auch Kapitel 9.4):

(62)   *Hauptsatz-Chunks im Nebensatz*

    a. ich verstehe, was ist das in russisch.   KM 02   NAS-07.cha

    b. weiss nicht, wie heisst das auf deutsch.   KM 04   DAS-14.cha

    c. und (fp) eins für # wann es gibt kein licht.[35]   KM 05   DAS-20.cha

---

[34] Die Phrase *weißt du* wurde nur als Chunk kodiert, wenn es sich um einen echten interrogativen Kontext handelt (z.B. in *Weißt du, wann er kommt?*). Wenn *weisst du* eine rein modale Bedeutung hat, wie in *weißt du, er hat eine Schwester,* wird es wie andere Elemente außerhalb des Syntagmas (z.B. *question tags*) nicht als Chunk kodiert.

[35] Das Rautezeichen # steht für eine Pause, das Kürzel (fp) steht für eine Pause mit Füllwort (*filled pause*) meist *äh* oder *ähm*.

Um das Ergebnis in keine Richtung zu verzerren, werden solche Chunks sowohl im Haupt- als auch im Nebensatz von der Analyse ausgeschlossen. Von den Teilsätzen in (62) wird also kein einziger als produktive Bildung analysiert. Insgesamt machen diese häufig vorkommenden Chunks gut ein Viertel aller kodierten Teilsätze aus. Die folgende Tabelle zeigt die Häufigkeit aller kodierten HS-Chunks:

Tabelle 6.3   Chunks im Hauptsatz

Chunks	DAS/14	NAS/8	gesamt (≥ 30)
das ist	289	540	829
ich weiss (nicht)	224	178	402
ich glaube	114	84	198
gibt es	31	97	128
da ist	41	85	126
guck	1	124	125
was/wie heisst	69	48	117
was ist (das)	68	33	101
weiss (ich) (nicht)	65	30	95
hier ist	47	44	91
es gibt	53	22	75
glaube (ich)	28	28	56
weisst du	6	48	54
ich verstehe (nicht)	39	9	48
das weiss ich (nicht)	23	6	29
alle	1098	1376	2474

Ein klarer Unterschied zwischen Dascha und Nastja betrifft die Imperativform *guck*, die Dascha kaum verwendet, während Nastja dies häufig tut. Allgemein verwendet Dascha im Unterschied zu Nastja kaum Imperativformen (siehe Kapitel 6.3). Ansonsten verwenden sie im Großen und Ganzen ähnliche Formen von Chunks. Insgesamt ist die Chunk-Rate (Chunks zu finiten Verben insgesamt) der beiden Probandinnen sehr ähnlich (absolute Zahlen in Tabelle A.8 im Anhang):

Tabelle 6.4   Chunk-Rate im Hauptsatz

	Chunks	alle HS	Rate
DAS/14	1098	3891	28,22%
NAS/8	1376	5293	26,00%

Die Entwicklung der Chunk-Rate in Abbildung 6.3 zeigt ebenfalls nur kleine Unterschiede: Tendenziell nimmt sie ab und pendelt sich bei beiden Lernerinnen ab dem 6. Kontaktmonat (KM) bei ca. 20% ein.

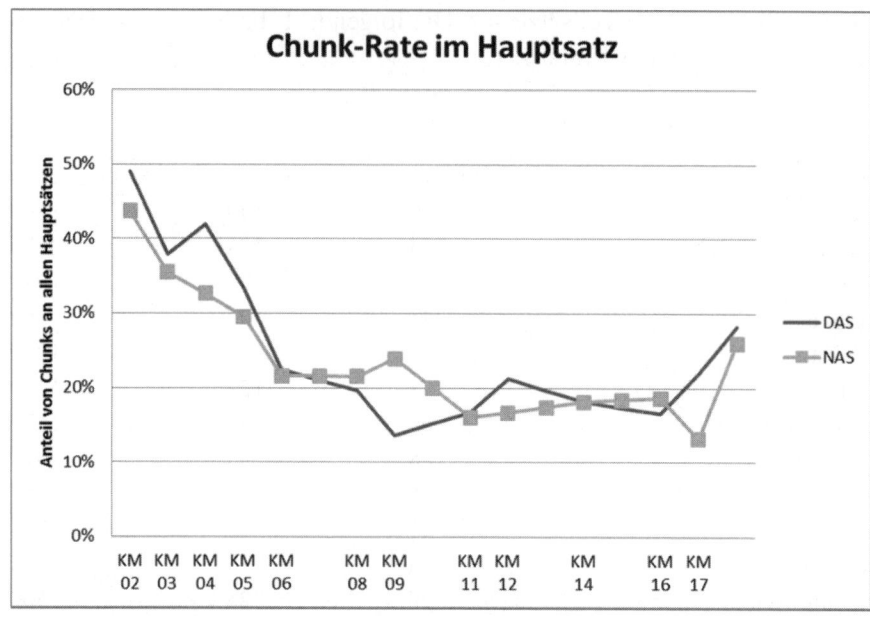

Abbildung 6.3 Entwicklung der Chunk-Rate im Hauptsatz

Das Vorkommen von Chunks ist auch vom Gesprächsthema abhängig: So produzieren beide Lernerinnen in einer Aufnahme im 4. KM (15. Kontaktwoche) sehr viele Chunks, weil sie mit dem Interviewer Fotos anschauen und daher sehr viele *das ist* Konstruktionen benutzen.

Potentielle Chunks, die nur im Nebensatz vorkommen, gibt es nicht. Aber Chunks aus dem Hauptsatz finden sich auch in Nebensätzen und werden dort ebenfalls von der Analyse ausgeschlossen:

Tabelle 6.5   Chunks im Nebensatz

NS-Chunks	DAS/14	NAS/8
das ist	24	31
was/wie heisst	36	10
was ist (das)	10	8
es gibt	14	1

NS-Chunks	DAS/14	NAS/8
gibt es	5	10
da ist	1	3
ich verstehe (nicht)	3	0
ich weiss (nicht)	2	1
NS Chunks gesamt	95	64

Die Tokenanzahl ist zwar bei beiden Probandinnen im Nebensatz geringer, aber Dascha verwendet im Nebensatz eindeutig mehr Chunks als Nastja (absolute Zahlen siehe Tabelle A.9 im Anhang):

Tabelle 6.6   Chunk-Rate im Nebensatz

	Chunks	alle NS	Rate
DAS	94	534	17,60%
NAS	64	770	8,31%

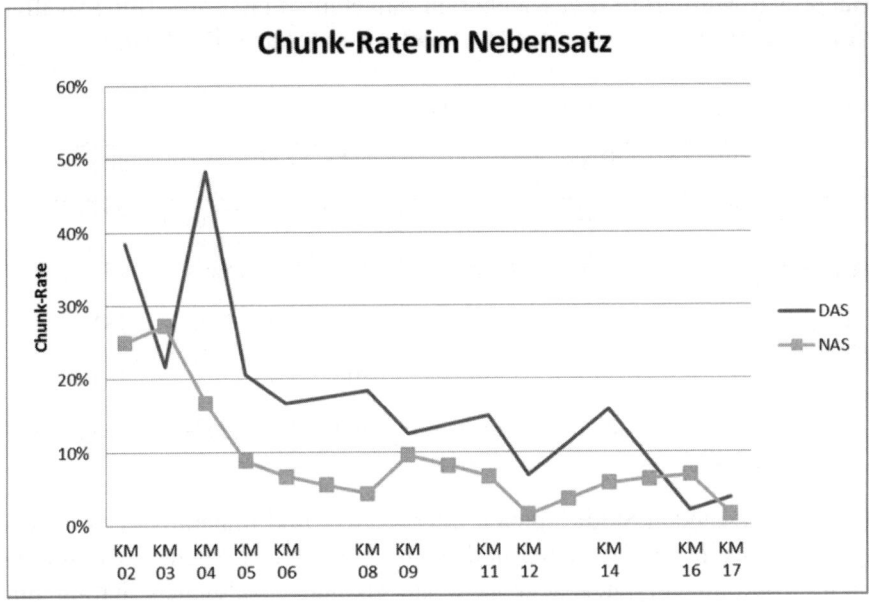

Abbildung 6.4 Entwicklung der Chunk-Rate im Nebensatz

Die Verwendung von Chunks im Hauptsatz führt dazu, dass die Lerner-sprache sowohl flüssiger als auch korrekter wird. Im Gegensatz dazu macht die Verwendung von Hauptsatz-Chunks im Nebensatz die Lernersprache zwar flüssiger, jedoch auch fehlerhafter. Daher nimmt die Verwendung von Chunks im Nebensatz bei beiden Probandinnen kontinuierlich ab, nach eineinhalb Jahren liegt der Prozentsatz von Chunks unter 10%. Die ältere Lernerin verwendet dabei zu Beginn des Nebensatzerwerbs doppelt so viele nicht zielsprachliche Chunks wie am Ende des Untersuchungszeitraums. Daraus lässt sich schließen, dass die Chunks im Nebensatz auch bei der älteren Probandin nicht fossiliert sind. In Kapitel 9.4 komme ich nochmals auf diese Beobachtung zurück.

3. Überblick über die erfassten Satztypen

Dieses Kapitel vermittelt einen Eindruck über das Gesamtkorpus, d.h. über alle Sätze und Teilsätze, die eine Verbform enthalten. Für die Auswertung in Bezug auf die Verbstellung werden in den späteren Kapiteln nur Teile dieser Daten herangezogen. Tabelle 6.7 zeigt die Verteilung der 7.856 im Korpus erfassten Haupt- und Nebensätze ohne potentielle Chunks. Die Hauptsätze wurden in drei Kategorien eingeteilt: Fragesätze (Interrogativsätze), Befehlssätze (Imperativsätze) und Aussagesätze (Deklarative).

Tabelle 6.7   Satztypen im Gesamtkorpus

	DAS	%	NAS	%	alle
Deklarativsätze	2489	76,99%	3355	72,57%	5844
Fragesätze	291	9,00%	394	8,52%	685
Imperativsätze	13	0,40%	168	3,63%	181
Nebensätze	440	13,61%	706	15,27%	1146
Gesamt	3233	100,00%	4623	100,00%	7856

In der vorliegenden Studie spielen Interrogative und Imperative eine untergeordnete Rolle, da sie selten und nicht in der erforderlichen Variationsbreite vorkommen. Dies liegt auch am spontansprachlichen Setting mit einer häufig erwachsenen muttersprachlichen InterviewerIn. Um natürliche Sprechanlässe zu schaffen, richtet die InterviewerIn häufiger Fragen an die nicht-muttersprachliche ProbandIn als umgekehrt. Abbildung 6.5 zeigt die Entwicklungskurven von Deklarativ-, Interrogativ-, Imperativ- und Nebensätzen in absoluten Zahlen im Überblick:

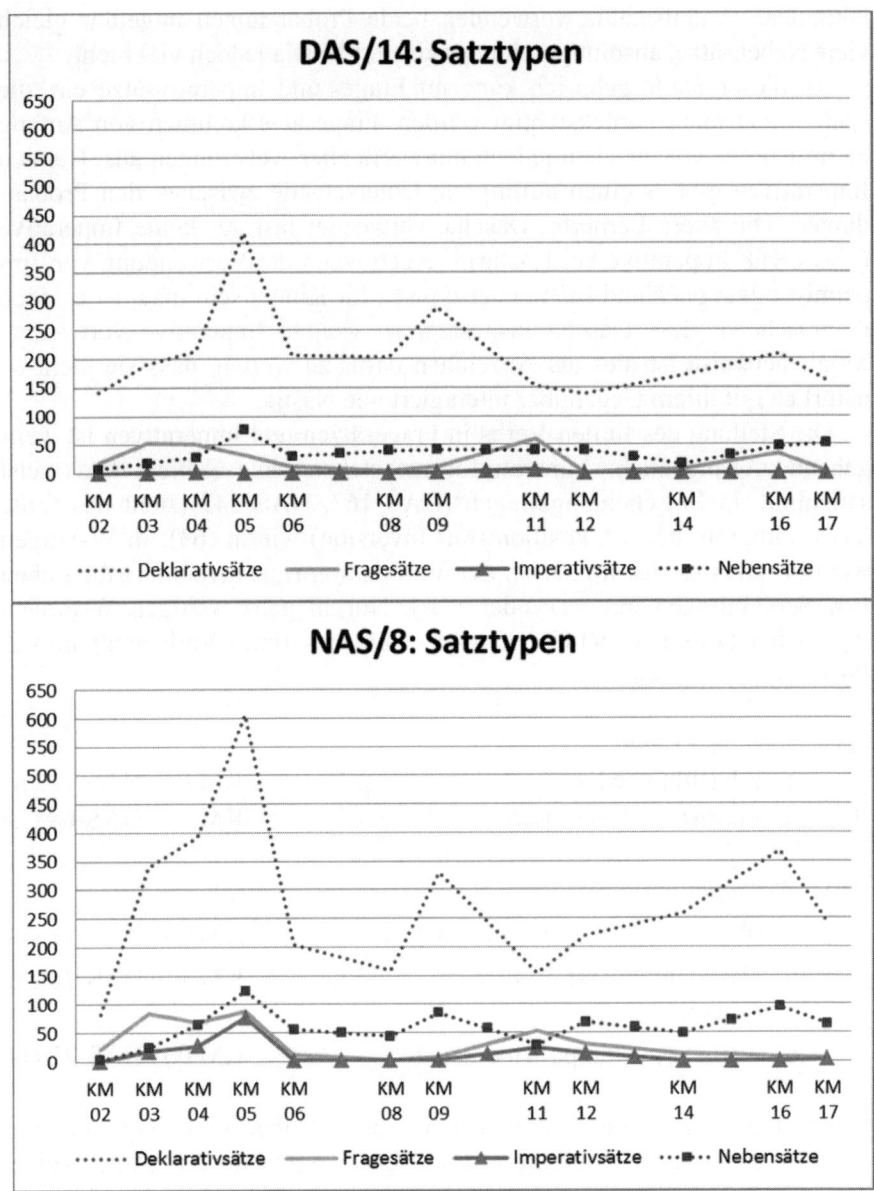

Abbildung 6.5 Entwicklung der Satztypen im Vergleich

Die Kurve der Deklarativsätze, die insgesamt 80% bzw. 73% ausmachen, verläuft relativ konstant zwischen 60% und 90%. Die Schwankungen in Abbildung 6.5 entsprechen den Unterschieden in der Tokenanzahl pro Kontaktmonat. Anteilsmäßig verwenden beide Probandinnen ungefähr gleich viele Nebensätze, absolut gesehen produziert Nastja jedoch viel mehr.

An dieser Stelle gehe ich kurz auf Frage- und Imperativsätze ein, die später nicht mehr berücksichtigt werden. Fragesätze kommen von Anfang an im Korpus vor, machen jedoch nur 8-9% aller Äußerungen aus. Bei den Imperativen gibt es einen auffälligen Unterschiede zwischen den Probandinnen: Die ältere Lernerin, Dascha, verwendet fast gar keine Imperative (13 vs. 168 Imperative bei Nastja).[36] Auch wenn die Verwendung von Imperativen wie *guck* und *schau* eher typisch für Kinder sein mag, ist es doch überraschend, dass Dascha insgesamt so wenige Imperative verwendet. Möglicherweise ist dies als Anzeichen dafür zu werten, dass sie nicht so natürlich mit ihrem Gegenüber interagiert wie Nastja.

Die Stellung des finiten Verbs in Fragesätzen und Imperativen ist weitgehend zielsprachlich: Imperativformen stehen ohne Subjekt und meist satzinitial, in Entscheidungsfragen (DAS 163, NAS 247) steht das finite Verb immer an der V1-Position (mit Inversion) wie in (63). In W-Fragen wie (64) steht es fast immer an der V2-Position (mit Inversion, abgesehen von Subjektfragen mit *wer* oder *was*). Nur in ganz wenigen W-Fragen (6/119 bei DAS und 7/140 bei NAS) steht das finite Verb nicht in V2-Position, wie in (64)c:

(63)   *Ja/Nein-Fragen*

    a. **gib** (ih)n wieder.   KM 03 NAS-11.cha

    b. **kannst** du diese essen?   KM 03 DAS-08.cha

(64)   *W-Fragen*

    a. oh@i, wo **ist** meine blaue mappe?   KM 03 NAS-11.cha

    b. also wann **fährst** du zum   KM 11 DAS-38.cha
       Österreich?

    c. warum eine lampe **wird** kaputt?   KM 06 NAS-22.cha

Somit bestätigt meine Untersuchung die Beobachtung von Pagonis (2009b), dass die Verbstellung in Interrogativ- und Imperativsätzen keiner der beiden Probandinnen Schwierigkeiten bereitet. Diese im Vergleich zu den Deklarativsätzen schnelle Entwicklung von V1- und V2-Strukturen mit Inversion könnte verschiedene Gründe haben:

---

[36]   Zusätzlich zu diesen Imperativen verwendet Nastja auch noch die Imperativform *guck*, die als Chunk von der Analyse ausgeschlossen ist (siehe Kapitel 6.2).

Erstens könnten bei W-Fragen die Bildung von Chunks eine entscheidende Rolle spielen. Drei besonders häufige interrogative Konstruktionen (die W-Fragen *was ist (das)*, *was/wie heißt* und die Entscheidungsfrage *weißt du*) wurden als Chunks von der Analyse ausgeschlossen (siehe Kapitel 6.2). Von einer konstruktionsgrammatischen Perspektive könnte man aber bei W-Fragen allgemein argumentieren, dass sie aufgrund der begrenzten Anzahl von Vorfeldelementen (*wer, was, wie, wo, wann*) Konstruktionscharakter haben und als fixe syntaktische Bausteine mit der Struktur W-Wort+finV gelernt werden (von komplexen W-Fragen abgesehen, die am Beginn des Spracherwerbs ohnehin nicht auftauchen). Dasselbe Argument lässt sich allerdings auf V1 in Entscheidungsfragen nicht anwenden, da das Inventar der Verben in V1-Stellung nicht begrenzt ist. Und in Entscheidungsfragen gibt es überhaupt keine abweichende Verbstellung. Diese Hypothese könnte also nur einen Teil der Daten erklären.

Zweitens könnte die korrekte Verbstellung in Fragesätzen auch darauf zurückgehen, dass unter der Annahme eines generativen Satzmodells die notwendige CP-Struktur bereits vorhanden ist. Allerdings ist dann fraglich, warum diese nicht auch in Deklarativsätzen dafür sorgt, dass das finite Verb immer an der zweiten Stelle steht. Man könnte nun argumentieren, dass das finite Verb von dem W-Wort in SpecCP nach C° gezogen wird, um dort die W-Merkmale oder illokutionäre Kraft zu checken, und ein vergleichbares Checking der Merkmale ist im Deklarativsatz nicht notwendig.

Diese Argumentation gleicht im Prinzip einer funktionalistischen Argumentation, nach der die korrekte Verbstellung im Fragesatz darauf zurückzuführen ist, dass Form und Funktion eine Einheit bilden (Dimroth 2008c): Die V1-Stellung in Entscheidungsfragen weist ebenso wie die Abfolge W-Wort+finV direkt auf die illokutionäre Funktion der Frage hin, und darauf, dass vom Gegenüber eine Antwort erwartet wird. Dass die Bewegung des finiten Verbs an die Position der linken Satzklammer in Fragesätzen mit einer klaren pragmatischen Bedeutung verknüpft ist, ist für die LernerInnen ein Ansporn, diese zu lernen. Auf der Basis der wenigen vorhandenen Daten kann die Frage nach der Begründung natürlich nicht geklärt werden, es ist aber durchaus vorstellbar, dass mehrere Faktoren hier zusammenwirken.

4. Die Entwicklung komplexer Satzstrukturen

In diesem Abschnitt geht es mir darum, die Entwicklung von Haupt- und Nebensätzen möglichst aus der Perspektive der Lernerinnen nachzuzeichnen: Das sprachliche Wissen, von dem sie ausgehen, ergibt sich aus ihrer Erstsprache Russisch, und bei Dascha auch aus ihrer Zweitsprache Englisch. Sowohl im Russischen als auch im Englischen ist die Verbstellung im Haupt- und im Nebensatz dieselbe, das heißt, Haupt- und Nebensätze unterscheiden sich in anderen Bereichen, nicht jedoch in der Verbstellung. Es liegt also nahe, dass die Lernerinnen zunächst auch nicht im Bereich der Verbstellung nach Unterschieden suchen, zumal es auch im deutschen Input, den sie hören, genügend Daten gibt, die die Verbstellungsunterschiede im Haupt- und Nebensatz verschleiern (siehe Kapitel 3).

Unterschiede zwischen Haupt- und Nebensätzen

Im Allgemeinen wird ein Nebensatz als abhängiger Satz (eingebetteter Satz, subordinierter Satz) bezeichnet, der nicht allein, sondern in einer engen Beziehung zu einem Hauptsatz (*Matrixsatz*) steht. Meist stellt er ein Satzglied dieses Matrixsatzes dar (DUDEN 2006). In Anlehnung an Diessel (2004) lassen sich die Eigenschaften von prototypischen Nebensätzen im Kontrast zu Hauptsätzen folgendermaßen zusammenfassen:

(i)   *Syntaktische Einbettung*: Nebensätze sind syntaktisch eingebettet und können daher oft durch andere Elemente (komplexe NP, Adjektiv, Pronomen wie das) ersetzt werden.

(ii) *Morphologische Markierung*: Sie sind morphologisch als abhängige Strukturen markiert, z.B. durch einleitende Subjunktionen wie dass, wenn und weil, und können nicht allein stehen. Im Deutschen sind Nebensätze darüber hinaus auch durch die Stellung des finiten Verbs markiert. Aber auch dieses Kriterium trifft nicht auf alle NS zu, z.B. nicht auf abhängige V2-Sätze.

(iii) *Semantische Merkmale*: Der semantische Beitrag von Hauptsätzen enthält die zentrale Information (Vordergrund), z.B. das Erzählgerüst eines narrativen Diskurses, während Nebensätze eher den Hintergrund darstellen. Dies entspricht der Unterscheidung von Stutterheim & Klein (2008) zwischen Hauptstruktur und Nebenstruktur eines Texts. Nebensätze sind semantisch in einen Matrixsatz integriert, der das semantische Profil des komplexen Satzes bestimmt: So ist I know she left eher eine Aussage über Wissen als über Weggehen.

(iv) *Verarbeitung und Planung*: Nebensätze sind Teil derselben Verarbeitungs-und Planungseinheit wie der assoziierte Matrixsatz.

Die hier angeführten Eigenschaften treffen jedoch nach Diessel (2004) nicht auf alle Nebensätze zu: Gerade die Grenze zwischen Hauptsätzen, die durch koordinierende Konjunktionen (*and, but, or*) verbunden sind, und adverbialen Nebensätzen (*because, when, after,* etc.) ist sehr schwer zu ziehen. Daher geht Diessel (2004) davon aus, dass die genannten Eigenschaften nur auf prototypische Nebensätze zutreffen und dass es im Englischen ein Kontinuum von verbundenen Sätzen gibt, die in Bezug auf ihre syntaktische Integration variieren. Das Deutsche verfügt mit der Verbstellung über ein weiteres Differenzierungsmerkmal, aber wenn wir für unsere beiden L2-Lernerinnen zunächst davon ausgehen, dass sie die Verbstellung zumindest am Anfang noch nicht als Differenzierungskriterium miteinbeziehen, erhalten wir für den Haupt- und den Nebensatz jeweils ein Ordnungssystem, das dem des Englischen sehr nahe kommt.

Traditionell werden komplexe Sätze in parataktische und hypotaktische Satzverbindungen eingeteilt: Parataktische Satzverbindung bezeichnet die Verkettung zweier unabhängiger Sätze mit koordinierenden Konjunktionen, wie *und, aber* und *oder*, die eine Position außerhalb des Satzes einnehmen. Unter einer hypotaktischen Satzverbindung wird die Verbindung zweier Teilsätze zu einem Satzgefüge, das aus einem Matrixsatz und einem abhängigen Satz besteht. Der abhängige Teilsatz wird durch eine Subjunktion wie *dass, ob, weil* eingeleitet, die im Deutschen nicht nur Teil des Nebensatzes ist, sondern auch die VE-Stellung des finiten Verbs erzwingt. Im topologischen Satzmodell stehen parataktische Konjunktionen daher an der Position 0 und hypotaktische Subjunktionen in der linken Satzklammer (LSK), wo sie das finite Verb verdrängen, das in der rechten Satzklammer (RSK) verbleiben muss (siehe auch Kapitel 3.1):

Tabelle 6.8   Parataxe vs. Hypotaxe im topologischen Satzmodell

Pos.0	Vorfeld	LSK	Mittelfeld	RSK	Nachfeld
Und	morgen	wird	sie die Geschichte	vorlesen,	von der ich dir erzählt habe.
Aber	deshalb	wird	sie uns die Geschichte nicht	vorlesen.	--

Pos.0	Vorfeld	LSK	Mittelfeld	RSK	Nachfeld
Und	ob sie eine Geschichte vorgelesen hat,	wird	sie morgen	erzählen.	--
--	--	**dass**	sie morgen eine Geschichte	erzählen wird.	--
--	--	**ob**	sie die Geschichte	vorgelesen hat,	von der ich dir erzählt habe.
--	**von der**[37]	--	ich dir	erzählt habe.	--

Will man diese Strukturunterschiede in einem Syntaxbaum erfassen, so bilden die folgenden Koordinationsstrukturen zwischen CP/Satz1 und CP/Satz2 die Unabhängigkeit der Beziehung in der Parataxe und die Abhängigkeit der Beziehung in der Hypotaxe ab:

(65)   Parataxe vs. Hypotaxe im Generativen Satzmodell

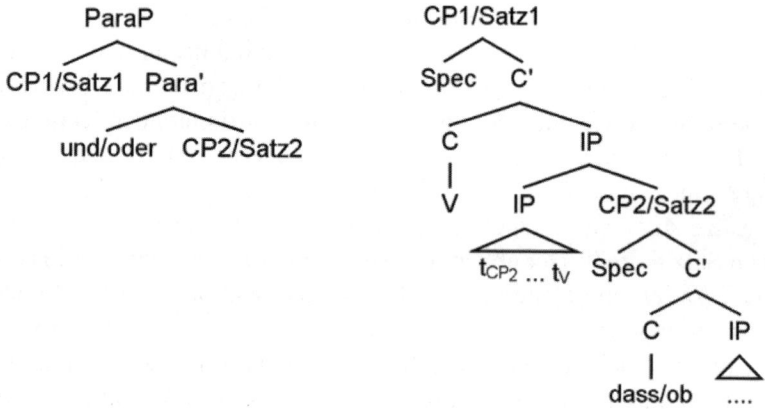

In beiden topologischen wie auch im generativen Modell kommen die prototypischen Unterschiede zwischen den Konnektoren zum Ausdruck: In der parataktischen Satzverbindung ist der Konnektor nicht in den Satz selbst integriert (Position 0), in der hypotaktischen ist er integraler Bestandteil des Satzes. Nach Diessel (2004) stellen diese beiden Beschreibungen jedoch

---

[37]   Wie in Kapitel 3.1 festgehalten, gehe ich mit Wöllstein (2010) von der *Uniformitätshypothese* aus und positioniere phrasale nebensatzeinleitende Elemente (Relativ- und Interrogativpronomen) im Vorfeld und Köpfe (Subjunktionen) in der LSK.

nur die jeweiligen Enden eines Kontinuums zwischen desintegriert und integriert da. Sie können daher weder für alle Konjunktionen noch für alle Satztypen eindeutig festgelegt werden.

Parataktische Satzverbindungen

Die parataktischen Konnektoren, die die beiden Lernerinnen tatsächlich an der linken Peripherie verwenden, bilden eine überschaubare Liste: Die häufigsten Elemente sind die koordinierenden Konjunktionen *und, aber* und der Konnektor *also*, der anders als *und, oder* und *aber* keine koordinierende Konjunktion darstellt. Er wird jedoch von Pasch et al. (2003) als parataktischer Konnektor[38] eingestuft, der, wenn er linksperipher auftritt, die Position 0 im topologischen Modell besetzt (Kritik dazu in Dittmar 2010). Im Unterschied zu Konjunktionen verbindet *also* nur Sätze miteinander, keine anderen Phrasen, und kann mit unterschiedlicher Bedeutung an verschiedenen Positionen im Satz vorkommen (linke Peripherie, nach dem Vorfeld, im Mittelfeld, im Nachfeld).

Eine korpuslinguistische Studie von Dittmar (2010) hat ergeben, dass *also* im muttersprachlichen gesprochenen Diskurs am häufigsten an der linken Peripherie vorkommt, seine Funktion allerdings nicht immer darin besteht, zwei Sätze zu verbinden. Im L2-Diskurs hat *also* nach Dittmar (2006) sehr oft diese Brückenfunktion, wobei es auch eine Korrektur- und Präzisierungsfunktion haben kann. Die Positionierung von *also* innerhalb des Satzes wird im L2-Erwerb erst später erworben, das lässt sich auch für den DaZ-AF-Korpus bestätigen, wo *also* mehr als dreimal so häufig am Satzbeginn steht. Obwohl *also* keine klassische Konjunktion darstellt und in der Zielsprache auch häufig nur die Funktion eines Aufmerksamkeits- oder Pausenmarkers haben kann, ist der Konnektor *also* am Satzbeginn doch meist ein Zeichen für einen folgenden Hauptsatz. Die folgenden Beispiele geben jeweils die ersten Vorkommen von *und, aber* und *also* wieder:

---

[38] Parataxe ist hier allerdings weiter definiert als in Pasch et al. (2003), die darunter alle nicht-koordinativen Verbindungen von Hauptsätzen verstehen (Einbettung und Koordination vs. Parataxe). Für mich steht Parataxe dagegen in Opposition zu Hypotaxe (Einbettung) und bezeichnet damit alle gleichrangigen Sätze (Hauptsätze), seien sie nun koordiniert oder nicht (DUDEN 2006).

(66)   *DAS: sie ist nicht schön.   KM 02 DAS-05.cha
        *DAS: **und** sie ist nicht schön.
        *DAS: **und** seine lederblaser ist nicht schön...

(67)   *INT: (fp) verstehst du, <ich treffe sie>?   KM 02 DAS-07.cha
        *DAS: ja.
        *INT: ja, ich [/] ich komme mit ihnen
        zusammen.
        *INT: sie haben wenig zeit.
        *DAS: **also** Fabienne sagt.
        *DAS: +" treffen wir morgen.

(68)   *INT: wir können ja mal die Dingel postkar-   KM 03 DAS-09.cha
        te beschreibn.
        *INT: was man das da drauf sieht.
        *DAS: hm@i.
        *DAS: ja **aber** ist nicht sehr interessant.
        *INT: das hier sind (fp).
        *DAS: nein, das ist nicht interessant vor-
        schlag.

(69)   *NAS: (fp) Dascha hat nicht schlüssel.   KM 02 NAS-05.cha
        *NAS: nur xx und vater hat.
        *NAS: **und** wo is dein vater ?

(70)   *NAS: ich gehe mit meine klasse   KM 02 NAS-05.cha
        schwimmen.
        *INT: am dienstag?
        *NAS: nein am donnerstag.
        *NAS: heute.
        *NAS: **aber** heute ich geht nicht.
        *INT: ja weil du krank bist ne?
        *NAS: ja.

(71) *INT: ich glaube, ich finde noch ein [/] ein   KM 02 NAS-07.cha
      [/] ein namenwort.
      *INT: spielt.
      *NAS: spielt?
      *NAS: (fp).
      *INT: ist das ein namenwort?
      *NAS: **also** das ist hier.
      *INT: was ist denn das für ein +/.
      *NAS: tunwörter.
      *INT: es ist ein tunwort.

Bereits die ersten Konnektoren, die die beiden Lernerinnen verwenden, liefern ganz klare Bedeutungsbeiträge: In (66) werden Models in einer Zeitschrift verglichen, *und* verkettet hier eine Liste von Figuren mit dem Attribut *nicht schön*. Nastjas erstes *und* in (69) zeigt ebenfalls an, dass von etwas Gleichartigem die Rede ist, zuerst von Daschas Vater, dann vom Vater des Interviewers. Die beiden ersten Verwendungen von *aber* sind klar adversativ: In (68) wendet sich Dascha gegen einen Vorschlag, den sie im Gegensatz zu ihrem Gesprächspartner nicht interessant findet. Und in (70) stellt Nastja fest, dass sie am Donnerstag ausnahmsweise nicht schwimmen geht. Die ersten Verwendungen von *und* und *aber* entsprechen der Zielsprache. Das erste *also* weist bei beiden Lernerinnen auf einen argumentativen Zusammenhang hin: Bei Dascha in (67) auf die Begründung dafür, dass sie den Ausdruck *sich treffen* bereits von ihrer Freundin Fabienne kennt, bei Nastja in (71) auf die Begründung ihres Zweifels darüber, dass *spielt* ein Namenswort sein soll. Der Konnektor *also* wird demnach etwas unspezifischer verwendet als in der Zielsprache, wo es in dieser Position häufig eine konklusive oder konsekutive Funktion aufweist, das heißt, dass der mit *also* eingeleitete Satz eine Folgerung aus dem vorher Gesagten darstellt (Dittmar 2010). Später jedoch haben viele mit *also* beginnenden Sätze eine ähnliche Bedeutung.

Tabelle 6.9 zeigt die zahlenmäßigen Verhältnisse: Hauptsätze ohne Konnektoren bilden ca. zwei Drittel aller Hauptsätze und wenig überraschend ist der häufigste Konnektor *und*. Während für Nastja der zweithäufigste Konnektor *aber* ist, verwendet Dascha *also* viel häufiger als Nastja. Auch die Form *so* verwendet Dascha häufiger als Nastja, wobei sie es vor allem am Beginn häufig mit einer konsekutiven Bedeutung ausstattet. Dies deutet auf einen Transfer der englischen Konjunktion *so* hin. Mit der Zeit scheint diese Verwendungsweise aber im Konnektor *also* aufzugehen. Sehr selten verwenden die Lernerinnen die Konnektoren *oder*, *sondern* und *denn*. Da es hier um einleitende Konnektoren und nicht um Verbstellungsmuster geht, werden alle Äußerungen inklusive Chunks ausgewertet:

Tabelle 6.9   Parataktische Konnektoren (inklusive Chunks)

Parataktische Konnektoren	DAS	NAS	DAS %	NAS %
(kein Konnektor)	2512	4048	62,58%	73,47%
und	691	947	17,21%	17,19%
also	454	180	11,31%	3,27%
aber	281	314	7,00%	5,70%
so	56	13	1,40%	0,24%
oder	18	6	0,45%	0,11%
sondern	0	2	0,00%	0,04%
denn	2	0	0,05%	0,00%
gesamt	4014	5510	100,00%	100,00%

Abbildung 6.6 zeigt die Entwicklung der parataktischen Konnektoren an linksperipherer Position (Position 0) bei den beiden Lernerinnen in Prozent (absolute Zahlen in Tabelle A.10 im Anhang). Insgesamt ergibt sich eine allmähliche Zunahme von parataktischen Konnektoren und eine Abnahme von nicht eingeleiteten Sätzen. Stärkere Schwankungen zwischen nicht-eingeleiteten Hauptsätzen und Parataxen mit *und* bei Nastja ergeben sich durch unterschiedliche Gesprächsthemen. In der 15. Kontaktwoche erzählt Nastja z.B. ausführlich von Paris, was lange zusammenhängende narrative Passagen und damit eine häufigere Verwendung von *und* nach sich zieht.

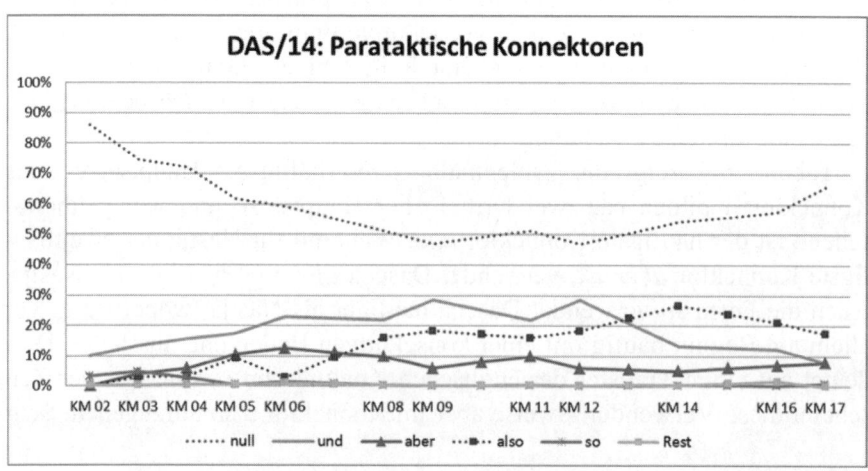

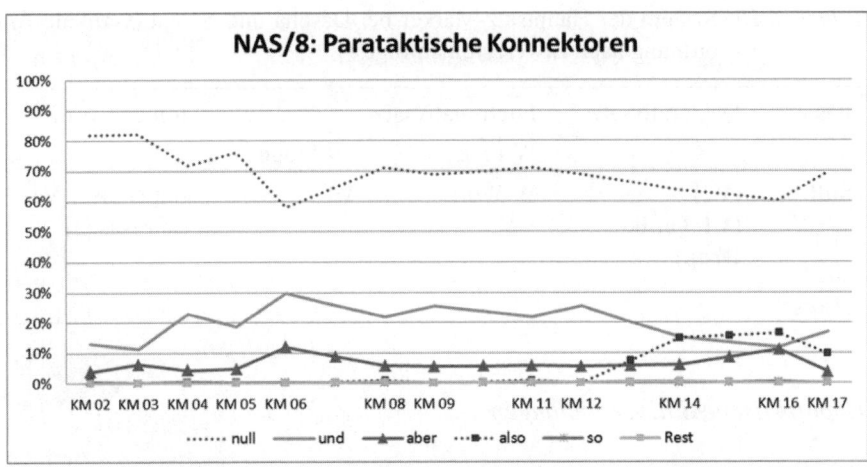

Abbildung 6.6 Entwicklung parataktischer Konnektoren

Aus dem produktiven Inventar der beiden Lernerinnen lässt sich spekulieren, wie die beiden Lernerinnen eine Systematik für Hauptsätze ableiten könnten. Zunächst stellen Hauptsätze für die Lernerinnen offensichtlich den unmarkierten Fall dar. Alles was nicht als Nebensatz markiert ist, interpretieren sie als einen Hauptsatz. Dies entspricht auch der Situation in ihrer L1 Russisch (und auch Daschas erster Fremdsprache Englisch). Sätze, die einen eindeutigen Hauptsatzmarker enthalten, lassen sich zudem eindeutig als Hauptsätze klassifizieren. Lexikalische HS-Marker wie parataktische Konnektoren oder W-Wörter können L2-LernerInnen vermutlich schnell identifizieren – vor allem wenn es in ihrer L1, wie im Russischen, ähnliche Entsprechungen gibt. Sobald die LernerInnen die Verbalmorphologie erworben haben, können sie auch HS-Marker in der Verbalmorphologie erkennen, wie z.B. die Imperativform. Syntaktische HS-Marker wie die Verbstellung helfen ihnen jedoch erst, wenn sie die Verbstellungsregularitäten beherrschen. Da die Verbstellung im Frage- und Imperativsatz schneller erworben wird als im Deklarativsatz, stehen die Verbstellungsangaben zu letzterem in Klammern. Nicht eingeleitete Deklarativsätze sind bei weitem der häufigste Hauptsatztypus, daher bleibt das Gros der Hauptsätze unmarkiert, solange die Verbstellungsregeln im Deutschen nicht erworben sind (Fettdruck):

Tabelle 6.10 System der Hauptsatz-Marker bei Dascha und Nastja (vertikale Anordnung nach Erwerbsreihenfolge)

Pos. 0	Deklarativsatz	Interrogativsatz		Imperativsatz
		W-Frage	JN-Frage	
null und aber also/so	**(V2)** **(V1 Topik-** **Drop)**	W-Wort + V2	V1	Imperativ + V1 (nur Nastja)

Hypotaktische Satzverbindungen

Der parataktischen Anordnung von gleichrangigen Hauptsätzen steht die hypotaktische Unterordnung von Nebensätzen gegenüber. Im Deutschen gibt es zwei NS-Marker: subordinierende Einleiter (Subjunktionen) und die Stellung des finiten Verbs an satzfinaler Position (Verb-End-Stellung, VE). Sowohl in der Zielsprache als auch in der Lernersprache können diese Marker jedoch fehlen. Zielsprachlich gibt es Nebensätze ohne Einleiter (V2-Komplementsätze, Infinitivsätze) oder Nebensätze ohne VE-Stellung (V2-Komplementsätze, V2-Sätze mit *weil* und anderen Konnektoren, V2-Relativsätze). Abhängige Sätze ohne NS-Einleiter aber mit VE-Stellung finden sich z.B. im L1-Erwerb (Rothweiler 1993), während eingebettete Sätze mit Konnektoren und „V2"-Stellung bzw. Nicht-VE-Stellung für den erwachsenen L2-Erwerb typisch sind (siehe Kapitel 7.4). Wie Rothweiler (1993) habe ich alle Sätze, die in der Zielsprache entweder mit Verb-End konstruiert werden müssen wie (73) oder zumindest eine Verb-End-Alternative haben wie (72), als Nebensätze analysiert.

Komplexe Sätze bestehen also aus zwei oder mehreren nicht koordinierten Satzteilen, die in der Zielsprache jeweils ein finites Verb wie in (72) bis (75) oder ein finites Verb und einen Infinitivsatz mit *zu* enthalten wie in (77). Infinite Nebensätze sind allerdings im Korpus sehr selten (16/438 bei Dascha, 13/706 bei Nastja), da sie erst später erworben werden und hier die ersten 18 Erwerbsmonate untersucht werden.[39] Im Laufe eines Gesprächs kommt es auch zu allein stehenden Nebensätzen wie (76), die entweder keinen direkten Matrixsatz haben (z.B. als Antwort auf eine Frage, als Ergänzung zu Gesprächsbeiträgen von anderen, als Attribut zu einem allein-

---

[39] Rothweiler (1993) beobachtet Ähnliches im L1-Erwerb.

stehenden Nomen oder als *weil*-Satz) oder von ihrem Matrixsatz im Diskurs getrennt sind (z.B. durch Unterbrechungen). Nebensätze, die zielsprachlich Hauptsätze sein sollten, kommen im Datenkorpus nicht vor.

(72)	frau Stephany sagt, wir **müss** nicht sag schön oder toll oder gut.	KM 03 DAS-08.cha
(73)	Dascha glaubt, das[40] hier **sitzt** flubber@e.	KM 04 NAS-12.cha
(74)	und oben hat sie ein klein [//] kleine wohnung, wo sie **arbeit**.	KM 04 DAS-14.cha
(75)	<wennst du> [//] wenn du **willst** lachen, du kannst es.	KM 04 NAS-15.cha
(76)	weil er **hat** ein neu arbeit jetz.	KM 08 DAS-25.cha
(77)	und Nastja hat auch kein lust, mit Fabienne oder mit Pascal aufnahmen machen.	KM 08 DAS-25.cha

Wie Diessel (2004) und Rothweiler (1993) teile ich die Nebensätze in drei Gruppen ein:

(i)   *Komplementsätze* wie in (72), (73) und (77) werden von einem lexikalischen Verb im Matrixsatz (Matrixverb) selegiert. Die häufigsten Matrixverben im DaZ-AF-Korpus sind *wissen, glauben, sagen, denken* und ADJ+*sein*.

(ii) *Adverbialsätze* wie (75) und (76) modifizieren eine VP im HS oder den HS als Ganzes.

(iii) *Relativsätze* wie (74) sind Attribute eines Nomens bzw. einer Nominalphrase (hier *Wohnung*) eines nominalen Ausdrucks oder auch eines Adverbs.

Da es hier noch nicht um die Verbstellung geht, wurden für diese Berechnungen alle Nebensätze ausgewertet, auch solche die potentielle Chunks enthalten (siehe Kapitel 6.2). Abbildung 6.7 basiert auf absoluten Zahlen (die Kontaktmonate 03-05 enthalten mehr Tokens, siehe Kapitel 6.1):

---

[40] Die Subjunktion *dass* wird im Transkript orthographisch nicht von anderen Vorkommnissen der Form *das*, wie Relativpronomen und Artikeln, unterschieden, ist jedoch im Kontext immer als die Subjunktion *dass* erkennbar und wird von den Lernerinnen auch richtig verwendet.

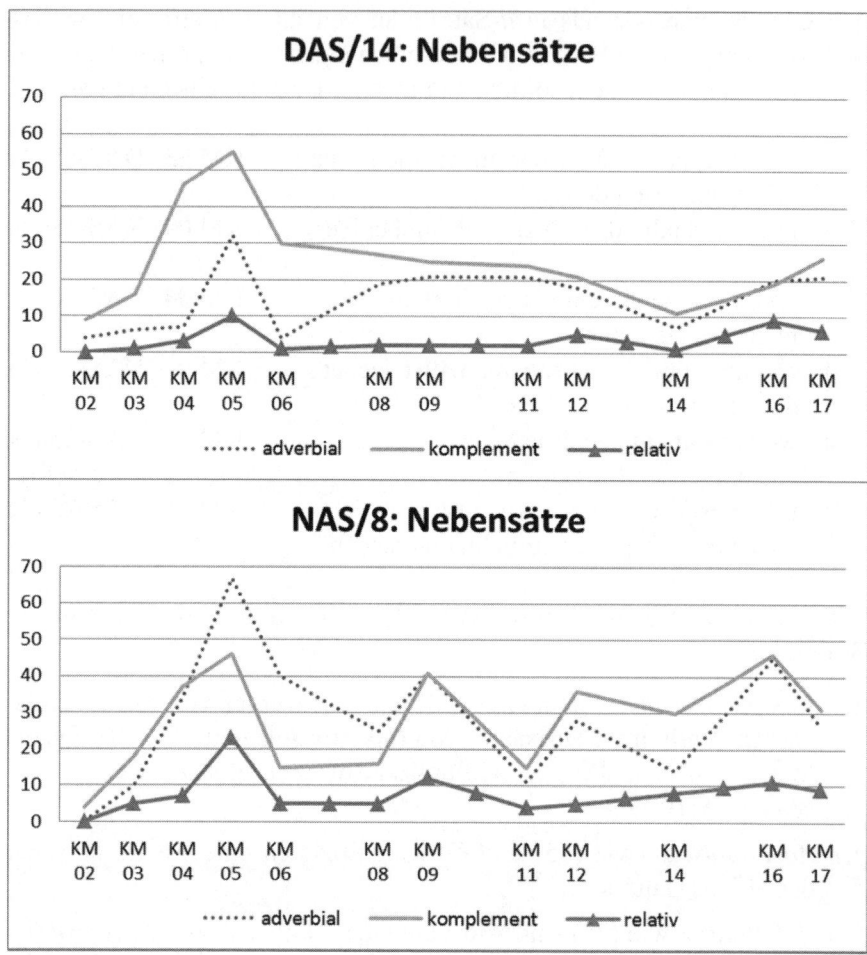

Abbildung 6.7 Entwicklung der Nebensatztypen

Aus Abbildung 6.7 geht hervor, dass beide Lernerinnen ungefähr gleichzeitig mit der Produktion von Nebensätzen beginnen. Bis auf den Mengenunterschied sehen die Entwicklungskurven relativ ähnlich aus: Beide Lernerinnen verwenden hauptsächlich Adverbial- und Komplementsätze (gemeinsam ca. 90% aller NS) und nur wenige Relativsätze. Um das Verhältnis dieser drei Satztypen in den ersten Nebensätzen zu bestimmen, verwende ich jeweils nur die ersten ungefähr 100 Nebensätze. Das sind bei Dascha alle Nebensätze bis zur 17. KW (92 NS) und bei Nastja alle Nebensätze bis zur 15. KW (104 NS). Das Verhältnis von Komplementsätzen zu Adverbialsätzen zu Relativsätzen in diesen ersten Nebensätzen ist bei

Dascha 71:17:4 (92) und bei Nastja 54:40:10 (104). Dies entspricht auch den Befunden von Rothweiler (1993) und Diessel (2004) zum L1-Erwerb des Deutschen und Englischen. Ab dem 4. Kontaktmonat (v.a. in der 15. KW) beginnen beide Lernerinnen mehr Nebensätze zu verwenden.

Um die die Nebensatz-Einleiter genauer zu betrachten, mit denen die beiden Lernerinnen in den Nebensatzerwerb einsteigen, verwende ich wieder nur die ersten ungefähr 100 Nebensätze. Hier zeigen sich klare Unterschiede zwischen den beiden Lernerinnen und auch zum L1-Erwerb:

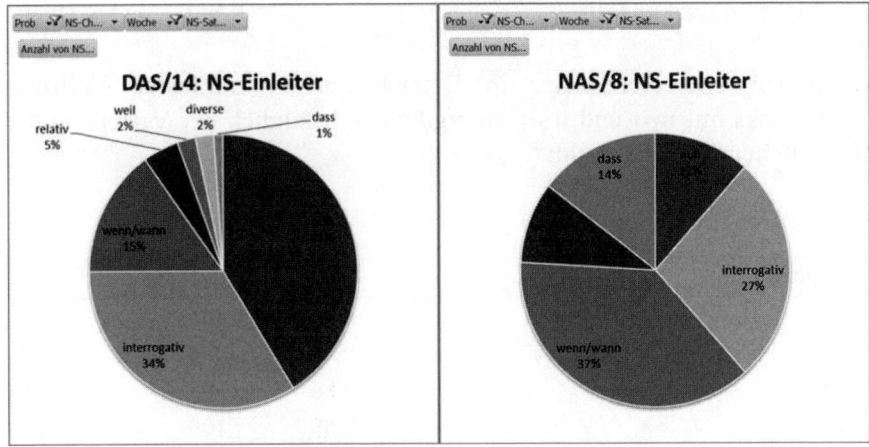

Abbildung 6.8 Einleiter in den ersten 100 Nebensätzen

41% der Nebensätze von Dascha haben keine einleitende Konjunktion (Kategorie *null*), bei Nastja sind es nur 12%. Diese Strukturen stellen V2-Komplementsätze dar, die (auch in der Zielsprache) dieselbe Wortstellung wie im Hauptsatz aufweisen. Nastja verwendet am häufigsten durch *wenn* eingeleitete Adverbialsätze. Diese kommen bei Dascha auch vor, allerdings verwendet sie anstelle von *wenn* zu Beginn fast ausschließlich die Form *wann*. Beide Lernerinnen haben einen vergleichbaren Anteil an interrogativen Komplementsätzen, der Anteil an Relativsätzen und Komplementsätzen mit *dass* ist jedoch bei Dascha kleiner. Ein häufigeres Auftreten von *dass*-Sätzen ab dem 4. (NAS) und 5. KM (DAS) markiert dann bei beiden Lernerinnen den Beginn der produktiven Verwendung von Nebensätzen. Abgesehen von vereinzelten Beispielen treten *weil*-Sätze bei beiden erst später auf (bei Nastja am Ende des 5. KM, bei Dascha im 8. KM). Hier einige Beispiele:

(78)   *Adverbialsätze mit 'wenn/wann'*

a. <wennst du> [//] wenn du **willst** lachen,   KM 04   NAS-15.cha
du kannst es.

b. wann es [% die pause] **ist** nicht sehr   KM 02   DAS-07.cha
klein, dann aus [% gehen wir raus].

c. er versteht nicht, was [/] was **macht** er.   KM 02   NAS-07.cha

d. weisst du, das(s) (fp) wir **habn** zum bei-   KM 03   NAS-11.cha
spiel russisch, mathe, musik +/.

e. (fp) weil er **fällt**.   KM 03   DAS-10.cha

Wenn wir alle Nebensätze in Betracht ziehen (inklusive Verbstel-
lungschunks mit *was* und *wie*), so ergibt sich bezüglich der Verteilung der
NS-Einleiter folgendes Bild:

Tabelle 6.11   Die häufigsten NS-Einleiter

Konjunktion	DAS	NAS	Gesamt
wenn	36	185	221
null +V2-Satz	84	96	180
dass	86	93	179
weil	58	109	167
was (interrogativ)	40	52	92
wie (interrogativ)	48	43	91
wann (= wenn)	54	0	54
wo (relativ)	12	21	33
W-Wort (relativ)	15	16	31
die (relativ)	8	20	28
wann (= als)	25	0	25
null +Infinitivsatz	12	11	23
als (temporal)	0	23	23
ob	16	6	22
das (relativ)	3	9	12
Rest	36	86	122
Gesamt	533	770	1303

Der häufigste Nebensatzeinleiter ist *wenn*, in dieser Gruppe sind sowohl
konditionale als auch temporale Verwendungen von *wenn* enthalten, oft
erscheint *wenn* in der Kombination mit *dann* im Matrixsatz. Dass Dascha

vergleichsweise wenig Sätze mit *wenn* produziert, liegt daran, dass sie das W-Pronomen *wann* statt *wenn* (und auch statt *als*) verwendet. Diese Übergeneralisierung von *wann* nimmt erst gegen Ende des Untersuchungszeitraums ab.

Die zweithäufigste Gruppe von Nebensätzen sind abhängige V2-Sätze, eingebettet unter so genannten Brückenverben wie *glauben* oder *sagen* (Verben des Denkens, Sprechens, Wahrnehmens, Urteilens …).[41] Diese stellen eine hybride Kategorie zwischen Haupt- und Nebensatz dar und treten alternativ zu *dass*-Sätzen auf:

(79) *V2-Nebensätze unter Brückenverben*
  a. frau Stephany sagt, wir **müss** nicht sag   KM 03 DAS-08.cha
    schön oder toll oder gut.
  b. ich glaube, vielleicht **kann** ich die malen.   KM 09 NAS-31.cha

Nach Auer (1998) unterscheiden sich abhängige V2-Sätze von eingeleiteten Nebensätzen tendenziell in ihrer Pragmatik: Sie haben einen stärker assertierenden Charakter, das heißt, sie enthalten eher neue als bekannte Information und rücken daher, im Vergleich zum Matrixsatz in den pragmatischen Vordergrund (höhere Relevanz). Dadurch verliert der eigentliche Matrixsatz seine Bedeutung und wirkt eher wie eine Art Kommentar, besonders in der nachgestellten Variante (80)d:

(80) *Subordination vs. abhängiger V2-Satz*
  a. Sie **sagt**, dass sie morgen sicher keine Zeit **hat**.
  b. Dass sie morgen sicher keine Zeit **hat**, **sagt** sie.
  c. Sie **sagt**, sie **hat** morgen sicher keine Zeit.
  d. Sie **hat** morgen sicher keine Zeit, **sagt** sie.

Ob und wie weit diese V2-Nebensätze wirklich eingebettet sind, ist fraglich: Nach Auer (1998) handelt es sich hierbei zwar um syntaktische Abhängigkeit, jedoch nicht um Hypotaxe (Subordination). Er weist nach, dass abhängige V2-Sätze verstärkt in der gesprochenen Sprache und in der geschriebenen Sprache in Zeitungstexten vorkommen. Wie Rothweiler (1993) klassifiziere ich Sätze wie (80)c,d als komplexe Sätze mit einem Matrixsatz

---

[41] Allerdings erlauben nicht alle diese Verben gleichermaßen V2-Komplementsätze. Besonders Verben mit einer negativen Komponente erlauben wie auch die meisten syntaktisch negierten Verben (außer *sagen* und *heißen*) keine V2-Komplemente (Auer 1998).

und einem von diesem abhängigen V2-Satz. Auer (1998) zeigt, dass deiktische Matrixkontexte, also die Einbettung in eine Sprechsituation im Hier
und Jetzt, das Vorkommen von abhängigen V2-Sätzen begünstigen. Tatsächlich lautet der am häufigsten vorkommende Matrixsatz *ich glaube-
/glaube ich* (N=132). Im gesamten Korpus sind nur drei Matrixsätze mit
glauben belegt, die nicht eine Form der 1. Person Singular enthalten:

(81)   *Abhängige V2-Sätze unter 'glauben'*

    a. glaube, Marokko ist nicht in Europa.   KM 02   DAS-07.cha

    b. aber ich glaube, sie spielt in [/] (fp) in   KM 03   NAS-09.cha
       dritte oder &f fünfte klasse (fp) geige.

    c. das sind dreissig meter, ich glaube.   KM 09   NAS-31.cha

Während ich die Sequenzen *ich glaube* und *glaube (ich)* als Floskel/Chunk
von der Analyse ausgeschlossen habe (siehe Kapitel 6.2), behandle ich den
Rest des Satzes als funktionalen Nebensatz. So auch im Fall von (81)a, wo
sich nicht entscheiden lässt, ob es sich um eine bereits zu einem Modalpartikel grammatikalisierte Form handelt (Viesel 2011) oder um Subjekt-Drop
des deiktischen Pronomens.[42] Neben *ich glaube/glaube (ich)* gibt es im
gesamten Korpus nur 51 V2-Komplementsätze mit den Verben *sagen, meinen, denken, heißen* und *wissen*. Hier fällt auf, dass Nastja mehr Sätze mit
anderen Matrixverben produziert als Dascha. Für die Auswertung der Verbstellung werden V2-Sätze unter Brückenverben ausgeschlossen (siehe
Kapitel 7.4). Aber anlässlich der Frage des L1-Transfers von Nebensatz-
strukturen aus dem Russischen komme ich nochmals auf diesen Satztyp
zurück (siehe Kapitel 9.4).

    Fast ebenso häufig wie abhängige V2-Sätze kommen laut Tabelle 6.11
Nebensätze vor, die mit der Subjunktion *dass* eingeleitet sind. Die meisten
dass-Sätze sind Komplementsätze, insgesamt gibt es nur vier Adverbialsätze *(so X, dass)*. Fast mit derselben Frequenz kommen adverbiale Kausalsät-
ze mit *weil* vor. Etwas abgeschlagen folgen nun die Pronomen *was* und *wie*
in Interrogativsätzen. Auch in Relativsätzen werden W-Wörter verwendet

---

[42]   Anders verhält es sich jedoch mit Parenthesen, d.h. mit Einschüben, die die syntaktische
    Struktur eines bereits begonnenen Satzes unterbrechen (Stoltenburg 2003). Fast alle po-
    tentiell satzwertigen Parenthesen sind kurz und haben floskelhaften Charakter. Die meis-
    ten sind *ich glaube, glaube ich* oder *glaube*, was den Gegebenheiten der gesprochenen
    Sprache entspricht (Stoltenburg 2003). Die Parenthese *glaub ich* in *so zwei etagen glaub
    ich können wir machen* wurde also nicht als Matrixsätze analysiert, sondern als in einen
    Hauptsatz integrierter Modalpartikel (Rothweiler 1993, Viesel 2011).

(besonders die Form *wo*), sogar häufiger als die Relativpronomen *die* und *das*. Zu den nicht eingeleiteten Nebensätzen zählen auch 23 Infinitivsätze, die jedoch erst in späteren Aufnahmen vorkommen. Die temporale Konjunktion *als* wird nur von Nastja verwendet, dafür produziert Dascha häufiger Komplementsätze mit *ob*.

In der Kategorie *Rest* sind Formen enthalten, die insgesamt höchstens zehnmal vorkommen, u.a. *wer, welch X, was für X*, interrogatives *wo, warum, damit, seitdem, obwohl*. Siebenmal kommen der nicht-zielsprachliche Nebensatzeinleiter *für* und nur zehnmal nicht-zielsprachliche Nebensätze ohne Einleiter vor. Dies ist ein klarer Unterschied zum L1-Erwerb, wo Kinder häufig Nebensatz-Vorläufer ohne einleitende Konjunktion oder mit einer undifferenzierten Konjunktion (z.B. einem Schwa-Laut) und VE-Stellung produzieren (Rothweiler 1993).

Bis auf abhängige V2-Sätze sind Nebensätze im Deutschen also immer markiert: durch ein einleitendes Element (Subjunktion, W-Wort oder Pronomen) und durch die Verb-End-Stellung (VE). Solange die VE-Stellung noch nicht erworben ist, kann sie den Lernerinnen jedoch nicht als Marker dienen (und steht daher in Tabelle 6.12 in Klammern). Aber nicht alle Einleiter sind eindeutig: W-Wörter und Pronomen können auch am Beginn von Hauptsätzen stehen. Auch *weil* ist nicht ganz eindeutig, da es auch mit V2-Stellung vorkommt und dabei einem Hauptsatz mit *denn* nicht unähnlich ist. Elemente die keine eindeutigen Nebensatz-Marker darstellen, sind fett gedruckt:

Tabelle 6.12 Entwicklung der Nebensatz-Marker bei Nastja und Dascha (vertikale Anordnung nach Erwerbsreihenfolge)

Komplementsätze		Adverbialsätze		Relativsätze
deklarativ	interrogativ			
null (+V2)	**W-Wort** (+VE) (was, wie)	**wann** (+VE) nur Dascha	wenn (+VE) = NS-Marker	
dass (+VE) =NS-Marker		**weil** (+V2/VE)		**W-Wort** (+VE) (wo)
null + INF =NS-Marker	ob (+VE) = NS-Marker	als (+VE) nur Nastja = NS-Marker		**Pronomen** (+VE) (die)

Es zeigt sich, dass viele nebensatzeinleitenden Elemente, die im Erwerb früh vorkommen, keine eindeutigen Marker für Nebensätze sind. Dies macht den deutschen Nebensatz zu einem besonders schwierigen Lerngegenstand. Es ist daher nicht verwunderlich, dass Nebensätze allgemein und die VE-Stellung in Nebensätzen erst spät und von älteren L2-LernerInnen oft gar nicht vollständig erworben werden.

5. Fazit: Die Lernerinnen und ihr produktives Inventar

Dieses Kapitel enthält wichtige Hintergrundinformationen zum Korpus, zu den beiden Probandinnen und zur methodischen Vorgangsweise bei der Auswahl und Kodierung der Daten. Die beiden Probandinnen Nastja und Dascha sind sehr gut vergleichbar, da sie als Halbschwestern in einem gemeinsamen Haushalt aufwachsen und daher vom Sozial- und Bildungsstatus wie auch vom L1-Input ähnliche Voraussetzungen haben. Beim L2-Input gibt es aufgrund des Altersunterschiedes (z.B. Schultyp) und unterschiedlicher Persönlichkeiten zwar bereits einige Unterschiede, aber diese sind für eine Studie zum Altersfaktor minimal. Das untersuchte Korpus umfasst 21 Stunden Aufnahme pro Probandin, insgesamt wurden 10.487 Sätze und Teilsätze kodiert (Dascha 4.424, Nastja 6.063).

Aus den Daten wurden häufig vorkommende Kombinationen von einer finiten Verbform und einem anderen Element herausgefiltert und als potentielle Chunks kodiert. Beide Lernerinnen verwenden im Hauptsatz gleich viele Chunks, die Rate beginnt bei 50% und pendelt sich dann bei ungefähr 25% ein. Im Nebensatz verwendet die ältere Lernerin deutlich mehr Chunks. Für die Analyse der Verbstellung werden potentielle Chunks, Imperativ- und Fragesätze ausgeschlossen, nur produktiv gebildete Deklarativsätze und alle Arten von Nebensätzen werden weiter untersucht. Im Hinblick auf die Entwicklung komplexer Sätze wurde das produktive Inventar der Lernerinnen ermittelt, mit dem sie Haupt- bzw. Nebensätze markieren. Die Systematik der produktiv verwendeten HS- und NS-Marker zeigt, auf welche Informationen die Lernerinnen beim Erwerb komplexer Sätze sicher zurückgreifen können. Die Lernervarietäten der beiden Probandinnen sind diesbezüglich relativ ähnlich. Obwohl das produktive Inventar dieser Lernervarietäten im Vergleich zur Zielsprache reduziert ist, zeigt sich auch daran, dass der Nebensatz im Deutschen einen sehr komplexen Lerngegenstand darstellt.

Kapitel 7
Ergebnisse: Die Verbstellung bei Nastja und Dascha

In diesem Kapitel werden die für die vorliegende Studie zentralen Daten der beiden Probandinnen zum Verbstellungserwerb im Haupt- und Nebensatz möglichst theorieneutral beschrieben. Dabei werden die Erwerbswege und die Erwerbsgeschwindigkeit der beiden Probandinnen quantitativ und qualitativ verglichen. Je nach Lerngegenstand müssen einzelne Konstruktionen sinnvollerweise von der Analyse ausgeschlossen werden, diese Ausschlusskriterien werden in Kapitel 7.1 festgelegt. In Kapitel 7.2 und 7.3 wird der Erwerb der Verb-Zweit-Stellung (V2) beschrieben. In Kapitel 7.4 geht es um die Entwicklung der Verb-End-Stellung (VE) im Nebensatz. Der Erwerb der Satzklammer (SK) im Hauptsatz wird in Kapitel 7.6 behandelt. In Kapitel 7.6 fasse ich alle Ergebnisse zusammen und leite zu den Kapiteln 8 bis 10 über, in denen ich Hypothesen überprüfe, die die Gemeinsamkeiten und Unterschiede im Verbstellungserwerb der beiden Probandinnen erklären sollen.

1. Nullsubjekte und andere Ausschlusskriterien

Für die Analyse der Verbstellung werden je nach Lerngegenstand bestimmte (Teil-)Sätze nicht berücksichtigt: So werden formelhafte Chunks (siehe Kapitel 6.2) ebenso wie V2-Sätze mit Brückenverben aufgrund ihres hybriden Status zwischen Haupt- und Nebensatz (siehe Kapitel 6.4) global von allen Analysen ausgeschlossen. Hauptsätze mit Kopulaverben fließen aufgrund ihrer speziellen Struktur nicht in die V2-Analyse ein, sondern werden separat ausgewertet (siehe Kapitel 7.3). Für die Auswertung zur VE-Stellung im Nebensatz werden eingebettete Sätze mit einer Kopula jedoch herangezogen, da die symmetrische Struktur der Kopula für die VE-Stellung keine Rolle spielt.

Ein weiterer bis jetzt noch nicht thematisierter Ausschlussgrund betrifft elliptische Sätze, bei denen entweder ein Subjekt oder ein Topik im Vorfeld ausgelassen wurde. Deutsch ist keine Null-Subjekt-Sprache (siehe Kapitel 3.1), trotzdem ist es in bestimmten Diskurskontexten möglich, ein Subjekt im Vorfeld auszulassen. Im Vorfeld können auch andere Konstituenten weggelassen werden, wenn der Referent eindeutig ermittelbar ist. Wenn das

Diskurstopik, also das Element, über das eine Aussage gemacht wird, bereits im unmittelbar vorangehenden Kontext etabliert wurde, kann es weggelassen werden (Topik-Drop). Beide Lernerinnen produzieren solche zielsprachlichen V1-Deklarativsätze, als Subjekte werden häufig *das/es* und *ich* ausgelassen:

(82)   *Subjekt-Drop*
    a. **heisst** anderen in russisch.   KM 06   DAS-23.cha
    b. ne, **ist** nicht weit.   KM 05   DAS-17.cha
    c. **hab** sie alle.   KM 05   NAS-17.cha

Häufige ausgelassene Nicht-Subjekte sind *das* oder *die* (direktes Objekt), aber es werden auch Vorfeld-Elemente wie *da* oder *dann* ausgelassen, wie in (83)a:

(83)   *Topik-Drop*
    a. **muss** man die tür zu machn.   KM 06   NAS-22.cha
    b. **hat** mir eine (fp) mädchen gesagt.   KM 06   DAS-23.cha
    c. **guck** ich von den letzten ab, so.   KM 11   NAS-37.cha

Die folgende Tabelle gibt einen Überblick über V1-Strukturen, die zielsprachliche Subjekt- oder Topik-Drop-Strukturen sind. Außerdem wird eine Subjekt-Drop-Rate auf alle SVO-Kontexte und Topik-Drop-Rate auf alle Inversionskontexte berechnet:

Tabelle 7.1   Subjekt- und Topik-Drop-Rate

Subjekt-Drop	DAS	NAS	Topik-Drop	DAS	NAS
V1 Subjekt-Drop	137	97	V1 Topik-Drop	15	97
SVO-Kontexte	1753	2172	XVS-Kontexte	459	979
Subjekt-Drop-Rate	7,82%	4,47%	Topik-Drop-Rate	3,27%	9,91%

Aus Tabelle 7.1 geht hervor, dass die ältere Lernerin Dascha häufiger Sätze mit Subjekt-Drop produziert, während die jüngere Lernerin Nastja stärker zu Topik-Drop neigt. Solange wir nicht wissen, wie hoch die durchschnittlichen Drop-Raten in spontanen Gesprächssituationen bei L1-SprecherInnen sind, lassen sich diese Unterschiede jedoch schwer interpretieren. In einzelnen Aufnahmen erreichen die Subjekt- und Topik-Drop-

Raten 20% bis 30%. Diese hohen Raten dürften vom Gesprächsthema bzw. davon abhängen, ob überhaupt zusammenhängende narrative Texte produziert werden. Das bedeutet, dass beide Lernerinnen die informationsstrukturellen Bedingungen bereits kennen, unter denen das Subjekt bzw. das Topik im Diskurskontext ausgelassen werden können. Diese zielsprachlich gebildeten V1-Strukturen in V2-Kontexten werden für die Analyse des V2-Erwerbs nicht weiter betrachtet.

Ein weiterer Kontext für zielsprachliche Nullsubjekte sind infinite Nebensätze (mit oder ohne Einleiter), die bei den Probandinnen erstmals im 5. KM vorkommen. Sie werden erst ab dem 16. KM produktiv verwendet und sind insgesamt nicht sehr häufig (DAS 16, NAS 13):

(84) ist ja auch schön, in ein restaurant da zu   KM 16 DAS-58.cha
      singen.

Auch im Hauptsatz sind abgesehen von Subjekt- und Topik-Drop-Kontexten Nullsubjekte möglich, z.B. in elliptischen Antworten auf Fragen wie in (85) oder in Aufforderungen wie (86):

(85) nein, nicht gegesst.   KM 04 DAS-14.cha

(86) +" die brille festhalten.   KM 05 NAS-19.cha

Aber es werden auch einige wenige nicht zielsprachliche Null-Subjekte realisiert, die Fehlerrate ist im Verhältnis zu allen deklarativen Hauptsätzen jedoch sehr gering (DAS Dascha 1,29%, NAS 0,75%). Die Nullsubjekt-Fehlerrate im Nebensatz ist ähnlich gering. Hier einige Beispiele für nicht-zielsprachliche Nullsubjekte:

(87) *Nicht-zielsprachliche Nullsubjekte*
     a. mama sagt, das (= dass) **darf** nicht &sp   KM 03 NAS-09.cha
        spielen.
     b. ja, und dann **will** hier in eine schule (fp)   KM 08 DAS-25.cha
        in russische.
     c. aber **habe** so deutsch gelernt.   KM 17 DAS-64.cha

Von der Verbstellungsanalyse werden Sätze mit Nullsubjekten, egal ob sie zielsprachlich sind oder nicht, ausgeschlossen.

2. V2-Stellung und Inversion im Hauptsatz

In diesem Abschnitt wird der Erwerb der V2-Stellung bei beiden Probandinnen verglichen, wobei Äußerungen mit formelhaften Chunks, Nullsubjekten und Topik-Drop nicht berücksichtigt werden. Da sich Sätze mit Kopulaverben strukturell von Sätzen mit anderen Verben unterscheiden,
werden sie ebenfalls nicht in die Analyse einbezogen, sondern extra ausgewertet (siehe Kapitel 7.3).

Die Lernerinnen produzieren erstaunlich wenige *Matrixinfinitive* (engl.
root infinitives). Dabei handelt es sich um Äußerungen mit einer infiniten
Verbform (Infinitive, Partizipien, Stammform) und einem overten Subjekt.
Im vorliegenden Korpus finden sich für diese sprachliche Struktur nur 28
Belege, z.B. *er springen* (KM 02, NAS-07.cha) statt *er springt* oder *also in
Russland ja, aber hier meine mutter sagen* (KM 14, DAS-51.cha) statt *hier
meine mutter sagt*. Normalerweise werden Matrixinfinitive am Beginn des
Erst- und Zweitspracherwerbs im Deutschen so häufig beobachtet, dass
man von einer eigenen *Matrixinfinitivphase* spricht (siehe Kapitel 5.1 und
Kapitel 4.2). Aufgrund der geringen Menge im vorliegenden Korpus wurden diese optionalen Infinitive nicht als eine eigene Gruppe gewertet, sondern je nach Stellung des finit zu flektierenden Verbs kategorisiert und die
infiniten Verbformen als Kongruenzfehler gezählt (siehe Kapitel 8.2).

Zunächst möchte ich einen Überblick über die Strukturformate für deklarative Hauptsätze geben (das Kürzel V bezeichnet hier das finite Verb):

Tabelle 7.2   Typen von Deklarativsätzen

Kürzel	Beschreibung
V1 (*)	nicht-zielsprachlicher Verb-Erst-Satz
V2=SV(O)	Verb-Zweit-Satz mit Subjekt im Vorfeld
V2=XVS	Verb-Zweit-Satz mit Inversion, Nicht-Subjekt im Vorfeld
V3=XSV (*)	nicht-zielsprachlicher Verb-Dritt-Satz

In Sätzen, die zielsprachlich mit V2-Stellung stehen sollten, so genannte
V2-Kontexte, tauchen also vier Verbstellungsmuster auf: V1, V2=SV(O),
V2=XVS, V3. Diese vier Verbstellungsmuster sind in V2-Kontexten fol-
gendermaßen verteilt:

Tabelle 7.3   Verbstellung in V2-Kontexten

	Dascha/DAS (14;2)		Nastja/NAS (8;7)	
V1 (*)	16	0,93%	10	0,43%
V2=SV(O)	1135	65,76%	1589	68,11%
V2=XVS	371	21,49%	611	26,19%
V3 (*)	204	11,82%	123	5,27%
V2-Kontexte	1726	100,00%	2333	100,00%

Nur sehr selten verwenden die beiden Lernerinnen V1- anstatt V2-Stellung, die meisten ihrer V1-Sätze sind korrekt gebildete Subjekt- oder Topik-Drop-Sätze, oder sonstige Ellipsen (siehe Kapitel 7.1). Hier ein Beispiel für einen im Diskurskontext nicht-zielsprachlichen V1-Satz:

(88)   *INT: dass du die ampel nicht gesehen hast.   KM 08   DAS-25.cha
       *DAS: nein, ich HABE es gesehen.
       *DAS: ich habe VIEL gesehen die ampel.
       *DAS: **hab** ich alles richtig gemacht.

Bei weitem das häufigste Verbstellungsmuster, das die Lernerinnen in V2-Kontexten produzieren, ist SV bzw. SVO (66% bzw. 68%):

(89)   *V2=SV(O) im Hauptsatz*
      a. ich **gehe** in englisch.   KM 02   NAS-05.cha
      b. und # tamagochi **lebt** nicht ein tag.   KM 02   NAS-07.cha
      c. ja, meine oma **hat** ein klein tisch.   KM 03   DAS-11.cha
      d. und diese blatt **kommt** zurück.   KM 04   NAS-13.cha
      e. ja ich **habe** das gesehen.   KM 05   DAS-18.cha
      f. und sie **schreit**.   KM 05   DAS-20.cha
      g. ich **muss** auswählen, was für ein (fp) so   KM 11   NAS-37.cha
         topmodel oder sowas ich bin.
      h. ja ich **sage** Jura, dass er muss das ma-   KM 17   DAS-64.cha
         chen.

Korpusanalysen des gesprochenen und geschriebenen Deutschen zeigen, dass ungefähr in der Hälfte aller Hauptsätze ein Subjekt im Vorfeld steht (Hinrichs & Kübler 2005, siehe Kapitel 3.1). Die Lernervarietäten entsprechen also tendenziell den Verhältnissen in der Zielsprache, das SV/SVO-

Muster kommt bei den Lernerinnen jedoch noch deutlich häufiger vor als bei L1-SprecherInnen.

Das zweithäufigste Verbstellungsmuster ist die V2-Stellung mit Subjekt-Verb-Inversion (XVS), die bei Dascha 21% und bei Nastja 26% aller V2-Kontexte ausmacht. V2-Sätze, bei denen ein Nicht-Subjekt (X) im Vorfeld steht und das Subjekt dem finiten Verb folgt, zeigen klar, dass die V2-Regel des Deutschen erkannt wurde (siehe Kapitel 3.1). Die allerersten Inversionen produzieren die Lernerinnen mit direkten Objekten, siehe (90)a,b. Die ersten Inversionen mit Adverbien werden in (90)c,d wiedergegeben:

(90) *V2=XVS im Hauptsatz (X=Objekt)*

    a. die **kann** ich.   KM 02   DAS-06.cha
       (= die Türme kann ich bauen)

    b. (fp) das (fp) **sagt** frau Rumich.   KM 02   NAS-07.cha

(91) *V2=XVS im Hauptsatz (X=Adverb)*

    a. so, jetzt **kannst** du deine wohnung be-   KM 03   DAS-09.cha
       schreiben.

    b. und dann **kommt** die Dascha.   KM 03   NAS-10.cha

Da in zielsprachlichen Korpora V3-Abfolgen selten vorkommen, sind Sätze, die keine SV-Abfolge haben, Inversionsstrukturen (XVS). Sie sind dabei jedoch nicht nur häufiger, sondern auch vielfältiger als die Inversionen der beiden Lernerinnen (siehe Kapitel 3.1). In den Lernervarietäten der beiden Probandinnen konkurrieren nicht-zielsprachliche V3-Sätze am Anfang mit V2-Sätzen, die eine Inversion verlangen. Die ältere Lernerin Dascha produziert mit 12% mehr als doppelt so viele V3-Sätze wie Nastja, was darauf hindeutet, dass es hier altersspezifische Unterschiede gibt.

(92) *V3=XSV im Hauptsatz (*)*

    a. aber heute ich **geht** nicht.   KM 02   NAS-05.cha

    b. jetz ich **kann** spielen.   KM 02   DAS-06.cha

    c. wenn ich habe noch eine, ich **mache**   KM 03   NAS-10.cha
       so noch sie.

    d. dann <ihr müss diese> [//] ihr **müsst**   KM 03   DAS-11.cha
       diese bild zu diese zeit.

Die häufigste Struktur von V3-Sätzen ist XSV wie in (92): Ein Element (Adverb, Nebensatz, Objekt) wird an den Satzanfang gestellt, ohne dass die Inversion des Subjekts und des finiten Verbs realisiert wird. Die Lernerinnen behalten in diesen V3-Sätzen die SVO-Stellung bei, die sowohl im Deutschen als auch im Russischen die häufigste Abfolge im Hauptsatz darstellt (siehe Kapitel 3 und Kapitel 9).

Nur in ganz wenigen Fällen produzieren die Lernerinnen von diesem Grundmuster abweichende V3-Sätze, die in die weitere Analyse nicht eingehen: Zum einen sind das SXV-Sätze (13 Belege bei Dascha, 9 bei Nastja), wobei X wie in (93)a ein Fokuspartikel[43] oder wie in (93)b eine temporale Angabe sein kann. Zum anderen handelt es sich um XXVS-Sätze, also Sätze mit zwei Nicht-Subjekten im Vorfeld und Inversion wie in (94). Diese kommen aber bei Dascha nur neun- und bei Nastja dreimal vor:

(93) *V3=SXV im Hauptsatz (*)*
  a. Amersa auch **geht** nicht mit für   KM 02   NAS-05.cha
     schwimmen.
  b. unsere klasse jetz **heisst** A.   KM 08   DAS-25.cha

(94) *V3=XXVS im Hauptsatz (*)*
  a. (fp) und dann rechte **geht** tür in <mama   KM 03   NAS-10.cha
     und> [//] mamas und papas zimmer.
  b. oh@i dann in Russland **haben** wir (fp)   KM 03   DAS-12.cha
     viele stunden.

Wenn wir uns in Abbildung 7.1 die Entwicklung der Verbstellung im deklarativen Hauptsatz (V2-Kontexte) ansehen, stellen wir fest, dass sich beide Probandinnen sehr ähnlich entwickeln, die jüngere Lernerin allerdings deutlich schneller als die ältere (absolute Zahlen siehe A.11 im Anhang):

---

[43] Die umgekehrte Reihenfolge XSV (X=Fokuspartikel) stellt interessanterweise keinen Verstoß gegen die V2-Regel dar: Der Satz *Auch Amersa* **geht** *mit zum Schwimmen* ist absolut zielsprachlich. Auch solche Belege im Input können LernerInnen in Bezug auf die V2-Regel verwirren.

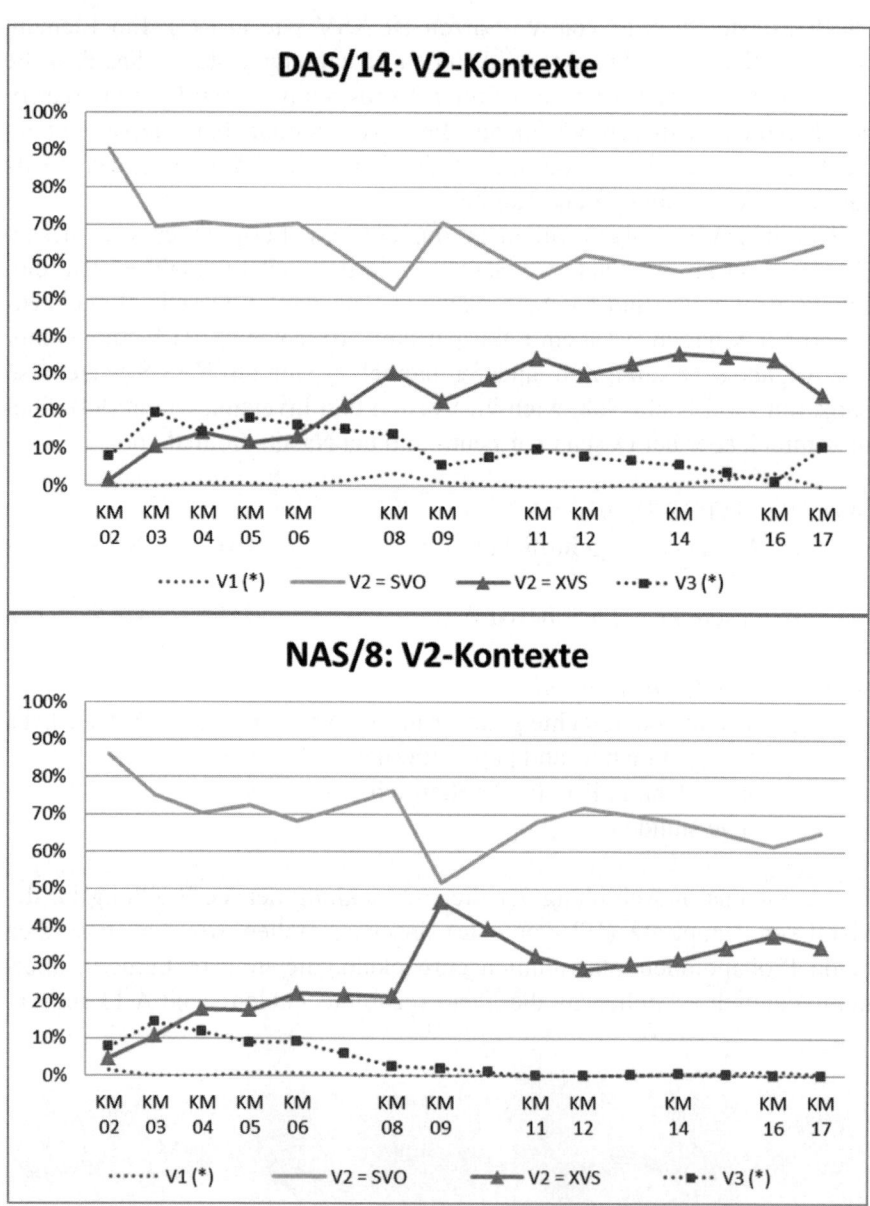

Abbildung 7.1 Entwicklung der V2-Stellung im Hauptsatz

Beide Lernerinnen produzieren zu Beginn V3-Strukturen und relativ bald auch mehr Inversionsstrukturen (XVS), aber während bei Nastja ab der 17. Kontaktwoche (Ende 4. Kontaktmonat) bereits Inversionsstrukturen überwiegen, dauert es bei Dascha bis zur 29. Woche, also drei Monate länger, bis sich das Verhältnis von V3 und XVS endgültig umkehrt. Während Nastja ab dem 11. KM keine V3-Strukturen mehr produziert, nehmen sie bei Dascha zwar auch kontinuierlich ab, bleiben jedoch bis zum Ende des Untersuchungszeitraums erhalten.

Ob V2-Sätze mit oder ohne Inversion vorkommen, hängt auch vom Diskurskontext ab. Möglicherweise ist die Wahl zwischen zielsprachlicher Inversion und nicht-zielsprachlicher V3-Stellung in den Lernervarietäten ebenfalls vom Diskurskontext gesteuert. Die Entscheidung könnte zum Beispiel systematisch davon abhängen, welches Element im Vorfeld steht. Um die Besetzung des Vorfelds in allen Inversionskontexten zu vergleichen, wurde das Vorfeld in allen XVS- und V3-Strukturen, also in allen Kontexten, in denen Inversion erwartet wird, hinsichtlich Lexik und syntaktischer Funktion kodiert. Abbildung 7.2 zeigt, dass bei beiden Lernerinnen dieselben Elemente im Vorfeld vorkommen:

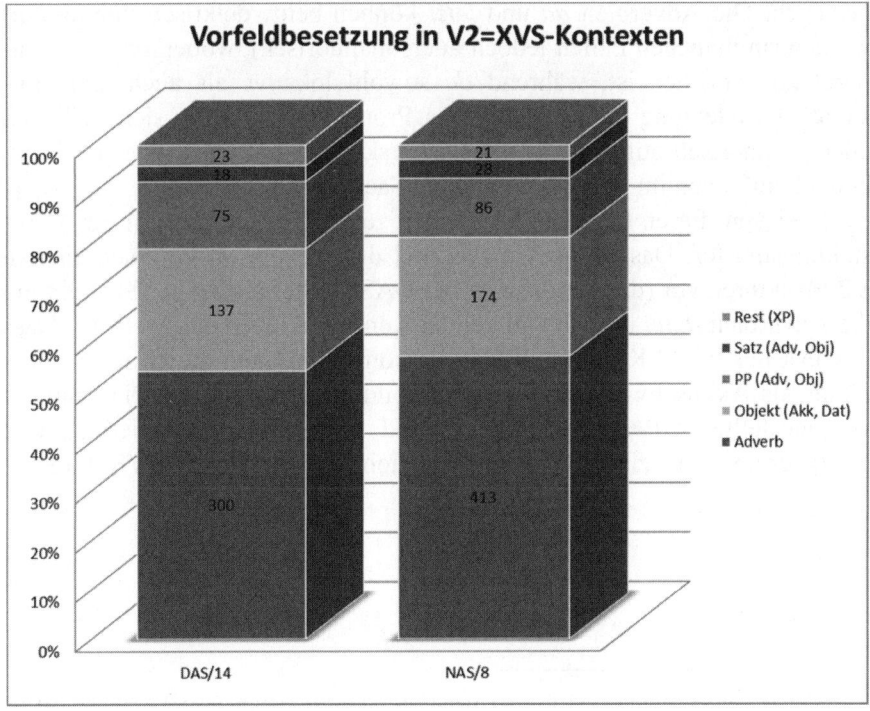

Abbildung 7.2 Vorfeldbesetzung in Inversionskontexten

Nach Abbildung 7.2 treten im Vorfeld bei beiden Lernerinnen am häufigsten Adverbien auf, gefolgt von Objekten (Akkusativ und Dativ) und Präpositionalphrasen (PPs). PPs fungieren meist als lokative oder temporale Adverbiale, es kommen aber auch einige Präpositionalobjekte vor (u.a. *für*-PPs statt dem Dativ). Sätze stehen grundsätzlich eher selten im Vorfeld: Es gibt zwar viele vorangestellte *wenn*-Sätze, aber die meisten stehen im Vor-Vorfeld und sind mit einem *dann*-Korrelat im Vorfeld des Hauptsatzes verbunden. Die Restkategorie XP enthält voranstellte VPs, Partikel und NPs, die keine Objekte darstellen.

Vier Elemente verwenden beide Lernerinnen so häufig, dass sie in Summe mehr als die Hälfte aller Inversionskontexte ausmachen: *da, dann, das* und *jetzt*. Bei Dascha ist *dann* das häufigste Vorfeldelement, bei Nastja *da*. Interessant ist, dass die Bedeutung der häufigsten Elemente durch den Kontext bestimmt wird: So kann *dann* in narrativen Sequenzen einen temporalen *Shift* anzeigen, in konditionalen *wenn-dann*-Gefügen konsekutive Bedeutung haben oder sich anaphorisch auf einen temporalen *wenn*-Satz beziehen. Die Adverbien *da* und *jetzt* können beide deiktisch interpretiert werden (in manchen Fällen jedoch auch anaphorisch), wobei *jetzt* nur temporal zu verstehen ist, während *da* sowohl lokative als auch temporal-situative Bedeutung haben kann. Das Pronomen *das* kann sich deiktisch oder anaphorisch auf eine NP im Diskurskontext beziehen, aber auch gebündelt auf einen im Diskurs erwähnten Sachverhalt referieren.

Zwei von diesen häufigen Elementen zeigen Präferenzen für ein Verbstellungsmuster: Das Pronomen *das* und das Adverb *da* kommen eher in V2-Strukturen vor (die Tendenz ist bei DAS stärker als bei NAS), während die Adverbien *dann* und *jetzt* in beiden Konfigurationen auftauchen.[44] Dass *das* fast nur in V2-Konfigurationen vorkommt, hat vermutlich mit seinem Status als Akkusativ-Objekt zu tun. Abbildung 7.3 zeigt, dass Dascha bei vorangestellten NP-Objekten (Dativ und Akkusativ) ausschließlich und Nastja größtenteils zielsprachliche Inversionsstrukturen (V2=XVS) bildet:

---

[44] Pagonis (2009b) beobachtet bei der jüngeren Lernerin Nastja, dass V3-Strukturen im Laufe der Zeit abnehmen und sich gleichzeitig die Wahl des Vorfelds auf das Adverb *dann* einengt. Das lässt sich in meinem Korpus nicht bestätigen: Die letzten zehn V3-Sätze von Nastja sind durchaus gemischt: Sätze, Adverben, PPs und *dann* im Vorfeld wechseln sich ab.

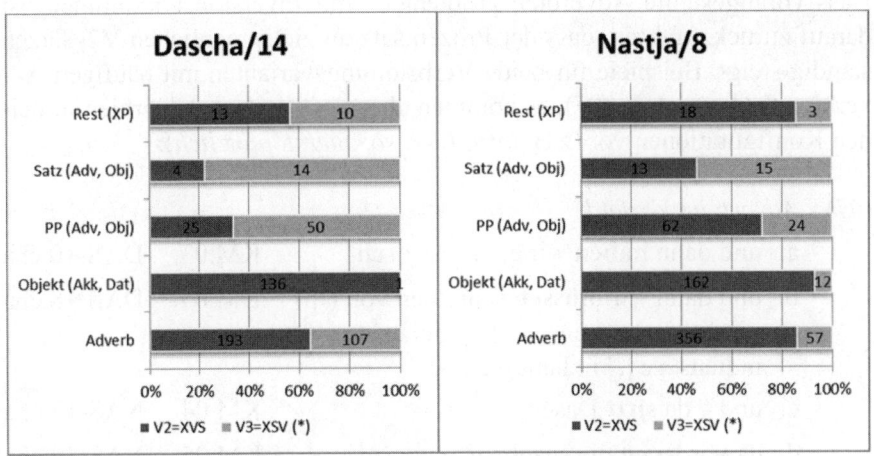

Abbildung 7.3 Vorfeld und Verbstellung in Inversionskontexten

NP-Objekte, die vom Verb subkategorisiert werden, lösen also bei Voranstellung ins Vorfeld (*Topikalisierung*) Inversion aus. Das Element *das* ist dabei weitaus das häufigste Objekt, es kommen jedoch auch NPs, Sätze und bei Nastja Dativpronomen vor:

(95) *Objekt im Vorfeld*
  a. namenwörter **haben** wir schon   KM 04   NAS-15.cha
     abschreiben.
  b. das **hat** Dascha fotografiert.   KM 04   NAS-13.cha
  c. a(l)so ist schon interessant **find** ich.   KM 09   DAS-32.cha
  d. das **kann** ich lesen.   KM 09   DAS-32.cha
  e. mir **gefällt** das vor allem nicht so sehr.   KM 11   NAS-37.cha
  f. und weihnachten **feiern** wir nicht.   KM 11   DAS-38.cha

Auch die insgesamt sieben Objektsätze und fünf Präpositionalobjekte, die in Abbildung 7.3 unter die Kategorien Satz und PP fallen, werden bis auf je eine Ausnahme mit V2-Stellung gebildet. Nur 13 Fällen steht ein Objekt im Vorfeld eines V3-Satzes, zwölf davon produziert Nastja in den ersten vier Kontaktmonaten:

(96) oh@i sprache ich **hasse**.   KM 03   NAS-11.cha

Dass vorangestellte Adverbien größtenteils mit Inversion vorkommen, ist darauf zurückzuführen, dass der Prozentsatz an zielsprachlichen V2-Sätzen ständig steigt. Beispiele für beide Verbstellungsvarianten mit häufigen Adverbien finden sich in (97), es kommen aber auch andere Adverbien in beiden Konfigurationen vor (z.B. *jetzt, hier, so, zuerst, plötzlich*):

(97)   *Adverb im Vorfeld*

    a. und dann **haben** wir ein gross tisch.   KM 03   DAS-10.cha

    b. und dann wir **müssen** schreiben von (fp)   KM 05   DAS-18.cha
       <indianische mensch> [//] indian@e [//]
       indians@e [/] indians@e .

    c. und # da **sitzt** Dascha .   KM 04   NAS-13.cha

    d. da wir **legen** die spaghetti .   KM 05   NAS-19.cha

Abbildung 7.3 zeigt, dass PPs und Sätze proportional häufiger in V3-Konstellationen vorkommen. Dies könnte damit zusammenhängen, dass sie häufig syntaktisch komplexer sind als einzelne Lexeme oder einfache Nominalphrasen. Lange Elemente im Vorfeld könnten den Lernerinnen die Verarbeitung des Satzes und somit Anwendung der korrekten Verbstellungsregel erschweren. Zunächst führe ich einige Beispiele mit beiden Stellungsvarianten an, wobei (99)d den einzigen Beleg von Dascha für V2 mit einem Satz im Vorfeld darstellt:

(98)   *PP im Vorfeld*

    a. ja, auf die maschine wir **gucken** nicht.   KM 05   NAS-19.cha

    b. und da am ende **fliegen** sie ganz schnell.   KM 09   NAS-31.cha

    c. also in der datscha wir &hät **hatten** ein   KM 08   DAS-25.cha
       katze.

    d. aber in Sankt_Petersburg **kann** man es   KM 09   DAS-32.cha
       machen.

(99)   *Satz im Vorfeld*

    a. <und (fp) # wenn wir gehen> [//] wenn   KM 04   NAS-13.cha
       wir haben in Pompidou gegangen, <wir
       # haben das &fo> [//] Dascha **hat** das
       fotografiert.

b. und als sie mir diese maske gezeigt hat,   KM 09   NAS-31.cha
     dann, letztes mal, **hat** Mama gesagt.

c. also wenn ich schwimme, er **schwimmt**   KM 16   DAS-58.cha
     zu mir und will mir helfen.

d. also wann ich nach Deutschland ge-   KM 16   DAS-58.cha
     komm(e)n habe, **hat** mir ein mädchen
     gefragt, ob ich ein(e)n freund habe .

Um den Einfluss der Vorfeldlänge auf die Verbstellung zu untersuchen, habe ich die Länge der Vorfeldelemente in Silben gezählt und mit der Verbstellung verglichen.[45] Einsilbige Vorfeldelemente sind z.B. *da, dann, das, jetzt, den* oder *kunst*, als zweisilbige Elemente wurden *vielleicht, zuerst, englisch, eine, das lied, in sport* kodiert. Drei- bis sechssilbige Elemente wurden zusammengefasst, dabei handelt es sich meist um lexikalische PPs und NPs, z.B. *in disco, einen tag, in russland, ab januar, auf eine seite*, aber auch um kurze Sätze, wie *wenn ich sage, dann*. Längere Elemente ab sieben Silben wurden ebenfalls zusammengefasst, dabei handelt es sich meist um *wenn*-Sätze und andere Adverbialsätze, z.B. *wann sie wird alterer, dann* oder *jetzt wo [///] wann er ist nicht zuhause* oder *wenn wir haben zurückgegangen.*

Abbildung 7.4 zeigt, dass kurze und längere Konstituenten bei beiden Probandinnen grundsätzlich ähnlich verteilt sind. In Abbildung 7.5 ist zu sehen, dass kürzere Vorfeldelemente tendenziell häufiger mit Inversion produziert werden. Längere und komplexere Konstituenten werden dagegen häufiger mit V3 gebildet, und das obwohl sie am Anfang – wo V3-Sätze noch häufiger sind – selten vorkommen. Sätze im Vorfeld machen der jüngeren Lernerin Nastja noch Schwierigkeiten, als sie die V2-Stellung mit vorangestellten Adverbien bereits weitgehend beherrscht.

---

[45] Konjunktionen in Position 0 wurden nicht mitgezählt, ein besetztes Vor-Vorfeld, das z.B. einen *wenn*-Satz oder ein linksversetztes Element enthält, jedoch schon. Ebenso mitgerechnet wurden Wiederholungen und Umformulierungen, da diese auch die Verarbeitungskomplexität erhöhen. Steht also ein *wenn*-Satz im Vor-Vorfeld und ein *dann* im Vorfeld, so ergibt dies ein erheblich längeres Vorfeld als mit einem einfachen temporalen *dann* im Vorfeld.

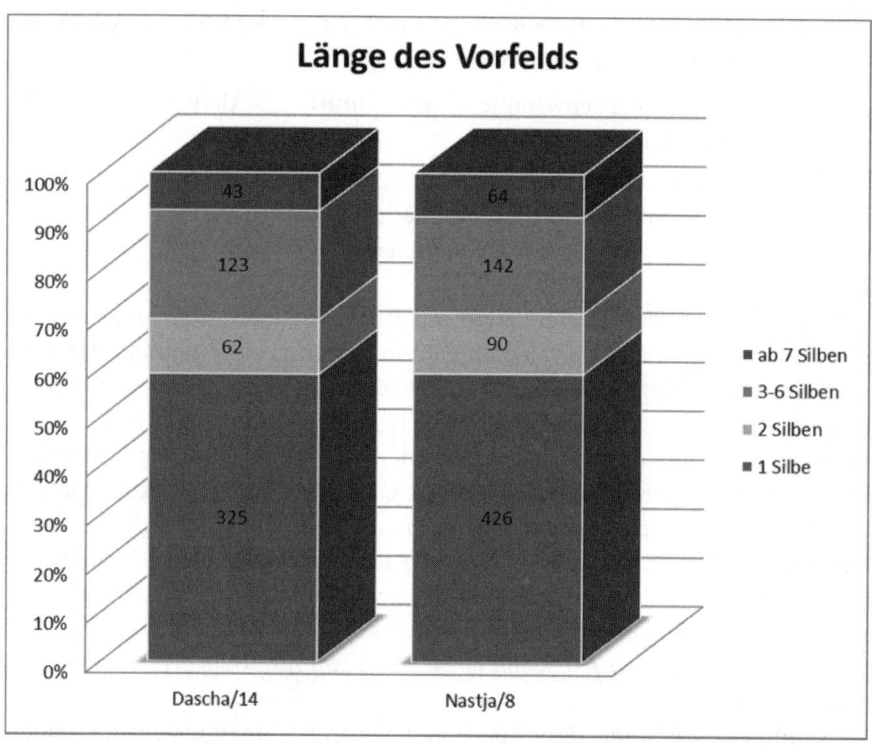

Abbildung 7.4 Länge des Vorfelds in Inversionskontexten

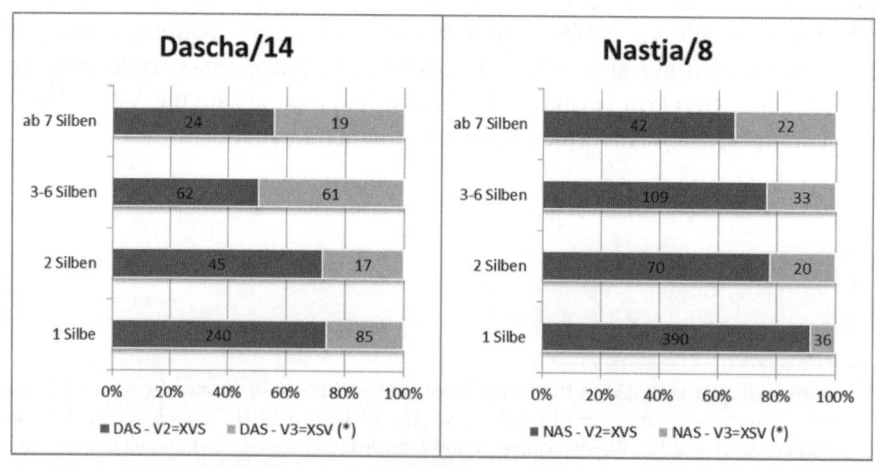

Abbildung 7.5 Vorfeldlänge und Verbstellung in Inversionskontexten

Dass längere Vorfeldelemente proportional häufiger in nicht-zielsprachlichen V3-Konstellationen vorkommen, ist mit einer erhöhten Verarbeitungskomplexität, die sich auf die Anwendung der V2-Regel negativ auswirkt, plausibel zu erklären. Dass kurze Vorfeldelemente Inversion bevorzugen, hat damit zu tun, dass zwei sehr häufig vorkommende Elemente, nämlich *das* und *da* eine Präferenz für Inversion zeigen. Dies führt zu der oberflächlichen Beschreibung, dass kurze Elemente generell zur Inversion tendieren. Dies ist aber nicht der Fall: Auch *dann* ist ein kurzes Element, kommt jedoch häufiger mit V3-Stellung als mit V2-Stellung und Inversion vor.

Zusammenfassend lässt sich also zur Vorfeldbesetzung festhalten, dass Objekte fast ausschließlich in V2-Strukturen vorkommen. Diese Präferenz für OVS wird in Kapitel 9.3 auf einen positiven Transfer aus dem Russischen zurückgeführt. Das meist lokativ interpretierte Adverb *da* erscheint ebenfalls häufiger in Inversionsstrukturen. Möglicherweise zeigt sich hier ein Einfluss der Kopulakonstruktion, wo Inversionen häufig mit *da* im Vorfeld gebildet werden. Das Adverb *dann* kommt wie viele andere Adverbien sowohl mit Inversion als auch mit V3-Stellung vor. Die drei häufigsten Elemente im Vorfeld (*dann*, *das* und *da*) haben alle eine mögliche deiktische Interpretation, das heißt, die Lernerinnen stellen einen klaren Zusammenhang zwischen Vorfeld und Diskurskontext her. Aber die Verbstellung hängt auch mit der Vorfeldlänge zusammen: Bei beiden Lernerinnen führt ein komplexes Vorfeld (längere Konstituenten, Sätze, besetztes Vor-Vorfeld) häufiger zur nicht-zielsprachlichen V3-Stellung. Dies lässt sich über eine höhere Verarbeitungskomplexität erklären, die mehr Aufmerksamkeit beansprucht und verstärkt Fehlleistungen hervorruft. Abgesehen von topikalisierten Objekten gibt es jedoch bei keiner Probandin eine klare Systematik, die die Verteilung der zielsprachlichen V2- und nicht-zielsprachlichen V3-Stellung im deklarativen Hauptsatz steuert.

Ob die V2-Stellung bereits erworben wurde, kann aus SVO-Abfolgen nicht abgeleitet werden, denn SVO stellt auch die Basisabfolge im Russischen dar (siehe Kapitel 3.2 und auch Kapitel 9.2). Da die Verbstellung in Inversionskontexten jedoch bei beiden Probandinnen relativ frei variiert, ist die korrekte Bildung der Inversion (XVS) ein guter Indikator für den V2-Erwerb (siehe Haberzettl 2005). Die Inversionsrate gibt an, in wie vielen Inversionskontexten korrekterweise Inversion produziert wurde.

Tabelle 7.4   Inversionsrate im Hauptsatz

	INV	Kontexte	Rate
DAS/14	371	575	64,52%
NAS/8	611	734	83,24%

Die ältere Lernerin weist insgesamt eine geringere Korrektheitsrate auf. Die Entwicklung dieser Inversionsrate wurde in Abbildung 7.6 für beide Probandinnen in Kontaktmonaten zusammengefasst. Unterschiede zeigen sich besonders in der Geschwindigkeit des Erwerbs: Nehmen wir als Beginn des V2-Erwerbs an, dass 50% der Inversionskontexte korrekt realisiert werden müssen, so bewegen sich beide Lernerinnen bereits ab dem vierten Kontaktmonat (KM) in diesem Bereich, wobei die Kurve von DAS danach wieder etwas abfällt. Als Erwerbskriterium wird 90% Korrektheit angesetzt: Diesen Punkt erreicht Nastja im 8. KM, Dascha erst im 16. KM, wobei die Kurve von DAS in der letzten Aufnahme wieder auf 70% zurückfällt. Daschas V2-Erwerb hat sich im Untersuchungszeitraum noch nicht stabilisiert. Nastja erwirbt die V2-Eigenschaft des Deutschen in acht Kontaktmonaten vollständig, während ihre ältere Schwester den V2-Erwerb auch in 17 Kontaktmonaten noch nicht abgeschlossen hat. Trotzdem passt auch die ältere Lernerin ihre Lernervarietät schrittweise der Zielsprache an, der Erwerbsprozess dauert bei ihr nur deutlich länger. Abbildung 7.6 zeigt die Entwicklung über zwölf Kontaktmonate, für fehlende Monate wurde ein Mittelwert rechnerisch ergänzt, die absoluten Zahlen finden sich in Tabelle A.12 im Anhang.

Um die Inversionsrate (INV-Rate) der beiden Probandinnen zu vergleichen, wurde in SPSS ein *t*-Test für unabhängige Stichproben durchgeführt.[46] Dabei wurden die Mittelwerte der Inversionsraten für beide Probandinnen über die gesamte Beobachtungszeit verglichen.[47] Für die Analyse wurden nur solche Kontaktmonate herangezogen, die insgesamt mindestens zehn obligatorische Inversionskontexte enthalten. Da am Anfang nur wenige Inversionskontexte auftreten, trifft dies nur auf elf Kontaktmonate (KM) pro Probandin zu:

---

[46] Für die Hilfe bei der Auswahl, Durchführung und Interpretation der statistischen Tests danke ich Sabine Laaha und Isabella Hager.

[47] Die ersten fünf Kontaktmonate enthalten mehrere Aufnahmen, ab dem 6. KM entspricht ein KM genau einer Aufnahme (siehe Kapitel 6.1).

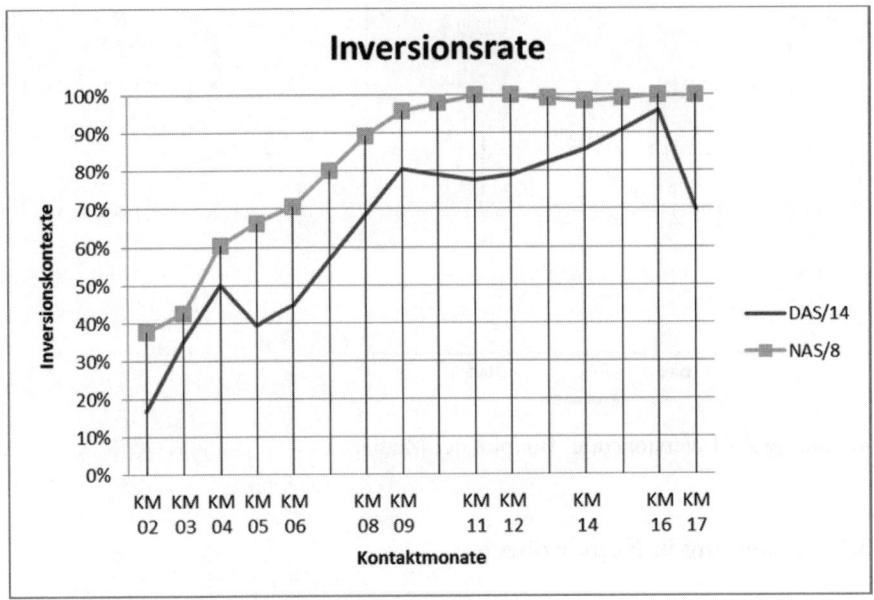

Abbildung 7.6 Inversionsrate als Indikator für den V2-Erwerb

Tabelle 7.5   Inversionsrate: Gruppenstatistik für *t*-Test

	Probandin	N (KM)	Mittelwert	SD	SF MW
INV-Rate	DAS	11	66,01	20,46	6,17
	NAS	11	83,98	20,38	6,14

Die Boxplots in Abbildung 7.7 zeigen, dass die beiden Mediane der Inversionsrate um 25% auseinander liegen. Das Ergebnis des *t*-Tests *t*(20) = -2,06 ist mit *p* = ,052 knapp nicht signifikant, das heißt, die Korrektheitsraten der beiden Probandinnen sind relativ ähnlich. Trotzdem zeigen Abbildung 7.6 und Abbildung 7.7, dass es beim Erwerb der V2-Stellung messbare Unterschiede zwischen den Probandinnen gibt, auch wenn diese das nötige Signifikanzniveau nicht erreichen.

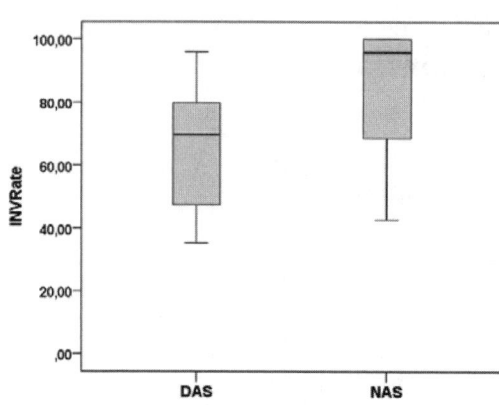

Abbildung 7.7 Inversionsrate: Boxplot der Mediane

3. V2-Stellung in Kopulasätzen

Da sich Sätze mit Kopulaverben im Hinblick auf die V2-Stellung womöglich anders verhalten als Sätze mit lexikalischen Verben werden sie in diesem Abschnitt extra ausgewertet. Als Kopulaverben werden im DaZ-AF-Korpus die Verben *sein* und *werden* kodiert, wenn sie ohne ein weiteres verbales Element auftreten. Per definitionem verlangt die Kopulakonstruktion ein Subjekt und ein nicht verbales Prädikat, das als Nominal-, Adjektiv-, Präpositional- oder Adverbialphrase realisiert sein kann. Anders als lexikalische Verben leistet die Kopula selbst keinen semantischen Beitrag, außer dass sie eine Relation zwischen Subjekt und Prädikat herstellt. Deshalb gibt es in vielen Sprachen, auch im Russischen, keine Präsensform der Kopula, das heißt, im Defaulttempus Präsens wird die Kopula nicht overt ausgedrückt. Erst wenn ein anderes Tempus (z.B. Präteritum, Futur) ausgedrückt werden soll, gibt es eine eigene Verbform. Interessant ist, dass die Probandinnen diese Eigenschaft des Russischen nicht ins Deutsche transferieren, sie produzieren eigentlich durchgehend Sätze mit einer overten Kopula auch im Präsens.[48] Dies ist ein weiterer Unterschied zum L1-Erwerb des Deutschen, wo Sätze ohne overte Kopula sehr wohl vorkommen (Czinglar et al. 2006).

---

[48] Es gibt ein paar Sätze, in denen man die Kopula kaum hört, aber das sind ausnahmslos Fälle, in denen die Kopula *ist* hinter *das* stehen würde, und man daher immer argumentieren kann, dass sie in einem nicht ganz sauber artikulierten *das* enthalten ist.

In Kopulasätzen wird einer Entität eine Eigenschaft (Adjektiv, Adverb, PP, NP) oder eine Lokation (Adverb, PP) zugeschrieben, oder sie wird mit einer anderen Entität (NP) identifiziert. Ist das Prädikat eine NP kann manchmal nicht eindeutig zwischen Subjekt und Prädikat entschieden werden, z.B. wenn beide nominalen Konstituenten definit sind: *Du bist der Beste!* oder *Sie ist meine Freundin* oder *Das sind die Briefe*. Im letzten Beispiel legt die Subjekt-Verb-Kongruenz nahe, dass *die Briefe* das Subjekt bilden. Das Beispiel könnte aber auch zeigen, dass in Kopulasätzen auch Kongruenz mit dem Prädikat erlaubt ist. Nicht einmal der Status des Adverbs *da* ist in Kopulasätzen eindeutig, denn man könnte *da* auch analog zur Existenzkonstruktion im Englischen *there is* als Subjekt analysieren. Ebenso unklar ist, wie L2-LernerInnen diese Elemente am Anfang klassifizieren. Es lässt sich also nicht leicht entscheiden, ob die Sätze *Das sind die Briefe* und *Da sind die Briefe* nun SV- oder XV-Strukturen sind. Dieser Unterschied ist für eine V2-Analyse, die auf Inversion basiert, ausschlaggebend. Die Problematik ist für die Verbstellungsanalyse der Kopulasätze in dieser Studie insofern beschränkt, als die häufigsten Kopulasätze (*das ist, da ist* und *hier ist*) als V2-Chunks von der Analyse ausgeschlossen werden (siehe Kapitel 6.2).

Trotz der genannten Schwierigkeiten mit der Kodierung wurden die Funktionen Subjekt (S) und Prädikat (P) möglichst einheitlich nach folgenden Regeln zugewiesen: Adjektive, Adverbien und Präpositionalphrasen wurden als Prädikate klassifiziert. Bei zwei nominalen Konstituenten wurde die definite Konstituente als S, die indefinite als P analysiert, und in den wenigen Fällen, in denen beide definit waren, wurde nach kontextueller *Aboutness* entschieden. So konnten analog zu Kapitel 7.2 auch die V2-Kontexte mit der Kopula in V1, V2 = SVP, V2 = PVS = XVS (Inversion) und V3 = XSVP eingeteilt werden. Insgesamt sind die vier Verbstellungsmuster folgendermaßen verteilt:

Tabelle 7.6 Verbstellung in V2-Kontexten mit Kopula

Kopulasätze	DAS/14	%	NAS/8	%
V1 (*)	2	0,36%	2	0,26%
V2 = SVP	450	81,97%	463	60,92%
V2 = PVS	55	10,02%	257	33,82%
V3 = XSVP (*)	42	7,65%	38	5,00%
V2-Kontexte	549	100,00%	760	100,00%

Ein Vergleich mit Tabelle 7.3 zeigt, dass Nastja die Inversion mit der Kopula häufiger verwendet als mit anderen Verben. Der Anteil an V3-Strukturen ist in Nastjas Kopulasätzen ungefähr gleich gering. Dascha hingegen verwendet die Abfolge SV häufiger mit der Kopula als mit anderen Verben, während sowohl Inversions- als auch V3-Strukturen mit der Kopula seltener vorkommen.

Bei SVP stehen verschiedene Subjekte im Vorfeld, meist Pronomen, aber auch NPs wie in (100). In Inversionsstrukturen steht meist eine lokative Angabe im Vorfeld wie in (101), manchmal auch eine temporale Angabe, aber nie ein Adjektiv. In V3-Sätzen wie (102) stehen verschiedene Angaben vor dem Subjekt, jedoch ebenfalls keine Adjektive. Fast alle V3-Sätze haben eine X-SVP-Struktur wie in (102):[49]

(100) *V2 = SVP mit Kopula*

    a. ich **war** nicht in englisch.   KM 02   NAS-05.cha

    b. die strasse **ist** hellgrün.   KM 02   DAS-07.cha

    c. es **is** wohnzimmer und oma und opas   KM 03   DAS-10.cha
       zimmer.

(101) *V2 = PVS mit Kopula (Inversion)*

    a. in [/] &le in diese wohnung **sind** # drei   KM 03   DAS-09.cha
       zimmer.

    b. und da **sind** noch die [/] die # beine.   KM 05   NAS-19.cha

(102) *V3 = XSVP mit Kopula*

    a. und dann meine nase **war** kaputt.   KM 04   DAS-13.cha

    b. und für die menschen # es **ist** so, so.   KM 04   NAS-13.cha

Abbildung 7.8 (nächste Seite) zeigt dass Nastja mit der Kopula von Anfang an mehr Inversionen als V3-Abfolgen bildet. Bei Dascha hingegen sind V3-Strukturen noch bis zum 5. KM in der Überzahl (die absoluten Zahlen zur Inversionsrate mit Kopulaverben finden sich in Tabelle A.13 im Anhang). Bei Dascha verläuft die Entwicklung der V2-Stellung mit der Kopula ähnlich wie mit anderen Verben (siehe Abbildung 7.6 im Vergleich). Nastja

---

[49] Von Daschas V3-Sätzen hat einer die Struktur SXP und zwei XXPS, die Struktur XXPS kommt bei Nastja insgesamt siebenmal vor.

scheint die Kopulakonstruktion dagegen erfolgreich als Einstieg in Inversi-onsstrukturen zu benutzen. Die Kopula wird bereits sehr früh verwendet und eignet sich somit gut für einen Einstieg in den V2-Erwerb. Solange es nur ein Subjekt (S) und ein Prädikat (P) gibt, ist alles einfach: Beide grup-pieren sich symmetrisch um die Kopula, entweder zuerst S oder zuerst P. Somit verfügen Kopulasätze über eine einfachere syntaktische Architektur, die von Anfang an eine Position für Inversion bereitstellt. Erst wenn ein drittes Element auftaucht, kann es zu Komplikationen, sprich nicht-zielsprachlichen V3-Strukturen kommen: Und tatsächlich weisen fast alle V3-Sätze mehr als zwei Konstituenten (S und P) auf, nur zwei V3-Sätze entstehen durch eine falsche VE-Position (SPV). Dass Nastja die Kopula als Einstieg in die V2-Architektur des Deutschen nützt, könnte ihr auch den V2-Erwerb mit lexikalischen Verben erleichtern.

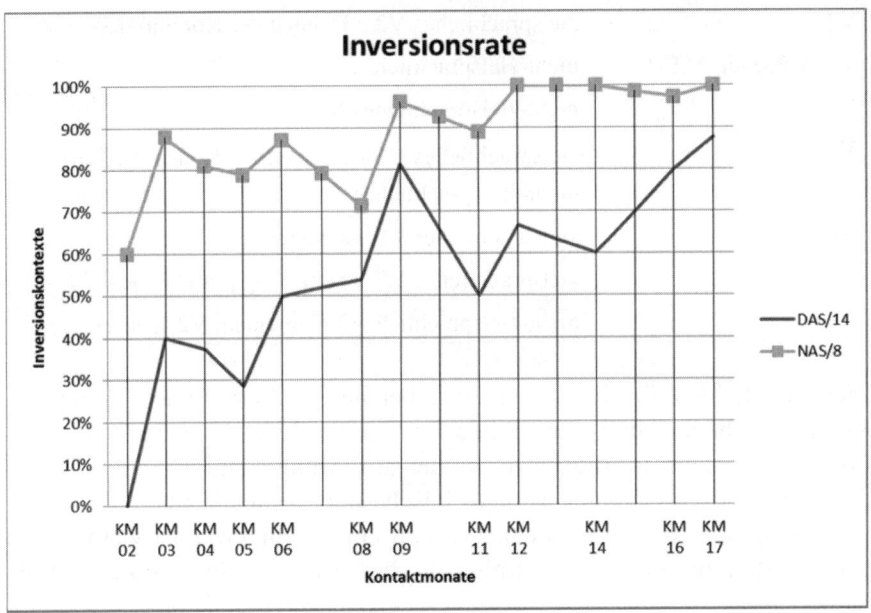

Abbildung 7.8 Inversionsrate mit Kopulaverben

4. Der Erwerb der Verb-End-Stellung

Für die Analyse der Verb-End-Stellung (VE) im Nebensatz werden potenti-elle Chunks, wie *das/da ist, es gibt* und *was ist das*, von der Analyse ausgeschlossen (siehe Kapitel 6.2). Im Nebensatz spielt die Unterscheidung zwischen SVO und Inversion keine Rolle, auch die symmetrische Struktur der Kopula kommt im Nebensatz nicht zum Tragen. Daher werden Kopulasätze bei der Analyse der VE-Stellung im Nebensatz berücksichtigt. Das Kodierungsschema für die Verbstellung im Nebensatz übernimmt neben VE die für den Hauptsatz typischen Verbstellungsmuster V1, V2, V3, die die verschiedenen Abfolgen zunächst deskriptiv erfassen sollen. Allein die Menge an vorkommenden Abfolgen zeigt, dass der Erwerb der VE-Stellung im Nebensatz eine schwierige Aufgabe darstellt:

Tabelle 7.7   Typen von Nebensätzen

Kürzel	Beschreibung
INF	zielsprachliche Infinitivsätze
V2	zielsprachliches V2 z.B. nach der Konjunktion *weil*
V2f = Pseudo-V2	nicht-zielsprachliches V2
V3	nicht-zielsprachliches V3
V1	zielsprachliches V1 z.B. in einem Konditionalsatz
V1f	nicht-zielsprachliches V1
VE	zielsprachliches VE im Nebensatz
VE = V2f	zielsprachliches VE, aber ambig mit *Pseudo-V2*
VEf	nicht-zielsprachliches VE in einem V2-Kontext (2x)

Zielsprachliche Infinitivsätze tauchen bei beiden Lernerinnen ab der 18. Kontaktwoche auf. Insgesamt produziert Dascha 13 und Nastja 16 im Kontext angemessene Infinitivsätze, wobei am Anfang einige Fehler zu beobachten sind (Auslassung von *zu*, falsche oder fehlende Subjunktion wie in (103)b), aber die Formen dann schnell korrekt angewendet werden. Mit der VE-Stellung gibt es bei infiniten Verben erwartungsgemäß keine Probleme:

(103) *Infinitivsätze*

    a. das ist nicht so interessant **zu sehen**.   KM 05   DAS-17.cha

    b. (…) gingen wir <in ein> [//] in einen an-   KM 08   NAS-24.cha
       deren geschäft **zu gucken**, ob noch
       besser **ist**.[50]

Eingebettete Infinitivsätze haben zielsprachlich wie auch in den Lernervarietäten kein overtes Subjekt. Aber auch der *ob*-Satz in (103)b enthält kein
overtes Subjekt, was zwar im Kontext verständlich, jedoch nicht zielsprachlich ist. Im Folgenden werden Nebensätze mit Nullsubjekten für die Analyse nicht weiter berücksichtigt (DAS 26, NAS 20 Belege).

    Zielsprachliche V2-Stellung im Nebensatz tritt in folgenden Kontexten
auf: Nebensätze mit *weil* in der gesprochenen Sprache wie (104), Relativsätze, die wie (105) auch zielsprachlich mit V2-Stellung gebildet werden
können (insgesamt nur zwölf Belege), und Nebensätze unter sogenannten
Brückenverben wie *glauben, meinen, sagen* wie in (106):

(104) *V2-Nebensatz mit* weil

    a. weil ich **hat** französisch in meine schule.   KM 05 DAS-17.cha

    b. weil da **drehen** sich die kab (= kabinen).   KM 09 NAS-31.cha

(105) *V2-Relativsatz*

    a. wie [//] und da war schon ein wald, der   KM 05 NAS-19.cha
       sieht schrecklich aus.

(106) *V2-Nebensatz unter einem Brückenverb*

    a. frau Stephany sagt, wir **müss** nicht sag   KM 03 DAS-08.cha
       schön oder toll oder gut.

    b. oh@i ich glaube, vielleicht **kann** ich die   KM 09 NAS-31.cha
       malen.

---

[50] (103)b ist ein instruktives Beispiel für die Kodierung von Nebensätzen: Der Hauptsatz
(*gingen wir in einen anderen geschäft*) folgt auf einen *wenn*-Nebensatz, der aufgrund einer Unterbrechung bzw. Korrektur durch die Interviewerin in einer anderen Sprecher-
Zeile steht, und daher separat kodiert werden muss. Auf den Hauptsatz folgt ein infiniter
adverbialer Nebensatz *zu gucken, ob noch besser ist*, in den wiederum ein finiter Komplementsatz mit der Subjunktion *ob* eingebettet ist.

Da V2-Sätze unter Brückenverben eine hybride Kategorie zwischen Haupt-und Nebensatz darstellen (siehe Kapitel 6.4), werden sie für die Verbstel-lung im Haupt- und Nebensatz nicht ausgewertet. Zielsprachliche V2-Sätze, die durch *weil* und Relativpronomen eingeleitet sind, werden jedoch in der Verbstellungsanalyse berücksichtigt. Um die einleitende Konjunkti-on *weil* und die V2-Stellung im topologischen Modell unterzubringen, wird sie analog zur parataktischen Konjunktion *denn* an die Position 0 gesetzt:

Tabelle 7.8   V2 mit *weil* im topologischen Modell

0-Pos.	Vorfeld	Linke SK (C°)	Mittelfeld	Rechte SK
denn	Petra	hat	heute eine Geschichte	gelesen.
--	--	weil	Petra heute eine Geschichte	gelesen hat.
weil	Petra	hat	heute eine Geschichte	gelesen.

Es ist anzunehmen, dass V2-Nebensätze es LernerInnen erschweren, die VE-Eigenschaft des deutschen Nebensatzes zu erkennen (siehe Kapitel 9.4). Deshalb findet sich neben zielsprachlicher V2-Stellung ein großer Anteil an VE-Kontexten, die systematisch mit V2-Stellung gebildet wer-den. Diese nicht-zielsprachliche V2-Stellung im Nebensatz nenne ich *Pseudo-V2*:

(107) *Pseudo-V2-Nebensatz (*)*

a. und wenn ich **stehe** auf link(s) auch.   KM 04   NAS-13.cha

b. sie haben gesagt, das(s) # (fp) sie **haben** (fp) drei oder vier oder fünf.   KM 05   DAS-18.cha

c. diese &wel welche **kann** nicht schwim-men.   KM 03   NAS-11.cha

d. man weiss ni(cht) genau, was &f **gefällt** sie und was nicht.   KM 05   DAS-20.cha

Pseudo-V2 Strukturen sind also (ähnlich wie V3-Strukturen im Hauptsatz) ein Symptom dafür, dass die VE-Eigenschaft von Nebensätzen noch nicht erworben wurde. Die Lernerinnen gehen offensichtlich davon aus, dass die Verbstellung im Nebensatz gleich ist, wie im Hauptsatz (siehe Kapitel 9.4). Subjunktionen wie *dass* und *ob* werden analog behandelt wie *weil*, das in der gesprochenen Sprache mit V2-Stellung vorkommen kann: Solange die Lernerinnen die VE-Regel im Nebensatz noch nicht erworben haben und viele Pseudo-V2-Sätze produzieren, kann die NS-Konjunktion die linke Satzklammer noch nicht besetzen, denn dort steht bei Pseudo-V2 das finite Verb. Ich nehme also an, dass Subjunktionen in Pseudo-V2-Sätzen eine *Pseudo-Position-0* besetzen, die es normalerweise in diesen Nebensätzen nicht gibt. Nach dieser *Pseudo-Position-0* kommt das *Pseudo-Vorfeld* und dann das finite Verb in der linken Satzklammer wie in (107)a,b. In (107)c,d wird der Nebensatz von einem Relativ- bzw. Interrogativpronomen eingeleitet, das analog zum Hauptsatz im *Pseudo-Vorfeld* positioniert ist. Im Unterschied zu den hypotaktischen Konnektoren bzw. Subjunktionen sind diese Elemente Teil des V2-Syntagmas. Dieser Kodierungslogik weiter folgend gibt es sowohl zielsprachliche als auch nicht-zielsprachliche V1-Konstruktionen im Nebensatz, z.B. in Konditionalsätzen ohne einleitendes *wenn* und in Vergleichssätzen mit der Konjunktion *als*:

(108) *zielsprachliche V1-Nebensätze*

a. **spricht** der deutsch dann sprechen wir   KM 09 NAS-31.cha
auch deutsch.

b. wir machen so, **als hätte** die dich immer   KM 12 NAS-42.cha
fotografiert.

Nicht-zielsprachliche V1-Sätze entstehen hingegen dadurch, dass das *Pseudo-Vorfeld* leer bleibt (insgesamt acht Belege):

(109) *nicht zielsprachliche V1-Nebensätze*

a. also weiss nich, **heisst** das in deutsch .   KM 05 DAS-20.cha

b. aber diesem leute, die haben so gemacht,   KM 06 NAS-22.cha
das (= dass) (fp) **kann** man nicht da
hint(e)n gehen .

Sowohl in potentiellen V2- als auch in VE-Kontexten treten abweichende V3-Strukturen auf (bei Dascha 27, bei Nastja 16 Belege):

(110) *nicht zielsprachliche V3-Nebensätze*

a. Nastja weisst, wann er **hat** ein geburtstag.   KM 05 DAS-17.cha

b. weil da &ha sie **hat** einen journal.   KM 09 NAS-31.cha

Nebensätze mit zielsprachlicher VE-Stellung wurden zunächst in zwei Kategorien unterteilt: eindeutige Verb-End-Stellung wie in (111) und Sätze, die zwischen VE- und Pseudo-V2-Stellung ambig sind wie in (112):

(111) *eindeutige VE-Stellung*

    a. ich will, das du # der **nimmst** und # eine   KM 04 NAS-15.cha
       tasche **nimmst** und den +...

    b. wann sie dieses hund **trefft**, sie war ein   KM 05 DAS-17.cha
       alte +...

(112) *ambige VE-Stellung*

    a. wenn du **willst**.   KM 05 NAS-17.cha

    b. also ist egal was **passiert**.   KM 09 DAS-32.cha

Ambige VE-Strukturen werden jedoch von den Lernerinnen so selten produziert (je 17 Belege), dass sie zu den korrekten VE-Stellungen gerechnet wurden. Für den Erwerb der VE-Stellung sind die drei Kategorien mit den meisten Belegen relevant: VE (ok), V2 (ok) und Pseudo-V2 (*). Die Restkategorie *andere* umfasst sowohl zielsprachliche als auch nichtzielsprachliche Strukturen (V1, V1f, V3, VEf)

Tabelle 7.9   Überblick über die Verbstellung im Nebensatz

	DAS/14		NAS/8	
VE (ok)	106	29,28%	419	68,13%
V2 (ok)	43	11,88%	71	11,54%
Pseudo-V2 (*)	187	51,66%	102	16,59%
andere	26	7,18%	23	3,74%
gesamt	362	100,00%	615	100,00%

Bereits aus dieser Gesamttabelle geht hervor, dass Dascha mit 52% viel häufiger nicht zielsprachliches Pseudo-V2 verwendet als Nastja mit 17%. Außerdem produziert Nastja mehr als doppelt so viele zielsprachliche VE-Sätze als Dascha, alle anderen Kategorien sind relativ ähnlich. Abbildung 7.9 zeigt die Entwicklung der Verbstellung im Nebensatz bei beiden Probandinnen im Vergleich (absolute Zahlen siehe Tabelle A.14 im Anhang):

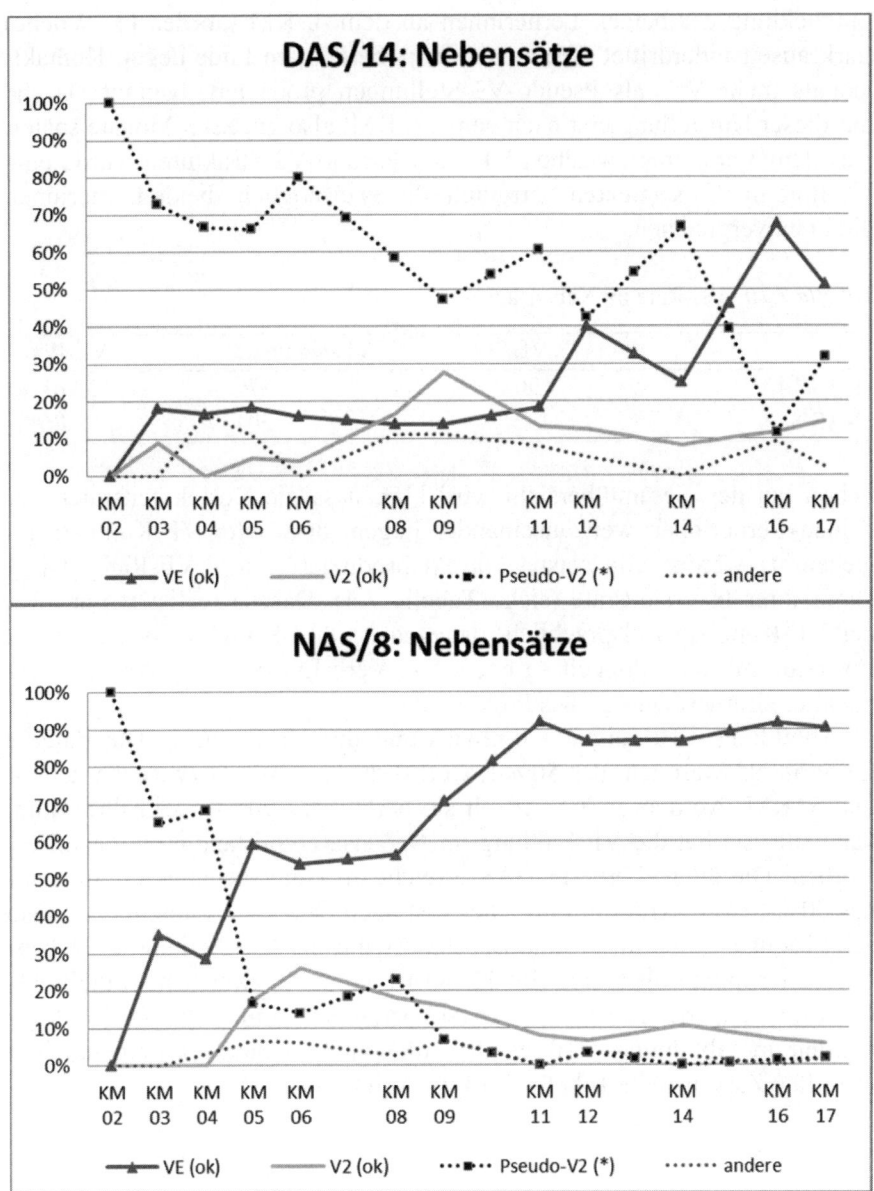

Abbildung 7.9 Die Entwicklung der Verbstellung im Nebensatz

Bis zur 13. Kontaktwoche (Beginn des 4. KM) produzieren beide Lernerinnen daher nur vereinzelt Nebensätze (Dascha 16, Nastja 27), und zwar entweder mit Pseudo-V2- oder mit VE-Stellung. Abbildung 7.9 zeigt, dass die

Entwicklung der beiden Lernerinnen ab dem 4. KM (ab der 13. Woche) stark auseinanderdriftet. Während Nastja bereits am Ende des 4. Kontaktmonats mehr VE- als Pseudo-V2-Stellungen produziert, beginnt Dascha mit dieser Umstellung erst nach dem 14. KM, also gut zehn Monate später. Aus dem Verhältnis zwischen VE- und Pseudo-V2-Strukturen wurde eine VE-Rate in VE-Kontexten[51] ermittelt, die es ermöglicht, beide Lernerinnen direkt zu vergleichen.

Tabelle 7.10   VE-Rate im Nebensatz

	VE	VE-Kontexte	VE-Rate
DAS/14	90	276	32,61%
NAS/8	402	504	79,76%

Schon bei der Gesamtübersicht wird klar, dass die Korrektheitsraten der beiden Lernerinnen weit auseinander liegen. 80% aller VE-Kontexte im Nebensatz werden von Nastja korrekt produziert – ihre VE-Rate gleicht damit ihrer Inversionsrate (siehe Tabelle 7.4). Dascha realisiert nur 33% der VE-Kontexte zielsprachlich, dagegen ist ihre Korrektheitsrate für die Inversion mit 65% doppelt so hoch. Die Verb-End-Stellung stellt also für die ältere Lernerin ein großes Problem dar.

Abbildung 7.10 zeigt die Entwicklung der VE-Stellung: Die jüngere Lernerin NAS erreicht das 50%-Erwerbskriterium bereits zwischen dem 4. und 5. KM. Ab dem 9. KM erfüllt sie bereits das 90%-Erwerbskriterium, das heißt, sie hat die VE-Stellung im Nebensatz vollständig und stabil erworben. Die ältere Lernerin DAS erreicht im Untersuchungszeitraum nur das 50%-Erwerbskriterium und dies erst nach dem 14. Kontaktmonat, also zehn Monate später als Nastja. Dascha erwirbt die VE-Stellung im Nebensatz daher nicht vollständig. Im 16. KM kommt sie zwar nah an die 90%-Grenze heran, aber der VE-Erwerb ist noch nicht stabil.[52] Die VE-Kontexte wurden in Abbildung 7.10 wieder in Kontaktmonate zusammengefasst (absolute Zahlen siehe Tabelle A.15 im Anhang):

---

[51]   Streng genommen handelt es sich hier nicht um alle VE-Kontexte, da auch die Kategorie *andere* VE-Kontexte enthält, die z.B. mit V3-Stellung realisiert wurden. Aber aufgrund ihrer geringen Anzahl fallen diese hier nicht ins Gewicht.

[52]   Müller (1998) zeigt für den L2-Erwerb von Nebensätzen bei dem Jugendlichen Bruno, dass er die VE-Stellung für jede Konjunktion einzeln lernt (siehe Kapitel 4.6). Eine solche Strategie lässt sich weder bei Dascha noch bei Nastja feststellen.

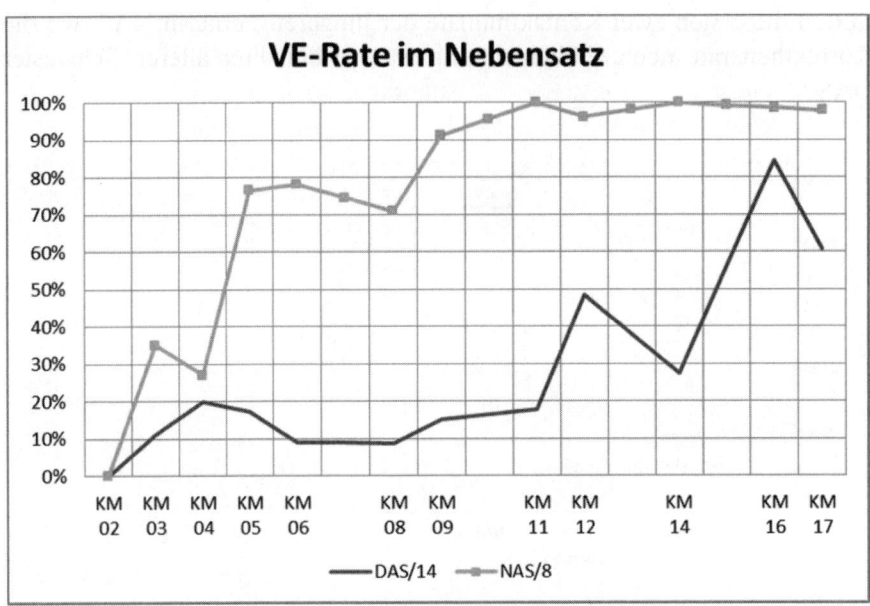

Abbildung 7.10 Verb-End-Rate im Nebensatz

Um die VE-Rate der beiden Probandinnen zu vergleichen, wurde wie bei der Inversionsrate in SPSS ein *t*-Test für unabhängige Stichproben durchgeführt. Dabei wurden die Mittelwerte der VE-Raten für beide Probandinnen über die gesamte Beobachtungszeit verglichen. Für die Analyse wurden jedoch nur solche Kontaktmonate herangezogen, die insgesamt mindestens zehn obligatorische VE-Kontexte enthalten.[53] Da anfangs nur wenige VE-Kontexte vorkommen, sind dies bei Dascha zehn und bei Nastja elf Kontaktmonate:

Tabelle 7.11 Verb-End-Rate: Gruppenstatistik für *t*-Test

	Probandin	N (KM)	Mittelwert	SD	SF MW
VE-Rate	DAS	10	30,84	25,32	8,01
	NAS	11	79,22	26,00	7,84

Die Boxplots in Abbildung 7.11 zeigen, dass die beiden Mediane sehr weit auseinanderliegen (ca. 70% Differenz). Die beiden Ausreißer 6 und 7 be-

---

[53] Zur Erinnerung: Die ersten fünf Kontaktmonate enthalten mehrere Aufnahmen, erst ab dem 6. KM entspricht ein KM genau einer Aufnahme (siehe Kapitel 6.1).

treffen die ersten zwei Kontaktmonate der jüngeren Lernerin NAS, wo die Korrektheitsrate noch ähnlich niedrig ist wie bei ihrer älteren Schwester DAS:

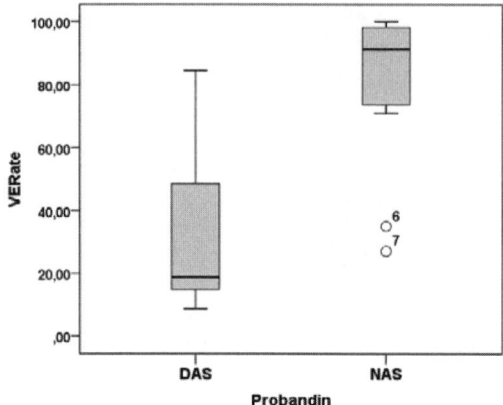

Abbildung 7.11   Verb-End-Rate: Boxplots der Mediane

Das Ergebnis des *t*-Tests *t*(19) = -4,31 ist mit *p* = ,000 hochsignifikant, das heißt, die Korrektheitsraten der beiden Probandinnen unterscheiden sich bei der VE-Stellung stark. Die statistischen Berechnungen stützen also die Aussage, dass es beim Erwerb der VE-Stellung sehr große Unterschiede zwischen den beiden Probandinnen gibt.

5.   Der Erwerb der Satzklammer

Wie in Kapitel 3.1 ausgeführt, ist für die Verbstellung im Deutschen die Satzklammer oder Verbklammer charakteristisch. Im Hauptsatz steht das finite Verb in der linken Satzklammer (LSK) und infinite Verbteile in der rechten Satzklammer (RSK), im Nebensatz ist die LSK durch eine Subjunktion besetzt, und sowohl finite als auch infinite Verbteile stehen in der RSK. Die Beherrschung der Satzklammer im Nebensatz ist gleichbedeutend mit der Beherrschung der VE-Stellung (siehe Kapitel 7.4). Wenn LernerInnen die Satzklammer im Hauptsatz beherrschen, haben sie zwei grundlegende Regeln der Satzstruktur erworben: [54]

1. Finite und infinite Verbteile im Hauptsatz stehen nur dann direkt nebeneinander, wenn keine Mittelfeld-Elemente vorhanden sind (*Distanzstellung*).
2. Deutsch ist eine OV-Sprache: Die Argumente des lexikalischen Verbs (Akkusativ, Dativ, Präpositionalobjekt) gehen dem infiniten Verb voran (*OV-Eigenschaft*).

Die Satzklammer im HS entsteht durch periphrastische Verbkonstruktionen mit Auxiliaren (finites Auxiliar und Partizip/Infinitiv), Modalverben (finites Modalverb und Infinitiv) und trennbaren Partikelverben (finiter Verbteil und Partikel). In Tabelle 7.12 werden vier Beispiele mit korrekt realisierter Satzklammer aus dem Lernerkorpus im topologischen Modell analysiert:

Tabelle 7.12 Satzklammer-Beispiele aus dem Korpus

Vorfeld	LSK	Mittelfeld	RSK	Nachfeld
ich	hab	gut	gemacht	
sie	hat	sie	gefunden	in keller
das	kann	man	hören	
sie	sieht	so interessant	aus	

Ins Nachfeld verschobene Präpositionalphrasen wie *in keller* werden nicht als abweichend gewertet, da PPs und bestimmte Adverbien in der gesprochenen Sprache bzw. im Gebrauchsstandard auch zielsprachlich im Nachfeld stehen können. Sätze stehen vermutlich aufgrund ihrer Länge auch in der Schriftsprache bevorzugt im Nachfeld (Wöllstein-Leisten et al. 1997, siehe Kapitel 3.1). Tabelle 7.13 enthält das Kodierungsschema für die Satzklammer:

---

[54] Da Nebensätze im Spracherwerb später auftauchen und hier nur Regel 2 relevant ist, gibt es im Korpus nur wenige nicht korrekt realisierte Satzklammern (insgesamt zehn Belege bei beiden Lernerinnen). Ebenfalls sehr selten sind Satzklammerfehler in Fragesätzen (insgesamt zwei Belege).

Tabelle 7.13 Satzklammerkodierung im Hauptsatz

Code	Kurzbeschreibung
aux-v	Auxiliar und V adjazent, Distanzstellung nicht nötig
aux-v-x	Distanzstellung/SK nicht realisiert
aux-x-v	SK mit Auxiliar korrekt realisiert
aux-x-v-x	SK nur teilweise realisiert
mod-v	Modalverb und V adjazent, Distanzstellung nicht nötig
mod-v-x	Distanzstellung/SK nicht realisiert
mod-x-v	SK mit Modalverb korrekt realisiert
mod-x-v-x	SK nur teilweise realisiert
pv: fin-part	trennbares Partikelverb korrekt getrennt, Distanzstellung nicht nötig
pv: fin-x-part	SK mit Partikelverb korrekt realisiert
pv: fin-x-part-x	SK nur teilweise realisiert
pv: part-inf	infinites Partikelverb ohne SK (meist zielsprachlich)

Tabelle 7.14 gibt Aufschluss darüber, wie Auxiliare, Modal- und Partikelverben im deklarativen Hauptsatz verteilt sind. Da es für die Satzklammer keine potentiellen Chunks gibt, müssen hier keine Chunks ausgeschlossen werden (siehe Kapitel 6.2). Die Tabelle beinhaltet Sätze, in denen keine Distanzstellung notwendig ist, ebenso wie korrekt und inkorrekt realisierte Satzklammern:

Tabelle 7.14 Satzklammer im deklarativen HS

Satzklammer (SK)	DAS/14	%	NAS/8	%
Auxiliar	308	44,77%	530	54,47%
Modalverb	358	52,03%	353	36,28%
Partikelverb	22	3,20%	90	9,25%
SK gesamt	688	100,00%	973	100,00%

Nastja verwendet häufiger Auxiliare und anteilig fast dreimal so viele trennbare Partikelverben als Dascha, während diese häufiger Modalverben verwendet (siehe auch Kapitel 8.1). Bei dieser Kodierung sind auch Sätze enthalten, die weder OV- noch Distanzstellung erfordern, da kein Objekt vorhanden bzw. das Mittelfeld leer ist. Das kann wie in (113)b auch daran liegen, dass Sätze immer im Nachfeld stehen. Hier je ein Beispiel für Auxiliare, Modal- und Partikelverben:[55]

(113) *Satzklammer ohne OV- oder Distanzstellung*

    a. oder sie **können** # **suchen** +...   KM 04 DAS-14.cha

    b. ja, aber frau Rumich **hat gesagt**   KM 04 NAS-12.cha
       dass wir können +...

    c. und wir [/] wir **laufen weg**.   KM 09 NAS-31.cha

Da in (113) weder OV- noch Distanzstellung verlangt werden, werden diese Sätze nicht zu den Satzklammer-Kontexten gerechnet. Tabelle 7.15 zeigt, dass die beiden Lernerinnen insgesamt eine ähnlich geringe Fehlerquote bei der Realisierung der Satzklammer aufweisen:

Tabelle 7.15 Korrektheitsrate für die Satzklammer im Hauptsatz

	DAS/14	%	NAS/8	%
SK korrekt	531	93,16%	820	94,80%
SK inkorrekt	39	6,84%	45	5,20%
SK-Kontexte	570	100,00%	865	100,00%

Anders als bei der Inversion und der VE-Stellung unterscheiden sich die beiden Lernerinnen bei der Realisierung der Satzklammer kaum:

(114) *korrekt realisierte Satzklammer*

    a. ich **hab** gut **gemacht**.   KM 03 NAS-09.cha

    b. so, jetzt **kannst** du deine wohnung   KM 03 DAS-09.cha
       beschreiben.

    c. (fp) man **kann** (fp) viele interessant   KM 04 DAS-14.cha
       sehen.

    d. du **siehst** doch komischer **aus**.   KM 05 NAS-17.cha

(115) *inkorrekt realisierte Satzklammer*

    a. meine musiklehrerin **kann** (fp)   KM 02 NAS-05.cha
       sprechen russisch.

---

[55] In diesem Kapitel wird neben dem finiten Verbteil auch der infinite fettgedruckt.

> b. du **müss sagt** hallo.   KM 02   DAS-05.cha
>
> c. nein, sie **will kaufen** einen &gro   KM 02   NAS-07.cha
>   grosse gelben käse.
>
> d. man **kann schwimmen** gut.   KM 16   DAS-58.cha

Die wenigen Fehler, die die Lernerinnen bei der Bildung der Satzklammer machen, enthalten dabei auch teilweise korrekte Satzklammern. Diese entstehen dadurch, dass die Lernerin bei mehr als einer Konstituente im Mittelfeld nur eine der beiden Regeln beachtet, wie in Beispiel (116)a die OV-Stellung und in (116)b die Distanzstellung für Adverbien:

(116) *inkorrekt realisierte Satzklammer (teilweise korrekt)*

> a. man **kann** viele stadten **macht** kaputt.   KM 04   DAS-14.cha
>
> b. aber ich **habe** niemals **getroffen** diesen.   KM 08   DAS-25.cha

Da der Erwerb der OV- und der Distanzstellung gemeinsam unter dem Begriff Satzklammer betrachtet wird, werden diese teilweise korrekten SK-Bildungen als inkorrekt gewertet. Abbildung 7.12 zeigt die Entwicklung der Satzklammer bei beiden Probandinnen im Vergleich. Im 2. KM produziert die ältere Lernerin noch deutlich mehr korrekte Satzklammern als die jüngere Lernerin. Diese holt jedoch innerhalb von einem Monat auf. Der Erwerb der Satzklammer ist also der einzige Bereich, in dem die ältere Lernerin am Anfang schneller ist als die jüngere. Im 3. KM bilden beide Lernerinnen bereits über die Hälfte der Satzklammer-Kontexte korrekt. Das Erwerbskriterium von 90% haben beide Lernerinnen für die Satzklammer bereits im 4. KM erreicht. Es gibt also beim Erwerb der Satzklammer (OV-Eigenschaft und Distanzstellung) kaum Unterschiede zwischen den Lernerinnen, weder im Erwerbsweg noch in der Erwerbsgeschwindigkeit.[56] Abbildung 7.12 fasst wieder alle Aufnahmen zu Kontaktmonaten zusammen, fehlende Monatsmittelwerte wurden rechnerisch ergänzt (absolute Zahlen siehe Tabelle A.16 im Anhang):

---

[56] Dieses Ergebnis entspricht den Ergebnissen von Pagonis (2009b) zur Verbstellung bei Nastja und Dascha und von Dimroth (2008a) zur Stellung der Negation (Distanzstellung).

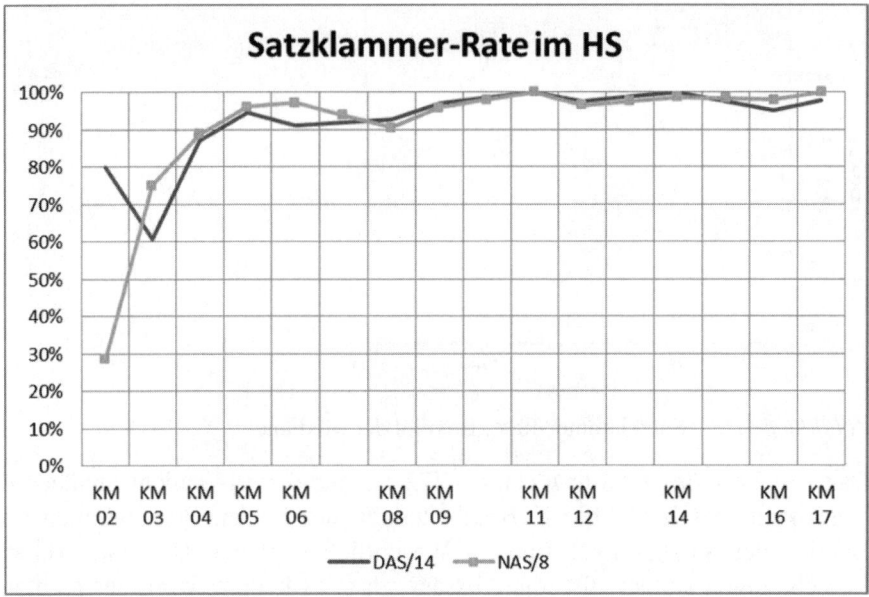

Abbildung 7.12 Satzklammer-Rate im deklarativen HS

Um die Satzklammer-Raten der beiden Probandinnen zu vergleichen, wurde ein *t*-Test für unabhängige Stichproben in SPSS durchgeführt. Dabei wurden die Mittelwerte der Satzklammer-Raten verglichen, wobei nur jene Kontaktmonate herangezogen wurden, die mindestens zehn obligatorische Satzklammer-Kontexte enthalten (DAS 12, NAS 11):

Tabelle 7.16 Satzklammer-Rate: Gruppenstatistik für *t*-Test

	Probandin	N (KM)	Mittelwert	SD	SF MW
SK-Rate	DAS	12	91,12	11,17	3,22
	NAS	11	94,18	7,27	2,19

Die folgende Abbildung vergleicht die Mediane mittels Boxplots und zeigt, dass die beiden Mediane ganz nah nebeneinander liegen. Die beiden Ausreißer 2 und 6 betreffen jeweils den dritten Kontaktmonat, wo die Korrektheitsraten bei beiden Probandinnen etwas niedriger sind als sonst (der 2. KM enthält bei NAS weniger als zehn obligatorischer Kontexte):

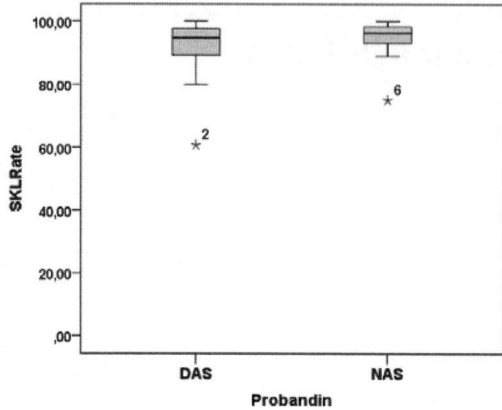

Abbildung 7.13   Satzklammer-Rate: Boxplot der Mediane

Das Ergebnis des *t*-Tests $t(21)$ = -,772 ist mit p = ,449 nicht annähernd signifikant, das heißt, die Korrektheitsraten der beiden Probandinnen im Bereich der Satzklammer sind im Wesentlichen gleich. Die statistischen Berechnungen stützen also die Aussage, dass es beim Erwerb der rechten Satzklammer überhaupt keine Unterschiede zwischen den beiden Probandinnen gibt.

6. Fazit: Gemeinsamkeiten und Unterschiede

Die Ergebnisse zum Erwerb der V2-Stellung im Hauptsatz, der VE-Stellung im Nebensatz und der Satzklammer (SK) im Hauptsatz stellen das Herzstück meiner Fallstudie zum Verbstellungserwerb dar. Wenn wir die Entwicklung der Verbstellung im Haupt- und Nebensatz bei den beiden Lernerinnen vergleichen, so fällt auf, dass der Beginn der Umstellung von V3-Strukturen zu V2-Inversion im Hauptsatz (50%-Kriterium) bei der jüngeren Lernerin Nastja ebenso in den 4. Kontaktmonat (KM) fällt, wie die Umstellung von Pseudo-V2- auf VE-Stellung im Nebensatz. Mit dem 8. bzw. 9. KM sind beide Erwerbsprozesse abgeschlossen (90%-Kriterium). Bei der älteren Lernerin Dascha beginnt die Umstellung von V3- auf V2-Strukturen im Hauptsatz acht Monate vor der Umstellung von Pseudo-V2 auf V2 im Nebensatz (50%-Kriterium). Der Umbau zu V2- bzw. Inversionsstrukturen findet bei Dascha nicht so konsequent statt wie bei Nastja: Am Ende des Untersuchungszeitraums gibt es immer noch einen bis zu 10%igen Anteil an V3-Strukturen. Da der Umbau zur VE-Stellung bei Dascha erst am Ende des Untersuchungszeitraums (nach dem 14. KM) beginnt, lässt sich nicht viel darüber sagen, wie (schnell) er danach vor sich gehen wird. Tabelle 7.17 fasst die wichtigsten Ergebnisse im Überblick zusammen:

Tabelle 7.17 Erwerb der Verbstellung bei Nastja und Dascha

Korrektheit	Nastja/8 Jahre		Dascha/14 Jahre	
	> 50%	> 90%	> 50%	> 90%
SK im HS	3. KM	4. KM	2. KM	4./5. KM
V2 im HS	4. KM	8. KM	6. KM	(16. KM)
VE im NS	4. KM	9. KM	14. KM	nicht vollständig

Die jüngere Lernerin beginnt mit dem Erwerb der Verbstellung in allen drei Kontexten (SK, V2 und VE) ungefähr zur selben Zeit. Dies legt die Vermutung nahe, dass Nastja die drei Reorganisierungsprozesse verbindet und einen systematischen Zusammenhang zwischen den beiden Verbpositionen in der Satzklammer herstellt. Nastjas Erwerbsverlauf ist also vergleichbar mit dem älterer LernerInnen, aber die kurze Dauer der abweichenden Phasen deutet darauf hin, dass sie ihre initialen Transferhypothesen schnell zugunsten der zielsprachlichen Grammatik aufgibt (siehe Kapitel 9). Ihr Erwerbstempo ist außergewöhnlich schnell. Sie ist im Vergleich zu anderen L2-LernerInnen ihrer Altersgruppe (siehe Kapitel 5.4, Tabelle 5.10) und auch im Vergleich zu L1-LernerInnen eine sehr schnelle Lernerin (Haberzettl et al. 2013).

Das Muster der älteren Lernerin spricht eher dafür, dass sie ihre Lernervarietät Schritt für Schritt den Verhältnissen der Zielsprache anpasst, ohne einen strukturellen Zusammenhang zwischen der Verbposition im Haupt- und Nebensatz zu konstruieren. Daschas Erwerbsverhalten erinnert an das von erwachsenen L2-LernerInnen aus anderen Studien, bei denen der Erwerb der Verbstellung im Nebensatz ebenfalls erst lange Zeit nach dem Erwerb der Hauptsatzverbstellung beginnt (Clahsen, Meisel & Pienemann 1983, siehe Kapitel 4.1). Im Vergleich zu jenen erwachsenen LernerInnen ist Dascha jedoch bei allen drei Konstruktionen eine sehr schnelle Lernerin (siehe Kapitel 5.4, Tabelle 5.10). Der Hauptunterschied zu den erwachsenen LernerInnen liegt also im Erwerbstempo.

Aber die unterschiedliche Geschwindigkeit kann nicht nur mit dem Alter bei Erwerbsbeginn erklärt werden. Auch verglichen mit den beiden anderen Lernern ihrer Altersgruppe (siehe Kapitel 4.6) erwirbt Dascha die Verbstellung sehr schnell. Da auch Brunos L1 Italienisch eine SVO-

Sprache ist, überrascht es, dass er fast zehn Monate länger braucht als Dascha, um die OV-Eigenschaft zu erwerben. Auch beim Erwerb der VE-Stellung ist Dascha um fast zehn Monate schneller: Sie verwendet bereits ab dem 14. KM mehrheitlich korrekte Formen (50% Kriterium), während dies bei Bruno erst ab dem 23. KM der Fall ist. Der Unterschied zu Cevdets Entwicklung ist noch größer, obwohl dieser aufgrund seiner L1 Türkisch, einer SOV-Sprache, strukturell im Vorteil wäre. Trotzdem beginn er erst im 20. KM mit der Inversion und verwendet bis zum 34. KM kaum Nebensätze mit VE-Stellung.

Haberzettl (2005) zeigt Ähnliches für jüngere LernerInnen (siehe Kapitel 5.2) und macht Unterschiede in der Inputsituation dafür verantwortlich. Über die Inputsituation von Cevdet und Dascha wissen wir folgendes: Bei beiden wird zu Hause die Muttersprache gesprochen, Cevdet besucht einen dreimonatigen DaF-Kurs, einen einjährigen Integrationskurs (20 Stunden/Woche), arbeitet als Dachdecker und hat viele deutschsprachige Kontakte. Dascha besucht eineinhalb Jahre lang ein deutschsprachiges Gymnasium, weicht viel auf ihre erste Fremdsprache Englisch aus und hat nur wenige deutschsprachige Kontakte. Der Unterschied liegt vielleicht nicht so sehr in der Menge des Inputs als in der Qualität: Im deutschsprachigen Gymnasium erhält Dascha zwar keinen expliziten DaF-Unterricht, wird jedoch in allen Fächern permanent sprachlich gefordert, sowohl mündlich als auch schriftlich.

Die Faktoren Schulbesuch und schriftsprachlicher Input werden meines Erachtens bislang in der Literatur zum L2-Erwerb und in der Debatte um den Altersfaktor zu wenig thematisiert. Wie Ehlich, Bredel & Reich (2008) feststellen, wird der Einfluss des Schuleintritts mit sechs Jahren und damit der Einfluss der institutionellen Kommunikation auf den (ungesteuerten) L2-Erwerb im morphologisch-syntaktischen Bereich kaum diskutiert oder untersucht. Dies gilt auch für jugendliche LernerInnen, wobei es noch weniger Untersuchungen zu dieser Altersgruppe gibt als zu SchulanfängerInnen. Vainikka & Young-Scholten (2007) stellen fest, dass Alter, Literarität (*literacy*) und Input in Studien zum L2-Erwerb nicht sauber getrennt werden und regen weitere Studien an, die den Einfluss von Literarität und schriftsprachlichem Input auf den L2-Erwerb in verschiedenen Altersgruppen untersuchen sollen.[57]

---

[57]   Vainikka & Young-Scholten (2007) untersuchen u.a. drei jugendliche LernerInnen (AbE 15-17 Jahre) aus den USA, die in Deutschland zunächst einen einmonatigen DaF-Kurs und dann ein Jahr lang eine normale Schule besuchen. Dabei entwickeln sie unterschiedliche Lernstrategien, die mit spezifisch schriftlichem Input zu tun haben könnten. Die

Ein Vergleich der Erwerbsgeschwindigkeit bei verschiedenen Proband-Innen ist also immer problematisch. Abgesehen vom Alter bei Erwerbsbeginn spielen verschiedene Faktoren eine Rolle, die für einen sauberen Vergleich kontrolliert werden müssen. Die robusten Unterschiede zwischen den beiden gut vergleichbaren Probandinnen im DaZ-AF-Korpus, deuten jedoch darauf hin, dass die Erwerbsgeschwindigkeit mit zunehmendem Alter bei Erwerbsbeginn kontinuierlich abnimmt. Dieses Ergebnis wird durch die in Kapitel 4 und 5 herausgearbeiteten Unterschiede zwischen jüngeren und älteren L2-LernerInnen aus verschiedenen Studien unterstützt. Es widerspricht allerdings u.a. der Querschnittstudie von Snow & Hoefnagel-Höhle (1978), die zeigen, dass ältere LernerInnen am Anfang schneller lernen als jüngere LernerInnen (siehe Kapitel 2.1). Selbst in den ersten Erwerbsmonaten hat die ältere Lernerin bei der Verbstellung keinen Vorteil gegenüber der jüngeren Lernerin. Dies ist meines Erachtens auf unterschiedliche Erhebungsmethoden zurückzuführen. In Querschnittstudien können wegen des hohen Aufwands keine ausführlichen Spontansprachdaten ausgewertet werden. Stattdessen müssen die LernerInnen bestimmte Aufgaben lösen, was älteren LernerInnen insofern einen Vorteil verschafft als sie diese durch ihre größere Lern- und Schulerfahrung bereits kennen. Auch wenn man nach 18 Monaten noch nicht von einem allgemeinen Endzustand des Spracherwerbs sprechen kann, so hat die jüngere Lernerin im DaZ-AF-Korpus den Lerngegenstand Verbstellung innerhalb von einem Jahr perfekt erworben. Die vorliegende Studie ist gewissermaßen ein Zwitter: Zum einen geht es im Lerngegenstand Verbstellung um den Endzustand, andererseits wird auch die Erwerbsgeschwindigkeit gemessen. Methodisch hat die Studie jedoch mehr mit dem Paradigma der Endzustandsstudien gemeinsam als mit Geschwindigkeitsstudien.

Allerdings sind die Unterschiede zwischen Nastja und Dascha nicht in allen Lerngegenständen gleich groß: Die größten Unterschiede können beim Erwerb der VE-Stellung festgestellt werden. Beim Erwerb der Inversion und der V2-Stellung zeigen sich auffällige, jedoch kleinere Unterschiede. Beim Erwerb der rechten Satzklammer konnten gar keine Unterschiede festgestellt werden. Diese Beobachtungen werden auch statistisch durch die Ergebnisse eines *t*-Tests unterstützt. Es gibt also, je nach Lerngegenstand, sowohl Gemeinsamkeiten als auch Unterschiede zwischen der älteren und der jüngeren Lernerin im DaZ-AF-Korpus.

---

bisherigen Ergebnisse geben jedoch noch keine genaue Antwort auf die oben angeführte Fragestellung.

In den folgenden Kapiteln stelle ich mehrere Hypothesen auf, die diese Gemeinsamkeiten und Unterschiede erklären sollen. Diese werden in Folge empirisch anhand der Daten aus dem Korpus überprüft. Die untersuchten Einflussgrößen können gleichzeitig auf die LernerInnen einwirken und sich gegenseitig verstärken. Folgende Fragen leiten die weiteren Untersuchungen:

(i)   Warum erwirbt die jüngere Lernerin die Verbstellung grundsätzlich schneller als die ältere Lernerin?

(ii) Warum sind die Unterschiede bei der VE-Stellung größer als bei der V2-Stellung?

(iii) Warum gibt es bei der XV-Stellung überhaupt keine Unterschiede zwischen den Lernerinnen?

Die erste Frage kann durch die genauere Untersuchung verschiedener außersprachlicher Faktoren wie Alter, Input, Motivation etc. erklärt werden, wie es das multifaktorielle Modell in Kapitel 2 vorschlägt. Die Fragen ii. und iii. beziehen sich auf Unterschiede im Lerngegenstand und erfordern daher einen Rückgriff auf innersprachliche Phänomene. Ich werde dabei auf drei Bereiche eingehen, in denen die Lernerinnen systeminterne Unterschiede aufweisen könnten. Diese könnten sich auf das Erwerbstempo positiv oder negativ auswirken: Finitheit, L1-Transfer und die Entwicklung des Verblexikons.

Kapitel 8
Erklärungshypothese: Finitheit

Das finite Verb ist der Schlüssel zum Erwerb der Verbstellung im Deutschen: Im Hauptsatz steht es an der zweiten, im Nebensatz an der letzten Position (siehe Kapitel 3.1). Um diese Stellungsregeln erkennen und befolgen zu können, müssen LernerInnen das finite Verb zuerst identifizieren und produzieren können. Dafür haben sie – abgesehen von der Verbstellung – im Wesentlichen zwei Anhaltspunkte: den Verbtyp (ob es sich um ein lexikalisches Vollverb oder um ein funktionales Verb handelt) und die morphologische Form.

Im generativen Modell ist Finitheit mit der funktionalen Kategorie I/INFL (*inflection*) verbunden.[58] Morphologisch finite Verben stimmen in den Merkmalen Person und Numerus mit dem Subjekt überein (Subjekt-Verb-Kongruenz) und sind für Tempus spezifiziert. Funktionale Verben wie Kopula-, Hilfs- und Modalverben (und andere, siehe Kapitel 4.4) treten sehr häufig in finiter Form auf. Außerdem leisten sie im Vergleich zu lexikalischen Verben einen beschränkten semantischen Beitrag, sie bestehen in erster Linie aus grammatischen bzw. morphosyntaktischen Merkmalen. Deshalb werden sie oft als reiner *Spell-Out* von Kongruenzmerkmalen, also als reine Instanzen der funktionalen Kategorie I/INFL bezeichnet.

L1- und junge L2-LernerInnen stellen einen starken Zusammenhang zwischen Verbstellung und Finitheit her (siehe Kapitel 5.1 und 5.2). Der Zusammenhang zwischen dem Erwerb der morphologischen Form und der syntaktischen Position (V2 im Hauptsatz) kann im Prinzip in beide Richtungen gehen: Sobald eine funktionale Verbposition (z.B. I/INFL) erworben ist, werden häufiger finite Verbformen bzw. funktionale Verben produziert. Und sobald funktionale Verben verwendet werden bzw. das finite Verbparadigma erworben ist, wird auch in der Syntax eine finite Verbposition generiert. Ältere L2-LernerInnen stellen diesen Zusammenhang jedoch nur teilweise her: Finit markierte Vollverben stehen nicht unbedingt in V2-Stellung bzw. in der linken Satzklammer (LSK), und infinite Verben nicht unbedingt in der VP bzw. in der rechten Satzklammer (RSK). Aber finite

---

[58] Seit Pollock (1989) wird I/INFL in der generativen Literatur meist in mehrere Kategorien wie AGR (*agreement*, dt. Kongruenz) und T (*tense*, dt. Tempus) aufgespalten, für die Argumentation in diesem Kapitel ist diese Unterscheidung allerdings unerheblich.

funktionale Verben erfüllen eine klare Steigbügelfunktion im V2-Erwerb von älteren L2-LernerInnen (Dimroth 2009, siehe auch Kapitel 4.4). Die Frage ist also, ob Nastja und Dascha Unterschiede in der Kategorie Finitheit aufweisen, die das unterschiedliche Tempo beim Erwerb der Inversion und V2-Stellung erklären. Dabei gehe ich zuerst auf den Verbtyp ein, und dann auf die finite Verbmorphologie und die Subjekt-Verb-Kongruenz.

1. Funktionale Verben und V2

Alle Verben in Deklarativ-, Frage- und Imperativsätzen ebenso wie in Nebensätzen wurden nach dem folgenden Raster klassifiziert:

Tabelle 8.1   Kodierung von finiten Verben

Code	Kurzbeschreibung
aux	*Auxiliare*: die Verben *haben, sein* und *werden* in Verbindung mit Partizipien oder Infinitiven, vereinzelt auch mit *zu*-Infinitiven
kop	*Kopula*: die Verben *sein* und *werden* in Verbindung mit einem nicht-verbalen Prädikat (Nomen, Adjektiv, Präpositionalphrase)
mod	*Modalverben*: die Verben *wollen, mögen/möchten, können, müssen, sollen* in Verbindung mit Infinitiven (auch *brauchen*)
semi-lex	*semi-lexikalische Verben*: das Verb *haben* (häufig possessiv), alleinstehende Modalverben (ohne Infinitiv)
lex	*lexikalische Verben*: alle anderen Verben

Da der Erwerb der Finitheit in erster Linie im Hinblick auf die V2-Stellung im HS interessiert, wurden für Tabelle 8.2 alle Verben in deklarativen Hauptsätzen, also in V2-Kontexten inklusive der Kopula, die in der linken Satzklammer stehen (sollen), ausgewertet (ohne potentielle Chunks):

Tabelle 8.2   Verben in der linken SK in V2-Kontexten (mit Kopula)

Verbtyp	DAS/14	%	NAS/8	%
lexikalische Vollverben	663	29,13%	1039	33,58%
Kopulaverben	550	24,17%	760	24,56%
semi-lexikalische Verben	438	19,24%	489	15,80%
Auxiliare	293	12,87%	495	16,00%
Modalverben	332	14,59%	311	10,05%
alle Verbtypen	2276	100,00%	3094	100,00%

Absolut gesehen produziert Nastja mehr finite Verben (außer bei den Modalverben), da sie generell mehr Sätze produziert. Proportional gesehen sind die Anteile der einzelnen Verbtypen in V2-Kontexten ähnlich. Nastja verwendet etwas mehr lexikalische Verben und Auxiliare, Dascha etwas mehr semi-lexikalische Verben und Modalverben. Lexikalische Verben machen bei beiden Lernerinnen rund ein Drittel aller finiten Verben in deklarativen Hauptsätzen aus, die restlichen zwei Drittel sind funktionale Verben, also Auxiliare wie in (117)a, Kopulaverben wie in (117)b, semi-lexikalische Verben wie in (117)c und Modalverben wie in (117)d:

(117) *funktionale Verben*

    a. ich **hab** gut gemacht.   KM 03 NAS-09.cha

    b. und er **ist** dumm.   KM 02 NAS-05.cha

    c. oh@i ich **habe** sechs .   KM 02 DAS-05.cha

    d. wir **müssen** für zwei minuten sprechen.   KM 03 DAS-09.cha

Abbildung 8.1 (nächste Seite) zeigt die Entwicklung der Verben im finiten Slot von deklarativen Hauptsätzen mit Kopula und ohne potentielle Chunks (absolute Zahlen siehe Tabelle A.17 im Anhang). Bei Dascha dominieren am Anfang die Kopula und semi-lexikalische Verben (Modalverben ohne Infinitive und possessives *haben*), während Nastja schon im 2. KM anteilig mehr lexikalische Vollverben verwendet. Im 4. KM kommt es auch bei Dascha zu einem Spurt der lexikalischen Verben. Der Anteil der lexikalischen Verben übersteigt bei Nastja immer wieder die 40%-Grenze, während dies bei der älteren Lernerin nur einmal der Fall ist (im 14. KM).

Semi-lexikalische Verben kommen am Anfang vor allem bei Dascha häufiger vor, pendeln sich dann aber auf einem Niveau zwischen 10% und 20% ein. Die Kopula (hauptsächlich *sein*) wird am Anfang ebenfalls sehr häufig verwendet, bei Dascha ist sie bis in den 4. KM das am häufigsten verwendete finite Verb. Modalverbkonstruktionen mit Infinitiv sind bei beiden Lernerinnen von Anfang an vorhanden und werden kontinuierlich ausgebaut. Dascha verwendet anteilig mehr Modalverben. Auxiliare treten bei beiden Lernerinnen erst im 3. KM auf. Während die Entwicklungskurve bei Nastja bereits im 4. und im 5. KM stark ansteigt, ist bei Dascha eine flachere Entwicklung zu beobachten, die zwischen dem 6. und 8. KM zum Höhepunkt kommt.

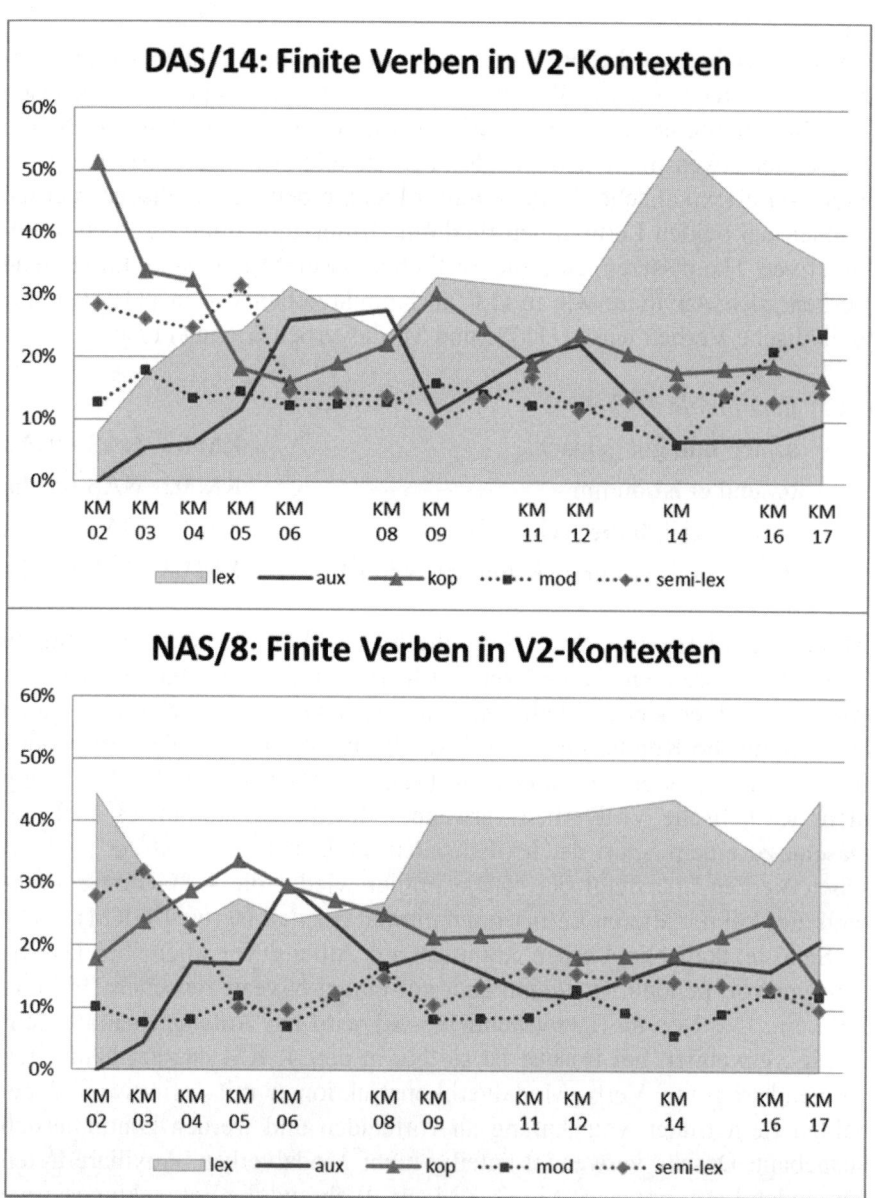

Abbildung 8.1 Finite Verben in V2-Kontexten im Hauptsatz (mit Kopula)

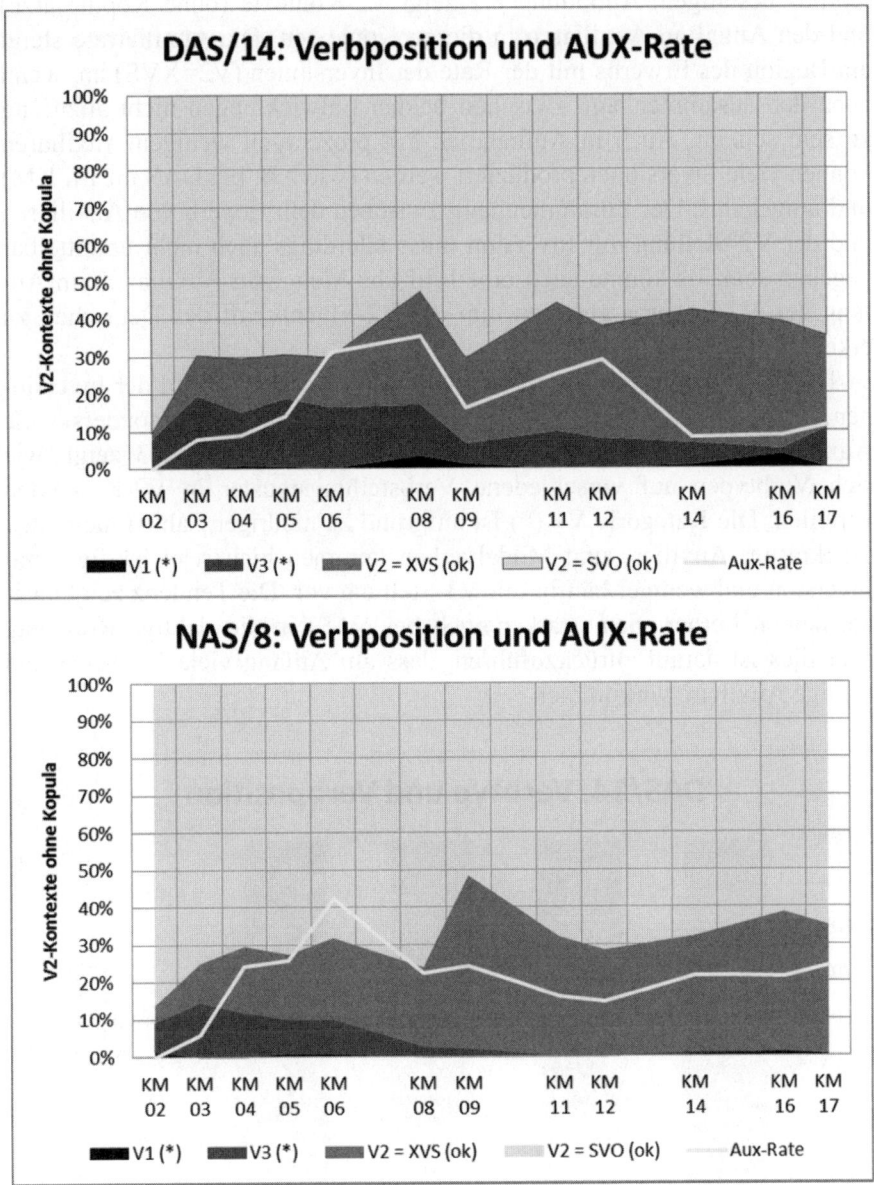

Abbildung 8.2 Erwerb von Auxiliaren und Inversion (V2-Stellung)

In der Literatur ist häufig von einem Zusammenhang zwischen dem Erwerb der V2-Stellung und dem Erwerb von Auxiliaren die Rede (Jordens 2005; Jordens 2006; siehe Kapitel 4.4). Dies lässt sich auch für das vorliegende

Korpus bestätigen. Abbildung 8.2 zeigt V2-Kontexte (ohne Kopulasätze) und den Anteil an Auxiliaren in diesen Kontexten. Die Auxiliarrate steigt am Beginn des Erwerbs mit der Rate der Inversionen (V2=XVS) an, wenn auch der Zusammenhang zwischen beiden Entwicklungen nicht allzu eng zu sein scheint. Auch in Aufnahmen mit prozentuell wenigen Auxiliaren können viele Inversionen produziert werden (wie z.B. bei DAS im 14. KM) und umgekehrt. Der Zusammenhang zwischen dem Erwerb von Auxiliaren und der V2-Stellung mit Inversion muss allerdings auch nicht unmittelbar gegeben sein: Es könnte auch eine kritische Menge an Auxiliaren am Anfang des V2-Erwerbs genügen, um die V2-Eigenschaft des Deutschen zu erkennen.

Dass die Anzahl der Auxiliare gleichzeitig mit der Anzahl der Inversionen (V2=XVS) ansteigt, bedeutet aber noch nicht, dass besonders viele Auxiliare in Inversionsstrukturen vorkommen. Abbildung 8.3 zeigt, wie sich Verbtypen auf verschiedene Verbstellungsmuster in V2-Kontexten verteilen: Die Kategorie V1 (*) ist aufgrund zu niedriger Zahlen nicht aussagekräftig. Auxiliare und Modalverben kommen nicht viel häufiger mit Inversion und weniger häufig mit V3-Stellung vor. Die Tendenz zeigt zwar bei beiden Lernerinnen (stärker noch bei NAS) in die richtige Richtung, aber dies ist darauf zurückzuführen, dass am Anfang viele V3-Sätze und wenige Auxiliare vorkommen:

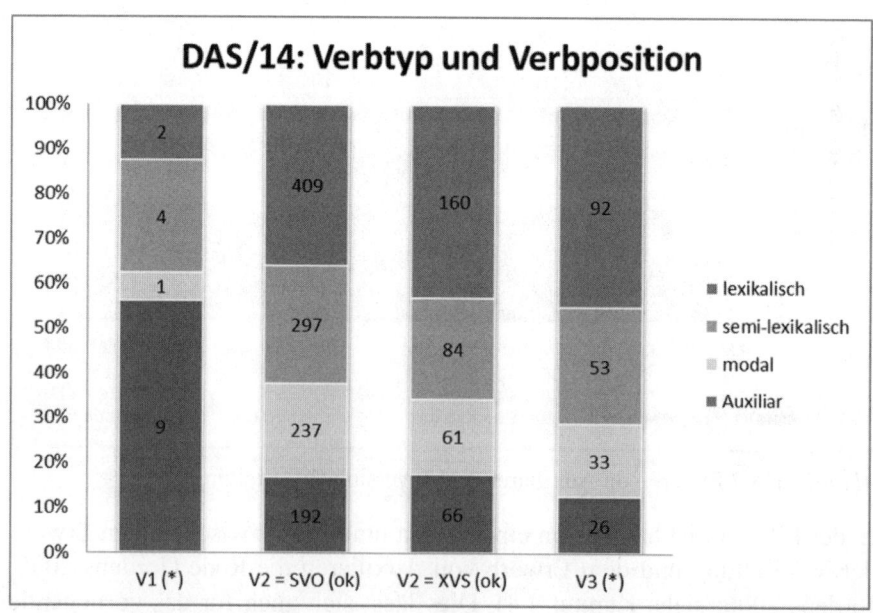

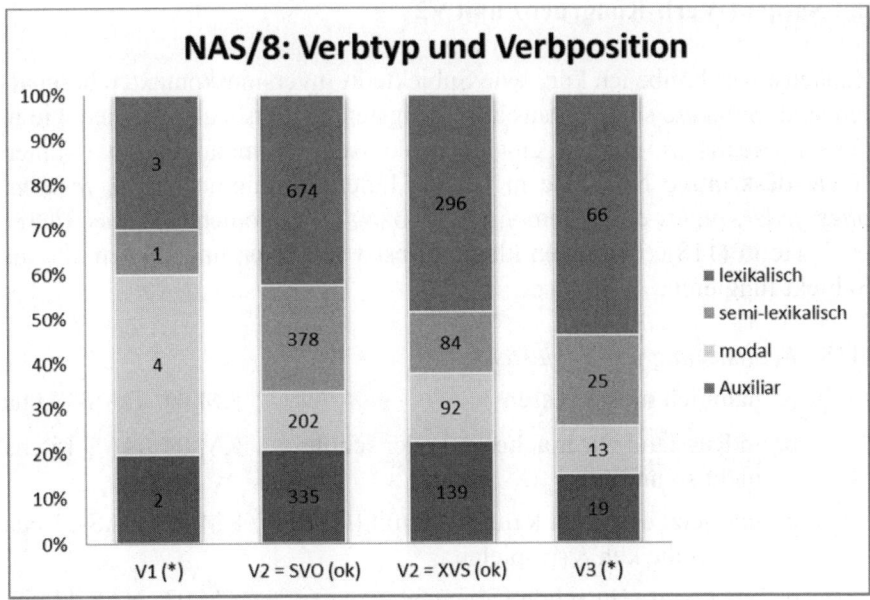

Abbildung 8.3 Verbtyp und Verbposition in V2-Kontexten (ohne Kopula)

Auch wenn wir nur die V2-Kontexe in den ersten vier oder sechs Kontaktmonaten berücksichtigen, ändert sich an dieser Verteilung nichts. Die Er-
wartung, dass funktionale Verben in frühen Inversionsstrukturen signifikant
häufiger vertreten sind und Inversion quasi erst ermöglichen, erfüllt sich
nicht. Diese Daten sprechen also gegen die Hypothese, dass funktionale
Verben eine funktionale Position (FP) für Inversion bereitstellen, die Nicht-
Subjekten eine Landungsposition vor dem finiten Verb bietet (Jordens
2006).

Auch wenn Auxiliare nicht häufiger in Inversionskonstruktionen vorkommen, kann die Hypothese beibehalten werden, dass der Erwerb von
Auxiliaren mit dem Erwerb der V2-Eigenschaft (also der Inversion) Hand
in Hand geht (Dimroth 2009). Analytische Verbkonstruktionen mit Auxiliaren und Modalverben geben den LernerInnen einen direkten Hinweis auf
die Verbklammer im Deutschen: Sie zeigen, dass sich Finitheitsmerkmale
und lexikalischer Gehalt voneinander trennen lassen, und dass die finiten
Verbteile in der linken Satzklammer (V2-Position) stehen müssen. Dies gilt
für die viel häufigeren SVO-Konstruktionen ebenso wie für Inversionsstrukturen. Die LernerInnen können dieses Wissen dann auf lexikalische
Verben, die finit flektiert sind, übertragen.

2. Subjekt-Verb-Kongruenz und V2

Zunächst beschreibe ich kurz, wie Subjekte in Inversionskontexten beschaffen sind. Subjekte sind weitaus am häufigsten als Personalpronomen wie in (118)a,b realisiert. Zudem gibt es lexikalische Nominalphrasen (Namen sowie deskriptive NPs) wie in (118)c, Indefinitpronomen (*man, jemand, alles, jeder, nichts* etc.), Demonstrativ- bzw. D-Pronomen (*die, das, dieser* etc.) wie in (118)c und einen kleinen Rest von Sätzen und Zitaten, die als Subjekt fungieren.

(118) *Realisierung von Subjekten*

    a. dann ich **musste** essen .   KM 05 DAS-17.cha

    b. in Russland wir **machen** # in der schule   KM 04 NAS-15.cha
       nicht so und so.

    c. und jetzt das pferd **kann** nicht mit [/] mit   KM 03 DAS-11.cha
       [/] mit die kuh &sp spielen .

    d. das **kocht** sehr schön Fabienne .   KM 03 NAS-11.cha

Personalpronomen kommen mit 60-80% in Inversionskontexten am häufigsten vor. Eine stichprobenartige Auswertung von subjektinitialen V2-Sätzen (SVO) zeigt, dass Personalpronomen ebenfalls mit 60-70% die häufigste Subjektgruppe darstellen, während lexikalische NPs nur ca. 20% ausmachen. Vergleicht man die Subjekte der beiden Lernerinnen in Inversionskontexten, so sieht man, dass Dascha deutlich mehr pronominale Subjekte und daher eine geringere Bandbreite an verschiedenen Subjekten verwendet als ihre jüngere Schwester Nastja:

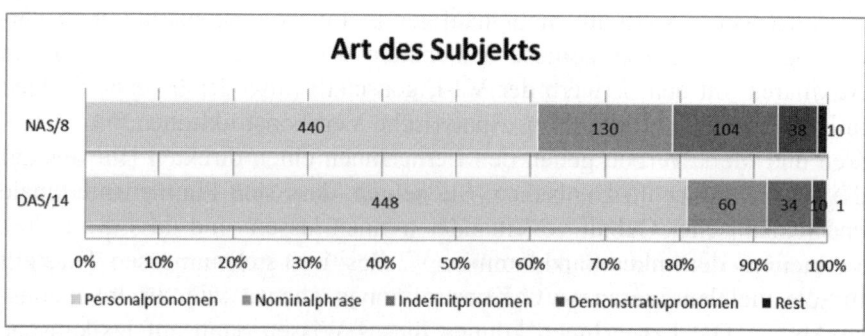

Abbildung 8.4 Realisierung des Subjekts in Inversionskontexten

Über die Hälfte der Personalpronomen werden als 1. Person Singular (*ich*), 15-20% als 1. Person Plural (*wir*), 25-30% als 3. Person (*er, sie, es*) und der Rest als 2. Person (*du, ihr*) realisiert. Verwendete Demonstrativpronomen sind *die, der, das* und *diese* und der Großteil der Indefinitpronomen ist als *man* realisiert (neben vereinzelten anderen wie *jemand, einer* etc.). In Kapitel 4.6 war von dem Lerner Cevdet die Rede, der Inversion zuerst nur mit pronominalen Subjekten produziert (Schwartz & Sprouse 1994). Wenn wir die Verteilung der Subjekte auf die beiden Verbstellungsformate in Inversionskontexten (Inversion und V3) ansehen, scheint zunächst keine der beiden Lernerinnen im DaZ-AF-Korpus eine ähnliche Strategie zu verfolgen:

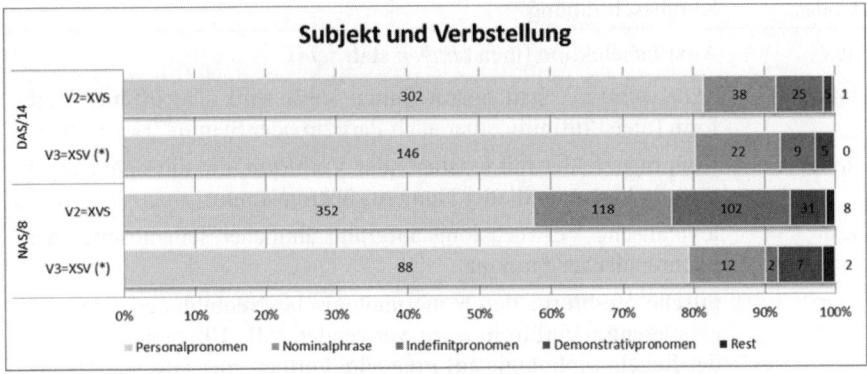

Abbildung 8.5 Realisierung des Subjekts in Inversions- und V3-Strukturen

Daschas Subjekte sehen in Inversions- und V3-Strukturen ähnlich aus, das heißt, sie verwendet Pronomen nicht proportional häufiger in Inversionen als in anderen Satztypen. Allerdings haben die ersten 13 Inversionsstrukturen, die Dascha bis zum 2. KM bildet, alle ein pronominales Subjekt. Bis zum 4. KM realisiert sie 29/32 Inversionen mit pronominalem Subjekt. Ab dem 8. KM sieht die Verteilung der Subjekte in beiden Strukturformaten gleich aus. Dascha könnte also anfangs eine ähnliche Strategie verwenden wie Cevdet, allerdings sind die absoluten Zahlen zu gering, um von einer klaren Systematik zu sprechen. Bei Nastja ist die Verteilung von Anfang gleich wie in Abbildung 8.5: Sie verwendet von Anfang an proportional mehr lexikalische Nominalphrasen und Indefinitpronomen in Inversionen als in V3-Strukturen und passt daher gar nicht zu der Theorie von Schwartz & Sprouse (1994).[59]

---

[59] Da Nastjas Subjekte in Inversionen postverbal und in V3-Strukturen vor dem finiten Verb stehen, liegt die Vermutung nahe, dass die jüngere Lernerin die Inversionsstruktur

Das Subjekt im Deutschen wird in den Kategorien *Person* und *Numerus* mit dem finiten Verb abgestimmt – dies ist die morphologische Komponente der Finitheit. In Kapitel 8.1 wurde bei beiden Lernerinnen ein Zusammenhang zwischen dem Erwerb von Auxiliaren und dem Erwerb der V2-Stellung nachgewiesen. Wie sieht es nun mit dem Zusammenhang zwischen der morphologischen Markierung der Finitheit und der V2-Stellung aus? Grundsätzlich wurden alle von der Zielsprache abweichenden finiten Verbformen im Haupt- und Nebensatz folgendermaßen kodiert:

Tabelle 8.3   Kodierung nicht zielsprachlicher Verformen

Code	Kurzbeschreibung
aux	Auxiliarselektion (meist *haben* statt *sein*)
infinit	*Matrixinfinitiv*: statt einem finiten Verb wird eine infinite Verbform (meist Infinitiv, aber auch Partizip oder Stamm[60]) verwendet
kongr	Kongruenzfehler mit existierender Verbform, die mit dem Subjekt nicht in Person und/oder Numerus übereinstimmt
lex	lexikalische Verwechslung aufgrund ähnlicher semantischer oder phonologischer Struktur
mor	falsche Verbform durch morphologische Neubildung: eine nicht existierende Verbform wird verwendet, z.B. Übergeneralisierung der Regelmorphologie auf irreguläre Formen oder falscher Ablaut
temp	falsches Tempus oder falscher Modus, aber Person-Numerus-Kongruenz ist korrekt

Von diesen Fehlerkategorien lassen sich drei zu der Gruppe der Kongruenzfehler zusammenfassen: *infinit, kongr* und *mor*. Bei den anderen Fehlertypen ist die Kongruenz zwischen Subjekt und Verb korrekt. Fehler bei der Auxiliarselektion wie in (119)a sind selten (bei DAS 32 und bei NAS 10 im

---

benutzt, um neue Referenten einzuführen. Diese Hypothese habe ich in Czinglar (2012) überprüft: Postverbale Subjekte in Inversionsstrukturen führen jedoch nicht viel häufiger neue Information ein, präverbale Subjekte in V3-Abfolgen. Das häufigste Indefinitpronomen ist *man*, damit lässt sich ohnehin keine neue Information einführen. Außerdem kommen auch viele definite NPs und Namen in Inversionen vor:

(i) eh@fp mir **haben** *die robben und die hai* gefallen. (KM 05, NAS-19.cha)

[60] Nicht als Stammform und damit nicht als Fehler gewertet wurden von der Schriftsprache abweichende, aber in der gesprochenen Sprache durchaus übliche Formen, wie z.B. die *e*-Apokope bei der 1. Person Singular (*ich glaub* statt *ich glaube*). Diese Form kann als Gebrauchsstandard für den gesamten deutschsprachigen Raum bezeichnet werden. Wie Berend (2005) zeigt, finden sich im gesprochenen Deutsch in 98,8% der Fälle mit nachgestelltem Personalpronomen Formen ohne –*e* (z.B. *hab ich*).

Haupt- und Nebensatz). Dascha verwendet zwischen dem 6. und 12. KM öfter das Auxiliar *haben* statt *sein*, aber die Fehlerquote beträgt weniger als 10%. Ebenfalls sehr selten verwenden die Lernerinnen ein falsches Lexem (DAS 20, NAS 15) wie in (119)b oder eine im Kontext unpassende Tempus- bzw. Modusform (DAS 25, NAS 20) wie in (119)c:

(119) *Fehler bei Auxiliar/Lexem/Tempus/Modus*

    a. also ich **habe** mit meine mutter nach   KM 08 DAS-25.cha
       Uni gefahren.

    b. (fp) also warum [/] warum <weisse   KM 05 DAS-18.cha
       &men> [/] weisse menschen liebt [//]
       (fp) **macht** &in indianischen nicht.
       (statt **mag**)

    c. (fp) also wir **müssten** um elf uhr weg-   KM 17 NAS-63.cha
       gehen, weil das [//] der fest zu lange
       dauerte. (statt **mussten**)

Bei der Ermittlung der Kongruenzfehler wurden weder Chunks noch subjektlose Sätze berücksichtigt. In der Fehlerkategorie *infinit* sind nicht nur nicht-abhängige Infinitive wie (120)a enthalten, sondern auch andere infinite Formen wie alleinstehende Partizipien in (120)b und Stammformen in (120)c, sowohl im deklarativen Hauptsatz als auch im Nebensatz:

(120) *Kongruenzfehler (infinit)*

    a. aber er [/] er **essen** und **trinken** &s   KM 02 NAS-07.cha
       gern.

    b. und hund **gebissen** die katze .   KM 06 DAS-23.cha

    c. also es gibt sehr viele coole schauspie-   KM 14 DAS-51.cha
       ler, die **spiel** diese film.

Wie bereits in Kapitel 7.2 erwähnt, bilden die Lernerinnen überraschenderweise kaum Sätze, in denen infinite Formen das finite Verb ersetzen (insgesamt nur 43 Belege). In dieser Gruppe sind die *Matrixinfinitive* enthalten, die im kindlichen L1-Erwerb und im frühen L2-Erwerb häufig beobachtet werden (z.B. Tracy & Thoma 2009). Ebenfalls enthalten sind nicht finit flektierte Formen, wie sie im ungesteuerten Erwerb erwachsener LernerInnen in der *Basisvarietät* beobachtet wurden (z.B. Klein & Perdue 1992). Interessanterweise durchlaufen die beiden Lernerinnen im DaZ-AF-Korpus weder eine *Matrixinfinitivphase* noch eine Phase der *Basisvarie-*

tät.[61] Dieser Befund deckt sich mit den Beobachtungen von Dimroth (2007), Dimroth (2008c) und Pagonis (2009b), die für dieses Phänomen auch keine Erklärung anbieten. Bei den meisten Kindern und Jugendlichen aus anderen Studien kommen mehr infinite Verben vor als im DaZ-AF-Korpus (z.B. Haberzettl 2005, Kostyuk 2005). Da infinite Verbformen wie in (120)a für Dascha und Nastja keine spezielle Funktion im Erwerb der Verbstellung zu haben scheinen, behandle ich sie hier als Kongruenzfehler.

Die Kategorie *kongr* umfasst finit flektierten Verbformen, die nicht mit dem Subjekt übereinstimmen. Obwohl (121)a,d als finite Formen der 3. Person erkennbar sind und nur der Ablaut fehlt, wurden sie als Kongruenzfehler gewertet, da sie mit der Form für die 2. Person Plural ident sind:

(121) *Kongruenzfehler (kongr)*

    a. aber er **schlaft** nicht am achte.   KM 02 NAS-07.cha

    b. dort **steht** bücher.   KM 03 NAS-10.cha

    c. und wir **muss** lernen.   KM 04 DAS-14.cha

    d. wann sie dieses hund **trefft**, sie war ein   KM 05 DAS-17.cha
       alte +...

Die dritte Kategorie der Kongruenzfehler umfasst morphologische Neubildungen (*mor*), die eindeutig finit markiert sind. Zu dieser Gruppe gehören auch unregelmäßige Verben, die mit regelmäßigen Endungen versehen werden. Die Übergeneralisierung von Regelmorphologie auf irreguläre Formen wird im Spracherwerb meist als Zeichen dafür gewertet, dass die LernerInnen beginnen, die Verbflexion produktiv zu verwenden. Denn solche Formen sind eindeutig kreative Bildungen, die nicht aus dem Input reproduziert sein können. Viele dieser morphologischen Neubildungen können als finit bezeichnet werden und kongruieren oft sogar mit dem Subjekt wie in (122)b-d. Da morphologische Neubildungen von der Zielsprache abweichen, werden sie alle zu den Kongruenzfehlern gezählt. Damit wird die Anzahl der Kongruenzfehler generell etwas überschätzt. Tabelle 8.4 zeigt, dass beide Lernerinnen trotzdem nur sehr wenige Fehler bei der

---

[61] Die beiden Begriffe bezeichnen nicht unbedingt dasselbe Phänomen: Im L1-Erwerb wurde beobachtet, dass *Matrixinfinitive* kaum in V2-Stellung vorkommen, sondern häufig am Satzende stehen, also an der typischen Position für infinite Verben (siehe Kapitel 5.1). Die *Basisvarietät* wurde im erwachsenen L2-Erwerb beobachtet und hier ist der Zusammenhang zwischen der Finitheit der Verbform und der Stellung des Verbs nicht so stark (siehe Kapitel 4).

Subjekt-Verb-Kongruenz in V2-Kontexten machen. In V2-Kontexten beträgt die Korrektheitsquote insgesamt 91,95% bei Dascha und 97,99% bei Nastja. Auch wenn die jüngere Lernerin insgesamt weniger Fehler macht, liegt die Korrektheitsrate beider Lernerinnen insgesamt über 90%.

(122) *Morphologische Neubildungen (mor)*

    a. und die kuh **nihme** die schere (...)   KM 03 NAS-10.cha

    b. aber das **darfen** wir nicht, jetzt das hier   KM 04 NAS-12.cha
       zu nehmen.

    c. aber da sie (fp) **flügt** weg .   KM 06 DAS-23.cha

    d. dann **wolltete** ich telefonieren.   KM 08 DAS-25.cha

Tabelle 8.4   Fehler bei Subjekt-Verb-Kongruenz in V2-Kontexten

	infinit	kongr	mor	SVK korr.	finite V	SVK-Rate
DAS/14	13	89	37	1587	1726	91,95%
NAS/8	13	17	17	2287	2334	97,99%

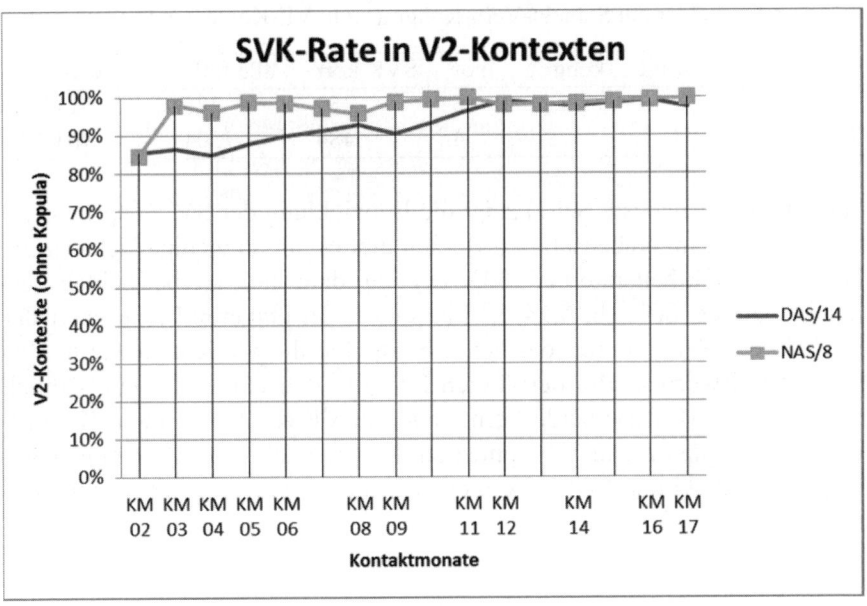

Abbildung 8.6 Subjekt-Verb-Kongruenz in V2-Kontexten (ohne Kopula)

Abbildung 8.6 (vorne) zeigt die Entwicklung der Subjekt-Verb-Kongruenz (SVK) in V2-Kontexten. Beide Lernerinnen machen anfänglich etwas mehr Fehler, der Erwerb der morphologischen Finitheit ist aber bei beiden Lernerinnen viel schneller abgeschlossen als der Erwerb der V2-Stellung mit Inversion. Nastja bildet bereits ab dem 2. KM fast 100% der finiten Verben richtig, Dascha überschreitet die 90%-Grenze im 6. Kontaktmonat. Insgesamt verlaufen die Kurven sehr ähnlich. Zusammenfassend ist zu sagen, dass die Erwerbskurve für die Subjekt-Verb-Kongruenz mit der Erwerbskurve für die V2-Stellung in keinem erkennbaren Zusammenhang steht (siehe Abbildung 7.6 in Kapitel 7.2). Es besteht kein direkter zeitlicher Konnex zwischen dem Erwerb der morphologischen Finitheit, der bei beiden Lernerinnen sehr schnell abgeschlossen ist, und dem Erwerb der Verbposition, der bei der jüngeren schneller verläuft als bei der älteren Lernerin. Allgemein lässt sich jedoch feststellen, dass der Erwerb der Finitheit bei der älteren Lernerin langsamer verläuft als bei der jüngeren Lernerin.

In VE-Kontexten im Nebensatz macht Dascha proportional ungefähr gleich viele, Nastja um 2% mehr Kongruenzfehler wie in V2-Kontexten im Hauptsatz:

Tabelle 8.5   Fehler bei Subjekt-Verb-Kongruenz in VE-Kontexten (NS)

	infinit	kongr	mor	SVK korr	alle finV	SVK-Rate
DAS/14	6	11	6	253	276	91,67%
NAS/8	7	9	4	484	504	96,03%

Abbildung 8.7 (nächste Seite) zeigt die Entwicklung der SV-Kongruenz im VE-Kontexten im Nebensatz. Zu Beginn gibt es nur so wenige Nebensätze, dass die Korrektheitsrate bei 100% beginnt, dann fällt sie bei beiden Lernerinnen auf ca. 80% ab. Im 4. KM ist sie bei der jüngeren Lernerin wieder oberhalb der 90%-Grenze, das heißt, Nastja hat die SV-Kongruenz in VE-Kontexten erworben. Bei der älteren Lernerin dauert dies länger, nämlich bis zum 11. KM. Dass beide Lernerinnen in VE-Kontexten mehr Kongruenzfehler machen als in V2-Kontexten, könnte auch damit zusammenhängen, dass Subjekt und finites Verb bei VE-Stellung nicht adjazent sind, also nicht nebeneinander stehen.

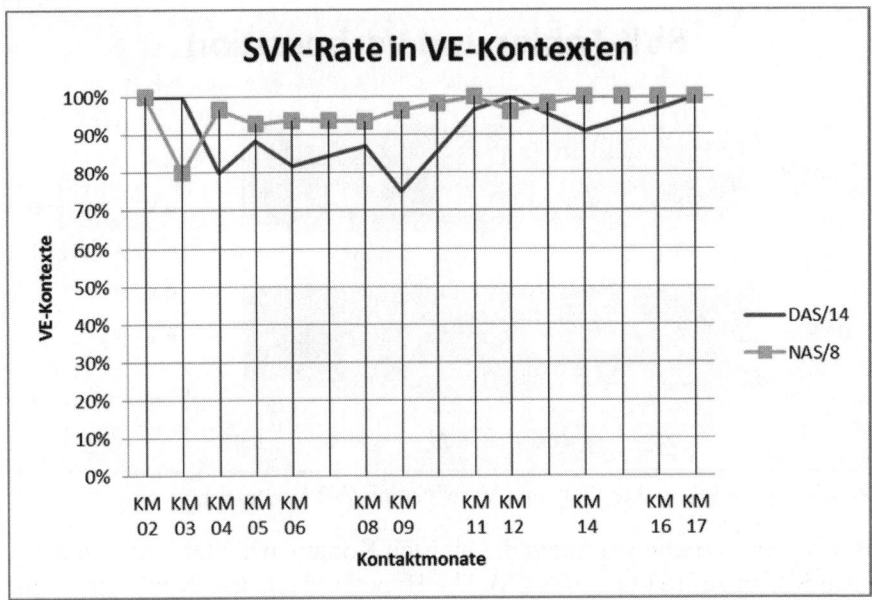

Abbildung 8.7 Subjekt-Verb-Kongruenz in VE-Kontexten im Nebensatz

Der Verlauf der Subjekt-Verb-Kongruenz (SVK) zeigt bei VE-Kontexten größere Unterschiede zwischen den Lernerinnen als in V2-Kontexten im Hauptsatz. Da der Unterschied zwischen den Lernerinnen beim Erwerb der VE-Stellung ebenfalls größer ist als beim Erwerb der V2-Stellung, ergibt sich hier eine Parallelität. Wenn auch die zeitliche Dimension des Kongruenz-Erwerbs nicht mit der des Verbstellungserwerbs übereinstimmt, so könnten SVK und Verbstellung indirekt zusammenhängen. Möglicherweise wirken sich bereits sehr kleine Unterschiede bei der SVK auf den Verlauf des Verbstellungserwerbs aus.

In Folge soll überprüft werden, ob Kongruenzfehler in bestimmten syntaktischen Konstellationen im Hauptsatz besonders häufig vorkommen. Zwei gegensätzliche Hypothesen sind hier möglich: (i) Unter der Hypothese, dass V3-Sätze noch nicht die zielsprachliche funktionale Struktur (IP, CP) aufweisen, wäre zu erwarten, dass Kongruenzfehler in V3-Sätzen häufiger auftreten. (ii) Umgekehrt könnte man auch argumentieren, dass Kongruenzfehler besonders in zielsprachlichen Inversionsstrukturen häufiger auftreten, da hier die Kongruenz mit nachgestellten Subjekten (XVS) hergestellt werden muss. Dies könnte den Lernerinnen besondere Probleme bereiten.

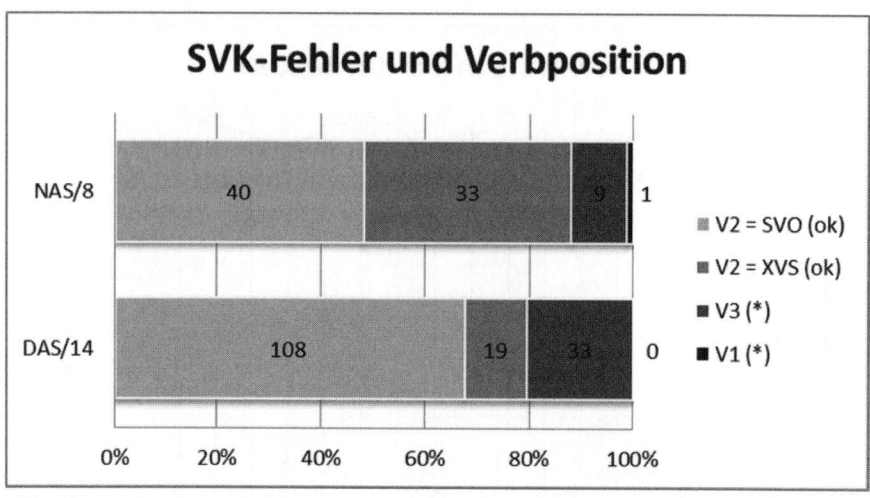

Abbildung 8.8 Inkorrekte SVK und Verbposition (V2-Kontexte)

Bei beiden Lernerinnen treten die meisten Kongruenzfehler in zielsprachlichen Sätzen auf (SVO und XVS). Die Hypothese (i), dass Kongruenzfehler
häufiger in nicht-zielsprachlichen Verbpositionen auftreten, ist also falsch.
Darüber hinaus treten bei beiden Probandinnen mehr Kongruenzfehler in
SVO-Konstellationen (V2=SVO und V3) auf als in Inversionsstrukturen
mit nachgestellten Subjekten (XVS). Bei der jüngeren Lernerin lässt sich
höchstens eine entsprechende Tendenz feststellen: Sie produziert immerhin
40% aller Kongruenzfehler in Inversionsstrukturen. Insgesamt sprechen
diese Daten jedoch gegen einen Zusammenhang zwischen Subjekt-Verb-
Kongruenz und Verbposition.

Abschließend soll noch der Zusammenhang zwischen SVK und dem
Verbtyp untersucht werden. Tabelle 8.2 in Kapitel 8.1 zeigt, dass lexikalische Vollverben nur rund ein Drittel aller finiten Verben in deklarativen
Hauptsätzen ausmachen. Das heißt, dass zwei Drittel aller finiten Verben in
V2-Kontexten (mit Kopula) funktionale Verben sind, also einer geschlos-
senen Klasse von einigen wenigen Verben angehören. Funktionale Verben
beschränken sich im Deutschen auf elf Lemmata: *sein, haben, können, wollen müssen, sollen, werden, dürfen mögen, möchten* und *brauchen*.[62] Die
Flexionsparadigmen funktionaler Verben sind zwar unregelmäßig, aber
aufgrund ihrer überschaubaren Anzahl einfach zu lernen. Wenn die Ler-

---

[62]   Vereinzelt kommen auch lexikalische Verben vor, die die Funktion von Auxiliaren
übernehmen, wie z.B. in *ich bleibe lieber sitzen* oder *ich gehe mit dir einkaufen*, aber
diese sind im vorliegenden Korpus sehr selten (unter 0,1%).

nerinnen die Flexionsparadigmen von elf Verben gelernt haben, können sie in etwa zwei Drittel aller finiten Verben in V2-Kontexten morphologisch korrekt bilden. Abbildung 8.9 zeigt die Verteilung der elf Lemmata in V2-Kontexten (mit Kopula, ohne Chunks). Die proportionale Verteilung auf die einzelnen Lemmata ist bei den beiden Lernerinnen sehr ähnlich, Dascha verwendet *können* etwas häufiger, dafür verwendet nur Nastja die Modalverben *dürfen, möchten* und *brauchen*:

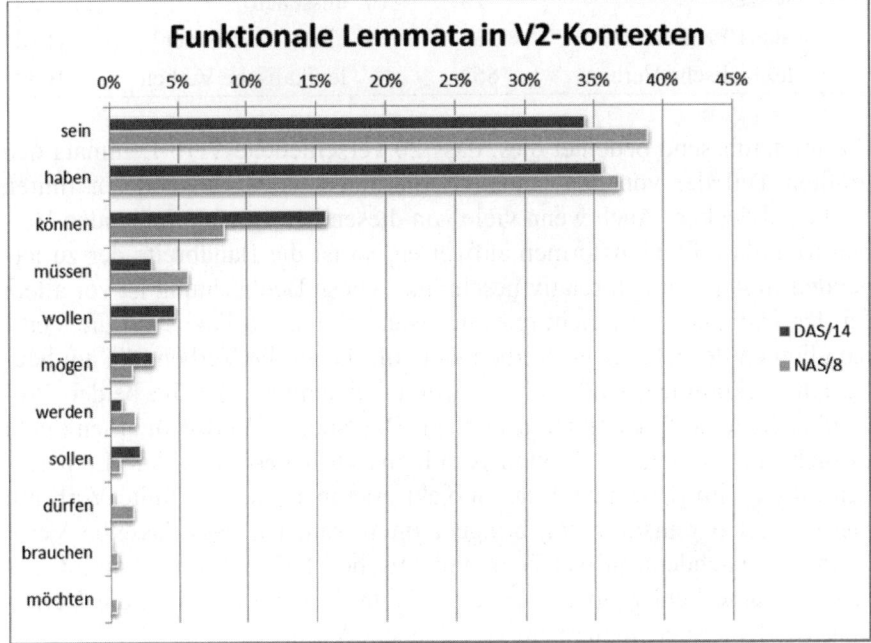

Abbildung 8.9 Funktionale Verben im deklarativen HS (mit Kopula)

Das verbleibende Drittel der finiten Verben ist lexikalisch. Die zehn häufigsten lexikalischen Verben je Lernerin werden in Tabelle 8.6 präsentiert, wobei die Lernerinnen sich hier leicht unterscheiden (insg. 15 verschiedene Lemmata):

Tabelle 8.6 Die 10 häufigsten finiten lexikalischen Verben in V2-Kontexten

#	Verb-Lemma	DAS/14	#	Verb-Lemma	NAS/8
1	gehen	63	1	machen	112
2	machen	44	2	gehen	100
3	finden	39	3	sagen	76

#	Verb-Lemma	DAS/14	#	Verb-Lemma	NAS/8
4	sagen	34	4	stehen	50
5	spielen	29	5	kommen	41
6	kommen	28	6	heißen	38
7	kennen	26	7	denken	31
8	heißen	25	8	fahren	24
9	wohnen	25	9	nehmen	23
10	wissen	25	10	aussehen	23
	alle 10 zusammen	338		alle 10 zusammen	518
	lexikalische Verben	663		lexikalische Verben	1039

Zusammenfassend bedeutet dies, dass 20 verschiedene Verb-Lemmata den größten Teil der von den beiden Lernerinnen aktiv verwendeten finiten Verben abdecken. Auch wenn viele von diesen häufig vorkommenden Verben irreguläre Flexionsformen aufweisen, so ist die Bandbreite der zu lernenden finiten Formen relativ beschränkt. Diese Beobachtung ist vor allem für den DaF/DaZ-Unterricht relevant: Hier scheint ein Fokus auf die Verbparadigmen der häufigsten Verben sinnvoll. Denn die Verben, die am häufigsten vorkommen, sind nicht unbedingt diejenigen, die die beiden Probandinnen fehlerfrei flektieren können. Bei Subjekt-Verb-Kongruenz geht es nicht nur darum, ein Flexionsparadigma zu beherrschen. Die LernerInnen müssen im Satzkontext das Subjekt erkennen und das finite Verb mit diesem in Übereinstimmung bringen. Interessant ist, dass dasselbe Verblemma, je nachdem, in welchem syntaktischen Kontext es vorkommt, unterschiedliche Fehlerquoten aufweisen kann. Tabelle 8.7 zeigt die Verteilung von Kongruenzfehlern auf verschiedene Verbtypen:

Tabelle 8.7   Kongruenzfehler und Verbtypen in V2-Kontexten im Hauptsatz (mit Kopulasätzen)

	Auxiliar	Kopula	Modalverb	semi-lex.V	lex.VV	gesamt
DAS/14	2,05%	3,82%	11,14%	9,13%	8,45%	7,03%
NAS/8	0,20%	4,74%	1,61%	1,84%	3,08%	2,68%

Die höchste Fehlerquote weisen bei Dascha Modalverben und bei Nastja die Kopula auf, also funktionale Verben, die sehr häufig vorkommen. Vermutlich seltener vorkommende lexikalische Vollverben haben auch eine hohe Fehlerquote. Aber die weitaus geringste Fehlerquote zeigen bei beiden Lernerinnen die Auxiliare. Dies könnte damit zu tun haben, dass Auxiliare später erworben werden als die anderen Verben, und die häufigsten Verbparadigmen bis dahin bereits bekannt sind. Aber es dauert ein gutes halbes Jahr, bis beide Lernerinnen keine Kongruenzfehler machen. Während dieser Zeit verwenden sie bereits Auxiliare, neben *haben* auch *sein*. Trotzdem macht keine der beiden Lernerinnen auch nur einen einzigen Kongruenzfehler mit *sein* als Auxiliar, während die Fehlerrate bei der Kopula *sein* vergleichsweise höher ist. Darüber hinaus weisen bei Dascha nur sechs von 273 deklarativen Hauptsätzen mit dem Auxiliar *haben* Kongruenzfehler auf (2,19%), bei semi-lexikalischem *haben* jedoch 26 von 301 (8,63%). Dieselben Verblemmata sind also weniger fehleranfällig, wenn sie als Auxiliare verwendet werden. Auxiliare spielen also eine Schlüsselrolle im Erwerb der Finitheit: Sie sind der reine Ausdruck von morphologischer Finitheit (Person und Numerus) und semantischer Finitheit (Assertion). Da sie sonst keinen semantischen Beitrag liefern, sind Kongruenzfehler hier selten. Die geringen Fehlerquoten bei der SVK sprechen dafür, dass Auxiliare der *Spell-Out* von formalen Kongruenzmerkmalen in INFL oder AGR sind, wie es in generativen Modellen häufig angenommen wird (z.B. Parodi 1998).

Es geht also für L2-LernerInnen nicht nur darum, das verbale Paradigma der einzelnen funktionalen Verben zu lernen, sie müssen die Formen auch in einen komplexeren Zusammenhang stellen können. Die größeren Schwierigkeiten bei der SVK mit der Kopula könnten zum Beispiel darauf zurückzuführen sein, dass mit der Kopula von Anfang an häufiger postverbale Subjekte auftreten. Kopulasätze mit nachgestellten Subjekten zeigen etwas häufiger Kongruenzfehler als solche mit SV-Abfolge, was man auch daran sieht, dass der Chunk *da ist* (der für SVK nicht ausgewertet wurde) häufig eine falsche Numeruskongruenz involviert:

(123) *SVK-Fehler mit nachgestellten Subjekten*

    a. und (fp) # dort **ist** die statuen.   KM 04 NAS-13.cha

    b. ja aber da **war** viele leute.   KM 09 DAS-32.cha

    c. da **ist** die # fische .   KM 04 NAS-13.cha

Bei semi-lexikalischen Verben und Modalverben kommen neben der Finitheit noch andere semantische Aspekte dazu. Wie die höhere Fehlerquote bei Modalverben zeigt, spielt auch die Komplexität des morphologischen Paradigmas eine Rolle. Da die Diversität bei lexikalischen Verben am größten ist, überrascht es nicht, dass sie ebenfalls fehleranfälliger sind.

3. Fazit: Die Rolle der funktionalen Verben

Studien zeigen einen klaren Zusammenhang zwischen dem L2-Erwerb der Finitheit und der V2-Stellung im Hauptsatz. Nastja und Dascha verwenden finite Verben allerdings von Anfang an weitgehend zielsprachlich. Sogenannte *Matrixinfinitive*, also nicht zielsprachlich verwendete infinite Formen kommen kaum vor. Dieser Aspekt kann also die Unterschiede zwischen den Lernerinnen beim Verbstellungserwerb nicht erklären. Ähnliches gilt für die Subjekt-Verb-Kongruenz: Beide Lernerinnen machen nur wenige Fehler bei der SVK und erwerben sie viel schneller als die V2-Stellung mit Inversion. Allerdings ist auch bei der SVK im deklarativen Hauptsatz ein kleiner Unterschied zwischen der jüngeren und der älteren Lernerin zu beobachten. In VE-Kontexten im Nebensatz ist dieser Unterschied etwas größer als in V2-Kontexten. Dies entspricht grundsätzlich den Unterschieden zwischen V2- und VE-Stellungserwerb. Es ist also möglich, dass sich minimale Schwankungen bei der Subjekt-Verb-Kongruenz auf den Erwerb der Verbstellung auswirken.

Die lexikalische Diversität finiter Verben ist bei beiden Lernerinnen ziemlich niedrig: 20 hochfrequente Verblemmata machen 80% aller finiten Verben aus. Leider verfüge ich über keine Vergleichszahlen aus muttersprachlichen Korpora, aber tendenziell dürfte dies den Gegebenheiten der gesprochenen Sprache entsprechen. Die geringe Fehlerquote in der SVK lässt sich jedoch nicht auf dieses Phänomen zurückführen. Man könnte argumentieren, dass sich die Flexionsparadigmen von 20 Verben relativ leicht lernen lassen, auch wenn diese größtenteils irregulär sind. Allerdings weisen verschiedene Verbklassen unterschiedliche Fehlerraten bei der Subjekt-Verb-Kongruenz auf: Bei Auxiliaren machen die Lernerinnen erheblich weniger Kongruenzfehler als bei anderen Verbtypen, obwohl es sich teilweise um die dieselben Lemmata handelt (*sein/haben* als Auxiliar vs. *sein* als Kopula und *haben* als semi-lexikalisches Verb).

Generell ist der Erwerb der Verbposition an den Erwerb von Auxiliaren gekoppelt: Bei beiden Lernerinnen steigt der Anteil an Inversionsstrukturen an, nachdem sie häufiger Auxiliare verwenden. Obwohl der Anteil an Auxiliaren bei beiden Lernerinnen insgesamt gleich hoch ist, verwendet die jüngere Lernerin Auxiliare früher und am Anfang häufiger als die ältere. Da Auxiliare rein funktionale Elemente sind, die keinen eigenen semantischen Beitrag leisten, erleichtern sie es den Lernerinnen, die syntaktische Position für das finite Verb (V2) zu erkennen. Allerdings bedeutet dies nicht, dass Auxiliare besonders häufig in Inversionsstrukturen vorkommen.

So direkt ist der Zusammenhang offensichtlich nicht. Insgesamt nehmen funktionale Verben und besonders Auxiliare jedoch eine Schlüsselrolle im Erwerb der Verbstellung ein.

Kapitel 9
Erklärungshypothese: Transfer

In diesem Kapitel analysiere ich die in Kapitel 7 dargelegten Ergebnisse aus der Perspektive der Transferhypothese. Zunächst definiere ich in Kapitel 9.1 den Begriff *Transfer* und erläutere, wie L1-Transfer mit dem Alter bei Erwerbsbeginn verschränkt werden kann. In den Kapiteln 9.2 bis 9.4 gehe ich auf einzelne Strukturmuster ein, die in den Lernervarietäten der beiden Lernerinnen zu finden sind und möglicherweise durch einen L1-Transfer aus dem Russischen erklärt werden können. Auch ein möglicher Transfer aus dem Englischen bei der älteren Lernerin wird diskutiert. Die Zusammenfassung in Kapitel 9.5 vorwegnehmend lässt sich festhalten, dass eine Verschränkung von Transfer mit dem Alter bei Erwerbsbeginn die relevanten Unterschiede zwischen den Lernerinnen erklären kann.

1. Der Begriff *Transfer* in Bezug auf die Fallstudie

Der Begriff *Transfer* ist ursprünglich eng mit der *Kontrastivitätshypothese* von Lado (1957/1987) verbunden, die besagt, dass L2-LernerInnen ihre Gewohnheiten aus der Erstsprache auf die Zweitsprache übertragen. Auf der Basis von behavioristischen Lerntheorien formuliert, geriet die Kontrastivitätshypothese mit dem Aufkommen kognitiver Sprachtheorien in den 60er Jahren stark unter Beschuss: Zum einen kann sie entwicklungsbasierte Strukturen, die weder in der Erst- noch in der Zweitsprache vorkommen (*developmental errors*), nicht erklären (Gass & Selinker 1994/2008[3]). Zum anderen prognostiziert ein einfacher Sprachvergleich Fehler, die L2-LernerInnen gar nicht machen. Wo die Differenz zwischen zwei Sprachen offensichtlich ist, produzieren L2-LernerInnen beispielsweise gar keine Fehler. So zeigen z.B. Santos & Flores (2012), dass erwachsene deutschsprachige LernerInnen des Portugiesischen (als Fremdsprache) die V2-Struktur des Deutschen nicht auf das Portugiesische transferieren. Im Portugiesischen gibt es keine Strukturen, die V2-Strukturen ähnlich sind und die LernerInnen zu der Hypothese verleiten könnten, dass Portugiesisch eine V2-Sprache sei. Wie Klein (2001) festhält, führen gerade die offensichtlichen Differenzen zwischen Sprachen nicht zu negativem Transfer, sondern die subtilen. Ähnlich konstatiert Müller (1998), dass Transfer niemals „blind" ist, und formuliert ein Prinzip, nach dem syntaktischer Transfer nur dann stattfindet, wenn eine Struktur in der Zielsprache einer Struktur in der Ausgangssprache zumindest oberflächlich ähnlich ist.

Transfer spielt also ohne Zweifel eine wichtige Rolle im Zweitspracherwerb, auch wenn Lados Kontrastivitätshypothese sich als nicht haltbar erwiesen hat. Bereits Kellerman (1983) formuliert zwei Beschränkungen, die von Studien zu Transferphänomenen in verschiedenen Sprachen mehrfach belegt wurden:

(i) *Psychotypologie*
Transfer von Sprache A nach B ist wahrscheinlicher, wenn die L2-LernerIn A und B als (typologisch) ähnlich wahrnimmt

(ii) *Transferabilität*
Strukturen, die die L2-LernerIn in Sprache A als markiert (d.h. sprachspezifisch) wahrnimmt, werden eher nicht transferiert

Neben diesen Beschränkungen gibt es nach Jarvis & Pavlenko (2008) noch weitere Faktoren, die sich darauf auswirken, ob und in welchem Ausmaß eine LernerIn eine Struktur oder ein Konzept aus einer Sprache in eine andere transferiert: (i) linguistische Faktoren wie Frequenz und Markiertheit; und (ii) individuelle Faktoren wie Sprachlerneignung, Sprachniveau, Sprachlernerfahrung, Sprachbewusstsein und Alter.

Ein Zusammenhang zwischen Erwerbsalter und Transfer lässt sich wie folgt herstellen: Mit der *Reifungshypothese* (siehe Kapitel 2.2) wird angenommen, dass sich die neurologischen Strukturen für die sprachlichen Repräsentationen mit der Zeit erst ausbilden und festigen. Wer rechtzeitig, spätestens vor der Pubertät, eine zweite Sprache lernt, kommt demnach in den Vorteil dieser Plastizität des Gehirns. Nach der Pubertät haben sich die sprachlichen Strukturen bereits stabilisiert. Genau diese Stabilisierung führt dazu, dass der Transfer von L1-Strukturen bei älteren LernerInnen robuster ist als bei jüngeren. Mit genau derselben Logik lässt sich das Argument für *Entrenchment* formulieren (siehe Kapitel 2.2), nur ist es da weniger die neurologische Entwicklung als die längere Dauer des Sprachkontakts und der Sprachverwendung, die dazu führt, dass sich die sprachlichen Repräsentationen immer tiefer 'eingraben' und sich irgendwann stabilisieren. Die Voraussagen der beiden Hypothesen zum Altersfaktor sind ident: Ältere LernerInnen halten länger an den bereits stabilisierten Strukturen ihrer Erstsprache fest als jüngere.

Transfer findet jedoch nicht nur von der Erstsprache auf die Zweitsprache statt. Mittlerweile gibt es Studien aus verschiedenen Bereichen des Spracherwerbs und des Sprachverlusts, die Transfereffekte belegen: Transfer von L1 auf L2 und L3 und von L2 auf L3 (z.B. Rothman 2011), von einer Fremdsprache auf eine Zweitsprache (z.B. Bohnacker 2006), von einer Erst- oder Zweitsprache auf eine Fremdsprache (z.B. Long 2003), in *language attrition* (damit bezeichnet man die Beeinträchtigung der Erstsprache durch den fast ausschließlichen Gebrauch der ursprünglichen Zweitsprache) von der dominanten auf die nicht-dominante Sprache (z.B. Flores 2010, Montrul 2010) und so weiter.

Dies ist für die vorliegende Studie insofern wichtig, als die ältere Lernerin Dascha vor dem Deutschen mit Englisch bereits eine erste Fremdsprache gelernt hat, die eine strikte SVO-Sprache mit klar geregelter Verbstellung darstellt. Somit geht Dascha mit einem anderen sprachlichen Wissen an den L2-Erwerb des Deutschen heran als ihre jüngere Schwester: Sie hat bereits eine freie und eine strikte SVO-Sprache kennengelernt, wobei sich Russisch und Englisch in einigen für den Verbstellungserwerb relevanten Eigenschaften gleichen. Diese Ähnlichkeit könnte den L1-Transfer weiter verstärken. Dies ist ein vom Erwerbsalter unabhängiger individueller Unterschied, der bei einem Vergleich der beiden Lernerinnen auf jeden Fall berücksichtigt werden muss – zumindest bei den Eigenschaften, die durch die Transferhypothese erklärt werden können.

In der generativ orientierten Literatur zum Zweitspracherwerb gibt es verschiedene Standpunkte in Bezug auf Transfer und Verbstellung, von denen ich hier drei nennen möchte, auf die ich auch in vorangegangen Kapiteln Bezug genommen habe: Schwartz & Sprouse (1996) nehmen grob gesagt in ihrer *Full Transfer/Full Access Hypothese* an, dass L2-LernerInnen die volle syntaktische Struktur ihrer L1 (alle funktionalen Projektionen) auf die L2 übertragen und durch die Analyse des Inputs mit der Zeit korrigieren oder in einem Stadium ihrer Lernervarietät fossilisieren. Die *Minimal Trees Hypothese* von Vainikka & Young-Scholten (1994) (auch Vainikka & Young-Scholten 2011) besagt, dass LernerInnen syntaktische Strukturen von unten her aufbauen, also am Anfang nur lexikalische Phrasen produzieren und erst in späteren Erwerbsphasen funktionale Phrasen darüber legen. Gleichzeitig ist Transfer im *Minimal Trees* Modell auf den Anfangszustand, also auf lexikalische Phrasen beschränkt, das heißt, für den Verbstellungserwerb im Deutschen als Zweisprache kann Transfer nur in der VP stattfinden.

Einen anderen Standpunkt nimmt Bley-Vroman (1990) mit seiner *Fundamental Difference Hypothese* ein, nach der Erwachsene eine Zweitsprache anders lernen als Kinder im L1-Erwerb. Sie können nämlich nicht mehr auf die Prinzipien der Universalgrammatik zurückgreifen und lernen eine Sprache mit Hilfe von allgemeinen (nicht spezifisch sprachlichen) Lernstrategien. Je nachdem wie ausgeprägt ihr linguistisches Bewusstsein über ihre Erstsprache ist, transferieren sie Eigenschaften aus der L1 auf die L2 oder eben nicht. Transfer wird hier also als individueller Faktor, abhängig von L1-Wissen bzw. L1-Bewusstsein, konzipiert.

Der Lerngegenstand Deutsch für LernerInnen mit L1 Russisch wurde bereits in Kapitel 3 umrissen. Darauf aufbauend werde ich im Folgenden darlegen, in welchen Bereichen LernerInnen die Hypothese aufstellen könnten, dass Deutsch und Russisch (und Englisch) über ähnliche Verbstellungsregularitäten verfügen. Ich werde außerdem überprüfen, welche der in Kapitel 7 ermittelten Gemeinsamkeiten und Unterschiede zwischen den LernerInnen mit der Transferhypothese erklärt werden können.

2. Transfer I: SVO-Hypothese

Die Hälfte aller Deklarativsätze im schriftlichen und gesprochenen Deutsch weisen eine SV-Abfolge auf (Hinrichs & Kübler 2006, siehe Kapitel 3.1). LernerInnen finden also im Deutschen ausreichend Evidenz für eine scheinbare SV- bzw. SVO-Struktur, die auch im Russischen (und ebenso im Englischen) die häufigste Abfolge darstellt. So scheint es nur logisch, dass die Lernerinnen zunächst die V2-Regel im Deutschen übersehen und statt Subjekt-Verb-Inversion V3-Strukturen nach dem Muster Adv-SVO bilden.

(124) *SVO: positiver Transfer*[63]
    RU: Ivan **smotrit** televizor.
    EN: Ivan **watches** TV.
    DE: Ivan **schaut** fern. (= RU/EN)

(125) *Adv-SVO: negativer Transfer*
    RU: Potom/ Segodnja Ivan **smotrit** televizor.
    EN: Then/Today Ivan **watches** TV.
    DE: Dann/Heute **schaut** Ivan fern. (≠ RU/EN)

---

[63] Wenn nicht anders gekennzeichnet, stammen die russischen Beispiele aus Bailyn (2012).

Wie in Kapitel 7.2 beschrieben, produzieren beide Lernerinnen am Anfang nicht nur viele SV-Abfolgen (65-70%), sondern auch V3-Sätze mit der Struktur Adv-SV (siehe auch Dimroth 2008a, Pagonis 2009b).

(126) *V3: negativer Transfer durch SVO-Hypothese*
    a. und dann er **trinkt** tee.
    b. heute <ich habe> [//] ich **hatte** englisch.

(127) *V2: aus dem Input gefiltert*
    a. so, jetzt **kannst** du deine wohnung beschreiben.
    b. und **dann** kommt die Dascha.

Beide Lernerinnen beginnen, wie es die Transferhypothese vorhersagt, mit Strukturen aus ihrer L1. Obwohl beide bald zielsprachliche Strukturen wie (127) verwenden, hält die ältere Lernerin viel länger an den nicht zielsprachlichen Strukturen fest als die jüngere, und erwirbt deshalb die V2-Stellung im Untersuchungszeitraum nicht vollständig. Der Transfer der älteren Lernerin ist also tatsächlich robuster in dem Sinn, dass die Strukturen aus der L1 länger in der Lernergrammatik erhalten bleiben.

Gegen die Transferhypothese wird immer wieder eingewendet, dass sich diese Daten auch mit der Annahme erklären lassen, dass L2-LernerInnen mit unmarkierten Strukturen beginnen, unabhängig von der L1 oder der L2. SVO gilt dabei als die unmarkierte Wortstellung. Ein zentrales Ergebnis des ESF-Projekts ist, dass erwachsene L2-LernerInnen am Beginn des L2-Erwerbs eine *Basisvarietät* ausbilden (siehe Kapitel 4.2). Die Prinzipien der Basisvarietät (u.a. keine funktionalen Elemente, keine Flexion, SVO, A-gens zuerst, Thema zuerst) hängen nicht von der jeweiligen L1-L2-Kombination ab, sondern sind universal (Klein & Perdue 1992, Klein & Perdue 1997). Im Hinblick auf den Altersfaktor wäre unter der Hypothese der unmarkierten Strukturen anzunehmen, dass ältere LernerInnen zwar auf unmarkierte universale Strukturen zurückgreifen können, jedoch Schwierigkeiten haben, aus dem L2-Input einzelsprachliche Strukturen herauszufiltern, die stärker markiert sind.

Beide Hypothesen treffen für die SVO-Strukturen im DaZ-AF-Korpus zunächst dieselben Voraussagen. Die Hypothese der unmarkierten Strukturen verliert allerdings insofern etwas an Plausibilität, als die beiden Lernerinnen ansonsten keine Basisvarietät ausbilden, denn sie verwenden von Anfang an finit flektierte Verben und auch sehr schnell funktionale Elemente (siehe Kapitel 8.1).

Die Hypothese, dass die deutsche VP wie die russische oder die englische kopfinitial ist, gehört ebenfalls zur SVO-Hypothese: Wenn das finite Verb lexikalisch und transitiv ist, steht es in V2-Position und liefert somit Evidenz für VO-Strukturen. Die SVO-Hypothese führt also im Hauptsatz zu positivem Transfer mit finiten lexikalischen Verben und zu negativem Transfer mit infiniten lexikalischen Verben. OV-Kontexte im Deutschen sind Hauptsätze mit einem funktionalen finiten und lexikalischen infiniten Verb oder mit trennbaren Partikelverben, das Mittelfeld muss allerdings besetzt sein (Distanzstellung). Die russische und die englische VP sind kopfinitial (VO-Eigenschaft, siehe Kapitel 3.2). Allerdings gibt es im Russischen nur eine analytische Verbform (Futur mit *budet'*), mit der ein Beispiel analog zum Deutschen und Englischen konstruiert werden kann:

(128) *OV-Stellung*

    a. RU: Ivan **budet** smotret' televizor.
       EN: Ivan **will** watch TV.
       DE: Ivan **wird** fernsehen. (Partikelverb: Ivan **sieht** fern.)
    b. RU: Ivan **budet** citát' knigu.
       EN: Ivan **will** read a book.
       DE: Ivan **wird** ein Buch lesen.

Beide Lernerinnen beginnen passend zu ihrer SVO-Hypothese mit VO-Strukturen wie in (129), verwenden jedoch schnell auch korrekte OV-Strukturen wie in (130).

(129) *VO: negativer Transfer durch SVO-Hypothese*

    a. aber dann diese [//] das pferd **hat gesehen** ein kuh. (3. KM)
    b. so, **muss** ich **beschreiben** diese? (3. KM)
    c. ich **wollte erzählen** eine geschichte von Zeus. (4. KM)

(130) *OV: aus dem Input gefiltert*

    a. so, jetz **kanns** du deine wohnung **beschreiben**. (3. KM)
    b. aber du **hast** das schon **gesehen**. (5. KM)
    c. das &ha **hat** mir **gefallen**. (9. KM)

Beide Lernerinnen legen die nicht zielsprachlichen VO-Strukturen sehr schnell ab und erwerben die OV-Eigenschaft des Deutschen innerhalb der ersten drei bis vier Kontaktmonate (Kapitel 7.5). Die Hypothese, dass Transfer mit zunehmendem Erwerbsalter robuster ist, würde jedoch auch

für die OV-Eigenschaft einen Unterschied zwischen den beiden Lernerin-
nen vorhersagen. Dass der SVO-Transfer bei der älteren Lernerin für die
V2-Stellung mit Inversion robuster ist als für OV, muss daher mit dem
Lerngegenstand zusammenhängen (siehe Kapitel 10).

3. Transfer II: OVS-Hypothese

Abbildung 7.3 in Kapitel 7.2 zeigt, dass beide Lernerinnen mit vorangestellten Objekten eine starke Präferenz für Inversion (OVS) gegenüber V3
(OSV) haben. Dies ist zunächst erstaunlich, da beide Strukturen mit topikalisierten Objekten im Russischen vorkommen können. Dazu kommt, dass
im Englischen OVS syntaktisch keine Option ist. Im Deutschen ist aufgrund der V2-Eigenschaft nur OVS (Inversion) möglich:

(131) *OSV (V3)*
    RU: Generalov ja **nenavižu**.
    EN: Generals, I **hate**.
    DE: *Generäle, ich **hasse**.

(132) *OVS (Inversion)*
    RU: Knigu **kupil** brat.
    EN: *The book **bought** my brother.
    DE: Das Buch **kaufte** mein Bruder.

Wie Bailyn (2012) festhält, kommt hier im Russischen die Thema-vor-
Rhema Regel zur Anwendung: Die OVS-Struktur wird bei rhematischen
Subjekten verwendet: In (132) ist *brat* die neue Information, und die Bedeutung des Satzes lässt sich mit *Es war mein Bruder, der das/ein Buch
gekauft hat* umschreiben. In der deutschen Version von (132) sind je nach
Intonation beide Lesarten möglich. Der Schlüssel liegt jedoch in der Frequenz: OVS kommt im Russischen viel häufiger vor als OSV. Im Korpus
von Bivon (1971) ist OVS mit 11% nach SVO (mit 79%) die zweithäufigste Abfolge für transitive Verben, während OSV nur in 4% der Fälle vorkommt. Die Verhältnisse sind mit 49% SVO, 14% OVS und 1,7% OSV im
Korpus von Timberlake (2004) ganz ähnlich.

Im DaZ-AF-Korpus treten die ersten Objektvoranstellungen bereits im
2. KM auf, schon ab dem 3. KM werden sie häufiger. Hier eine Übersicht
über die verschiedenen vorangestellten Objekte:

Tabelle 9.1 Topikalisierte Objekte

	DAS/14	NAS/8
AKK-*das*	98	110
AKK	37	53
AKK-Satz	3	4
DAT (Pron.)	2	11
PP-Objekt	1	4
andere XP	1	7
alle	142	189

Neben der Hauptkategorie Akkusativ-Objekt (*das*, andere Pronomen, NPs und Objektsätze) kommen auch einige wenige Dativ- und Präpositionalobjekte vor. Die Kategorie XP enthält VP-Topikalisierungen wie (134)b und andere Elemente wie (134)c:

(133) *OVS/Inversion mit Akkusativ-Objekten*
    a. das **hat** Dascha fotografiert.
    b. # diese wörter, das **verstehe** ich nicht.
    c. fussboden **haben** wir diese.
    d. den **kenne** ich # den ranzen da.
    e. a(l)so ist schon interessant **find** ich.

(134) *OVS/Inversion mit Dativ-Objekten und anderen XPs*
    a. mir **haben** die robben und die hai gefallen.
    b. still haltn **kann** meine schwester sehr gut. (andere XP)
    c. chatcity@e **heisst** das also. (andere XP)

Wie aus den Beispielen ersichtlich wird, kommt die frequenteste Struktur im Russischen (OVS) auch in den deutschen Lernerdaten am häufigsten vor: Beide Lernerinnen verwenden mit vorangestellten Objekten fast nur Inversionsstrukturen (OVS), Dascha in 98,59% und Nastja in 93,12% der Fälle. Wiederum ist der Transfer bei der älteren Lernerin etwas stärker. Inversionsstrukturen mit vorangestellten Objekten lassen sich also durch L1-Transfer der OVS-Struktur aus dem Russischen erklären. Die Hypothese der unmarkierten Struktur kann die Präferenz für OVS nicht erklären, da OVS- und OS-Abfolgen im Allgemeinen markierter sind als SO-Abfolgen (z.B. Dressler 1994). Allerdings müssten diese Daten noch auf eine breitere empirische Basis gestellt werden: Für eine größere Anzahl von L2-

LernerInnen mit L1 Russisch müsste die Verbstellung bei vorangestellten Objekten untersucht werden. Und ebenso müsste gezeigt werden, dass L2-LernerInnen mit einer L1, in der OVS keine Option ist, auch keine Präferenz für Inversion bei vorangestellten Objekten haben.

4. Transfer III: NS=HS

Wie in Kapitel 3 dargestellt, unterscheidet sich das Deutsche vom Russischen und Englischen darin, dass das finite Verb im Nebensatz an einer anderen Position steht als im Hauptsatz, nämlich in VE-Position:

(135) *Deklarativer NS = HS-Struktur*
RU: Ja dumaju   [čto   [Ivan **smotrit** televizor]].
EN: I think   [that   [Ivan **watches** TV]].
DE: Ich denke   [dass   [Ivan fern**sieht**]].

(136) *Adverbialer NS = HS-Struktur*
RU: Saša napisal novuju pesnju [kogda [on **vernulsja** iz Tomska]
EN: Sasha wrote a new song   [when   [he **returned** from Tomsk]
DE: S. schrieb einen neuen Song [als   [er aus T. zurück**kehrte**]

Allerdings finden LernerInnen auch im Deutschen Evidenz für die Hypothese, dass die Wortstellung im Nebensatz der im Hauptsatz entspricht (NS=HS). Zum einen gibt es sicherlich im Input viele eingebettete V2-Sätze unter Brückenverben.[64] Wie in Kapitel 6.4 ausgeführt, produzieren die Lernerinnen auch selbst viele solche V2-Nebensätze. Laut Tabelle 6.11 beläuft sich ihr Anteil an allen Nebensätzen auf 16% bei Dascha (84/534) und 13% bei Nastja (96/770). Diese Sätze wurden aufgrund ihres hybriden Status von der Analyse der Haupt- und Nebensätze im vorhergehenden Kapitel ausgeschlossen. Da sie jedoch zu den ersten nebensatzähnlichen Konstruktionen gehören, die die Lernerinnen im 2. und 3. KM bilden, gehe ich hier nochmals auf sie ein:

---

[64] Nicht-eingeleitete Nebensätze unter Brückenverben gibt es auch im Englischen und Russischen (Mascha Voiekova, persönliche Kommunikation):
RU: Ja dumaju   [Ivan **smotrit** televizor].
EN: I   think   [Ivan **watches** TV].
DE: Ich glaube   [Ivan **sieht** fern].

(137) *Frühe NS-Vorläufer*

a. ich glaub ich **spiel**.	KM 02 DAS-06.cha
b. ich glaube diese **ist** dunkel und diese **ist** heller hm@i.	KM 02 DAS-07.cha
c. meine mutter sagt, das **ist** prinzess.	KM 02 DAS-07.cha
d. <das ist> [//] ich [/] ich glaube, das **ist** hereinspaziert am ersten mal.	KM 02 NAS-07.cha
e. aber ich glaube, sie **spielt** in [/] in dritte (o)der fünfte klasse geige [...].	KM 03 NAS-09.cha

V2-Nebensätze fungieren im L2-Erwerb offensichtlich als Einstiegskonstruktion für eingebettete Komplementsätze. Interessanterweise findet Diessel (2004) in seinem extensiven Korpus zum L1-Erwerb des Englischen ganz ähnliche Verhältnisse vor: Die frühesten und insgesamt häufigsten Komplementsätze sind nicht eingeleitete Komplementsätze unter Matrixverben wie *think, guess, say* oder *wish*, wobei insgesamt nur 2% dieser Sätze mit der Subjunktion *that* eingeleitet sind:

(138) *Frühe Komplementsätze im L1-Erwerb des Englischen*

a. I think I'm go in there.	Sarah at 3;1
b. I wish we could eat that.	Adam at 3;8

Offensichtlich bietet die formale Gleichartigkeit von Haupt- und Nebensätzen für L1-LernerInnen des Englischen eine ideale Einstiegsmöglichkeit in den Nebensatz: Diessel (2004) argumentiert, dass die Kombination eines formelhaften Matrixsatzes mit einem abhängigen Satz wie in (138) eine Vorläuferkonstruktion für komplexe Sätze bildet.[65] Diese Analyse lässt sich direkt auf die LernerInnen im DaZ-AF-Korpus übertragen: Ausgehend vom Russischen (und im Fall von Dascha auch vom Englischen) steigen sie wie englische L1-LernerInnen über Nebensätze in den NS-Erwerb ein, die gro-

---

[65] Hier zeigt sich ein klarer Unterschied zum L1-Erwerb: Nach Rothweiler (1993) kommen solche abhängigen V2-Sätze im L1-Erwerb des Deutschen erst später und insgesamt nur sehr selten vor (in 35/877 Nebensätzen, also in knapp 4% der Nebensätze). Nebensätze unter dem Matrixverb *glauben*, die im DaZ-AF-Korpus besonders zahlreich sind, sind in Rothweilers Korpus überhaupt nur fünf Mal belegt (und immer mit V2-Komplementen). Die Vorläuferkonstruktionen, über die L1-LernerInnen des Deutschen in den Nebensatzerwerb einsteigen, weisen zwar ebenfalls kein einleitendes Element auf, jedoch Verb-End-Stellung (Rothweiler 1993).

ße Ähnlichkeiten zum Hauptsatz aufweisen. Dabei produziert die ältere Lernerin zu Beginn viel mehr V2-Komplementsätze als die jüngere (41% vs. 12%). Diese Einstiegsstrategie ist insofern erfolgreich, als sie zu positivem Transfer führt und den Lernerinnen ein größeres Ausdrucksrepertoire verschafft. Gleichzeitig werden sie dadurch in ihrer Hypothese bestärkt, dass der deutsche Nebensatz dieselbe Struktur aufweist wie der Hauptsatz. Dies gilt in besonderem Ausmaß für die ältere Lernerin Dascha.

Die zweite irreführende Eigenschaft deutscher Nebensätze liegt darin, dass die Konjunktion *weil* im gesprochenen Deutsch nicht nur mit VE-Stellung, sondern auch mit V2-Stellung verwendet wird (siehe Kapitel 3.1). Ein Nebensatz mit *weil* kann also im Deutschen völlig parallel zu seinem russischen und englischen Gegenstück mit *potomy čto* und *because* gebildet werden. Nebensätze mit dem Einleiter *weil* gehören zu den drei häufigsten Nebensätzen im DaZ-AF-Korpus. Und tatsächlich verwenden die Lernerinnen *weil*-Sätze am Anfang häufiger mit V2-Stellung als mit VE-Stellung wie in (139)a. Die ältere Lernerin, Dascha, produziert im gesamten Untersuchungszeitraum nur 4/51 *weil*-Sätze mit VE, das sind 7,8%. Nastja verwendet ein Drittel ihrer *weil*-Sätze mit VE (33/98) wie in (139)c. Sobald die VE-Stellung erworben ist, verwenden die Lernerinnen die beiden Strukturen völlig austauschbar.[66] Wie in V2-Kontexten im Hauptsatz produzieren die Lernerinnen auch in *weil*-Nebensätzen V3-Strukturen wie in (139)b. Der Anteil der V3-Strukturen beträgt 5% bei der jüngeren Lernerin und 12% bei der älteren, was genau der V3-Rate im Hauptsatz entspricht.

(139) *weil-Sätze mit V2, V3 und VE*

      a. (in xxx Space_Center sie hat gewartet diese junge mann,)
         weil sie &kenn **konnte** es nicht. (6. KM)
         'Im Space Center hat sie auf den jungen Mann gewartet,
         weil sie konnte es (= allein fahren) nicht.'
      b. weil in Russland wir **haben** ein computer für ein person. (9. KM)
      c. (ein hai, aber Dascha hatte angst,) # weil der hai rechts **war** und
         sie +/. (6. KM)

Deutsche Nebensätze liefern also einige Evidenz für die Hypothese, dass die Verbstellung im Nebensatz der im Hauptsatz entspricht (NS=HS). Wie

---

[66] In der Zielsprache sind V2- und VE-Sätze mit *weil* nicht völlig austauschbar, z.B. sind V2-Sätze nicht am Anfang eines Satzgefüges erlaubt. Von insgesamt 149 Sätzen ist jedoch nur ein V2-Satz nicht korrekt verwendet: *aber weil sie **hat** kätzchen, sie macht diese hund (fp)* +... (= sie verjagt den Hund).

in Kapitel 7.4 dargestellt, produzieren beide Lernerinnen alle drei Nebensatztypen (siehe Abbildung 7.9):

(140) *zielsprachliches V2 im NS (positiver Transfer)*
    a. (ich glaube,) er **kann** gut deutsch.
    b. (ja, und ich kann jetz schwimmen,) weil [/] (fp) weil wir **hatten**
       in der schule # die stunde schwimmen.

(141) *nicht-zielsprachliches SVO/Pseudo-V2 im NS (negativer Transfer)*
    a. (meine mutter hat gesagt,)
       dass er **kann** nicht sehr gut deutsch sprechen.
    b. und wenn ich **stehe** auf link(s) auch

(142) *zielsprachliches VE im NS (aus dem Input gefiltert)*
    a. wann wir Zeus zuhause **bringen**, (er war fünf monaten alt).
       'als wir Zeus nach Hause brachten, war er fünf Monate alt'
    b. (habe ich nicht gewusst,)
       dass die schnecken in seinen haus auch etwas **haben**.

Im Prinzip könnten die Lernerinnen zwei verschiedene Transferhypothesen
aufstellen:

(143) *Hypothese A*: Nebensätze im Deutschen haben dieselbe Struktur wie
      Nebensätze im Russischen (und Englischen).

(144) *Hypothese B*: Wie im Russischen (und Englischen) unterscheidet
      sich die Wortstellung im deutschen Nebensatz nicht von der im deut-
      schen Hauptsatz.

Hypothese A und B treffen empirisch unterschiedliche Voraussagen: Hypothese A orientiert sich an der Abfolge im russischen Nebensatz und sagt
daher viel SVO voraus. Einzelne NS-Konstruktionen sollten dann der jeweiligen Abfolge im Russischen entsprechen, z.B. V1 in eingebetteten
Entscheidungsfragen. Unter Hypothese A gehen L2-LernerInnen von einer
SVO-Struktur im Haupt- und Nebensatz aus, HS und NS unterscheiden
sich durch die einleitenden Konnektoren und den Grad an syntaktischer und
semantischer Integriertheit in den Matrixsatz. Subjunktionen (*dass, wenn*
usw.), W-Phrasen und Relativpronomen stehen alle in einer Position vor

der SVO-Struktur (z.B. adjungiert). Tabelle 9.2 zeigt, wie die Nebensatz-struktur unter Hypothese A aussehen würde:

Tabelle 9.2   NS-Struktur für Hypothese A (SVO)

	X	S	V	O
HS (V3)	dann	Dascha	schreibt	einen Brief
NS Subjunktion	dass/wenn ...	Dascha	schreibt	einen Brief
NS S-W-Frage		wer	schreibt	einen Brief
NS S-Rel.Satz		die	schreibt	einen Brief
NS X-W-Frage	wann	Dascha	schreibt	einen Brief
NS O-W-Frage	was	Dascha	schreibt	(-)
NS O-Rel.Satz	den	Dascha	schreibt	(-)

Hypothese B orientiert sich am deutschen Hauptsatz und sagt voraus, dass L2-LernerInnen neben SVO-Strukturen auch andere V2-ähnliche Struktu-ren im Nebensatz produzieren. Sie gehen dabei von den lernersprachlichen Strukturvarianten aus, die sie für den Hauptsatz bereits erworben haben.

Tabelle 9.3   NS-Struktur für Hypothese B (NS=HS)

	Pos.0	Vorfeld	LSK	Mittelfeld
HS (V3)	dann	Dascha	schreibt	einen Brief
NS Konnektor	dass/wenn...	Dascha	schreibt	einen Brief
NS S-W-Frage		wer	schreibt	einen Brief
NS S-Rel.Satz		die	schreibt	einen Brief
NS X-W-Frage		wann	schreibt	Dascha einen Brief
NS O-W-Frage		was	schreibt	Dascha _
NS O-Rel.Satz		den	schreibt	Dascha _

Subjunktionen nehmen in Nebensätzen mit Pseudo-V2-Stellung eine ähnli-che Position ein wie Konjunktionen in parataktischen Strukturen (Position 0 oder besser *Pseudo-Position-0*). Für Subjunktionen und Frage- bzw. Re-lativsätze, die sich auf Subjekte beziehen, macht Hypothese B dieselben Voraussagen wie Hypothese A. Aber Frage- und Relativsätze, die sich auf Nicht-Subjekte beziehen haben unter Hypothese B eine andere Struktur. Unter Hypothese A stehen Nicht-Subjekte (Objekte und Adjunkte wie *wann* oder *wie*) vor dem SVO-Komplex und weisen damit V3-Stellung auf.

Unter Hypothese B stehen sie wie im Hauptsatz im Vorfeld und lösen Inversion aus (Pseudo-V2). Im Hauptsatz produzieren beide Probandinnen mit W-Wörtern und Objekten im Vorfeld von Anfang an korrekte Inversion (V2). Unter Hypothese B (NS=HS) ist also anzunehmen, dass sie dies im Nebensatz auch tun. Hypothese B sagt voraus, dass Interrogativ- und Relativsätze mit Nicht-Subjekten häufiger V2-Stellung aufweisen als V3-Stellung, während unter Hypothese A häufiger V3-Stellung erwartet wird.

Wie im Russischen (und Englischen) ist SVO mit über 80% beim weitem die häufigste Abfolge in allen Nebensätzen, die nicht VE-Stellung aufweisen. Dies scheint zunächst für Hypothese A zu sprechen. Aber es ist auch unter Hypothese B zu erwarten, da SVO auch im Hauptsatz die häufigste Abfolge ist. Interessant sind nun eingebettete Relativ- und Interrogativsätze, die sich auf ein Nicht-Subjekt beziehen. Im Russischen und im Englischen finden sich hier häufig V3-Strukturen mit SVO-Stellung, allerdings nicht immer, wie (145) zeigt. Jedenfalls finden sich kaum V2-Abfolgen mit Inversion:

(145) *W-Pronomen (Nicht-Subjekt)*
RU: Maša menja sprosila [kogo ja včera **videl**].
EN: Masha asked me [who I **saw** yesterday].
DT: Mascha fragte mich [wen ich gestern **sah**].

(146) *Relativpronomen (Nicht-Subjekt)*
RU: pričiny, [po kororym ženščiny **brosajut** mužčin]
EN: reasons, [for which women **leave** men]
DT: Gründe, [aus denen Frauen Männer **verlassen**]

Ein Vergleich der Verbstellungsmuster in Interrogativ- und Relativsätzen, die sich auf Nicht-Subjekte beziehen und keine VE-Stellung aufweisen, ergibt für die beiden Lernerinnen folgendes Bild:

Tabelle 9.4   Interrogativ- und Relativsätze ohne Subjektbezug

Nebensätze	interrogativ	relativ	gesamt
DAS/14			
Pseudo-V2	27	5	32
X-SVO (V3)	4	7	11
NAS/8			
Pseudo-V2	17	2	19
X-SVO (V3)	1	2	3

Im Folgenden führe ich einige Beispiele für Frage- und Relativsätze ohne Subjektbezug an:

(147) *Pseudo-V2 im Interrogativsatz*

   a. ich weiss nicht, was &m **wollte** ich fotografieren.   KM 04 NAS-13.cha

   b. und ich wollte nur gucken, wie **können** sie lernen in russische schule.   KM 09 DAS-32.cha

(148) *X-SVO (V3) im Interrogativsatz*

   a. ich weiss nicht, warum diese steine **sind** da.   KM 04 NAS-13.cha

   b. und wir müssen das schreiben, was sie **hat** gespielt.   KM 05 DAS-20.cha

(149) *Pseudo-V2 im Relativsatz*

   a. ein autobahn, <wo die> [//] (fp) (fp) wo **muss** man auto wischen [//] waschen und +/.   KM 06 NAS-22.cha

   b. ++ häuser für die leute, die **haben** kein haus und kein essen.[67]   KM 11 DAS-38.cha

(150) *X-SVO (V3) im Relativsatz*

   a. vielleicht das, # was ich **wollte** &er erklären, das ist ein krebs   KM 05 NAS-19.cha

   b. und also er [/] er ausdenkt immer solche dinge, die man auch **kann** nich(t) machen.   KM 16 DAS-58.cha

Die absoluten Zahlen in Tabelle 9.4 sind zwar niedrig, aber dennoch unterstützen die Daten Hypothese B. Pseudo-V2-Strukturen, in denen das finite Verb direkt hinter dem Relativ- oder W-Pronomen steht, sind bei beiden

---

[67] Hier ergibt sich noch eine zusätzliche Parallelität zum Hauptsatz: Diese Relativsätze mit Pseudo-V2 sehen aus wie Hauptsätze mit einer linksversetzten NP im Vor-Vorfeld (siehe Kapitel 3.1). Solche Strukturen produzieren die Lernerinnen auch, am Anfang häufig mit *das ist*, später auch mit anderen Pronomen und Verben:
(i) also diese deutsche schule, die **ist** überhaupt nicht &str (fp) streng.

Lernerinnen am häufigsten. Bei Dascha machen sie 74,42% und bei Nastja 86,36% der Nebensätze aus, die keine VE-Stellung aufweisen. Die beiden L2-Lernerinnen transferieren also aus ihrer L1 (und Dascha aus dem Englischen) weniger die SVO-Eigenschaft von Nebensätzen, sondern die Eigenschaft, dass Nebensätze wie Hauptsätze aufgebaut sind (*NS=HS Hypothese*). Im Zusammenhang mit der NS=HS Hypothese ist anzumerken, dass es beim Vergleich zwischen Haupt- und Nebensatz lexikalische Formen gibt, die zwischen Subjunktionen und Interrogativ-/Relativpronomen ambig sind: Die Subjunktion *dass* ist phonetisch äquivalent mit dem Relativpronomen *das*, wird jedoch je nach Kontext unterschiedlich kodiert, sodass beide Sätze in (151) zur Kategorie Pseudo-V2 gehören. Dies ist insofern nicht problematisch, als die Lernerinnen ganz klar zwischen den beiden Funktionen von *das(s)* unterscheiden. Außerdem kommt das Relativpronomen *das* in den Nicht-Subjekt-Relativsätzen in Tabelle 9.4 nicht vor.

(151) *Pseudo-V2 bei dass/das*

    a. und mama hatte gesagt, das dieses fon-   KM 04 NAS-13.cha
       tän **hat** gebaut, wenn ein krieg war.

    b. es gibt viele spielen, das **interessiert**   KM 09 DAS-32.cha
       mich nicht.

Ein etwas schwierigerer Fall ist die von Dascha ambig verwendete Form *wann*: Aus der Perspektive der NS=HS Hypothese handelt es sich um ein W-Pronomen, das in indirekten Fragesätzen und Relativsätzen verwendet wird. In dieser Bedeutung kommt es bei Dascha nur fünfmal vor, mit V2, V3- und VE-Stellung. Dascha verwendet *wann* hauptsächlich anstatt der konditionalen Konjunktion *wenn* wie in (152)a und anstatt der temporalen Konjunktionen *als* bzw. *nachdem* wie in (152)b. Dies entspricht der Verwendungsweise von *kogda* 'wann' im Russischen: Interrogativpronomen, konditionaler und temporaler Konnektor. In diesen Kontexten wird *wann* als Konnektor und die Abfolge *wann*+S+Vfin als Pseudo-V2 interpretiert:

(152) Pseudo-V2 bei *wann* (Dascha)

    a. und wann man **hat** diese prüfungen   KM 12 DAS-42.cha
       gut gemacht, dann geht man zum
       universität.

    b. und wann ich **habe** nach Sankt   KM 08 DAS-25.cha
       Petersburg gekommen, dann hab(e)
       ich auch in die schule gegangen.

Dascha verwendet die Form *wann* in der Bedeutung von *wenn* und *als* sehr konsistent entweder mit Pseudo-V2-Stellung (52/76) oder mit VE-Stellung (21/76), es gibt nur drei von diesem Muster abweichende Abfolgen. Sie verwendet auch die Form *wenn* von Anfang an, aber selten. Mit der Zeit geht die Verwendung von *wann* zugunsten von *wenn* zurück. Bis zum Ende des Untersuchungszeitraums verwendet sie *wenn* statt dem Konnektor *als*:

Tabelle 9.5   Die Verwendung von *wann* als Konnektor

Konjunktion	DAS	NAS
wann=als	25	0
wann=wenn	50	0
wann=wie	1	0
wenn	36	179
wenn=als	2	3
als=temp	0	23

Auch Daschas Verwendung von *wann* statt *wenn/als* passt gut zu der Hypothese, dass die Lernerin die Nebensätze im Deutschen an den (scheinbar) entsprechenden Hauptsätzen modelliert. Während die Form *wenn* keine Entsprechung im Hauptsatz hat, hat die Form *wann* auch im Hauptsatz eine Bedeutung und wird auch im Russischen ganz ähnlich verwendet.

Ein weiterer Punkt, der für Hypothese B (NS=HS) spricht, ist, dass beide Lernerinnen nicht-zielsprachliche Nebensatz-Chunks ausbilden, die eindeutig am entsprechenden Hauptsatz modelliert sind (siehe Kapitel 6.2, Tabelle 6.5). Für die Nebensatzbildung sind die Formeln *wie heißt das, was heißt* und *was ist (das)* von Interesse, die sowohl als Hauptsätze als auch als interrogative Nebensätze vorkommen (fast alle unter dem ebenfalls formelhaften Matrixsatz *ich weiß nicht*). Besonders Chunks, die keine SVO-Stellung aufweisen, wie *was/wie heißt* zeigen die Strategie der Lernerinnen, V2-Strukturen aus dem HS in den Nebensatz zu importieren.

(153) *Nebensatz-Chunks (am HS modelliert)*
    a. ich verstehe, was **ist** das in russisch.   KM 02 NAS-07.cha
    b. weiss nicht, wie **heisst** das auf deutsch.   KM 04 DAS-14.cha
    c. # ich weiss nich(t), was **heisst** es.   KM 12 DAS-42.cha

Die Verwendung dieser HS-Chunks im Nebensatz stärkt die Hypothese NS=HS weiter. Die ältere Lernerin Dascha weist im Nebensatz eine mehr als doppelt so hohe Chunk-Rate auf wie ihre jüngere Schwester Nastja (17,76% vs. 8,31%). Daschas höhere Chunk-Rate und ihre lange Verwendung von *wann* im Nebensatz passen gut zu ihrer gegenüber Nastja verzögerten Entwicklung der VE-Stellung im Nebensatz.

5. Fazit: Transfer, Erwerbsalter und Lerngegenstand

MuttersprachlerInnen des Russischen, die Deutsch als Zweitsprache lernen, stehen vor einer schwierigen Aufgabe: Die Verbstellung des Deutschen ähnelt der des Russischen in mehrerer Hinsicht, sodass die LernerInnen annehmen, die Verbsyntax der beiden Sprachen funktioniere ähnlich (*Psychotypologie*). In diesem Kapitel habe ich argumentiert, dass die Hypothesen der Lernerinnen im DaZ-AF-Korpus in den folgenden vier Bereichen von ihrer L1 geprägt sind, und daher über die Transferhypothese zu erklären sind:

Tabelle 9.6   Lerngegenstand DaZ mit L1 Russisch

L1 Russisch SVO →	L2 Deutsch SOV+V2	
Hypothesen	positiver Transfer	negativer Transfer
SV und SVO →	SV und SVO	X-SVO = V3 (*)
VO →	VO mit fin.V	VO mit inf.V (*)
OVS →	OVS = V2/Inversion	---
NS = HS →	V2 im NS mit *weil*	V2 in anderen NS (*)

Die beiden Lernerinnen unterscheiden sich in der Robustheit des Transfers. Die ältere Lernerin hält länger an nicht zielsprachlichen transferierten Strukturen fest als die jüngere Lernerinnen. Dementsprechend formuliere ich die erste Generalisierung:

(154) *Generalisierung A:* Je höher das Erwerbsalter, desto robuster ist der (negative) Transfer.

Der Zusammenhang zwischen Erwerbsalter und L1-Transfer kann sowohl mit Hilfe der *Reifungshypothese* als auch mit Hilfe der *Entrenchment-Hypothese* formuliert werden. Beide Hypothesen machen empirisch dieselben Voraussagen. Darüber hinaus steigt mit höherem Erwerbsalter die

Wahrscheinlichkeit, dass weitere Sprachen einen Einfluss ausüben. So spricht die ältere Lernerin Dascha bereits Englisch als erste Fremdsprache, als sie mit dem Deutscherwerb beginnt. Und Englisch verhält sich in den meisten Aspekten (außer OVS) wie Russisch. Ihr Wissen über Englisch unterstützt ihre vom Russischen geprägten Hypothesen über die Verbstellung im Deutschen. Dies könnte ebenfalls dazu beitragen, dass die ältere Lernerin an den falschen Hypothesen länger festhält als ihre jüngere Schwester.

Eine Erklärung über Transfer ist nicht die einzig mögliche Erklärung: Der großer Teil der in Kapitel 6 und 7 präsentierten Daten kann auch durch die *Hypothese der unmarkierten Struktur* erklärt werden, denn die meisten produzierten Haupt- und Nebensätze weisen eine SVO-Abfolge auf. Für OVS-Strukturen und Interrogativ- bzw. Relativsätze, die sich auf Nicht-Subjekte beziehen und V2-Stellung aufweisen, hat die Hypothese der unmarkierten Struktur jedoch keine Erklärung.

Allerdings sagt die Generalisierung A für alle Bereiche der Verbstellung dieselbe Robustheit voraus. Die Tatsache, dass beide Lernerinnen, unabhängig von ihrem Erwerbsalter, ihre anfängliche VO-Hypothese sehr schnell aufgeben und ausschließlich OV-Strukturen produzieren, wird durch Generalisierung A nicht erfasst. Das Erwerbsalter wirkt sich je nach Lerngegenstand unterschiedlich aus: Die OV-Eigenschaft wird von beiden Probandinnen gleich schnell erworben, die ältere Lernerin hat hier gegenüber der jüngeren keine Nachteile. Beim Erwerb der V2-Eigenschaft (Inversion) beginnen sich Unterschiede zwischen der älteren und der jüngeren Lernerin zu zeigen, aber diese sind noch nicht sehr groß. Erst beim Erwerb der VE-Stellung im Nebensatz klaffen die beiden Erwerbskurven richtiggehend auseinander, der Unterschied ist hochsignifikant. Diese immer größere werdenden Unterschiede entsprechen der Erwerbsreihenfolge bei erwachsenen L2-LernerInnen (Meisel, Clahsen & Pienemann 1981, siehe Kapitel 4.1).

(155) *Unterschiede zwischen den beiden Lernerinnen*
     1. OV/XV: keine   2. V2/Inv.: kleine   3. VE im NS: große

(156) *Erwerbsreihenfolge im Erwachsenenalter*
     1. SVO   2. Adv-SVO (V3)   3. OV/XV   4. V2   5. VE im NS

SVO und Adv-SVO stellen keine Erwerbsschritte im eigentlichen Sinn dar, da sie keine tatsächliche Eigenschaft des Deutschen repräsentieren. Beim ersten echten Erwerbsschritt (OV/XV) gibt es noch keine Unterschiede, mit den nächsten beiden Schritten wachsen jedoch die Unterschiede. Die Robustheit des Transfers hängt also nicht nur vom Erwerbsalter ab, sondern auch vom Lerngegenstand:

(157) *Generalisierung B*: Sprachliche Strukturen, die früher/schneller erworben werden, sind weniger anfällig für Transfer als Strukturen, die später/langsamer erworben werden.

Welche Eigenschaften des Lerngegenstandes könnten einen Einfluss auf die Geschwindigkeit des Erwerbs haben? Die Frage, warum die OV/XV-Stellung vor der V2- und VE-Stellung erworben wird, wird in Kapitel 10 erörtert. Dass die V2- vor der VE-Stellung erworben wird, hat sicherlich auch damit zu tun, dass Hauptsätze grundsätzlich vor Nebensätzen erworben werden. Um primäre kommunikative Bedürfnisse zu befriedigen, reichen Hauptsätze zunächst aus. Außerdem hören die LernerInnen viel mehr Hauptsätze im Input als Nebensätze und produzieren diese auch häufiger.

Dass Transfer aus der L1 nicht nur vom Erwerbsalter, sondern auch vom Lerngegenstand abhängt, zeigen auch anekdotische Daten aus Studien zum frühen L2-Erwerb. Im Unterschied zu erwachsenen L2-LernerInnen erwerben drei- bis vierjährige Kinder die deutsche Verbstellung ganz ähnlich wie im Erstspracherwerb (siehe Kapitel 5.2). Sie produzieren kaum V3-Strukturen, erwerben rasch die Satzklammer bei mehrteiligen Verben und haben keine Probleme mit der VE-Stellung im Nebensatz. Letzteres hat Rothweiler (2006) für Kinder mit L1 Türkisch (SOV) gezeigt. Anekdotische Daten aus den Studien von Kostyuk (2005) und Şenyıldız (2010) deuten jedoch darauf hin, dass Kinder mit L1 Russisch (SVO) im Nebensatz Strukturen bilden, die im L1-Erwerb nicht vorkommen. Vier Kinder, die Nebensätze produktiv verwenden, bilden über fast zehn Monate hinweg sowohl VE- als auch nicht zielsprachliche V2-Strukturen in eingeleiteten Nebensätzen. Erst dann setzt sich die VE-Stellung im Nebensatz endgültig durch. Kostyuk (2005) interpretiert das im Vergleich zum L1-Erwerb häufige Vorkommen von V2-Nebensätzen als Transfer aus dem Russischen. L1-Transfer könnte also für den Lerngegenstand VE-Stellung, der spät/langsam erworben wird, auch im frühen L2-Erwerb eine Rolle spielen.

Kapitel 10
Erklärungshypothese: Verblexikon

Da die Verbstellung anhand von einzelnen Verben gelernt werden muss, liegt es nahe, die Entwicklung des Verblexikons bei den LernerInnen mit-einzubeziehen. Einen klaren kausalen Zusammenhang zwischen dem Er-werb des Verblexikons und dem Erwerb der Verbstellung herzustellen, ist keine triviale Angelegenheit und kann im Rahmen dieser Fallstudie auch nicht geleistet werden. Im Rahmen einer eingehenden Analyse des Verble-xikons der beiden Lernerinnen werde ich jedoch mögliche Verbindungen zum Erwerb von Verbstellungsregeln aufzeigen.

In Erwerbsmodellen, die auf den Sprachgebrauch fokussieren (*Usage-Based Grammar*), spielt die Frequenz, mit der sprachliche Einheiten (z.B. Flexionsendungen, Lexeme oder Phrasen) verwendet werden, eine zentrale Rolle (z.B. Bybee 2008). Diese Modelle gehen meistens Hand in Hand mit einer konstruktionsgrammatischen Perspektive, nach der L2-LernerInnen den sprachlichen Input zuerst als ganze Einheiten (formelhafte Chunks) aufnehmen und diese dann Schritt für Schritt aufbrechen (siehe Kapitel 6.2). Für dieses Aufbrechen ist es notwendig, verschiedene lexikalische Elemente zu lernen, die an einer Stelle X in einer Konstruktion stehen kön-nen. Je mehr lexikalische Einheiten an die Stelle X treten können, desto leichter lässt sich die Konstruktion verallgemeinern. So unterstützt lexikali-sche Diversität grundsätzlich das Lernen von Regeln. Im generativen Er-werbsmodell spielt der Erwerb lexikalischer Kategorien für den Syntaxer-werb keine herausragende Rolle, relevant ist jedoch der Erwerb funktionaler Kategorien (siehe Kapitel 8).

Studien zum L1-Erwerb, wie z.B. Kauschke (2000), belegen, dass die lexikalische Entwicklung von Kindern ein guter Prädiktor für ihre gramma-tische Entwicklung darstellt. Dies kann jedoch nach Rothweiler (2009) auch nur bedeuten, dass sich günstige Voraussetzungen für den Spracher-werb auf den Lexikon- und den Grammatikerwerb gleichermaßen positiv auswirken. Rothweiler (2009) hält es nur für begrenzt möglich, entwick-lungslogische Beziehungen zwischen dem lexikalischen und dem gramma-tischen Erwerb herzustellen. In ihrer Studie zum Erwerb der Subjekt-Verb-Kongruenz und der V2-Stellung bei zwei L2-LernerInnen mit L1 Türkisch bezieht sie aber trotzdem den Erwerb des Verblexikons mit ein. Dabei zeigt sich, dass der erfolgreichere Lerner ein deutlich größeres Verblexikon besitzt, also mehr verschiedene Verblemmata (*Types*) verwendet, als die weniger erfolgreichere Lernerin. Auch Thoma & Tracy (2006) erwähnen in ihrer Studie zum kindlichen L2-Erwerb der Verbstellung, dass die langsamere Entwicklung einzelner LernerInnen mit einem eingeschränkteren Verblexikon zu tun haben könnte (siehe Kapitel 5.2). Da sich die Unterschiede zwischen den beiden Lernerinnen der vorliegenden Studie gerade im Erwerbstempo manifestieren, liegt es nahe, den Erwerb des Verblexikons bei beiden Lernerinnen zu vergleichen.

In Kapitel 10.1 beschreibe ich die lexikalische Entwicklung von Dascha und Nastja im Allgemeinen und stelle zwei gut vergleichbare Gesprächsausschnitte einander qualitativ gegenüber. In Kapitel 10.2 werden Unterschiede bezüglich der lexikalischen Diversität und dem Auftreten von seltenen Verben bei den Probandinnen aufgezeigt. In Kapitel 10.3 wird die Bandbreite der verwendeten Verben in verschiedenen Verbpositionen untersucht.

1. Diversität des allgemeinen Wortschatzes

Grundsätzlich wird angenommen, dass sich das Alter bei Erwerbsbeginn nicht auf den Erwerb des Lexikons auswirkt, da LernerInnen unabhängig von ihrem Alter ihr Lexikon aufbauen und erweitern (Klein 1996). Im Rahmen dieser Argumentation versucht Pagonis (2009b) nachzuweisen, dass der Lexikonerwerb der beiden Lernerinnen im DaZ-AF-Korpus gleich abläuft. Pagonis (2009b) zeigt, dass sich Nastja und Dascha in ihrer lexikalischen Entwicklung nur insofern unterscheiden, dass Nastja mehr spricht, also mehr Tokens und daher auch mehr Lemmata produziert. Eine Hochrechnung von Pagonis ergibt, dass Dascha, würde sie gleich viel sprechen wie Nastja, ebenso viele Lemmata gebrauchen würde wie Nastja. Pagonis schlussfolgert, dass sich die beiden Lernerinnen in ihrer lexikalischen Entwicklung nicht unterscheiden. In diesem Kapitel überprüfe ich nochmals mit einer anderen Methode, ob die beiden Lernerinnen unabhängig von ihrer unterschiedlichen Tokenanzahl tatsächlich dieselbe lexikalische Diversität aufweisen.

Für beide Lernerinnen wurden je 21 Transkripte im CHAT-Format ausgewertet (siehe Kapitel 6.1). Für die detaillierte Verbstellungsanalyse wurden nur diejenigen Äußerungen weiter kodiert, die Verben enthalten. Ein paar grundlegende Informationen können aber auch mit CLAN-Befehlen über die Sprecherzeile der CHAT-Dateien (*main line*) errechnet werden, z.B. die *Type-Token-Ratio* und die lexikalische Diversität.[68] Die *Type-Token-Ratio (TTR)* ist für einen solchen Vergleich nicht geeignet, da sie stark von der Menge der Tokens abhängt (Durán et al. 2004, Baayen 2008). Aus diesem Grund wurde der CLAN-Befehl *vocd* entwickelt, der die *Measure D* berechnet, die ein verlässlicheres, von der Textlänge unabhängiges Maß für lexikalische Diversität darstellt (McKee, Malvern & Richards 2000, Durán et al. 2004). *Measure D* wurde für die 21 ausgewerteten Aufnahmen über die Sprecherzeile von Dascha und Nastja im CHAT-Transkript berechnet. Daher sind in Abbildung 10.1 alle Äußerungen, auch solche ohne Verben miteinbezogen:

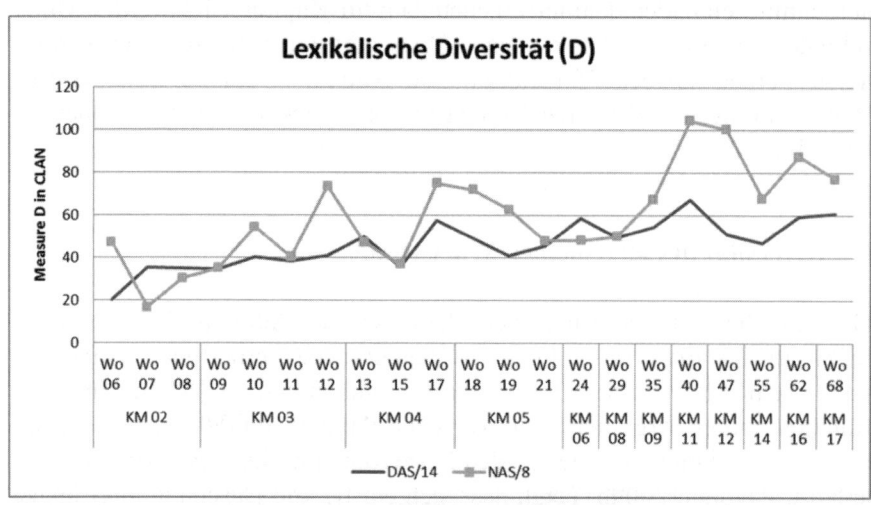

Abbildung 10.1   Lexikalische Diversität nach *Measure D*

Für die Entwicklung der lexikalischen Diversität in Abbildung 10.1 wurden die Aufnahmen nicht zu Kontaktmonaten zusammengefasst. Es wird also in

---

[68] Bei Berechnungen über die Sprecherzeile ist zu beachten, dass Elemente, die nur kleine phonologische Abweichungen zeigen, unter Umständen als eigener Type gerechnet werden, z.B. wenn *is* statt *ist* oder *geh* statt *gehe* geäußert wurde. Solche phonologischen Abweichungen wurden im Transkript meist mit Klammerausdrücken ergänzt: *is(t)* und *geh(e)*. Bei den CLAN-Befehlen wurden solche Klammerausdrücke wie die Wörter ohne Klammer behandelt, d.h. *is* und *ist* wurden als ein Type gerechnet. Ersetzungen in eckigen Klammern wurden in den Transkripten meist dazu genutzt, abweichende Formen und Fehler auf ein zielsprachliches Lemma zuzuordnen (mit Fehlerkodierung), z.B. *mannen [: männer]* oder *müss [: muss]*. In den CLAN-Berechnungen wurden diese Ersetzungen nicht vorgenommen, d.h. *mannen* wurde ebenso wie *müss* als eigener Type gerechnet. Für die Analyse der lexikalischen Entwicklung in CLAN (*freq* und *vocd*) wurde das gesamte geäußerte Material ausgewertet, darunter fallen also auch Wiederholungen und Selbstkorrekturen *(retracings)*.

jeder Kontaktwoche eine einstündige Aufnahme analysiert. Die Kurven für lexikalische Diversität (*Measure D*) verlaufen am Anfang bei beiden Lernerinnen relativ ähnlich, wobei die jüngere Lernerin häufiger ein höheres durchschnittliches D aufweist (absolute Zahlen siehe Tabelle A.21 im Anhang). Ab dem 9. KM steigt die lexikalische Diversität der jüngeren Lernerin sichtbar stärker an als die ihrer älteren Schwester. Zu diesem Zeitpunkt hat die jüngere Lernerin die Verbstellungsregeln des Deutschen bereits vollständig erworben, während die ältere Lernerin die V2- und VE-Stellung noch nicht vollständig erworben hat. Abbildung 10.1 bietet jedoch keine Evidenz für die Hypothese, dass eine höhere lexikalische Diversität zu einem schnelleren Grammatikerwerb beiträgt. Dazu hätte die lexikalische Diversität der jüngeren Lernerin schon vor dem 9. Kontaktmonat höher sein müssen als die der älteren.

Um den Eindruck zu belegen, dass Nastja sich sowohl lexikalisch als auch grammatikalisch differenzierter ausdrückt als ihre ältere Schwester, unterziehe ich die Äußerungen der beiden Lernerinnen in einer gut vergleichbaren Erzählsequenz einer qualitativen Analyse. Dazu ziehe ich die zwei Aufnahmen im 9. KM heran (NAS-31.CHA und DAS-32.CHA). Zu diesem Zeitpunkt liegt der Wert D in Abbildung 10.1 bei beiden Probandinnen relativ nah nebeneinander. Die Aufnahmen sind gut geeignet, da sie am selben Tag mit demselben Interviewer (INT), einem männlichen Erwachsenen (L1 Deutsch), aufgenommen wurden. Nastja und Dascha erzählen dem Interviewer unabhängig voneinander von ihrem Besuch im Freizeit- und Vergnügungspark Phantasialand. Beide sind begeistert von ihren Erlebnissen und wollen ihm alles erzählen, sie sind also beide hochmotiviert. Trotz dieser maximal parallelen Situation unterscheiden sich die beiden Erzählungen erheblich: Nastjas Erzählung über Phantasialand dauert ungefähr dreimal so lang wie die Daschas, was sich natürlich auf die Anzahl der lexikalischen Types[69] und Tokens niederschlägt. Nastja produziert 635 Types und 3426 Tokens, Dascha dagegen nur 240 Types und 986 Tokens.

Für den qualitativen Vergleich habe ich jeweils einen Auszug aus dieser Erzählung ausgewählt, in denen jede Probandin ihre Lieblingsattraktion von Phantasialand beschreibt. Diese Passagen sind insgesamt zwar ungefähr gleich lang, aber bei Dascha spricht der Interviewer deutlich mehr als bei Nastja. Er stellt Dascha immer wieder Fragen, um das Gespräch in

---

[69] Mit *Type* ist im Zusammenhang mit dem Lexikonerwerb *Lemma* gemeint, also die Basisform eines Wortes. So werden z.B. die Formen *liest vor, lese vor, vorgelesen* alle als Tokens des Types *vorlesen* gezählt.

Gang zu halten. Ich habe diejenigen Sätze bzw. Teilsätze fett markiert, die lexikalisch und grammatikalisch komplexer sind, also nicht aus hochfrequenten Verbtypen wie der Kopula, semi-lexikalisches *haben* oder *machen, sagen* und/oder einfachen SVO-Strukturen bestehen:

(158) *Auszug zu Phantasialand (Nastja, 9. KM, 35. KW)*
    *NAS: und gestern waren wir in Phantasialand.
    *INT: hm@ia.
    *NAS: **wir dachten, als wir am achten juni da waren** [>], das [/]
             (fp) (fp) das Galaxy ganz schrecklich ist.
    *INT: hm@i [<].
    *INT: was ist Galaxy?
    *NAS: Galaxy, (fp) **da fährt man so durch kosmos@r.**
    *INT: hm@ia.
    *NAS: ja, **aber da fährt man nicht.**
    *NAS: **da guckt man so ein riesigen (fp) so ein kino.**
    *INT: hm@ia.
    *NAS: aber der ist voll riesig.
    *INT: hm@ia.
    *NAS: wie dieser hauch [?].
    *INT: hm@ia.
    *NAS: so fff@o.
    *INT: (ei)n ganz grosses kino.
    *NAS: ja, **und da guckt man so.**
    *INT: hm@ia.
    *NAS: und (fp) **der wagen bewegt sich.**
    *INT: hm@ia.
    *NAS: **wie wir dahin fahren,** <wo es da (fp) sieht> [//] [>] **wo das**
             man sieht.
    *INT: hm@ia [<].
    *NAS: und die frau vor [/] &dav na **wenn wir vor dem fahren,**
             sagt.
    *NAS: +" hm@i (fp) **sie brauchen diese maske.**
    *INT: hm@ia.
    *NAS: +" (fp) und <wir wünschen ihnen einen (fp) &g guten (fp)
             &f> [//] &d **wir wünschen ihnen einen guten fliegenden**
             [% flug] +/.
    *INT: flug, einen guten flug [>].
    *NAS: flug mit L_T_U.

*INT: oh@i.

*NAS: ja, das sagt sie.

*NAS: und **als sie mir diese maske gezeigt hat, dann, letztes mal**, hat Mama gesagt.

*NAS: +" nein, das ist nicht für Nastja.

*INT: hm@ia.

*NAS: aber das ist ganz schön.

*NAS: da [//] (fp) **als ersten mal sassen wir na ganz hintern [: hinten]**.

*INT: hm@ia.

[...]

*INT: hm@ia, das mit dem Galaxy, das habe ich noch nich(t) richtig verstanden.

*INT: also es ist ein grosses kino.

*NAS: ja.

*INT: das ist klar, und man sitzt da, wie in einem kino, oder man fährt, oder?

*NAS: (fp) **man fühlt sich so, <wie &ma> [//] wie wenn man fährt [>] # auch fliegt**.

*INT: hm@ia [<].

*INT: ja.

*NAS: ja, und <da kann> [//] **da sieht man <viele &wel> [//] viele planeten**.

*INT: ja, aber man fährt nicht wirklich, sondern man sitzt [>]?

*NAS: &na ja [<].

*INT: man hat nur das gefühl, weil sich alles d(a)rumherum [>] +...

*NAS: ja [<].

*INT: ah@i ja.

*NAS: das [F] ist &d das schönste.

*NAS: und es regnete.

*INT: hm@ia.

*NAS: und die Mami &davo vor das sagt die.

*NAS: +" na das ist dumm, **zweimal auf (da)s Galaxy zu fahren**.

*NAS: aber es regnete und war ganz kalt.

*INT: hm@ia.

*NAS: und die sagte.

*NAS: +" **kommt nach Galaxy**.

*NAS: +" da ist der rücken warm.

*INT: hm@ia.

*NAS: und wir waren ganz vorne, ganz vorne.
*NAS: das [/] das war so ein gefühl.
*INT: hm@ia.
*NAS: ja, und <da kann, da ist es> [//] **da fliegt man nach hoch.**
*NAS: aber fliegt nicht.
*NAS: die kabinen macht nur so.
*INT: hm@ia.
*NAS: **so wie wir hoch mal fliegen**, das ist sehr schön [>].
*INT: hm@ia [<].

(159) *Auszug zu Phantasialand (Dascha, 9. KM, 35. KW)*
*DAS: und da war noch diese (fp) Crazy_Loops@e.
*INT: hm@ia.
*INT: was is(t) das?
*DAS: <also # (fp) du sitz(t)> [//] **also zwei personen sitzen.**
*INT: hm@ia.
*DAS: und dann # es macht so [?] unter.
*DAS: also [/] # (fp) **also ich sitze so.**
*INT: hm@ia.
*DAS: und (fp) es macht mich [//] mir so und so.
*DAS: ich (fp) mit kopfe [: kopf] unten.
*DAS: und so alle [?].
*INT: oh@i so.
*INT: hm@ia.
*INT: also du fährst irgendwie?
*INT: oder [>]?
*DAS: ja [<].
*INT: und [/] und es dreht sich?
*INT: und du [>] +/.
*DAS: ja [<].
*INT: 0 [=! stöhnt].
*INT: hm@ia.
*DAS: das habe ich viermal gemacht.
*INT: oh@i ja.
*INT: hm@ia.
*INT: un(d) da is(t) dir auch nicht schlecht geworden?
*DAS: nein.
*INT: ist dir sonst irgendwo schlecht geworden.
*INT: oder?

*DAS: nein [=! lacht].

*INT: oh@i.

*INT: <xxx> [?] gut, sehr gut.

*DAS: ja und diese Crazy_Loops@e es ist ab vierzehn jahre [>].

*INT: hm@ia [<].

*DAS: also <es ist> [//] (fp) **für mir is(t) s schrecklichste als (fp) fallen nach unten**.

*INT: ja.

*INT: hm@ia.

*INT: Crazy_Loops@e war das was sich so +...

*DAS: ja.

*INT: <xxx> [>].

*DAS: <in diese> [//] also wir waren in Phantasialand mit zwei russische jungen [<].

*INT: hm@ia.

*DAS: und (fp) sie haben &ei au(ch) das gemach(t).

*INT: hm@ia.

*DAS: also diese Mystery_Castle@e.

*INT: hm@ia.

*DAS: und (fp) also (fp) der erste junge ist (fp) fünfzehn jahre alt oder &sech sechzehn jahre alt [>].

*INT: hm@ia [<].

*INT: hm@ia.

*DAS: der andere ist neun jahre alt.

*INT: hm@ia.

*DAS: und (fp) # **also ich habe auf allen diese fallen** und Crazy_Loops@e mit ältere jungen.

*INT: hm@ia.

*DAS: **weil kleinste ju(n)ge (fp) darf es nicht**.

*INT: oh@i ja.

*DAS: **also er darf nur (fp) nach unten fallen**.

*INT: hm@ia.

*DAS: er hat es zweimal gemacht.

*INT: 0 [=! lacht].

*DAS: aber er hat wirkliche angst [% lachend].

*INT: hm@ia.

*DAS: seine auge war so [% lachend].

*INT: ja.

*DAS: <ich hoffe es ist alles schon> ["] hat er gesagt.

```
*DAS:  aber dann hat er nochmal das gemacht.
*INT:  hm@ia.
*INT:  Nastja hat das auch gemacht oder?
*DAS:  nein.
*INT:  nein.
*INT:  hm@ia # tja.
```

Der Vergleich dieser kurzen Textpassagen zeigt, dass die jüngere Lernerin bei derselben Aufgaben- und Themenstellung, die beide Lernerinnen gern und mit großer Motivation erfüllen, nicht nur viel mehr Äußerungen produziert, sondern auch mehr komplexe Konstruktionen und mehr verschiedene lexikalische Types und mehr seltene Verben.

Möglicherweise hat Pagonis (2009b) Recht, wenn er behauptet, dass die ältere Lernerin Dascha ebenso viele verschiedene lexikalische Types verwenden würde wie Nastja, wenn sie gleich viel sprechen würde. Dass die ältere Lernerin weniger spricht, hängt aber auch mit ihren begrenzteren Redemitteln zusammen und ist für sich genommen bereits ein aussagekräftiges Faktum. Weniger zu sprechen bedeutet auch, in derselben Zeit weniger sprachliche Strukturen aktiv erproben zu können. Dass Nastja mehr spricht als Dascha ist jedoch nicht unbedingt nur auf das Alter bei Erwerbsbeginn zurückzuführen, es könnte auch mit ihrem Charakter oder Lerntyp im Allgemeinen zusammenhängen. Im Folgenden wird es nur noch um den Erwerb der Verben gehen, die für die Verbstellung eine zentrale Rolle spielen.

2. Die Entwicklung des Verblexikons

Die Verbstellung wird anhand von konkreten Verben gelernt. Es liegt daher nahe, dass ein größeres bzw. reicheres Verblexikon den Verbstellungserwerb unterstützt. Um vom Einzelfall auf eine Regel schließen zu können, ist es notwendig, die Verbstellungsregeln anhand verschiedener Verben erkennen und auch erproben zu können. Dabei muss es sich gar nicht um eine möglichst hohe Anzahl handeln, unter Umständen kann bereits eine *kritische Masse* an verschiedenen Verben genügen (Kauschke 2000, Rothweiler 2009). Wie hoch diese genau ist, kann aus methodischen Gründen nicht absolut festgelegt werden (Rothweiler 2009). Zum Zusammenhang zwischen Verblexikon und Erwerbstempo stelle ich folgende Hypothese auf:

(160) *Hypothese*: Ein reiches Verblexikon beschleunigt den Erwerb von Verbstellungsregeln.

Lexikalischer Reichtum lässt sich auf verschiedene Arten operationalisieren: Zum einen über lexikalische Diversität (*lexical diversity*), d.h. über eine hohe Anzahl verschiedener lexikalischer Types (Lemmata). Zum anderen über den Anteil an seltenen Verben am Verblexikon insgesamt (*lexical sophistication*). Neben der Anzahl der Verbtypes ist die Type-Token-Ratio (TTR) eine übliche Maßzahl für lexikalische Diversität, die allerdings insofern problematisch ist, als sie stark von der Tokenanzahl abhängig ist. Da die Anzahl der produzierten Tokens mit der Zeit normalerweise steigt, führt dies dazu, dass die TTR mit steigender Kontaktdauer stagniert bzw. sogar abnimmt. Dies entspricht jedoch nicht den realen Verhältnissen, die abgebildet werden sollen, dass nämlich das Lexikon mit der Zeit immer größer und differenzierter wird (Durán et al. 2004, Baayen 2008). Vor allem jedoch erschwert die Abhängigkeit von der Tokenanzahl den Vergleich verschiedener LernerInnen.

Insgesamt produzieren die Lernerinnen in den 21 ausgewerteten Aufnahmen über 12.462 Verbtokens in 10.487 Teilsätzen. In die Lexikonauswertung werden alle geäußerten und kodierten Verbtokens miteinbezogen, also auch Verbformen, die Teile von potentiellen Chunks sind. Verwendet eine Lernerin viele Chunks, so reduziert sich die lexikalische Diversität ihres Verblexikons automatisch, da die als Chunk kodierten Sätze meist hochfrequente Verben wie *sein, geben, heißen, machen* enthalten. Wie bereits erwähnt, spricht die jüngere Lernerin Nastja insgesamt viel mehr und produziert daher auch mehr Verbtokens. Dies wirkt sich sowohl auf die Anzahl der Types als auch auf die Type-Token-Ratio (TTR) aus. Wegen der höheren Tokenanzahl fällt Nastjas TTR vermutlich etwas zu niedrig aus, trotzdem ist ihre TTR über alle Aufnahmen gerechnet deutlich höher als die der älteren Lernerin Dascha:

Tabelle 10.1 Type-Token-Ratio im gesamten Verblexikon

V-Types	Teilsätze	V-Tokens	V-Types	Verb TTR
DAS/14	4424	5268	146	,027
NAS/8	6063	7194	306	,042

Für einen besseren Vergleich der beiden Lernerinnen habe ich die Verbtokens in allen Aufnahmen auf die jeweils niedrigere Anzahl gekürzt (*trunca-*

tion), sodass für beide Lernerinnen in jeder Aufnahme und insgesamt dieselbe Anzahl von Verbtokens ausgewertet wird:

Tabelle 10.2 Type-Token-Ratio bei gleicher Tokenanzahl

V-Types	V-Tokens	V-Types	Verb TTR
DAS/14	4936	146	,030
NAS/8	4936	261	,053

Die jüngere Lernerin verwendet bei gleicher Tokenanzahl deutlich mehr verschiedene Verbtypes und ihre TTR über den gesamten Untersuchungszeitraum ist fast doppelt so hoch wie die ihrer älteren Schwester. Abbildung 10.2 zeigt, wie sich die Anzahl der Verbtypes über alle Aufnahmen hinweg entwickeln. Die grauen Balken auf der Sekundärachse geben die Anzahl der Verbtokens an, die nach der Kürzung für Nastja und Dascha gleich hoch ist:

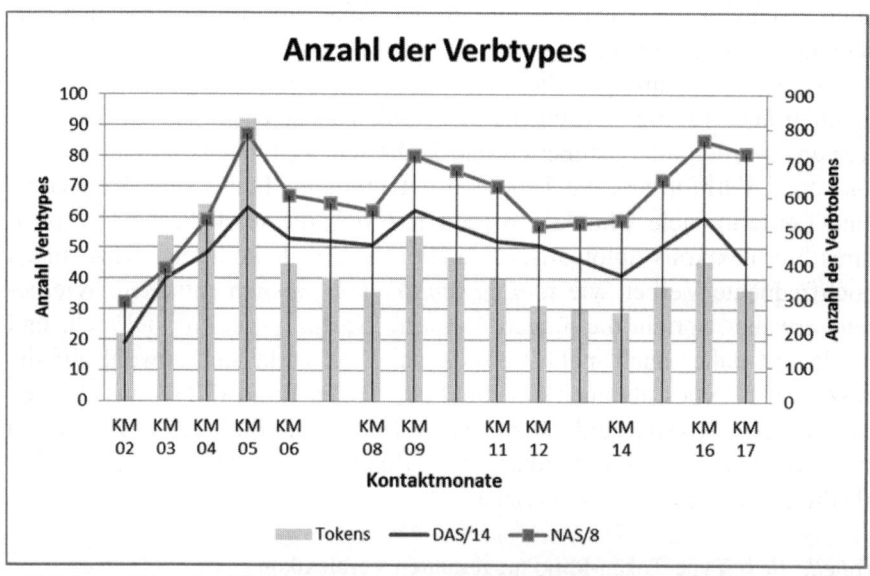

Abbildung 10.2   Die Entwicklung der Verbtypes (gleiche Tokenanzahl)

Abbildung 10.2 zeigt schön, wie die Anzahl der Types bei beiden Lernerinnen von der Tokenanzahl abhängig ist, die zwar bei beiden Probandinnen immer gleich, jedoch je Kontaktmonat variiert. Abbildung 10.2 gibt die Entwicklung des Verblexikons nicht korrekt wieder, da in den ersten fünf Kontaktmonaten mehr Aufnahmen pro Monat ausgewertet wurden als später. Daher ist die Tokenanzahl am Anfang höher, obwohl tatsächlich weniger gesprochen wird. Den Vergleich der beiden Lernerinnen gibt Abbildung 10.2 jedoch korrekt wieder: Die Anzahl der Verbtypes der jüngeren Lernerin liegt konstant über der der älteren Lernerin, häufig verwendet sie pro Kontaktmonat um 10-20 Verbtypes mehr. Wenn Nastja also mehr spricht als Dascha, so bedeutet dies nicht nur, dass sie das ihr aktiv zur Verfügung stehende verbale Repertoire häufiger anwendet, sondern auch, dass sie mehr verschiedene Verbtypes aktiv anwendet.[70]

Die Entwicklung der Type-Token-Ratio (TTR) in Abbildung 10.3 zeigt ebenfalls einen Vorteil der jüngeren Lernerin:

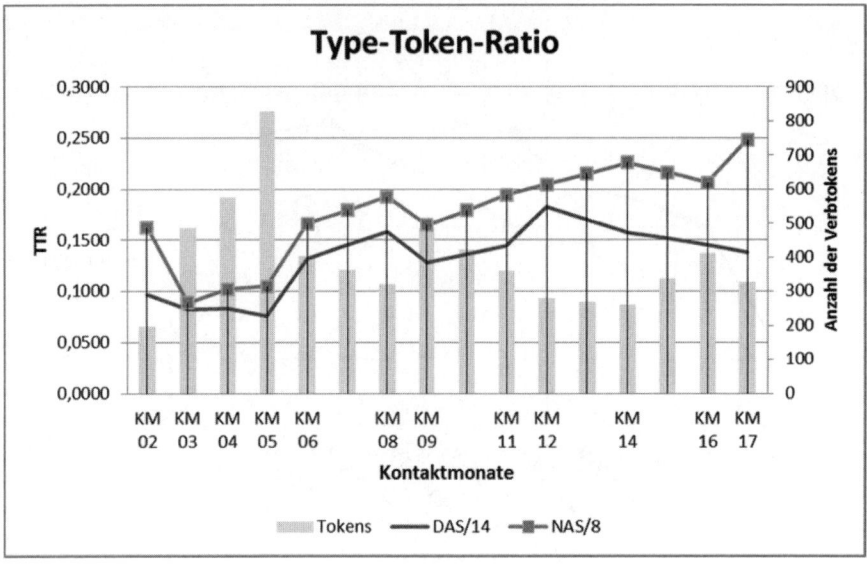

Abbildung 10.3 Type-Token-Ratio der Verben (TTR)

Für die Entwicklung der Type-Token-Ratio (TTR) in Abbildung 10.3 gilt dasselbe wie für Abbildung 10.2: Die Entwicklung des Verblexikons über Kontaktmonate wird nicht korrekt wiedergegeben, der Vergleich zwischen

---

[70] Wenn sich lexikalische Diversität auf das Erwerbstempo positiv auswirkt und eine hohe Tokenanzahl diese begünstigt, dann könnte man daraus schlussfolgern, dass jemand, der viel spricht, sich sprachlich schneller entwickelt. Allerdings ist es nicht immer sinnvoll, viel zu sprechen: Wer viel spricht oder sprechen muss, solange seine Lernervarietät noch stark von der Zielsprache abweicht, übt unter Umständen falsche Strukturen ein, die später nicht mehr leicht zu verändern sind. Dies kann zu *Fossilierung* führen. Kinder haben hier den Vorteil, dass ihnen eine *stille Phase* am Beginn des Spracherwerbs zugestanden wird, und sie damit auch besser umgehen können (Dimroth 2007).

den beiden Lernerinnen jedoch schon. Die TTR der jüngeren Lernerin liegt fast immer über der der älteren Lernerin.

Um die Entwicklung des Verblexikons zu Beginn des Erwerbs bei beiden Lernerinnen vergleichen zu können, habe ich in Anlehnung an Rothweiler (2009) die Anzahl der Verbtypes je 100 Verbtokens ermittelt. Die Kurve in der Abbildung 10.4 zeigt die Entwicklung der Verbtypes bis zu den ersten 1.000 Tokens. Nastja erreicht das tausendste Verbtoken in der 13. Kontaktwoche, Dascha in der 15. KW (jeweils im 4. Kontaktmonat).

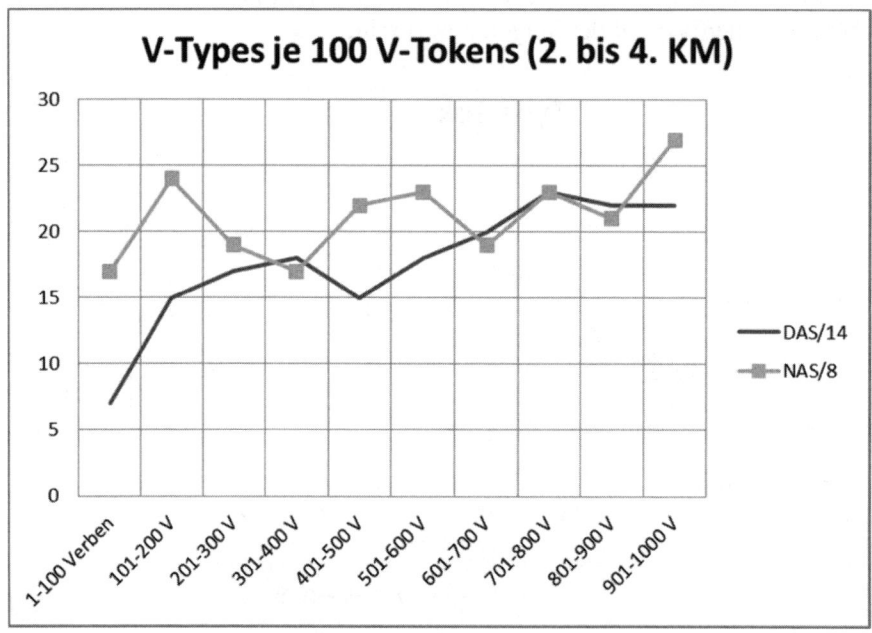

Abbildung 10.4   Anzahl der Verb-Types je 100 Verb-Tokens

Schon mit den ersten hundert Verben produziert Nastja mehr Verbtypes als ihre ältere Schwester. Diese holt zwar stellenweise auf, aber meist liegt Nastja fünf bis zehn Verbtypes je 100 Tokens vorn. Dieser Vorsprung könnte im Sinne einer kritischen Masse, die für den Erwerb notwendig ist, schon ausreichend sein (Rothweiler 2009).

In Kapitel 8 habe ich gezeigt, dass 80% der finiten Verben von ungefähr 20 sehr häufigen Verben bestritten werden. Lexikalischer Reichtum könnte also auch daran bemessen werden, wie viele selten vorkommende Verben die Lernerinnen verwenden (*lexical sophistication*). Die Frage, was als seltenes Lemma gilt, könnte man korpusintern lösen: Verben, die von den Lernerinnen im untersuchten Korpus nur ein einziges Mal verwendet werden (sogenannte *Hapax Legomena*), werden vermutlich insgesamt von den Lernerinnen selten verwendet. Als korpusexternes Maß für Seltenheit könnte man aber auch die Frequenzklassen von großen Korpora des Deutschen heranziehen. Diese geben meist in Relation zum häufigsten Element im Korpus an, wie häufig ein Wort vorkommt. Dabei gilt: Je niedriger die Frequenzklasse, desto höher die tatsächliche Frequenz.

In der vorliegenden Studie wird die Kategorie *Seltenheit* über die Häufigkeitsklassen der DeReWo-Grundformenliste operationalisiert, die am IDS Mannheim aus dem Deutschen Referenzkorpus (DeReKo) erstellt wurde (DeReWo 2011). Das DeReKo ist ein Korpus der deutschen Schriftsprache und enthält ca. fünf Milliarden Wörter in belletristischen, (populär)wissenschaftlichen und journalistischen Texten bzw. Zeitungsartikeln aus der Gegenwart und der jüngeren Vergangenheit.[71] Die DeReWo Grundformenliste von 2011 enthält 250.000 Stichwörter, als Grundform für Verben wird der Infinitiv und als Frequenzklasse die Häufigkeit in Relation zum häufigsten Element im Korpus (*der/die/das* oder *d-*) angegeben. Diese Liste wurde mit dem Verblexikon der beiden Probandinnen abgeglichen und die Frequenzinformation aufgenommen.[72] Die DeReWo-Häufigkeitsklassen (HK) habe ich zu drei großen Gruppen zusammengefasst: sehr häufige Verben (HK 2-6), häufige Verben (HK 7-11) und seltene Verben (HK 12-23).

Tabelle 10.3 Verbtokens nach DeReWo-Häufigkeitsklassen

Verbtokens	sehr häufig HK 2-6	häufig HK 7-11	selten HK 12-23	alle
DAS/14	3314	1811	143	5268
in %	62,91%	34,38%	2,71%	100%
NAS/8	4640	1962	592	7194
in %	64,50%	27,27%	8,23%	100%

Wie erwartet stellen sehr häufige Verbtypes mit 63-65% den größten Teil aller Verbtokens dar, während seltene Verbtypes den kleinsten Teil des

---

[71] Ein entsprechendes Korpus der gesprochenen Sprache wäre angemessener, stand mir jedoch nicht zur Verfügung.
[72] Nur in fünf Fällen konnte ein Verb aus der Lernervarietät nicht direkt einem DeReWo-Lemma zugeordnet werden, z.B. *killern* ('mit dem Tintenkiller löschen'). In diesen Fällen wurde die Frequenzangabe von einem möglichst ähnlichen Wort herangezogen, hier z.B. *killen*.

Verblexikons ausmachen. Wie auch schon bei den anderen Maßzahlen zum lexikalischen Reichtum sehen wir, dass die jüngere Lernerin seltene Verben mit einem Anteil von 8,23% an den Gesamttokens dreimal so häufig verwendet wie die ältere mit 2,71%. Im Gegensatz dazu sind sehr häufige Verben bei beiden Lernerinnen gleich verteilt, sowohl was die Anzahl der Tokens als auch der Types angeht. Die Gruppe der sehr häufigen Verben (HK 2-6) umfasst 13 Verbtypes, sowohl funktionale Verben als auch lexikalische Verben (siehe Kapitel 8.2):

Tabelle 10.4　Die 13 häufigsten Verbtypes im Korpus (DeReWo HK 2-6)

DAS/14	HK	Tokens	NAS/8	HK	Tokens
sein	2	1349	sein	2	1922
haben	3	719	haben	3	1011
können	5	345	machen	6	378
machen	6	169	können	5	279
gehen	6	145	gehen	6	198
geben	6	119	geben	6	193
sagen	6	112	sagen	6	170
wollen	6	112	müssen	5	155
müssen	5	87	wollen	6	108
kommen	6	55	stehen	6	68
sollen	5	52	kommen	6	59
stehen	6	25	werden	3	56
werden	3	25	sollen	5	43
sehr häufige V	HK 2-6	3314	sehr häufige V	HK 2-6	4640

Zu den nach DeReWo häufigen Verbtypes, die auch von den beiden Lernerinnen sehr oft verwendet werden gehören z.B. *wissen, heißen, glauben, sehen, schreiben, dürfen, fahren* und *mögen*. Verben, die aufgrund ihrer DeReWo-Frequenzklasse (HK 7-11) ebenfalls zu den häufigeren Verben gezählt, aber von den Lernerinnen nur selten (1-2 Mal) verwendet werden, sind z.B. *bestimmen, bezahlen, enden, entdecken, erinnern, freuen, gewinnen, lachen, merken, schießen, studieren, töten* und *versuchen*. Beispiele für seltene Verben mit der Häufigkeitsklasse 12-23, die auch im Lernerkorpus vorkommen, sind *schwimmen, aufhören, fotografieren, spazieren, mitbringen, angucken, chatten, erobern* und *benehmen*. Tabelle 10.5 zeigt die Aufteilung der Verbtypes auf die drei Häufigkeitsgruppen:

Tabelle 10.5 Verbtypes nach DeReWo-Häufigkeitsklassen

Verbtypes	sehr häufig HK 2-6	häufig HK 7-11	selten HK 12-23	alle
DAS/14	13	94	39	146
in %	8,78%	64,19%	27,03%	100,00%
NAS/8	13	141	152	306
in %	4,22%	46,10%	49,68%	100,00%

Die jüngere Lernerin verwendet also seltene Verbtypes nicht nur häufiger, sie produziert auch relativ gesehen doppelt so viele verschiedene seltene Verbtypes wie ihre ältere Schwester. Die Hälfte aller Verbtypes von Nastja gehören nach den DeReWo-Häufigkeitsklassen zu den seltenen Verben, von Daschas Verben dagegen nur gut ein Viertel.

Man könnte *Seltenheit* auch korpusintern definieren, anhand von Verben, die in der Lernervarietät nur einmal vorkommen, so genannten *Hapax Legomena* (HL). Beispiele für Hapax Legomena in Nastjas oder Daschas Verblexikon sind *beenden, flüstern, folgen, funktionieren, losmachen, ausmachen, streiten*, wobei sich die Lernerinnen hier unterscheiden. Tabelle 10.6 zeigt zum einen, dass Hapax Legomena häufig seltene Verben nach den DeReWo-Frequenzklassen sind, und zum anderen, dass der Anteil von HL an den Verbtypes bei der jüngeren Lernerin höher ist als bei der älteren Lernerin:

Tabelle 10.6 Hapax Legomena nach den DeReWo-Häufigkeitsklassen

Hapax Legomena	sehr häufig HK 2-6	häufig HK 7-11	selten HK 12-23	alle V-Types	% HL an V-Types
DAS/14	0	25	18	43	29,45%
NAS/8	0	43	71	114	37,25%

Zusammenfassend ist zu sagen, dass die jüngere Lernerin Nastja bei allen hier angewendeten Maßzahlen für lexikalischen Reichtum besser abschneidet als die ältere Lernerin. Sie verwendet mehr verschiedene Verbtypen, ihre Type-Token-Ratio ist höher und sie verwendet mehr seltene Verben. Letzteres soll allerdings nicht zu der Schlussfolgerung führen, dass man die Verbstellung im Deutschen am schnellsten über seltene Verben lernt. Jedes einzelne Verb, an dem LernerInnen die Regel ablesen können, zählt. Und wenn LernerInnen die Regel an einer ausreichenden Menge verschiedener

Verben erkannt haben, lässt sie sich verallgemeinern. Selten verwendete Verben sind also nur eine weitere Maßzahl für lexikalischen Reichtum.

Für das Verblexikon gilt also nicht was Pagonis (2009b) allgemein für das Lexikon der beiden Lernerinnen im DaZ-AF-Korpus behauptet, nämlich dass es unter Berücksichtigung der unterschiedlichen Tokenanzahl bei beiden Probandinnen gleich groß ist. Dass die jüngere Lernerin ein reicheres Verblexikon hat, könnte neben den in Kapitel 8 und 9 genannten Faktoren dazu beitragen, dass sie die Verbstellung schneller erwirbt als ihre ältere Schwester. Da die Probandin mit dem reicheren Verblexikon auch die Verbstellung schneller erwirbt, bestätigt sich die Hypothese, dass lexikalischer Reichtum den Erwerb der Verbstellung beschleunigt. Ein tatsächlicher kausaler Zusammenhang zwischen den beiden Phänomenen kann allerdings nur plausibel konstruiert, jedoch nicht nachgewiesen werden. Selbstverständlich können die Ergebnisse dieser Fallstudie nicht generalisiert werden und es sind mehr Studien und Probandinnen nötig, um einen Zusammenhang zwischen dem Erwerb des Verblexikons und der Geschwindigkeit des Verbstellungserwerbs zu beweisen.

3. Verbposition und lexikalische Diversität

In diesem Abschnitt möchte ich den Zusammenhang zwischen Verbposition und Verblexikon beleuchten: Der Vergleich der Erwerbskurven der beiden Lernerinnen in Kapitel 7 hat gezeigt, dass der Erwerb der Satzklammer (OV/XV-Eigenschaft) parallel verläuft, während es beim Erwerb der Inversion (V2-Eigenschaft) und der Verbstellung im Nebensatz (VE-Eigenschaft) Unterschiede gibt. In Kapitel 9 wurde festgestellt, dass der Transfer mit höherem Erwerbsalter robuster wird. Dies gilt jedoch nach Generalisierung B in (157) in erster Linie für sprachliche Strukturen, die spät bzw. langsam erworben werden. Ein Lerngegenstand, der wie die OV/XV-Stellung früh bzw. schnell erworben wird, ist weniger anfällig für Transfer.

Das Alter bei Erwerbsbeginn wirkt sich also nicht auf jeden Erwerbsgegenstand gleich aus. Es stellt sich nun die Frage, woran das liegen könnte. Beide Lernerinnen transferieren zunächst VO/VX-Strukturen aus ihrer L1 Russisch und geben diese nicht-zielsprachlichen Strukturen unabhängig von ihrem Erwerbsalter schnell wieder auf. Welche Eigenschaften könnten es den LernerInnen grundsätzlich erleichtern, OV/XV-Konfigurationen zu erwerben? Eine mögliche Hypothese ist, dass LernerInnen OV/XV-

Abfolgen häufiger im Input finden als Inversions- und VE-Strukturen, da hier nicht nur vollständige Hauptsätze mit periphrastischen Verbkonstruktionen mitgezählt werden könnten, sondern auch alleinstehende VPs wie z.b. elliptische Antworten auf Fragen.[73] Der tatsächliche Input lässt sich am DaZ-AF-Korpus allerdings nicht untersuchen, da viele der InterviewerInnen LinguistInnen sind, die nicht unbedingt zum alltäglichen deutschsprachigen Umfeld der beiden Lernerinnen gehören.

Die Hypothese, der ich in diesem Kapitel nachgehen möchte, beruht auf einem einfachen Unterschied: Die OV/XV-Konfiguration entspricht der VP und involviert damit nur infinite Verben (Infinitive und Partizipien) bzw. Verbteile (getrennter Verbpartikel), während die V2- und die VE-Position nur finite Verben betrifft. Infinite Verben haben für LernerInnen den Vorteil, dass sie nur in zwei möglichen morphologischen Formen auftreten: als Infinitiv oder als Partizip.[74] Daher könnten LernerInnen vor allem selten vorkommende Verben, deren finites Verbparadigma sie noch nicht sicher beherrschen, in infiniten Positionen bzw. als infinite Formen bevorzugen, z.B. um Kongruenzfehlern auszuweichen. Wie Abbildung 7.12 in Kapitel 7.5 zeigt, verwenden beide Lernerinnen im 2. KM bereits sowohl VX als auch XV-Konfigurationen. VX-Abfolgen können als Transfer aus dem Russischen gelten, XV-Abfolgen müssen die Probandinnen aus dem Input filtern.[75] Beide Abfolgen bieten einen Slot für infinite Verben. Wenn die

---

[73] Für diesen Hinweis danke ich Monika Rothweiler.

[74] Zur Bildung der Infinitivform wird an den Stamm die Endung *–en* angehängt (die außerdem noch in der 1. und 3. Person Plural verwendet wird), das Perfektpartizip wird mit Vorsilbe *ge-* und Endung *-t* (schwache Verben) bzw. *-en* (starke Verben) gebildet. Wie in Kapitel 8.2 gezeigt, verwenden Dascha und Nastja nur selten infinite Verbformen an finiten Positionen. Ebenfalls selten verwenden sie statt dem Infinitiv eine finite Verbform (DAS elf Belege, NAS ein Beleg) oder eine falsche infinite Form (DAS acht Belege, NAS sechs Belege). Außerdem kommen 17 abhängige Infinitive bei Dascha und 14 bei Nastja mit einem nicht-zielsprachlichen *zu* vor. Beim Partizip Perfekt produziert Dascha insgesamt 48 und Nastja 22 fehlerhafte Formen: 22 bzw. sieben davon stellen eine Übergeneralisierung der *t*-Endung dar, während *en*-Übergeneralisierungen kaum vorkommen (ein Beleg bei DAS und zwei Belege bei NAS). Häufige Übergeneralisierungen der *t*-Endung gelten als typisch für den frühen L2-Erwerb, während im erwachsenen L2-Erwerb typischerweise beide Endungen übergeneralisiert werden (Sterner 2012, Sopata 2012). Andere fehlerhafte Partizipformen weisen kein *ge-* oder keine Endung oder eine *e*-Endung auf. Dascha verwendet in sieben Fällen einen Infinitiv statt dem Partizip, Nastja in drei Fällen. Statt dem Partizip wird nie eine finite Form verwendet. Finit markierte Verben stehen im DaZ-AF-Korpus also tatsächlich meist an finiten Positionen und infinit markierte Verben an infiniten Positionen.

[75] Im 1. Kontaktmonat, der hier nicht ausgewertet wurde, gibt es bei Dascha noch keinen obligatorischen Kontext für XV bzw. die rechte Satzklammer und bei Nastja nur einen (Pagonis 2009b).

lexikalische Diversität in infiniten Slots höher ist als in finiten Slots, erhalten die Lernerinnen mehr unterschiedliche Evidenz für OV/XV als für V2/Inversion oder VE und können diese Eigenschaft des Deutschen daher schneller erwerben. Folgende Hypothesen beschreiben den Zusammenhang zwischen Verbposition und lexikalischem Reichtum:

(161) *Hypothesen*
   a. Je reicher das Verblexikon ist, das in einer syntaktischen Position verwendet wird, desto schneller wird die Verbstellungsregel für diese Position gelernt.
   b. OV/XV-Konfigurationen sind lexikalisch reicher als V2- und VE-Konfigurationen.

Wenn die Hypothesen in (161) korrekt sind, könnten sie erklären, warum die OV/XV-Stellung auch von der älteren Lernerin sehr schnell erworben wird. Die lexikalische Diversität anhand der *Type-Token-Ratio (TTR)* zu vergleichen, ist insofern problematisch, als die einzelnen Verbpositionen unterschiedlich oft im Korpus vorkommen, auch wenn für beide Probandinnen dieselbe Tokenanzahl pro Aufnahme ausgewertet wird. Um drei annähernd vergleichbare Gruppen zu bekommen, vergleiche ich die TTR für infinite Verben in OV/XV-Kontexten im HS und für finite Verben in Inversionskontexten im HS und in allen Nebensätzen (nicht nur VE-Kontexten):

Tabelle 10.7 Type-Token-Ratio und Verbpositionen

Probandin	Verb Position	V-Tokens	V-Types	Verb TTR
DAS/14	INF: OV/XV im HS	526	83	0,158
	FIN: V2=XVS im HS	553	64	0,116
	FIN: V in Nebensätzen	498	60	0,120
NAS/8	INF: OV/XV im HS	546	149	0,273
	FIN: V2=XVS im HS	512	87	0,170
	FIN: V in Nebensätzen	484	82	0,169

Tatsächlich ist die TTR in OV/XV-Konfigurationen mit infiniten Verben bei beiden Lernerinnen am höchsten, wobei ein erheblicher Unterschied in der TTR zwischen der älteren und der jüngeren Lernerin besteht. Da beide Lernerinnen die OV/XV-Abfolge im 4. KM weitgehend erworben haben, sind jedoch für den Erwerb der OV/XV-Eigenschaft nur frühe OV/XV-

Kontexte relevant. Vergleichen wir die TTR in OV/XV-Konfigurationen nur bis zum 4. KM, verhalten sich beide Lernerinnen sehr ähnlich:

Tabelle 10.8 TTR in XV-Konfigurationen (bis zum 4. KM)

V-Types	V-Tokens	V-Types	Verb TTR
DAS/14	135	34	0,252
NAS/8	177	51	0,288

Abbildung 10.5 greift auf die im vorigen Kapitel vorgestellten Häufigkeitsklassen der Grundformenliste DeReWo (2011) zurück und zeigt, in welchen Slots häufige bzw. seltene Verbtokens bis zum 4. Kontaktmonat vorkommen. Die Verben wurden jeweils zwei finiten Slots (im HS in der linken Satzklammer und im NS in der rechten Satzklammer) und zwei infiniten Slots (HS und NS in der rechten Satzklammer) zugeordnet. In finiten Slots stehen meist finit markierte Verben und in infiniten Slots infinit markierte Verben.

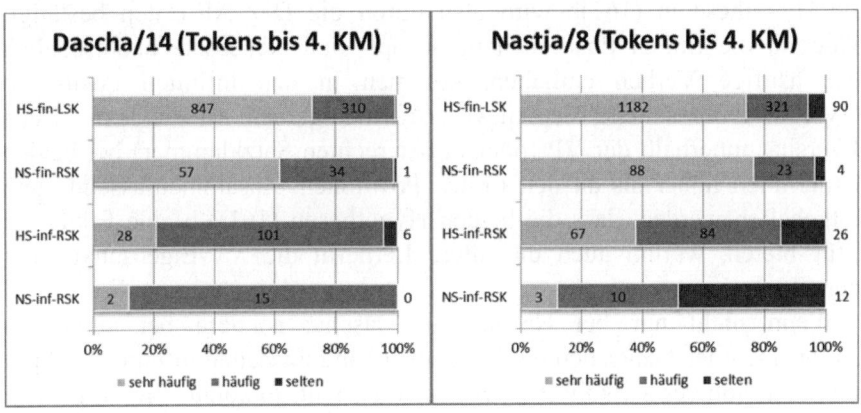

Abbildung 10.5 Häufigkeitsklasse der Verben und ihre Verteilung auf finite und infinite Positionen (nur Tokens bis zum 4. KM)

Abbildung 10.5 zeigt, dass sehr häufige Verben in den beiden finiten Slots zu 60-80% vorkommen, während sie in den beiden infiniten Slots nur 10-40% ausmachen. In der rechten Satzklammer im Hauptsatz (HS-inf-RSK) verwenden beide Lernerinnen deutlich mehr Verben aus den Häufigkeitsklassen 7-11 (häufig) und 12-23 (selten). Die Zusammensetzung der Verben in Bezug auf die Häufigkeitsklassen ist also in OV/XV-Konfigurationen wie in Hypothese (161)b angenommen: Die rechte Satzklammer im

Hauptsatz enthält mehr seltene Verben und ist daher lexikalisch reicher. Dies gilt nicht nur bis zum 4. Kontaktmonat, sondern für das gesamte ausgewertete Korpus:

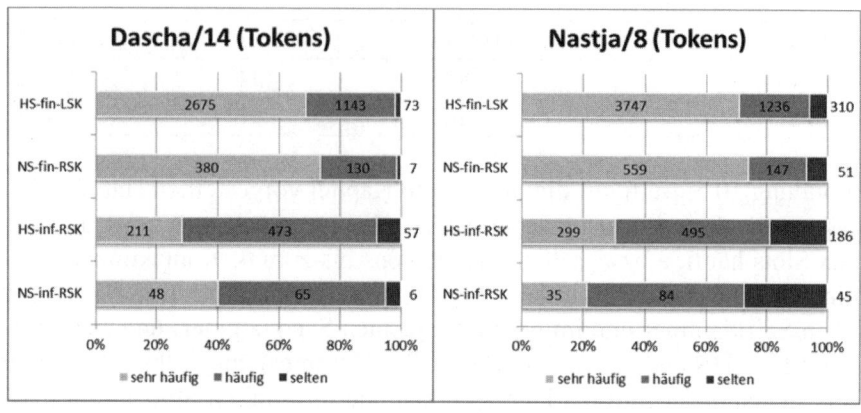

Abbildung 10.6   Häufigkeitsklasse und Verbposition (alle)

Die Hypothese in (161)b wird also durch die DaZ-AF-Daten bestätigt: Während die finiten Positionen im Haupt- und Nebensatz hauptsächlich sehr häufige Verben enthalten, kommen in den infiniten Positionen (OV/XV) mehr seltene Verben vor. Auch allgemein ist die lexikalische Diversität innerhalb der VP (oder in der rechten Satzklammer) bei beiden Lernerinnen höher als an den finiten Positionen. Zusammenfassend kann festgehalten werden, dass die beiden Hypothesen (161)a,b eine Erklärung dafür bieten, warum auch die ältere Lernerin die XV-Eigenschaft sehr schnell lernt.

Wenn nicht nur bei Nastja und Dascha, sondern bei allen L2-LernerInnen des Deutschen ein Zusammenhang zwischen infiniter Verbposition und höherer lexikalischer Diversität besteht, so könnte dies allgemein erklären, warum LernerInnen des Deutschen die Stellung in der VP bzw. in der rechten Satzklammer zuerst erwerben. Während für den Erwerb der finiten V2-Position die Verwendung von Auxiliaren der ausschlaggebende Faktor ist (siehe Kapitel 8.1), könnte für den Erwerb der OV/XV-Konfiguration die lexikalische Diversität in der VP ausschlaggebend sein. Zukünftige Ergebnisse empirischer Studien werden zeigen, ob tatsächlich ein Zusammenhang zwischen dem Erwerb der Verbstellung und der Entwicklung des Verblexikons besteht.

4. Fazit: Verblexikon und Verbstellung

In diesem Kapitel habe ich gezeigt, dass das Verblexikon der jüngeren Lernerin Nastja einen größeren lexikalischen Reichtum aufweist: Zum einen verwendet sie insgesamt mehr verschiedene Verbtypes (Verblemmata), als ihre ältere Schwester Dascha, zum anderen verwendet sie auch häufiger Verben, die nach den DeReWo-Häufigkeitsklassen seltener vorkommen. Bei der Untersuchung des Verblexikons wurde auch die Problematik der Type-Token-Ratio (TTR) als Maßzahl für die lexikalische Entwicklung diskutiert und versucht, diese Problematik durch einen Vergleich von Teilkorpora derselben Größe auszugleichen. Unter der Annahme, dass sich ein höherer lexikalischer Reichtum positiv auf das Erwerbstempo auswirkt, könnte das reichere Verblexikon der jüngeren Lernerin ein weiterer Grund dafür sein, warum sie die Verbstellungsregularitäten des Deutschen schneller erwirbt als die ältere Lernerin.

Allerdings gibt es beim Erwerb der OV/XV-Konfiguration, also bei der rechten Satzklammer im Hauptsatz, keine Unterschiede zwischen den beiden Lernerinnen. Nach vier Kontaktmonaten haben beide die OV/XV-Eigenschaft des Deutschen erworben. Dies wird nun so erklärt, dass die OV/XV-Konfiguration infinite Verben involviert und der lexikalische Reichtum in infiniten Positionen höher ist als in finiten Positionen. Tatsächlich unterscheidet sich das Verblexikon der beiden Lernerinnen in Bezug auf die OV/XV-Konfiguration (rechte Satzklammer, VP) nicht erheblich, und das vor allem in den relevanten ersten vier Kontaktmonaten. Der vergleichbare lexikalische Reichtum in OV/XV-Konfigurationen wird als Erklärung für die Tatsache herangezogen, dass die ältere Lernerin die Verbstellung in der rechten Satzklammer ebenso schnell erwirbt wie die jüngere.

Kapitel 11
Zusammenfassung und Ausblick

Dieses Buch leistet in mehrfacher Weise einen Beitrag zu der kontrovers geführten Diskussion um den Altersfaktor im Zweitspracherwerb. Die meisten Studien zum Altersfaktor sind Querschnittstudien, die sich auf den L2-Erwerb des Englischen konzentrieren. Diese Querschnittstudien haben ergeben, dass das Alter bei Erwerbsbeginn (AbE) der Faktor mit der höchsten Voraussagekraft für den Endzustand im ungesteuerten Zweitspracherwerb ist. Dieses Ergebnis wird häufig plakativ mit der Aussage *je jünger, desto besser* zusammengefasst. Longitudinalstudien stützen diese grundlegende Beobachtung und ermöglichen es, zusätzlich den Einfluss des Alters auf den Erwerbsverlauf im Detail zu untersuchen.

Darüber, wie der Einfluss des Alters auf den ungesteuerten Zweitspracherwerb zu erklären ist, gibt es in der Altersfaktorforschung keinen Konsens. In der weit verbreiteten *Hypothese der kritischen Periode (HKP)*, wird davon ausgegangen, dass das menschliche Gehirn für sprachliche Stimuli besonders empfänglich ist, solange die neurobiologische Entwicklung (*maturation*, dt. Reifung) des Gehirns noch nicht abgeschlossen ist. Dass der Erstspracherwerb bis zum vierten oder fünften Lebensjahr stattfinden muss, um zu einem unauffälligen muttersprachlichen Endzustand zu kommen, ist unumstritten. Ob dies für den Zweitspracherwerb ebenso gilt, wird auch heute noch stark diskutiert.

Natürlich profitiert auch der frühe Zweitspracherwerb von der Sensitivität für sprachliche Stimuli in der kritischen Phase. Aber während der L1-Erwerb eine für kritische Perioden typische erste Erfahrung mit sprachlichem Input ist, baut der Erwerb weiterer Sprachen (L2, L3 …) immer auch auf den Gehirnstrukturen auf, die im L1-Erwerb gebildet wurden. Die Bedingungen für den L2-Erwerb sind daher grundlegend anders als für den L1-Erwerb. Die Frage, ob man eine L2 vor dem fünften Lebensjahr lernen muss, um sie auf muttersprachlichem Niveau zu beherrschen, ist empirisch nicht ganz geklärt. Es gibt Menschen, die eine Zweitsprache erst spät gelernt haben, sie jedoch (fast) auf muttersprachlichem Niveau beherrschen. Möglicherweise ist auch die Frage falsch gestellt, da eine bilinguale mit einer monolingualen SprecherIn nicht hundertprozentig vergleichbar ist.

Jedenfalls gilt es festzuhalten, dass es neben dem neurobiologischen Reifungsprozess noch andere Einflussfaktoren, z.B. die alterstypische und die individuelle Motivation, die Sprachlerneignung und die Menge und Qualität des Inputs, gibt. Bei bilingualen Menschen ist meist eine Sprache dominant, diesen Aspekt gilt es ebenso abzuklären wie die Frage nach dem schriftsprachlichen Input und der Bildungssprache, also nach der Sprache, in der die Schulbildung durchlaufen wurde. Mit zunehmendem Alter bei Erwerbsbeginn werden die nicht-biologischen Einflussfaktoren immer wichtiger für den Lernerfolg. In Anbetracht der komplexen Datenlage zum ungesteuerten L2-Erwerb plädiere ich in Kapitel 2.4 für ein multifaktorielles Modell des Altersfaktors (siehe Abbildung 2.1). Eine multifaktorielle Erklärung ist zwar im Vergleich zu einer monokausalen nicht falsifizierbar, erfasst jedoch den Einfluss des Alters bei Erwerbsbeginn auf den ungesteuerten L2-Erwerb in seiner Komplexität und ist auch für die Praxis gewinnbringender.

Neu an meinem multifaktoriellen Modell des Altersfaktors ist, dass es zwischen älteren Kindern, Jugendlichen und Erwachsenen klar unterscheidet. Außerdem berücksichtigt es verschiedene Einflussfaktoren, wobei v.a. der Lerngegenstand und die Rolle der Bildungssprache bis jetzt wenig untersucht wurden. Darüber hinaus löst das Modell einen Widerspruch auf, der häufig in der Argumentation gegen eine kritische Periode im L2-Erwerb zu finden ist: Während eine kritische Periode bis zum Alter von vier bis fünf Jahren im L1-Erwerb unstrittig ist, wird sie dem L2-Erwerb gänzlich abgesprochen. In meinem Erklärungsmodell profitieren beide Erwerbstypen in den ersten vier bis fünf Lebensjahren von der erhöhten Sensibilität für sprachliche Stimuli.

Das multifaktorielle Modell des Altersfaktors wird anhand der Verbstellung im Deutschen empirisch überprüft, also anhand eines Lerngegenstandes, der einen zentralen und gut erforschten Problembereich der psycholinguistischen Forschung darstellt. Deutsch ist eine V2-Sprache mit zugrunde liegender SOV-Struktur, das heißt, das finite Verb steht in V2-Position und das infinite Verb steht hinter dem Objekt (OV) oder anderen Phrasen (XV). Die SOV-Stellung wird auch im Nebensatz realisiert, wo das finite Verb im Unterschied zum Hauptsatz am Ende steht (VE). Rund um die beiden Verbpositionen können die Satzglieder im Deutschen abhängig von der Informationsstruktur relativ frei angeordnet werden. Im Russischen ist die Wortstellung sehr frei und wird im Wesentlichen über die Informationsstruktur gesteuert. Da die Abfolge SVO bei weitem am häufigsten vorkommt und gleichzeitig die neutrale Wortstellung darstellt, gilt Russisch als freie SVO-Sprache. Anders als im Deutschen entspricht die Verbstellung im Nebensatz im Russischen der im Hauptsatz (meist SVO) – in diesem Aspekt gleicht Russisch dem Englischen, einer strikten SVO-Sprache.

Aus den meist longitudinal angelegten Studien zum Verbstellungserwerb im Deutschen geht hervor, dass jüngere und ältere L2-LernerInnen sowohl Gemeinsamkeiten als auch Unterschiede im Erwerbsverlauf aufweisen. Der frühe L2-Erwerb im Alter von drei bis vier Jahren verläuft ganz ähnlich wie der L1-Erwerb: Kinder dieses Alters beginnen sofort mit XV-Strukturen und erweitern diese Struktur langsam auf Hauptsätze mit V2-Strukturen (zuerst SVX dann XVS), ohne V3-Strukturen zu produzieren. Sobald sie Nebensätze bilden, weisen diese VE-Stellung auf – wobei dies bislang nur für türkische Kinder klar nachgewiesen wurde, deren Erstsprache ebenfalls Verb-End-Stellung aufweist (SOV). Für Kinder mit einer SVO-Sprache als L1 wurde dies noch nicht ausreichend untersucht. Ab einem AbE von ungefähr fünf Jahren beginnt der Erwerbsverlauf mehr und mehr dem erwachsenen L2-Erwerb zu gleichen: LernerInnen bilden von Anfang an SVO-Sätze, es kommen Verben in V3-Stellung vor und die V2-Eigenschaft des Deutschen wird erst nach und nach erworben. Als letztes wird die VE-Stellung im Nebensatz erworben, wobei ältere LernerInnen diese oft gar nicht mehr erwerben.

Betrachtet man nur den Erwerbsverlauf, lassen sich L2-LernerInnen in zwei Gruppen einteilen: Frühe LernerInnen bis zu einem AbE von vier bis fünf Jahren, deren L2-Erwerb ganz ähnlich abläuft wie der Erstspracherwerb des Deutschen, und ältere LernerInnen, deren Erwerb anders abläuft. Aber nicht alle älteren L2-LernerInnen verhalten sich gleich. Ein Vergleich verschiedener Studien zeigt, dass die Erwerbsgeschwindigkeit mit zunehmendem Alter abnimmt (siehe Tabelle 5.10 in Kapitel 5.4). Anstatt der üblichen Zweiteilung in frühe und späte LernerInnen schlage ich daher eine vierteilige Klassifikation nach den typischen Phasen im Leben eines Kindes in westlichen Gesellschaften vor: frühe LernerInnen (0-4/5 Jahre), Schulkinder (6-11 Jahre), Jugendliche (12-17 Jahre) und Erwachsene (ab 18 Jahren). Neben der neurobiologischen Reifung spielt in dieser Einteilung das westliche Bildungssystem (Vorschulzeit, Primarstufe, Sekundarstufe, Tertiärstufe und die Zeit nach der Schulbildung) ebenso eine Rolle wie der entwicklungspsychologische Bezugspunkt der Pubertät (Vor-Pubertät, Pubertät und Post-Pubertät).

Beim Vergleich des Erwerbstempos über verschiedene Studien hinweg besteht allerdings die Gefahr einer Überinterpretation der zeitlichen Angaben. Zum einen ist das Erwerbskriterium oft unterschiedlich operationalisiert, zum anderen wirken sich neben dem Erwerbsalter auch andere individuelle Faktoren wie die Inputsituation, die Motivation und die Sprachlerneignung, auf die Erwerbsgeschwindigkeit aus. Es liegt jedoch auf der Hand, dass die Erwerbsgeschwindigkeit für den Erfolg bzw. Misserfolg einer einzelnen LernerIn eine große Rolle spielt. Zum einen wirkt sie sich auf die persönliche Motivation aus, und zum anderen haben LernerInnen im Bildungssystem nicht unbegrenzt Zeit. Es ist daher notwendig, Längsschnittstudien methodisch so durchzuführen, dass neben der Struktur auch das Tempo des Erwerbsverlaufs über verschiedene LernerInnen hinweg möglichst gut verglichen werden kann.

Die vorliegende Fallstudie hat sich genau dies zum Ziel gesetzt: Da die Ausgangsbedingungen der beiden Probandinnen sehr ähnlich sind, kann neben dem Erwerbsverlauf auch die Erwerbsgeschwindigkeit bei einer kindlichen und einer jugendlichen Lernerin im Detail verglichen werden. Untersucht wird das longitudinale DaZ-AF-Korpus (*Deutsch als Zweitsprache – der Altersfaktor*), ein spontansprachliches longitudinales Korpus, das die ersten 18 Kontaktmonate von zwei russischsprachigen Lernerinnen mit wöchentlichen Aufnahmen dokumentiert. Die Lernerinnen waren bei ihrer Ankunft in Deutschland 8;7 und 14;2 Jahre alt und hatten als Halbschwestern sehr gut vergleichbare Lernvoraussetzungen. Sie hatten beide vorher keinen nennenswerten DaF-Unterricht und haben Deutsch ungesteuert in ihrem natürlichen Umfeld erworben. Die jüngere Lernerin besuchte in Köln die zweite Klasse in der Grundschule, die ältere die neunte Klasse im Gymnasium. Pro Probandin wurden 21 einstündige Aufnahmen von spontansprachlichen Interaktionen mit MuttersprachlerInnen ausgewertet. Insgesamt wurden 10.487 Teilsätze mit Verben kodiert, ein Viertel davon wurde als Chunks von der Analyse ausgeschlossen. Damit wurden auch für eine Longitudinalstudie ungewöhnlich viele Daten ausgewertet.

Um einen Eindruck von der funktionalen Systematik der beiden Lernervarietäten zu bekommen, wurde zunächst ermittelt, welche sprachlichen Mittel abgesehen von der Verbstellung die Lernerinnen verwenden, um Haupt- und Nebensätze zu markieren. Dann wurden drei zentrale Problembereiche der Verbstellung ausgewählt: die OV/XV-Stellung in der Satzklammer, die V2-Stellung mit Inversion und die VE-Stellung im Nebensatz. Als Erwerbskriterium wurde 90% Korrektheit in allen obligatorischen Kontexten definiert. Als Erwerbsbeginn für ein Strukturformat setze ich den Zeitpunkt an, ab dem mehr als 50% der obligatorischen Kontexte korrekt realisiert sind. Die jüngere Lernerin Nastja erwirbt die OV/XV-Stellung in vier, die V2-Stellung in acht und die VE-Stellung in neun Kontaktmonaten. Zwischen dem Erreichen der 50%- und der 90%-Grenze liegen bei ihr maximal fünf Monate. Sie gehört damit auch innerhalb ihrer Altersgruppe zu den schnellsten LernerInnen. Die ältere Lernerin Dascha erwirbt die OV/XV-Stellung fast gleich schnell wie ihre jüngere Schwester. Mit dem Erwerb der V2-Stellung beginnt sie jedoch erst zwei Monate später, nach zehn Kontaktmonaten erreicht sie erstmals die 90%-Grenze, aber danach fällt die Korrektheitsrate wieder ab. Es ist also nicht klar, ob sie die Inversion im Untersuchungszeitraum überhaupt stabil erwirbt. Mit der VE-Stellung beginnt Dascha überhaupt erst nach dem 14. KM. Obwohl sie zwei Monate später knapp über die 80%-Grenze kommt, ist offensichtlich, dass ihr VE-Erwerb am Ende des Untersuchungszeitraums noch nicht abgeschlossen ist (siehe Tabelle 7.17 in Kapitel 7.6).

Damit wurden beide unter (A) in der Einleitung formulierten Hypothesen bestätigt: Die jüngere Lernerin erwirbt die Verbstellungsregeln im Deutschen schneller als die ältere. Am Ende der Beobachtungszeit hat sie den Verbstellungserwerb bereits vollständig abgeschlossen, was für Dascha nicht gilt. Außerdem beginnt Nastja mit dem Erwerb aller drei Strukturformate ungefähr gleichzeitig, was die Vermutung nahelegt, dass sie einen systematischen Zusammenhang zwischen den drei Lerngegenständen herstellt. Ihre ältere Schwester erwirbt die drei Strukturformate dagegen zeitlich klar voneinander getrennt. Nastjas Erwerbsverlauf sieht zwar ähnlich aus wie der von älteren LernerInnen, aber ihr Erwerbstempo ist außergewöhnlich schnell. In weniger als einem Jahr hat sie die Verbstellungsregeln des Deutschen erworben. Die Lernervarietät ihrer älteren Schwester passt sich den Verhältnissen der Zielsprache dagegen viel langsamer an. Daschas Erwerbsverlauf erinnert an den von erwachsenen L2-LernerInnen, die ebenfalls erst lange nach dem V2-Erwerb mit dem Erwerb der VE-Stellung beginnen (siehe Kapitel 4.1). Trotzdem ist Dascha im Vergleich zu erwachsenen LernerInnen eine sehr schnelle Lernerin – auch wenn wir das Ende des Verbstellungserwerbs wegen des kurzen Untersuchungszeitraums von 18 Monaten nicht eindeutig festlegen können.

Der Erwerb der V2-Stellung im Deutschen wird anhand der Subjekt-Verb-Inversion untersucht, da nur diese Konstruktion klar zeigt, dass die LernerInnen die V2-Eigenschaft des Deutschen erkannt haben. Der Großteil der in Inversionskontexten vorkommenden Subjekte sind Personalpronomen, ein Zusammenhang zwischen pronominalen Subjekten und Inversion konnte jedoch nicht hergestellt werden. Die drei häufigsten Nicht-Subjekte im Vorfeld *dann*, *das* und *da* können alle deiktisch interpretiert werden. Daraus lässt sich schließen, dass die Lernerinnen einen klaren Bezug zwischen Vorfeld und Diskurskontext herstellen. Ein Zusammenhang zwischen Informationsstruktur und V2-Stellung konnte allerdings nicht nachgewiesen werden. Aber dafür zeigen Objekte bzw. Komplemente des Verbs (Akkusativ und Dativ) eine eindeutige Präferenz für Inversion. Für Adverbiale (Adjunkte) konnte dagegen keine Präferenz festgestellt werden. Zudem wurde ersichtlich, dass die Länge des Vorfelds einen Einfluss auf die Wahl zwischen zielsprachlichen V2- und nicht zielsprachlichen V3-Strukturen hat: Beide Lernerinnen produzieren häufiger V3-Stellungen, wenn die Elemente vor dem finiten Verb besonders lang sind. Dies ist vor allem bei Sätzen der Fall, aber auch bei Präpositionalphrasen oder wenn zusätzlich auch das Vor-Vorfeld besetzt ist. Vermutlich entsteht bei einem derart komplexen Vorfeld ein erhöhter Verarbeitungsaufwand, der dazu führt, dass die V2-Regel nicht mehr beachtet wird.

Viele Studien zeigen einen klaren Zusammenhang zwischen dem Erwerb der Finitheit und der V2-Stellung. Beide Lernerinnen verwenden jedoch fast nur finite Formen, und diese zu mehr als 90% korrekt. Es ist also unwahrscheinlich, dass die Subjekt-Verb-Kongruenz (SVK) den Unterschied zwischen den beiden Probandinnen beim V2-Erwerb erklären kann. Andererseits gibt es bis zum 11. KM einen minimalen (nicht signifikanten) Unterschied zwischen Nastjas und Daschas Korrektheitsrate bei der SVK. Möglicherweise wirken sich also ganz kleine Unterschiede in der SVK auf den Erwerb der Verbstellung aus. Jedenfalls zeigen die Daten, dass der Erwerb der V2-Position an den Erwerb von Auxiliaren gekoppelt ist. Auxiliare erleichtern es den Lernerinnen als rein funktionale Elemente, die syntaktische V2-Position zu erkennen. Bei beiden Lernerinnen steigt der Anteil an Inversionsstrukturen mit der häufigeren Verwendung von Auxiliaren an. Obwohl der Anteil an Auxiliaren insgesamt bei beiden Lernerinnen gleich hoch ist, verwendet die jüngere Lernerin Auxiliare früher und am Anfang häufiger als die ältere, was durchaus einen beschleunigenden Faktor für ihren V2-Erwerb darstellen könnte. Die in Kapitel 1 formulierte Hypothese (B) über den Zusammenhang zwischen dem Erwerb der Finitheit und der V2-Stellung bestätigt sich also klar für die Rolle der Auxiliare und tendenziell für die Subjekt-Verb-Kongruenz.

Für russischsprachige LernerInnen des Deutschen liegt die Annahme, dass Deutsch wie Russisch eine SVO-Sprache ist, sehr nahe. Aufgrund der V2-Eigenschaft des Deutschen hören (und sehen) L2-LernerInnen viele Sätze, die oberflächlich mit einer SVO-Hypothese kompatibel sind und transferieren daher die entsprechenden Strukturen aus ihrer L1 Russisch. Später, wenn sie komplexere Strukturen wie die Inversion und Nebensätze im Deutschen erwerben, müssen sie diese Hypothese wieder aufgeben.

Symptome der SVO-Hypothese sind nicht zielsprachliche V3-Strukturen im Hauptsatz, bei denen meist ein Adverb vor das Subjekt gestellt wird, und V2-ähnliche Strukturen im Nebensatz. Hypothese (C1) zum L1-Transfer wird also bestätigt: Positiver Transfer aus dem Russischen betrifft SVO- und OVS-Abfolgen im Hauptsatz, negativer L1-Transfer ist bei der VO-Stellung des infiniten Verbs, bei der Inversion und bei der nicht zielsprachlichen V2/SVO-Stellung im Nebensatz zu beobachten.

Wie in Hypothese (C2) angenommen, hält die ältere Lernerin auch länger an dem negativen Transfer aus der Erstsprache fest als die jüngere. Die Robustheit des Transfers steigt also mit dem Erwerbsalter der LernerInnen an. Ein höheres Erwerbsalter bedeutet auch einen längeren und intensiveren Kontakt mit der Erstsprache, was dazu führt, dass sich die L1-Strukturen zu Beginn des L2-Erwerbs bereits automatisiert haben. Darüber hinaus steigt mit dem Erwerbsalter die Wahrscheinlichkeit, dass weitere Sprachen gelernt werden, die ebenfalls einen Einfluss ausüben können. Die ältere Lernerin Dascha spricht bereits gut Englisch (als erste Fremdsprache), als sie mit dem Deutscherwerb beginnt. Da Englisch sich in den wesentlichen Aspekten der Verbstellung wie Russisch verhält, unterstützt es die vom Russischen geprägten Hypothesen über die Verbstellung im Deutschen. Dies könnte ein weiterer Grund sein, warum Dascha an den nicht-zielsprachlichen Strukturen länger festhält als ihre jüngere Schwester. Allerdings würde die Transferhypothese in (C2) für alle Bereiche der Verbstellung dieselbe Robustheit vorhersagen. Die Tatsache, dass beide Lernerinnen – unabhängig vom Erwerbsalter – ihre initiale VO-Hypothese sehr schnell aufgeben und ausschließlich OV/XV-Abfolgen produzieren, kann die Transferhypothese nicht erklären.

Auf der Suche nach sprachinternen Gründen für diese Gemeinsamkeit habe ich die Entwicklung des Verblexikons bei beiden Probandinnen untersucht. Wie in Hypothese (D2) in Kapitel 1 angenommen, weist das Verblexikon der jüngeren Lernerin Nastja eine größere Diversität auf als das von Dascha. Dies betrifft sowohl die Anzahl der verwendeten Verbtypes (Verblemmata), als auch den Anteil an seltenen Verben. Dass Nastja mehr verschiedene und seltene Verben verwendet, könnte dazu beitragen, dass sich die Verbstellungsregeln des Deutschen bei der jüngeren Lernerin schneller festigen. Ein kausaler Zusammenhang zwischen den beiden Phänomenen, wie in (D1) formuliert, kann anhand der vorliegenden Daten nicht nachgewiesen werden. Er macht jedoch argumentativ Sinn und sollte in weiteren Untersuchungen überprüft werden. Ein klarer Unterschied zwischen der OV/XV-Konfiguration und der V2- und VE-Stellung ist, dass erstere ausschließlich infinite Verben involviert. Ein Vergleich der lexikalischen Diversität in infiniten und finiten Positionen zeigt, dass bei beiden Probandinnen mehr verschiedene und seltene Verbtypes in infiniten Positionen vorkommen. Dies mag eine allgemeine Eigenschaft der deutschen Verbgrammatik sein, interessant ist jedoch, dass das Verblexikon der beiden Lernerinnen in infiniten Positionen sehr ähnlich aussieht. Unter der Annahme, dass lexikalische Diversität tatsächlich die Erwerbsgeschwindigkeit erhöht, könnte diese Beobachtung erklären, warum die ältere Lernerin die OV/XV-Konfiguration ebenso schnell erwirbt wie die jüngere.

Für die Praxis des DaF/DaZ-Unterrichts lassen sich aus dieser Fallstudie einige Konsequenzen ableiten. Grundsätzlich ist es aus der Perspektive des natürlichen Zweitspracherwerbs sinnvoll, LernerInnen einen möglichst authentischen und reichen Input anzubieten. Trotzdem sollten sprachliche Strukturen, die LernerInnen im ungesteuerten Spracherwerb darin unterstützen, relevante Eigenschaften des Deutschen zu erkennen, auch im gesteuerten Kontext besondere Beachtung finden. So ist es zum Beispiel sinnvoll, die LernerInnen durch die häufige Verwendung von OV/XV-Abfolgen früh auf die Satzklammer hinzuweisen (Haberzettl 2006; Dimroth 2009; Winkler 2011). Durch die gezielte Verwendung von VP-Ellipsen, Modalverben, Auxiliaren und trennbaren Partikelverben von Anfang an kann verhindert werden, dass die LernerInnen die fatale (S)VO-Hypothese aufstellen. Auch auf die Inversion und die VE-Stellung im Nebensatz könnten LernerInnen durch gezielt manipulierten Input aufmerksam gemacht werden. Allerdings ist bei der Inversion und der VE-Stellung auch die Progression des ungesteuerten Spracherwerbs zu beachten (Pienemann 1989; Diehl et al. 2000): Aktiv sollte die Inversion erst nach dem Erwerb der OV/XV-Stellung und die VE-Stellung erst nach dem Erwerb der Inversion eingeübt werden. Trotzdem können auch komplexere Strukturen von Anfang an im Input verwendet werden, um die LernerInnen früh auf die Eigenschaften der deutschen Verbstellung aufmerksam zu machen.

Eine weitere Konsequenz aus der vorliegenden Studie ist, dass im DaF/DaZ-Unterricht von Anfang an ein möglichst differenziertes Verblexikon aufgebaut werden soll. Das Verblexikon einer L2-LernerIn sollte nicht nur die am häufigsten vorkommenden Verben, sondern auch seltenere Verben enthalten. Eine kritische Masse an verschiedenen Verbtypen (Verblemmata) hilft den LernerInnen die Verbstellungsregeln aus dem Input herauszufiltern und zu generalisieren. Seltene Verben können zuerst in infiniten Positionen eingeführt und geübt werden, wo sie in nur zwei verschiedenen Formen (Infinitiv und Partizip) vorkommen, und erst später in finiten Positionen produktiv verwendet werden. Bei finiten Verben sollte der Fokus zuerst auf funktionalen Verben (Auxiliare, Modalverben, Kopula) und auf häufig gebrauchten Verben liegen, damit diese Verbalparadigmen möglichst bald eingeübt werden. So können LernerInnen die Subjekt-Verb-Kongruenz schneller korrekt bilden, was sich möglicherweise positiv auf den Erwerb der V2-Stellung auswirkt.

Aus den Ergebnissen dieser Forschungsarbeit leite ich insgesamt folgende Forschungsdesiderata ab: Neben dem Alter bei Erwerbsbeginn müssen auch andere außersprachliche Einflussfaktoren wie Motivation, Sprachtalent und Menge und Qualität des Inputs ernsthaft erhoben und in Erklärungsmodellen stärker berücksichtigt werden. Die typologischen Eigenschaften der Ausgangs- und Zielsprache sind bei der Untersuchung des Altersfaktors im Zweitspracherwerb ebenfalls stärker zu berücksichtigen. Wir brauchen mehr Studien zu diversen Ausgangs- und Zielsprachen, um mehr über den Einfluss des Erwerbsalters auf den Transfer aus der L1 (oder einer anderen L2) zu erfahren. Zum besseren Vergleich verschiedener Longitudinalstudien zu typologisch ähnlichen Sprachen müssen die Studien die methodische Vorgangsweise bei der Kodierung und Auswertung klar darstellen und neben relativen auch absolute Zahlen offenlegen. Wie wir aus der Literatur zum Altersfaktor wissen, unterscheidet sich der Einfluss des Alters je nach dem Lerngegenstand, der untersucht wird. Anstatt für jeden einzelnen Lerngegenstand eine eigene kritische Periode zu definieren, sollten zukünftige Studien verstärkt nach anderen innersprachlichen oder konstruktionsspezifischen Erklärungen für unterschiedliche Alterseffekte suchen. In Zukunft sollten wir uns verstärkt mit der Erwerbsgeschwindigkeit befassen, auch wenn diese ungleich schwieriger zu untersuchen ist als die Erwerbsreihenfolge. Wenn ältere L2-LernerInnen länger für den Erwerb der Kerngrammatik benötigen, so wirkt sich das zwar nicht unbedingt auf den Endzustand der Kerngrammatik aus, könnte aber für die Bildungsbiographie eines Menschen sehr wohl ausschlaggebend sein. Damit ist die Erwerbsgeschwindigkeit auch für die DaF/DaZ-Praxis unmittelbar relevant. Eine längere Erwerbsdauer kann verschiedene Nachteile mit sich bringen: Sie bindet Energie, die für andere Erwerbsaufgaben benötigt wird. Es ist vorstellbar, dass langsamere LernerInnen weniger positives Feedback bekommen und in Bildungsinstitutionen schlechter eingestuft werden, was sich wiederum negativ auf ihre Motivation auswirken könnte. Wir können den Einfluss des Alters auf den ungesteuerten L2-Erwerb erst dann in seiner Komplexität erfassen, wenn wir alle möglichen Einflussfaktoren erforschen und sie in ein multifaktorielles Erklärungsmodell miteinbeziehen.

Kapitel 12
Bibliographie

Abrahamsson, Niclas & Kenneth Hyltenstam (2008): The robustness of aptitude effects in near-native second language acquisition. *Studies in Second Language Acquisition* 30 (4): 481-509.

Abrahamsson, Niclas & Kenneth Hyltenstam (2009): Age of Onset and Nativelikeness in a Second Language: Listener Perception Versus Linguistic Scrutiny. *Language Learning* 59 (2): 249–306.

Aguado, Karin (2002): Formelhafte Sequenzen und ihre Funktionen für den L2-Erwerb. *Zeitschrift für Angewandte Linguistik (ZfAL)* 37: 27-49.

Ahrenholz, Bernt (2006): Wortstellung in mündlichen Erzählungen von Kindern mit Migrationshintergrund. In Bernt Ahrenholz (Hrsg.): *Kinder mit Migrationshintergrund - Spracherwerb und Fördermöglichkeiten.* Freiburg: Fillibach, 221-240.

Ahrenholz, Bernt (2008): Zum Erwerb zentraler Wortstellungsmuster. In Bernt Ahrenholz, Ursula Bredel, Wolfgang Klein, Martina Rost-Roth & Romuald Skiba (Hrsg.): *Empirische Forschung und Theoriebildung. Beiträge aus der Soziolinguistik, Gesprochene-Sprach- und Zweitspracherwerbsforschung. Festschrift für Norbert Dittmar.* Frankfurt a. M.: Lang, 165-177.

Anstatt, Tanja (2008): Aspect and tense in storytelling by Russian, German and bilingual children. *Russian Linguistics* 32 (1): 1-26.

Auer, Peter (1998): Zwischen Parataxe und Hypotaxe: 'abhängige Hauptsätze' im gesprochenen und geschriebenen Deutsch. *Zeitschrift für germanistische Linguistik* 26: 284-307.

Baayen, R. Harald (2008): *Analyzing Linguistic Data. A Practical Introduction to Statistics using R.* Cambridge: Cambridge University Press.

Bailyn, John Frederick (2012): *The Syntax of Russian.* Cambridge: Cambridge University Press.

Bast, Cornelia (2003): Der Altersfaktor im Zweitspracherwerb. Die Entwicklung der grammatischen Kategorien Numerus, Genus und Kasus in der Nominalphrase im ungesteuerten Zweitspracherwerb des Deutschen bei russischen Lernerinnen. *Kölner Universitäts-Publikations-Server.* http://kups.ub.uni-koeln.de/ volltexte/2003/936/pdf /Der_Altersfaktor_im_Zweitspracherwerb.PDF (27.08.2007).

Bech, Gunnar (1983²): *Studien über das deutsche verbum infinitum.* Tübingen: Narr.

Becker, Angelika (2005): The semantic knowledge base for the acquisition of negation and the acquisition of finiteness. In Henriette Hendriks (Hrsg.): *The structure of learner varieties.* Berlin: De Gruyter, 263-314.

Berend, Nina (2005): Regionale Gebrauchsstandards – Gibt es sie und wie kann man sie beschreiben? In Ludwig M. Eichinger & Werner Kallmeyer (Hrsg.): *Standardvariation. Wie viel Variation verträgt die deutsche Sprache? Jahrbuch des IDS 2004.* Berlin: De Gruyter, 143-170.

Bialystok, Ellen (1997): The structure of age: in search of barriers to second language acquisition. *Second Language Research* 13 (2): 116–137.

Bialystok, Ellen & Kenji Hakuta (1999): Confounded age: linguistic and cognitve factors in age differences for second language acquisition. In David Birdsong (Hrsg.): *Second language Acquisition and the Critical Period Hypothesis.* Mahwah, NJ: Lawrence Erlbaum Associates, 161-181.

Birdsong, David (1992): Ultimate attainment in second language acquisition. *Language* 68: 706-755.

Birdsong, David (2009): Age and the End State of Second Language Acquisition. In William C. Ritchie & Tej Bhatia (Hrsg.): *The New Handbook of Second Language Acquisition.* New York: Academic Press, 401-424.

Bivon, Roy (1971): *Element order.* Cambridge: Cambridge University Press.

Bley-Vroman, Robert (1990): The logical problem of foreign language learning. *Linguistic Analysis* 20 (1-2): 3-49.

Bohnacker, Ute (2006): When Swedes begin to learn German: from V2 to V2. *Second Language Research* 22 (4): 443–486.

Bohnacker, Ute & Christina Rosén (2008): The clause-initial position in L2 German declaratives. *Studies in Second Language Acquisition* 30 (4): 511-538.

Bongaerts, Theo (1999): Ultimate attainment in L2 pronunciation. In David Birdsong (Hrsg.): *Second language acquisition and the critical period hypothesis.* Mahwah, NJ: Lawrence Erlbaum Associates, 133-159.

Boxtel, Sonja van, Theo Bongaerts & Peter-Arno Coppen (2003): Native-like attainment in L2-syntax. In S. Foster-Cohen & S. Pekarek-Doehler (Hrsg.): *Eurosla Yearbook.* Amsterdam: Benjamins, 157-181.

Brown, Roger (1973a): *A first language*. Cambridge, MA: Harvard University Press.

Brown, Roger (1973b): *A first language: The Early Stages*. Cambridge, MA: Harvard University Press.

Bybee, Joan (2008): Usage-based grammar and second language acquisition. In Peter Robinson & Nick C. Ellis (Hrsg.): *Handbook of cognitive linguistics and second language acquisition*. New York: Routledge.

Carroll, Mary, Jorge Murcia-Serra, Marzena Watorek & Alessandra Bendiscioli (2000): The Relevance of Information Organization to Second Language Acquisition Studies. The Descriptive Discourse of Advanced Adult Learners of German. *Studies in Second Language Acquisition* 22 (3): 441–466.

Clahsen, Harald (1984): The acquisition of German word order: A test case for cognitive approaches to L2 development. In Roger W. Andersen (Hrsg.): *Second language: A cross-linguistic perspective*. Rowley, MA: Newbury House, 219-242.

Clahsen, Harald; Jürgen M. Meisel & Manfred Pienemann (1983): *Deutsch als Zweitsprache. Der Spracherwerb ausländischer Arbeiter*. Tübingen: Narr.

Clahsen, Harald & Peter Muyksen (1986): The availability of universal grammar to adult and child learners – a study of the acquisition of German word order. *Second Language Research* 2: 93-119.

Clahsen, Harald & Martina Penke (1992): The acquisition of agreement morphology and its syntactic consequences: New evidence on German child language from the Simone-corpus. In Jürgen M. Meisel (Hrsg.): *The acquisition of verb placement: Functional categories and V2 phenomena in language acquisition*. Dordrecht: Kluwer, 181–223.

Comrie, Bernard (1997): On the origin of the Basic Variety. *Second Language Research* 13 (4): 367–373.

Comrie, Bernard (2009): Russian. In Bernard Comrie (Hrsg.): *The world's major languages*. New York: Routledge, 274-288.

Cook, Vivian (1995): Multicompetence and effects of age. In David Michael Singleton (Hrsg.): *The age factor in second language acquisition*. Clevedon: Multilingual Matters, 51-65.

Czinglar, Christine (2012): Der Einfluss des Alters auf den L2-Erwerb der Verbstellung: Eine Fallstudie zum Deutschen als Zweitsprache bei Lernerinnen mit L1 Russisch. Dissertation, Universität Wien.

Czinglar, Christine; Antigone Katičić, Katharina Köhler & Chris Schaner-Wolles (2006): Strategies in the L1-Acquisition of Predication: The Copula Construction in German and Croatian. In Natalja Gagarina & Insa Gülzow (Hrsg.): *The Acquisition of Verbs and Their Grammar. The Effect of Particular Languages*. Dordrecht: Springer, 71-104.

DeKeyser, Robert (2000): The robustness of critical period effects in second language acquisition. *Studies in Second Language Acquisition* 22: 499–533.

DeKeyser, Robert (2012): Age effects in second language learning. In Susan M. Gass & Alison Mackey (Hrsg.): *The Routledge Handbook of Second Language Acquisition*. London: Routledge, 442-460.

DeKeyser, Robert; Iris Alfi-Shabtai & Dorit Ravid (2010): Cross-linguistic evidence for the nature of age effects in second language acquisition. *Applied Psycholinguistics* 31 (03): 413-438.

DeReWo (2011): Korpusbasierte Grundformenliste DeReWo. Version v-ww-bll-250000g-2011-12-31-0.1 mit Benutzerdokumentation. Mannheim: Institut für Deutsche Sprache (IDS), Programmbereich Korpuslinguistik. http://www.ids-mannheim.de/kl/derewo (30.4.2012).

Diehl, Erika; Helen Christen, Sandra Leuenberger, Isabelle Pelvat & Thérèse Studer (2000): *Grammatikunterricht: alles für der Katz? Untersuchungen zum Zweitsprachenerwerb Deutsch*. Tübingen: Niemeyer.

Diessel, Holger (2004): *The Acquisition of Complex Sentences*. Cambridge: Cambridge University Press.

Dimroth, Christine (2005): The finite story. Animierte Videosequenzen zur Datenelizitation. Nijmegen: Max Planck Institut für Psycholinguistik. http://corpus1.mpi.nl/ds/imdi_browser?openpath=MPI560350%23 (1.3.2011).

Dimroth, Christine (2007): Zweitspracherwerb bei Kindern und Jugendlichen: Gemeinsamkeiten und Unterschiede. In Tanja Anstatt (Hrsg.): *Mehrsprachigkeit bei Kindern und Erwachsenen*. Tübingen: Narr-Francke, 115-137.

Dimroth, Christine (2008a): Age Effects on the Process of L2 Acquisition? Evidence From the Acquisition of Negation and Finiteness in L2 German. *Language Learning* 58 (1): 117–150.

Dimroth, Christine (2008b): Kleine Unterschiede in den Lernvoraussetzungen beim ungesteuerten Zweitspracherwerb: Welche Bereiche der Zielsprache Deutsch sind besonders betroffen? In Bernt Ahrenholz (Hrsg.): *Zweitspracherwerb. Diagnosen, Verläufe, Voraussetzungen.* Freiburg: Fillibach, 117-134.

Dimroth, Christine (2008c): Perspectives on second language acquisition at different ages. In Jenefer Philp, Rhonda Oliver & Alison Mackey (Hrsg.): *Second language acquisition and the younger learner: child's play?* Amsterdam: Benjamins, 53-79.

Dimroth, Christine (2009): Lernervarietäten im Sprachunterricht. *Zeitschrift für Literaturwissenschaft und Linguistik* 39 (153): 60-80.

Dimroth, Christine; Petra Gretsch, Peter Jordens, Clive Perdue & Marianne Starren (2003): Finiteness in Germanic languages. A stage-model for first and second language development. In Christine Dimroth & Marianne Starren (Hrsg.): *Information structure and the dynamics of language acquisition.* Amsterdam: Benjamins, 65-94.

Dimroth, Christine & Stefanie Haberzettl (2008): Je älter desto besser: Der Erwerb der Verbflexion in Kindesalter. In Bernt Ahrenholz, Ursula Bredel, Martina Rost-Roth & Romuald Skiba (Hrsg.): *Empirische Forschung und Theoriebildung. Beiträge aus Soziolinguistik, Gesprochene Sprache- und Zweitspracherwerbsforschung.* Frankfurt a. M.: Peter Lang, 227-238.

Dimroth, Christine & Stefanie Haberzettl (2012): The Older the Better, or More is More: Language Acquisition in Childhood. In Marzena Watorek, Sandra Benazzo & Maya Hickman (Hrsg.): *Comparative Perspectives to Language Acquisition: A Tribute to Clive Perdue.* Clevedon: Multilingual Matters, 324-349.

Dimroth, Christine & Bhuvana Narasimhan (2012): The acquisition of information structure. In Manfred Krifka & Renate Musan (Hrsg.): *The expression of information structure.* Berlin: De Gruyter, 319-362.

Dimroth, Christine; Rebekah Rast, Marianne Starren & Marzena Watorek (2013): Methods for studying the learning of a new language under controlled input conditions: The VILLA project *Eurosla Yearbook.* 13: 109-138.

Dittmar, Norbert (2006): Der Konnektor *also* in mündlichen muttersprachlichen und lernersprachlichen Varietäten. Vortrag. *DGfS-Tagung, 24.2.2006.* Bielefeld.

Dittmar, Norbert (2010): Zum Verhältnis von Form und (kommunikativer) Funktion in der mündlichen Rede am Beispiel des Konnektors *also*. In Norbert Dittmar & Nils Bahlo (Hrsg.): *Beschreibungen für gesprochenes Deutsch auf dem Prüfstand. Analysen und Perspektiven.* Frankfurt a. M.: Peter Lang, 99-135.

Dittmar, Norbert & Romuald Skiba (1992): Zweitspracherwerb und Grammatikalisierung. Eine Längsschnittstudie zur Erlernung des Deutschen. In Oddleif Leirbukt & Beate Lindemann (Hrsg.): *Psycholinguistische und didaktische Aspekte des Fremdsprachenlernens.* Tübingen: Narr. 25-61.

Dörnyei, Zoltán (2005): *The psychology of the language learner. Individual differences in second language acquisition.* Mahwah, New Jersey: Lawrence Erlbaum.

Dörnyei, Zoltán & Peter Skehan (2003): Individual Differences in Second Language Learning. In Catherine J. Doughty & Michael H. Long (Hrsg.): *The handbook of second language acqusition.* Oxford: Blackwell, 589-630.

Drach, Erich (1939/1963⁴): *Grundgedanken der deutschen Satzlehre.* Darmstadt: Wissenschaftliche Buchgesellschaft.

Dressler, Wolfgang U. (1994): Functional Sentence Perspective within a Model of Natural Textlinguistics. In Světla Čmejrková & František Štícha (Hrsg.): *The Syntax of Sentence and Text: a Festschrift for František Daneš.* Amsterdam: Benjamins, 91-104.

DUDEN (2006): *Die Grammatik.* Mannheim: Dudenverlag.

Dulay, Heidi C. & Marina K. Burt (1973): Should we teach children syntax? *Language Learning* 24 (2): 245-258.

Dulay, Heidi C. & Marina K. Burt (1974): Natural Sequences in Child Second Language Acquisition. *Language Learning* 24: 37-53.

Durán, Pilar; David Malvern, Brian Richards & Ngoni Chipere (2004): Developmental trends in lexical diversity. *Applied Linguistics* 25 (2): 220-242.

Edmondson, Willis & Juliane House (2000): *Einführung in die Sprachlehrforschung.* Tübingen, Basel: Francke.

Ehlich, Konrad; Ursula Bredel & Hans H. Reich (Hrsg.) (2008): *Referenzrahmen zur altersspezifischen Sprachaneignung – Forschungsgrundlagen.* Berlin, Bundesministerium für Bildung und Forschung (=Bildungsforschung 29/2).

Eisenberg, Peter (1999): *Grundriss der deutschen Grammatik. Band 2: Der Satz.* Weimar: J. B. Metzler.

Eubank, Lynn & Kevin R. Gregg (1999): Critical Periods and (Second) Language Acquisition: Divide et Impera. In David Birdsong (Hrsg.): *Second language acquisition and the critical period hypothesis.* Mahwah, New Jersey: Lawrence Erlbaum Associates, 65-99.

Felix, Sascha W. (1982): *Psycholinguistische Aspekte des Zweitsprachenerwerbs.* Tübingen: Narr.

Flege, James Emil, Murray J. Munro & Ian A. R. MacKay (1995): Factors affecting strength of perceived foreign accent in a second language. *Journal of the Acoustical Society of America* 97: 3125-3134.

Flores, Cristina (2010): The effect of age on language attrition: Evidence from bilingual returnees. *Bilingualism: Language and Cognition* 13 (4): 533–546.

Freywald, Ulrike (2009): Kontexte für nicht-kanonische Verbzweitstellung: V2 nach d*ass u*nd Verwandtes. In Veronika Ehrich, Christian Fortmann, Ingo Reich & Marga Reis (Hrsg.): *Koordination und Subordination im Deutschen.* Hamburg: Buske. Linguistische Berichte, Sonderheft 16, 113-134.

Fritzenschaft, Agnes, Ira Gawlitzek-Maiwald, Rosemarie Tracy & Susanne Winkler (1990): Wege zur komplexen Syntax. *Zeitschrift für Sprachwissenschaft* 9 (1/2): 52-134.

Gass, Susan M. & Larry Selinker (1994/2008[3]): *Second Language Acquisition: An Introductory Course.* New York: Routledge.

Gathercole, Virginia C. Mueller & Erika Hoff (2007): Input and the Acquisition of Language: Three Questions. In Erika Hoff & Marilyn Shatz (Hrsg.): *Handbook of Language Development.* Malden, MA: Blackwell, 107-127.

Gogolin, Ingrid (2009): Zweisprachigkeit und die Entwicklung bildungssprachlicher Fähigkeiten. In Ingrid Gogolin & Ursula Neumann (Hrsg.): *Streitfall Zweisprachigkeit - The Bilingualism Controversy.* Wiesbaden: Verlag für Sozialwissenschaften, 263-280.

Gretsch, Petra & Clive Perdue (2007): Finiteness in first and second language acquisition. In Irina Nikolaeva (Hrsg.): *Finiteness. Theoretical and Empirical Foundations.* Oxford: Oxford University Press, 432-484.

Grießhaber, Wilhelm (2005): Sprachstandsdiagnose im kindlichen Zweitspracherwerb: Funktional-pragmatische Fundierung der Profilanalyse. Münster: WWU Sprachenzentrum.

Grotjahn, Rüdiger & Torsten Schlak (2010): Alter. In Hans-Jürgen Krumm (Hrsg.): *Deutsch als Fremd- und Zweitsprache ein internationales Handbuch (Handbücher zur Sprach- und Kommunikationswissenschaft)*. Berlin: De Gruyter, 867-76.

Grotjahn, Rüdiger & Torsten Schlak (2013): Alter und Fremdsprachenlernen: Ein Forschungsüberblick. In Annette Berndt (Hrsg.): *Fremdsprachen in der Perspektive lebenslangen Lernens*. Frankfurt a. M.: Peter Lang, 13-45.

Günthner, Susanne (1999). Wenn-Sätze im Vor-Vorfeld: Ihre Formen und Funktionen in der gesprochenen Sprache. *Deutsche Sprache* 3: 209-235.

Haberzettl, Stefanie (2005): *Der Erwerb der Verbstellungsregeln in der Zweitsprache Deutsch durch Kinder mit russischer und türkischer Muttersprache*. Tübingen: Niemeyer.

Haberzettl, Stefanie (2006): Progression im ungesteuerten Erwerb und im gesteuerten Erwerb. In Bernt Ahrenholz (Hrsg.): *Kinder mit Migrationshintergrund. Spracherwerb und Fördermöglichkeiten*. Freiburg: Fillibach, 203-220.

Haberzettl, Stefanie (2007): Konstruktionen im Zweitspracherwerb. In Kerstin Fischer & Anatol Stefanowitsch (Hrsg.): *Konstruktionsgrammatik I: Von der Anwendung zur Theorie*. Tübingen: Stauffenburg, 55-77.

Haberzettl, Stefanie; Christine Dimroth, Nadja Wulff & Christine Czinglar (2013): Erwerb des Deutschen als Zweitsprache im Grundschulalter In Annette Berndt (Hrsg.): *Fremdsprachen in der Perspektive lebenslangen Lernens*. Frankfurt a. M.: Lang, 143-161.

Hahne, Anja & Angela D. Friederici (2001): Processing a second language. Late learners'comprehension mechanisms as revealed by event-related potentials. *Bilingualism: Language and Cognition* 4: 123-141.

Handwerker, Brigitte (2008): Chunks und Konstruktionen. Zur Integration von lerntheoretischem und grammatischem Ansatz. *Estudios Filológicos Alemanes* 15: 49-64.

Hart, Betty & Todd R. Risley (1995): *Meaningful differences in the everyday experience of young American children*. Baltimore: Paul H. Brookes.

Heidelberger Forschungsprojekt 'Pidgin Deutsch' (1975): *Sprache und Kommunikation ausländischer Arbeiter*. Kronberg: Scriptor.

Herschensohn, Julia (2007): *Language Development and Age*. Cambridge: Cambridge University Press.

Hinrichs, Erhard W. & Sandra Kübler (2005): Treebank Profiling of Spoken and Written German. In *Proceedings of the Fourth Workshop on Treebanks and Linguistic Theories (TLT)*. Barcelona.

Hinrichs, Erhard W. & Sandra Kübler (2006): What Linguists Always Wanted to Know About German and Did not Know How to Estimate. In M. Suominen, A. Arppe, A. Airola, O. Heinämäki, M. Miestamo, U. Määttä, J. Niemi, K. Pitkänen & K. Sinnemäki (Hrsg.): *A Man of Measure: Festschrift in Honour of Fred Karlsson on his 60th Birthday*. Turku: The Linguistic Association of Finland, Special Supplement to SKY Journal of Linguistics 19, 24–33.

Hoff-Ginsberg, Erika (1991): Mother-child conversation in diffferent social classes and communicative settings. *First Language* 12: 233-244.

Hoff, Erika (2003): The Specificity of Environmental Influence: Socioeconomic Status Affects Early Vocabulary Development Via Maternal Speech. *Child Development* 74 (5): 1368-1378.

Höhle, Tilman (1982): Explikation für "normale" Betonung und "normale" Wortstellung. In Werner Abraham (Hrsg.): *Satzglieder im Deutschen*. Narr, Tübingen: 75-153.

Höhle, Tilman (1986): Der Begriff *Mittelfeld*, Anmerkungen über die Theorie der topologischen Felder. In Albrecht Schöne (Hrsg.): *Akten des Siebten Internationalen Germanistenkongresses 1985, Göttingen, Germany*. Tübingen: Niemeyer, 329–340.

Hyltenstam, Kenneth & Niclas Abrahamsson (2003): Maturational constraints in SLA. In Catherine J. Doughty & Michael H. Long (Hrsg.): *The handbook of second language acqusition*. Oxford: Blackwell, 539-588.

Ioup, Georgette; Elizabeth Boustagui, Manal El Tigi & Martha Moselle (1994): Reexamining the Critical Period Hypothesis: A Case Study of Successful Adult SLA in a Naturalistic Environment. *Studies in Second Language Acquisition* 16: 73-98.

Isačenko, Alexandr V. (1966): O grammatičeskom porjadke slov. *Voprosy jazykoznanija* 6: 27-34.

Jarvis, Scott & Aneta Pavlenko (2008): *Crosslinguistic influence in language and cognition*. New York: Routledge.

Johnson, Jacqueline S. & Elissa L. Newport (1989): Critical Period Effects in Second Language Learning: The Influence of Maturational State on the Acquisition of English as a Second Language. *Cognitive Psychology* 21: 60-99.

Jordens, Peter (2005): Inversion im Spracherwerb und Sprachgebrauch. *Zeitschrift für Literaturwissenschaft und Linguistik* 140: 81-98.

Jordens, Peter (2006): Inversion as an artifact. The acquisition of topicalization in child L1- and adult L2-Dutch. *EUROSLA Yearbook* 6 (1): 101-120.

Kauschke, Christina (2000): *Der Erwerb des frühkindlichen Lexikons. Eine empirische Studie zur Entwicklung des Wortschatzes im Deutschen.* Tübingen: Narr.

Kellerman, Eric (1983): Now you see it, now you don't. In Susan M. Gass & Larry Selinker (Hrsg.): *Language Transfer in Language Learning*: Rowley. Newbury House, 121-134.

King, Tracy Holloway (1995): *Configuring topic and focus in Russian.* Stanford, CA: CSLI Publications.

Klein, Wolfgang (1996): Language Acquisition at different ages. In David Magnusson (Hrsg.): *Individual Development over the Lifespan: Biological and Psychosocial Perspectives.* Cambridge: Cambridge University Press, 88-108.

Klein, Wolfgang (1998): Assertion and finiteness. In Norbert Dittmar & Zvi Penner (Hrsg.): *Issues in the theory of language acquisition: Essays in honor of Jürgen Weissenborn.* Bern: Peter Lang, 225-245.

Klein, Wolfgang (2001): Typen und Konzepte des Spracherwerbs. In Gerhard Helbig Lutz Götze, Gert Henrici & Hans-Jürgen Krumm (Hrsg.): *Deutsch als Fremdsprache. 1. Halbband.* Berlin: De Gruyter, 604-617.

Klein, Wolfgang (2008): The topic situation. In Bernt Ahrenholz, Ursula Bredel, Wolfgang Klein, Martina Rost-Roth & Romuald Skiba (Hrsg.): *Empirische Forschung und Theoriebildung. Beiträge aus der Soziolinguistik, Gesprochene-Sprach- und Zweitspracherwerbsforschung.* Frankfurt a. M.: Lang, 287-305.

Klein, Wolfgang & Christine Dimroth (2003): Der ungesteuerte Zweitspracherwerb Erwachsener: Ein Überblick über den Forschungsgegenstand. In Utz Maas & Ulrich Mehlem (Hrsg.): *Qualitätsanforderungen für die Sprachförderung im Rahmen der Integration von Zuwanderern.* Osnabrück: Institut für Migrationsforschung und Interkulturelle Studien (IMIS Beiträge Heft 21), Universität Osnabrück, 127-161.

Klein, Wolfgang & Norbert Dittmar (1979): *Developing grammars: the acquisition of German syntax by foreign workers.* Berlin: Springer.

Klein, Wolfgang & Clive Perdue (1992): *Utterance structure: developing grammars again*. Amsterdam: Benjamins.

Klein, Wolfgang & Clive Perdue (1997): The Basic Variety (or: Couldn't natural languages be much simpler?). *Second Language Research* 13: 301-347.

Klein, Wolfgang & Christiane von Stutterheim (1992): Textstruktur und referentielle Bewegung. *Zeitschrift für Literaturwissenschaft und Linguistik* 86: 67-92.

Knudsen, Eric I. (2004): Sensitive Periods in the Development of the Brain and Behavior. *Journal of Cognitive Neuroscience* 16 (8): 1412–1425.

Köhler, Katharina (1998): Finitheit und Verbposition. Eine Fallstudie zum Erstspracherwerb des Deutschen. Diplomarbeit, Universität Wien.

Kostyuk, Natalia (2005): *Der Zweitspracherwerb beim Kind: Eine Studie am Beispiel des Erwerbs des Deutschen durch drei russischsprachige Kinder*. Hamburg: Dr. Kovac.

Krashen, Stephen D., Michael H. Long & Robin C. Scarcella (1979): Age, rate and eventual attainment in second language acquisition. *TESOL Quarterly* 13: 573-582.

Lado, Robert (1957/1987[17]): *Linguistics across cultures: applied linguistics for language teachers*. Ann Arbor: University of Michigan Press.

Lakshmanan, Usha (2009): Child Second Language Acquisition. In William C. Ritchie & Tej Bhatia (Hrsg.): *The New Handbook of Second Language Acquisition*. New York: Academic Press, 377-399.

Lasser, Ingeborg (1997): *Finiteness in Adult and Child German* Nijmegen: Max-Planck-Institute for Psycholinguistics.

Lenneberg, Eric H. (1967): *Biological foundations of language*. New York: Wiley.

Loll, Annegret (2007): Determinierer im Erwerb des Deutschen als Zweitsprache – eine Fallstudie. Köln: Arbeitspapier Nr. 52 des Instituts für Allgemeine Sprachwissenschaft der Universität zu Köln.

Long, Michael H. (1990): Maturational constraints on language development. *Studies in Second Language Acquisition* 12: 251-285.

Long, Michael H. (2003): Stabilization and fossilization in interlanguage development. In Catherine J. Doughty & Michael H. Long (Hrsg.): *The handbook of second language acqusition*. Oxford: Blackwell, 487-535.

Long, Mike (2005): Problems with supposed counter-evidence to the Critical Period Hypothesis. *International Review of Applied Linguistics in Language Teaching (IRAL)* 43: 287-317.

MacWhinney, Brian (2000): *The CHILDES Project: Tools for Analyzing Talk. 3rd Edition.* Mahwah, New Jersey: Lawrence Erlbaum Associates.

MacWhinney, Brian (2008): A Unified Model. In Nick C. Ellis & Peter Robinson (Hrsg.): *Handbook of cognitive linguistics and second language acquisition.* New York: Routledge, 341-371.

McKee, Gerard; David Malvern & Brian Richards (2000): Measuring Vocabulary Diversity Using Dedicated Software. *Literary and Linguistic Computing* 15 (3): 323-337.

Meibauer, Jörg, Ulrike Demske, Jochen Geilfuß-Wolfgang, Jürgen Pafel, Karl Heinz Ramers, Monika Rothweiler & Markus Steinbach (2007): *Einführung in die germanistische Linguistik.* Stuttgart: J. B. Metzler.

Meisel, Jürgen M. (1997): The acquisition of the syntax of negation in French and German: contrasting first and second language development. *Second Language Research* 13 (3): 227–263.

Meisel, Jürgen M. (2004): The bilingual child. In Tej Bhatia & William C. Ritchie (Hrsg.): *The Handbook of Bilingualism.* Malden, MA: Blackwell, 91-113.

Meisel, Jürgen M. (2009): Second Language Acquisition in Early Childhood. *Zeitschrift für Sprachwissenschaft* 28: 5-34.

Meisel, Jürgen M., Harald Clahsen & Manfred Pienemann (1981): On determining developmental stages in natural second language acquisition. *Studies in Second Language Acquisition* 3: 109–135.

Mitchell, Rosamond & Florence Myles (2004): *Second Language Learning Theories.* London: Arnold.

Montrul, Silvina (2010): Dominant language transfer in adult second language learners and heritage speakers. *Second Language Research* 26 (3): 293–327.

Moyer, Alene (1999): Ultimate Attainment in L2-Phonology. The Critical Factors of Age, Motivation, and Instruction. *Studies in Second Language Acquisition* 21: 81-108.

Müller, Natasha (1998): Die Abfolge OV/VO und Nebensätze im Zweit- und Erstspracherwerb. In Heide Wegener (Hrsg.): *Eine zweite Sprache lernen: empirische Untersuchungen zum Zweitspracherwerb.* Tübingen: Narr. 89-116.

Müller, Natatascha; Tanja Kupisch, Katrin Schmitz & Katja F. Cantone (2006): *Einführung in die Mehrsprachigkeitsforschung.* Tübingen: Narr.

Müller, Stefan (2005): Zur Analyse der scheinbar mehrfachen Vorfeldbesetzung. *Linguistische Berichte* 203: 297–330.

Muñoz, Carmen & David Michael Singleton (2011): A critical review of age-related research on L2 ultimate attainment. *Language Teaching* 44 (1): 1-35.

Naigles, Letitia R. & Erika Hoff-Ginsberg (1998): Why are some verbs learned before other verbs? Effects of input frequency and structure on children's early verb use. *Journal of Child Language* 25: 95-120.

Newport, Elissa L. (1990): Maturational Constraints on Language Learning. *Cognitive Science* 14: 11-28.

Newport, Elissa L. (1991): Contrasting Conceptions of the Critical Period for Language. In Susan Carey & Rochel Gelman (Hrsg.): *The Epigenesis of Mind: Essays on Biology and Cognition*. Hillsdale, New Jersey: Lawrence Erlbaum Associates, 111-130.

Newport, Elissa L.; Daphne Bavelier & Helen J. Neville (2001): Critical Thinking about Critical Periods: Perspectives on a Critical Period for Language Acquisition. In Emmanuel Dupoux (Hrsg.): *Language, Brain and Cognitive Development: Essays in Honor of Jacques Mehler*. Cambridge, MA: MIT Press, 481-502.

Oyama, Susan (1976): A sensitive period for the acquisition of a nonnative phonological system. *Journal of Psycholinguistic Research* 5 (3): 261-283.

Pagonis, Giulio (2009a): Der Altersfaktor in Theorie und Praxis. *Zeitschrift für Literaturwissenschaft und Linguistik* 39 (153): 112-126.

Pagonis, Giulio (2009b): *Kritische Periode oder altersspezifischer Antrieb. Was erklärt den Altersfaktor im Zweitspracherwerb? Eine empirische Fallstudie zum ungesteuerten Zweitspracherwerb des Deutschen durch russische Lerner unterschiedlichen Alters*. Frankfurt a. M.: Lang.

Paradis, Johanne (2007): Second Language Acquisition in Childhood. In Erika Hoff & Marilyn Shatz (Hrsg.): *Handbook of Language Development*. Malden, MA: Blackwell, 387-405.

Parodi, Teresa (1998): *Der Erwerb funktionaler Kategorien im Deutschen*. Tübingen: Narr.

Parodi, Teresa (2000): Finiteness and verb placement in second language acquisition. *Second Language Research* 16: 355-381.

Pasch, Renate; Ursula Brauße, Eva Breindl & Ulrich Hermann Waßner (2003): *Handbuch der deutschen Konnektoren. Linguistische Grundlagen der Beschreibung und syntaktische Merkmale der deutschen Satzverknüpfer (Konjunktionen, Satzadverbien und Partikeln)*. Berlin: De Gruyter.

Patkowski, Mark S. (1981): The sensitive period for the acquisition of syntax in a second language. *Language Learning* 30 (2): 449-472.

Penfield, Wilder & Lamar Roberts (1959): *Speech and Brain Mechanisms. Princeton: Princeton University Press.* Princeton: Princeton University Press.

Philips, Colin (2010): Syntax at Age Two: Cross-Linguistic Differences. *Language Acquisition* 17: 70–120.

Pienemann, Manfred (1981): *Der Zweitspracherwerb ausländischer Arbeiterkinder.* Bonn: Bouvier Verlag Herbert Grundmann.

Pienemann, Manfred (1989): Is language teachable? Psycholinguistic experiments and hypotheses. *Applied Linguistics* 10 (1): 52-79.

Poeppel, David & Ken Wexler (1993): The full competence hypothesis of clause structure in early German. *Language* 69(1): 1-33.

Pollock, Jean-Yves (1989): Verb Movement, Universal Grammar and the Structure of IP. *Linguistic Inquiry* 20: 365-424.

Prévost, Philippe & Lydia White (2000): Missing Surface Inflection or Impairment in second language acquisition? Evidence from tense and agreement. *Second Language Research* 16 (2): 103–133.

Pulvermüller, Friedemann & John H. Schumann (1994): Neurobiological mechanisms of language acquisition. *Language Learning* 44 (4): 681-734.

Rast, Rebekah (2010): The Role of Linguistic Input in the First Hours of Adult Language Learning. *Language Learning* 60 (Suppl. 2): 64-84.

Reiterer, Susanne Maria (2009): Brain and language talent: a synopsis. In Grzegorz Dogil & Susanne Maria Reiterer (Hrsg.): *Language Talent and Brain Activity.* Berlin: De Gruyter. 155-192.

Rice, Mabel L.; Sean M. Redmond & Lesa Hoffmann (2006): Mean Length of Utterance in Children with Specific Language Impairment and in Younger Control Children Shows Concurrent Validity and Stable and Parallel Growth Trajectories. *Journal of Speech, Language, and Hearing Research* 49: 793-808.

Robinson, Peter (Hrsg.) (2002): *Individual Differences and Instructed Language Learning.* Amsterdam, John Benjamins.

Rothman, Jason (2011): L3 syntactic transfer selectivity and typological determinacy: The typological primacy model. *Second Language Research* 27 (1): 107-127.

Rothweiler, Monika (1993): *Der Erwerb von Nebensätzen im Deutschen: eine Pilotstudie.* Tübingen: Niemeyer.

Rothweiler, Monika (2006): The acquisition of V2 and subordinate clauses in early successive acquisition of German. In Conxita Lleó (Hrsg.): *Interfaces in Multilingualism: Acquisition, Representation and Processing.* Amsterdam: John Benjamins, 91-113.

Rothweiler, Monika (2009): Über den Zusammenhang von Lexikon, Grammatik und Mehrsprachigkeit. *Sprachheilarbeit* 6: 246-254.

Santos, Ana Lúcia & Cristina Flores (2012): Comparing heritage speakers and late L2-learners of European Portuguese: verb movement, VP ellipsis and adverb placement. Vortrag. *Workshop on crosslinguistic influence in non-native language acquisition.* Universidade Nova de Lisboa, 29.-30. Juni 2012.

Schaner-Wolles, Chris (2000): Sprachentwicklung bei geistiger Retardierung: Williams-Beuren Syndrom und Down-Syndrom. In Hanelore Grimm (Hrsg.): *Enzyklopädie der Psychologie. Bd. 3 Sprachentwicklung.* Göttingen: Hogrefe, 663-685.

Schimke, Sarah (2009): *The acquisition of finiteness in Turkish learners of German and Turkish learners of French: Investigating knowledge about forms and functions in production and comprehension.* Nijmegen: MPI Series in Psycholinguistics.

Schumann, John H. (1986): Research on the acculturation model for second language acquisition. *Journal of Multilingual and Multicultural Development* 7: 379-392.

Schwartz, Bonnie D. (1997): On the basis of the Basic Variety... *Second Language Research* 13 (4): 386–402.

Schwartz, Bonnie D. & Rex A. Sprouse (1994): Word order and nominative case in non-native language acquisition: A longitudinal study of (L1 Turkish) German interlanguage. In Teun Hoekstra & Bonnie D. Schwartz (Hrsg.): *Language Acquisition Studies in Generative Grammar: Papers in Honor of Kenneth Wexler from the 1991 GLOW Workshops.* Amsterdam: Benjamins, 317-368.

Schwartz, Bonnie D. & Rex A. Sprouse (1996): L2 cognitive states and the Full Transfer/Full Access model. *Second Language Research* 12 (1): 40-72.

Şenyıldız, Anastasia (2010): *Wenn Kinder mit Eltern gemeinsam Deutsch lernen. Soziokulturell orientierte Einzelfallstudien zur Entwicklung erst- und zweitsprachlicher Kompetenzen bei russischsprachigen Vorschulkindern.* Tübingen: Stauffenburg.

Siewierska, Anna & Ludmila Uhlířová (1997): An overview of word order in Slavic languages. In Anna Siewierska (Hrsg.): *Constituent order in the languages of Europe*. Berlin: De Gruyter, 105-149.

Singleton, David Michael (2005): The Critical Period Hypothesis: A coat of many colours. *International Review of Applied Linguistics in Language Teaching (IRAL)* 43: 269-285.

Snow, Catherine E. & Marian Hoefnagel-Höhle (1978): The critical period for language acquisition: Evidence from second language learning *Child Development* 49 (4): 1114-1128.

Sopata, Aldona (2011): Placement of infinitives in successive child language acquisition. In Esther Rinke & Tanja Kupisch (Hrsg.): *The Delopment of Grammar. Language acquisition and diachronic change. In honour of Jürgen M. Meisel*. Amsterdam: Benjamins.

Sopata, Aldona (2012): Inflectional rules in successive child language acquisition: Evidence from German past participles. Vortrag. *EUROSLA 22*. Adam Mickiewicz University, Poznán, Poland, 5.-8. September 2012.

Stephany, Ursula & Conny Bast (2001): Working with the CHILDES Tools: Transcription, Coding and Analysis. In Ursula Stephany, Conny Bast & Katrin Lehmann (Hrsg.): *Computer-Assisted Transcription and Analysis of Speech*. Köln: Institut für Sprachwissenschaft, Arbeitspapier Nr. 41 (Neue Folge).

Sterner, Franziska (2012): Adult L2 and early child L2 acquisition of German past participles. Vortrag. *EUROSLA 22*. Adam Mickiewicz University, Poznán, Poland, 5.-8. September 2012.

Stoltenburg, Benjamin (2003): Parenthesen im gesprochenen Deutsch *InLiSt - Interaction and Linguistic Structures* 34: http://www.uni-potsdam.de/u/inlist/issues/34/index.htm (20.9.2011).

Stutterheim, Christiane von & Wolfgang Klein (2008): Mündliche Textproduktion: Informationsorganisation in Texten. In N. Janich (Hrsg.): *Textlinguistik: 15 Einführungen*. Tübingen: Narr, 217-235.

Thoma, Dieter & Rosemarie Tracy (2006): Deutsch als frühe Zweitsprache: zweite Erstsprache? In Bernt Ahrenholz (Hrsg.): *Kinder mit Migrationshintergrund. Spracherwerb und Fördermöglichkeiten*. Freiburg: Fillibach, 58-79.

Timberlake, Alan (2004): *A Reference Grammar of Russian*. Cambridge: Cambridge University Press.

Topaj, Natalie (2010): Topical referential expressions in narratives of Russian-German bilingual children. In Marina Chini (Hrsg.): *Topic, struttura dell' informazione e acquisizione linguistica*. Pavia: Franco Angeli, 59-72.

Tracy, Rosemarie (2007): Wieviele Sprachen passen in einen Kopf? Mehrsprachigkeit als Herausforderung für Gesellschaft und Forschung. In Tanja Anstatt (Hrsg.): *Mehrsprachigkeit bei Kindern und Erwachsenen*. Tübingen: Narr-Francke, 69-92.

Tracy, Rosemarie & Dieter Thoma (2009): Convergence on finite V2 clauses in L1, bilingual L1 and early L2 acquisition. In Christine Dimroth & Peter Jordens (Hrsg.): *Functional categories in learner language*. Berlin: De Gruyter.

Vainikka, Anne & Martha Young-Scholten (1994): Direct access to X' theory: Evidence from Korean and Turkish adults learning German. In Teun Hoekstra & Bonnie D. Schwartz (Hrsg.): *Language acquisition studies in generative grammar*. Amsterdam: John Benjamins, 265–316.

Vainikka, Anne & Martha Young-Scholten (2007): The role of literacy in the development of L2 morpho-syntax from an organic grammar perspective. *Low educated second language and literacy acquisition. Proceedings of the Second Annual LESLLA Conference*. N. R. Faux. Richmond, VA: Virginia Commonwealth University, Literacy Institute.

Vainikka, Anne & Martha Young-Scholten (2011): *The acquisition of German: Introducing organic grammar*. Berlin: De Gruyter.

Viesel, Yvonne (2011): 'glaubt er, glaub ich, glaub'. Integrierte V1-Parenthesen, Extraktion aus V2-Komplementen, Grammatikalisierung. *Linguistische Berichte* 226: 129-169.

Vikner, Sten (1995): *Verb Movement and Expletive Subjects in the Germanic Languages*: Oxford University Press, New York/Oxford.

Weber-Fox, Christine M. & Helen J. Neville (1999): Functional neural subsystems are differentially affected by delays in second language immersion: ERP and behavioral evidence in bilinguals. In David Birdsong (Hrsg.): *Second Language Acquisition and the Critical Period Hypothesis*. Mahwah, NJ: Lawrence Erlbaum Associates, 23-38.

Wexler, Ken (1994): Optional infinitives, head movement, and the economy of derivations. In David Lightfoot & Norbert Hornstein (Hrsg.): *Verb Movement*. Cambridge: Cambridge University Press, 305-350.

Winkler, Steffi (2011): Progressionsfolgen im DaF-Unterricht. Eine Interventionsstudie zur Vermittlung der deutschen (S)OV-Wortstellung. In Natalia Hahn & Thorsten Roelcke (Hrsg.): *Grenzen überwinden mit Deutsch*. Göttingen: Universitätsverlag, 193-207.

Wode, Henning (1981): *Learning a Second Language. An Integrated View of Language Acquisition*. Tübingen: Narr.

Wöllstein-Leisten, Angelika; Axel Heilmann, Peter Stepan & Sten Vikner (1997): *Deutsche Satzstruktur. Grundlagen der syntaktischen Analyse*. Tübingen: Stauffenburg.

Wöllstein, Angelika (2010): *Topologisches Satzmodell*. Heidelberg: Universitätsverlag Winter.

Wong-Fillmore, Lily (1979): Individual differences in second language acquisition. In Charles J. Fillmore, Daniel Kempler & William S.-Y. Wang (Hrsg.): *Individual Differences in Language Ability and Language Behavior*. New York: Academic Press, 203-228.

Zippel, Wolfgang (2009): *Semantik und Grammatik im Kopf*. Tübingen: Narr.

Abkürzungen

(fp)	filled pause (*äh, ähem, ähm ...*)
2L1	doppelter Erstspracherwerb, bilingualer Erstspracherwerb
AbE	Alter bei Erwerbsbeginn, Erwerbsalter, *age of onset (AO), age of exposure*
ACC	Akkusativ
ADV/Adv	Adverb
AGR(P)	*agreement (phrase)*, Kongruenz(phrase)
C, CP	*Complementizer, Complementizer-Phrase* (Satz)
DaF	Deutsch als Fremdsprache
DAS/14	Dascha, Erwerbsalter 14, die ältere Probandin im DaZ-AF-Korpus
DaZ	Deutsch als Zweitsprache
DaZ-AF	das Korpus *Deutsch als Zweitsprache – Altersfaktor*
DeReWo	Korpusbasierte Wortgrundformenliste, basierend auf dem Deutschen Referenzkorpus (DeReKo), herausgegeben vom IDS Mannheim
ESF-Projekt	das von der *European Science Foundation* (ESF) finanzierte Projekt *Second Language Acquisition by Adult Immigrants*
F	feminin
FDH	*Fundamental Difference Hypothesis*
FIN	finites Verb
FP	funktionale Phrase
(fp)	filled pause (*äh, ähem, ähm ...*)
HK	Häufigkeitsklasse, Frequenzklasse (nach DeReWo)
HKP	Hypothese der kritischen Periode, *Critical Period Hypothesis (CPH)*
HL	Hapax Legomena
HS	Hauptsatz
IMP	Imperativ
IMPF	imperfektiv
INF	infinites Verb
I/INFL, IP	*inflection* (Flexion), *inflection phrase* (Flexionsphrase)
INT	Interviewer
INV	Inversion, Subjekt-Verb-Inversion

IRH	*Impaired Representation Hypothesis*
JN(-Frage)	Ja/Nein-Frage, Entscheidungsfrage
KG	Kindergarten
KM	Kontaktmonat
KW	Kontaktwoche (siehe Wo)
L1	Erstsprache, Erstspracherwerb
L2	Zweitsprache, Zweitspracherwerb
2L1	doppelter Erstspracherwerb, bilingualer Erstspracherwerb
LSK	linke Satzklammer
LV	*light verb* (leichtes Verb)
M	maskulin
MF	Mittelfeld
Min.	Minuten
MLU (MLUw)	*mean length of utterance (in words)*, durchschnittliche Äußerungslänge (in Wörtern)
MS	MuttersprachlerIn, L1-SprecherIn
MSIH	*Missing Surface Inflection Hypothesis*
MW	Mittelwert
N	neutrum
NAS/8	Nastja, Erwerbsalter 8 Jahre, die jüngere Probandin im DaZ-AF-Korpus
NEG	Negation
NF	Nachfeld
NOM	Nominativ
NP	Nominalphrase, Phrase mit einem Nomen als Kopf
NS	Nebensatz
O	Objekt (z.B. in SVO, OV etc.)
PF	perfektiv
PL	Plural
PP	Präpositionalphrase
PRT	Partikel
RSK	rechte Satzklammer
S	Subjekt (z.B. in SVO, SOV etc.)
SD	Standardabweichung
SG	Singular
Sig.	Signifikanz
SK	Satzklammer
Spec	*specifier position* (X-bar-Theorie)
SVK	Subjekt-Verb-Kongruenz

TTR	*Type-Token-Ratio*
UG	Universalgrammatik, *universal grammar*
V	Verb (z.B. in SVO, VE etc.)
V1	Verb-Erst(-Stellung)
V2	Verb-Zweit(-Stellung)
V3	Verb-Dritt(-Stellung)
VE	Verb-End(-Stellung)
VF	Vorfeld
VP	Verbalphrase
W-Frage	Informationsfrage (mit W-Wort)
W-Wort	Fragewort, einleitendes Element in einer W-Frage (Interrogativpronomen, W-Phrase)
Wo	Kontaktwoche (auch KW)
XP	beliebige Konstituente, Phrase mit einem beliebigen Kopf
ZISA-Projekt	das ZISA-Projekt *Zweitspracherwerb italienischer, spanischer und portugiesischer ArbeiterInnen*

Abbildungsverzeichnis

Anhang

Ad Kapitel 6.1

Tabelle A.1   Dascha: 21 ausgewählte Aufnahmen (Kontaktwochen, KM) in 12
Kontaktmonaten (KM)

Datei	KM	KW	Alter	Datum	INT[76]	Min.	Tokens
DAS-05	KM 02	Wo 06	14;2.20	12.Feb.98	Fab_11J	60	1243
DAS-06		Wo 07	14;2.27	19.Feb.98	Fab_11J	55	810
DAS-07		Wo 08	14;3.5	27.Feb.98	USt_Erw	65	1220
DAS-08	KM 03	Wo 09	14;3.13	05.Mär.98	Fab_11J	60	749
DAS-09		Wo 10	14;3.20	12.Mär.98	Fab_11J	62	1253
DAS-10		Wo 11	14;3.29	21.Mär.98	USt_Erw	30	822
DAS-11		Wo 11	14;4.1	23.Mär.98	Fab_11J	31	578
DAS-10+11[77]		Wo 11				61	1400
DAS-12		Wo 12	14;4.4	26.Mär.98	Fab_11J.	56	607
DAS-13	KM 04	Wo 13	14;4.10	02.Apr.98	Fab_11J	60	1097
DAS-14		Wo 15	14;4.25	17.Apr.98	ChB_Erw	65	1907
DAS-16		Wo 17	14;5.8	30.Apr.98	Fab_11J	60	1287
DAS-17	KM 05	Wo 18	14;5.16	08.Mai.98	Nat_Erw	65	2591
DAS-18		Wo 19	14;5.22	14.Mai.98	USt_Erw	65	1528
DAS-20		Wo 21	14;6.6	28.Mai.98	ChB_Erw	63	2095
DAS-23	KM 06	Wo 24	14;6.26	18.Jun.98	NaB_Erw	65	2625
DAS-25	KM 08	Wo 29	14;9.14	06.Sep.98	USt_Erw	62	2876
DAS-32	KM 09	Wo 35	14;11.3	25.Okt.98	ChB_Erw	65	3074

---

[76]   INT steht für InterviewerIn, muttersprachliche GesprächspartnerIn.

[77]   Bei der Aufnahme DAS-10 konnte nur eine halbe Stunde aufgenommen werden, daher
wurde einige Tage später noch eine halbe Stunde aufgenommen (DAS-11). Beide Aufnahmen wurden dem 3. Kontaktmonat zugeteilt und zum Vergleich mit den anderen
Aufnahmen in der Tabelle auch zusammengezählt (DAS-10+11).

Datei	KM	KW	Alter	Datum	INT[76]	Min.	Tokens
DAS-38	KM 11	Wo 40	15;0.10	02.Dez.98	Fab_12J	58	2576
DAS-42	KM 12	Wo 46	15;1.23	15.Jän.99	USt_Erw	65	2267
DAS-51	KM 14	Wo 55	15;3.25	17.Mär.99	SoB_Erw	55	2007
DAS-58	KM 16	Wo 62	15;5.16	08.Mai.99	NaS_Erw	62	2849
DAS-64	KM 17	Wo 68	15;6.27	18.Jun.99	USt_Erw	65	2263
alle			1,5 Jahre	1998-1999		1355	38324

Tabelle A.2   Nastja: Ausgewählte Aufnahmen (INT=InterviewerIn)

Datei	KM	KW	Alter	Datum	INT	Min.	Tokens
NAS-05.cha	KM 02	Wo 06	8;8.4	12.Feb.98	Pas_8J.	60	305
NAS-06.cha		Wo 07	8;8.11	19.Feb.98	Pas_8J.	37	354
NAS-07.cha		Wo 08	8;8.19	27.Feb.98	USt_Erw	61	936
NAS-08.cha	KM 03	Wo 09	8;8.27	05.Mär.98	Pas_8J.	60	1526
NAS-09.cha		Wo 10	8;9.5	13.Mär.98	Pas_8J.	65	1436
NAS-10.cha		Wo 11	8;9.13	21.Mär.98	USt_Erw	65	1776
NAS-11.cha	KM 03	Wo 12	8;9.18	26.Mär.98	Pas_8J.	65	1560
NAS-12.cha	KM 04	Wo 13	8;9.24	02.Apr.98	Pas_8J.	60	1441
NAS-13.cha		Wo 15	8;10.9	17.Apr.98	ChB_Erw	65	3218
NAS-15.cha		Wo 17	8;10.21	29.Apr.98	Pas_8J.	57	1460
NAS-16.cha	KM 05	Wo 18	8;11.0	08.Mai.98	Fab_11J.	48	1547
NAS-17.cha		Wo 19	8;11.6	14.Mai.98	Fab_11J.	65	2259
NAS-19.cha		Wo 21	8;11.20	28.Mai.98	ChB_Erw	48	4863
NAS-22.cha	KM 06	Wo 24	9;0.11	19.Jun.98	USt_Erw	65	3292
NAS-24.cha	KM 08	Wo 29	9;2.28	06.Sep.98	USt_Erw	70	2610
NAS-31.cha	KM 09	Wo 35	9;4.17	25.Okt.98	ChB_Erw	65	4081
NAS-37.cha	KM 11	Wo 40	9;5;23	01.Dez.98	Kim_11J.	65	2374
NAS-42.cha	KM 12	Wo 47	9;7.10	18.Jän.99	Kim_11J.	63	3277
NAS-50.cha	KM 14	Wo 55	9;9.9	17.Mär.99	SoB_Erw	61	3350

Datei	KM	KW	Alter	Datum	INT	Min.	Tokens
NAS-57.cha	KM 16	Wo 62	9;10.28	06.Mai.99	NaS_Erw	62	4513
NAS-63.cha	KM 17	Wo 68	10;0.10	18.Jun.99	USt_Erw	61	2937
alle			1,5 Jahre	1998-1999		1268	49115

Tabelle A.3   Durchschnittliche Äußerungslänge (MLUw)

		Dascha/DAS/14				Nastja/NAS/8			
KM	KW	# Äu	# W	MLUw	SD	# Äu	# W	MLUw	SD
KM 02	Wo 06	443	1154	2,6	1,6	91	286	3,1	2,0
	Wo 07	381	791	2,1	1,4	116	343	3,0	1,8
	Wo 08	434	1179	2,7	2,0	380	881	2,3	2,0
KM 03	Wo 09	235	679	2,9	2,0	460	1404	3,1	2,1
	Wo 10	421	1208	2,9	2,3	497	1324	2,7	2,0
	Wo 11	359	1305	3,6	2,8	489	1672	3,4	2,9
	Wo 12	209	583	2,8	2,5	415	1465	3,5	2,4
KM 04	Wo 13	393	1051	2,7	2,0	454	1332	2,9	2,1
	Wo 15	626	1867	3,0	2,3	737	3021	4,1	2,7
	Wo 17	368	1224	3,3	2,4	444	1362	3,1	2,2
KM 05	Wo 18	622	2416	3,9	3,0	473	1468	3,1	2,0
	Wo 19	513	1470	2,9	2,5	610	2111	3,5	2,3
	Wo 21	581	2004	3,4	2,6	1000	4494	4,5	2,8
KM 06	Wo 24	649	2399	3,7	2,6	741	3042	4,1	3,7
KM 08	Wo 29	756	2681	3,5	2,9	629	2429	3,9	3,3
KM 09	Wo 35	729	2965	4,1	2,8	725	3779	5,2	3,3
KM 11	Wo 40	573	2467	4,3	3,1	570	2213	3,9	2,6
KM 12	Wo 47	520	2178	4,2	3,9	616	3093	5,0	3,7
KM 14	Wo 55	480	1958	4,1	2,9	767	3125	4,1	3,3
KM 16	Wo 62	631	2773	4,4	3,4	813	4223	5,2	3,5
KM 17	Wo 68	530	2077	3,9	3,4	585	2732	4,7	3,6
alle	alle	10453	36429	3,5	2,8	11612	45799	3,9	3,0

Tabelle A.4 Zusammenfassung auf 12 Datenpunkte (KM)

KM	KW	Datei	Min.	Tokens	Datei	Min.	Tokens
KM 02	Wo 06	DAS-05	60	1243	NAS-05.cha	60	305
	Wo 07	DAS-06	55	810	NAS-06.cha	37	354
	Wo 08	DAS-07	65	1220	NAS-07.cha	61	936
KM 02		3 Aufnahmen	180	3273	3 Aufnahmen	158	1595
KM 03	Wo 09	DAS-08	60	749	NAS-08.cha	60	1526
	Wo 10	DAS-09	62	1253	NAS-09.cha	65	1436
	Wo 11	DAS-10+11	61	1400	NAS-10.cha	65	1776
	Wo 12	DAS-12	56	607	NAS-11.cha	65	1560
KM 03		4 Aufnahmen	239	4009	4 Aufnahmen	255	6298
KM 04	Wo 13	DAS-13	60	1097	NAS-12.cha	60	1441
	Wo 15	DAS-14	65	1907	NAS-13.cha	65	3218
	Wo 17	DAS-16	60	1287	NAS-15.cha	57	1460
KM 04		3 Aufnahmen	185	4291	3 Aufnahmen	182	6119
KM 05	Wo 18	DAS-17	65	2591	NAS-16.cha	48	1547
	Wo 19	DAS-18	65	1528	NAS-17.cha	65	2259
	Wo 21	DAS-20	63	2095	NAS-19.cha	48	4863
KM 05		3 Aufnahmen	193	6214	3 Aufnahmen	161	8669
KM 06	Wo 24	DAS-23	65	2625	NAS-22.cha	65	3292
KM 08	Wo 29	DAS-25	62	2876	NAS-24.cha	70	2610
KM 09	Wo 35	DAS-32	65	3074	NAS-31.cha	65	4081
KM 11	Wo 40	DAS-38	58	2576	NAS-37.cha	65	2374
KM 12	Wo 46	DAS-42	65	2267	NAS-42.cha	63	3277
KM 14	Wo 55	DAS-51	55	2007	NAS-50.cha	61	3350
KM 16	Wo 62	DAS-58	62	2849	NAS-57.cha	62	4513
KM 17	Wo 68	DAS-64	65	2263	NAS-63.cha	61	2937
		alle	1294	38324	alle	1268	49115

Tabelle A.5   Durchschnittliche Äußerungslänge in Wörtern, zusammengefasst auf 12 Datenpunkte (KM), Mittelwerte für fehlende KM

MLUw	DAS/14	NAS/8
KM 02	2,5	2,6
KM 03	3,1	3,2
KM 04	3,0	3,5
KM 05	3,4	3,9
KM 06	3,7	4,1
(Mittelwert)	3,6	4,0
KM 08	3,5	3,9
KM 09	4,1	5,2
(Mittelwert)	4,2	4,5
KM 11	4,3	3,9
KM 12	4,2	5,0
(Mittelwert)	4,1	4,5
KM 14	4,1	4,1
(Mittelwert)	4,2	4,6
KM 16	4,4	5,2
KM 17	3,9	4,7
alle	3,5	3,9

Tabelle A.6   Alle kodierten Teilsätze mit Verben mit potentiellen Chunks nach 21 Kontaktwochen (KW)

KW	DAS/14			NAS/8		
	HS	NS	alle	HS	NS	alle
Wo 06	133	0	133	40	1	41
Wo 07	78	3	81	47	0	47
Wo 08	101	10	111	96	3	99
Wo 09	96	5	101	198	4	202
Wo 10	126	3	129	139	5	144
Wo 11	122	8	130	175	11	186
Wo 12	52	7	59	173	13	186
Wo 13	119	11	130	183	8	191
Wo 15	196	29	225	356	59	415
Wo 17	143	16	159	186	11	197

KW	DAS/14			NAS/8		
	HS	NS	alle	HS	NS	alle
Wo 18	296	47	343	254	17	271
Wo 19	153	23	176	331	24	355
Wo 21	229	27	256	508	95	603
Wo 24	281	36	317	278	60	338
Wo 29	259	48	307	209	46	255
Wo 35	351	48	399	447	94	541
Wo 40	263	47	310	274	30	304
Wo 46/47	179	44	223	318	69	387
Wo 55	215	19	234	331	52	383
Wo 62	290	48	338	462	102	564
Wo 68	209	54	263	288	66	354
alle	3891	533	4424	5293	770	6063

Tabelle A.7   Alle kodierten Teilsätze mit Verben mit potentiellen Chunks nach 12 Kontaktmonaten (KM)

	DAS/14			NAS/8		
	HS	NS	alle	HS	NS	alle
KM 02	312	13	325	183	4	187
KM 03	396	23	419	685	33	718
KM 04	458	56	514	725	78	803
KM 05	678	97	775	1093	136	1229
KM 06	281	36	317	278	60	338
KM 08	259	48	307	209	46	255
KM 09	351	48	399	447	94	541
KM 11	263	47	310	274	30	304
KM 12	179	44	223	318	69	387
KM 14	215	19	234	331	52	383
KM 16	290	48	338	462	102	564
KM 17	209	54	263	288	66	354
alle	3891	533	4424	5293	770	6063

Ad Kapitel 6.2

Tabelle A.8 Absolute Anzahl der Chunks in Hauptsätzen

	HS Chunks		alle Hauptsätze	
	DAS	NAS	DAS	NAS
KM 02	153	80	312	183
KM 03	150	243	396	685
KM 04	192	237	458	725
KM 05	226	323	678	1093
KM 06	63	60	281	278
KM 08	51	45	259	209
KM 09	48	107	351	447
KM 11	44	44	263	274
KM 12	38	53	179	318
KM 14	39	60	215	331
KM 16	48	86	290	462
KM 17	46	38	209	288
alle	1098	1376	3891	5293

Tabelle A.9 Absolute Anzahl der Chunks in Nebensätzen

	NS-Chunks		alle Nebensätze	
	DAS	NAS	DAS	NAS
KM 02	5	1	13	4
KM 03	5	9	23	33
KM 04	27	13	56	78
KM 05	20	12	97	136
KM 06	6	4	36	60
KM 08	9	2	49	46
KM 09	6	9	48	94
KM 11	7	2	47	30
KM 12	3	1	44	69
KM 14	3	3	19	52

	NS-Chunks		alle Nebensätze	
	DAS	NAS	DAS	NAS
KM 16	1	7	48	102
KM 17	2	1	54	66
alle	94	64	534	770

Ad Kapitel 6.4

Tabelle A.10 Anzahl parataktischer Konnektoren (inkl. Chunks)

DAS/14	null	und	also	aber	so	Rest	alle
KM 02	272	32	1	0	10	1	316
KM 03	299	54	12	16	19	1	401
KM 04	334	72	15	27	13	2	463
KM 05	430	121	64	73	4	3	695
KM 06	171	66	8	36	4	3	288
KM 08	140	60	44	27	1	1	273
KM 09	172	104	67	22	0	1	366
KM 11	155	62	43	14	1	1	276
KM 12	98	36	39	16	0	1	190
KM 14	118	29	58	11	1	1	218
KM 16	172	37	63	21	1	5	299
KM 17	151	18	40	18	2	0	229
alle	2512	691	454	281	56	20	4014

NAS/8	null	und	aber	also	so	Rest	alle
KM 02	150	24	7	1	1	0	183
KM 03	571	79	43	0	1	1	695
KM 04	534	171	32	2	3	0	742
KM 05	871	212	53	3	3	1	1143
KM 06	176	90	36	0	1	0	303
KM 08	162	50	13	2	0	1	228
KM 09	330	122	26	0	0	1	479
KM 11	248	19	6	6	2	1	282
KM 12	291	21	14	8	0	0	334

NAS/8	null	und	aber	also	so	Rest	alle
KM 14	215	51	20	50	0	2	338
KM 16	290	57	53	79	2	0	481
KM 17	210	51	11	29	0	1	302
alle	4048	947	314	180	13	8	5510

Ad Kapitel 7.2

Tabelle A.11 V2-Kontexte im Hauptsatz

DAS/14	V1 (*)	V2 = SVO	V2 = XVS	V3 (*)	Gesamt
KM 02					
Wo 06	0	12	0	0	12
Wo 07	0	21	1	2	24
Wo 08	0	23	0	3	26
KM 03					
Wo 09	0	17	0	2	19
Wo 10	0	24	1	3	28
Wo 11	0	26	8	16	50
Wo 12	0	11	3	1	15
KM 04					
Wo 13	1	25	9	3	38
Wo 15	0	36	3	3	42
Wo 17	0	32	7	13	52
KM 05					
Wo 18	0	91	13	35	139
Wo 19	0	54	11	14	79
Wo 21	2	80	14	10	106
KM 06					
Wo 24	0	111	21	26	158
KM 08					
Wo 29	5	80	46	21	152
KM 09					
Wo 35	2	127	41	10	180
KM 11					
Wo 40	0	62	38	11	111

DAS/14	V1 (*)	V2 = SVO	V2 = XVS	V3 (*)	Gesamt
KM 12					
Wo 46/47	0	62	30	8	100
KM 14					
Wo 55	1	78	48	8	135
KM 16					
Wo 62	5	84	47	2	138
KM 17					
Wo 68	0	79	30	13	122
alle	16	1135	371	204	1726

NAS/8	V1 (*)	V2 = SVO	V2 = XVS	V3 (*)	Gesamt
KM 02					
Wo 06	0	15	0	3	18
Wo 07	0	4	0	0	4
Wo 08	1	37	3	2	43
KM 03					
Wo 09	0	49	4	10	63
Wo 10	0	33	3	5	41
Wo 11	0	47	16	11	74
Wo 12	0	54	3	9	66
KM 04					
Wo 13	0	56	15	6	77
Wo 15	0	87	17	18	122
Wo 17	0	38	14	6	58
KM 05					
Wo 18	1	42	11	1	55
Wo 19	0	71	19	9	99
Wo 21	2	146	33	22	203
KM 06					
Wo 24	1	90	29	12	132
KM 08					
Wo 29	0	89	25	3	117
KM 09					
Wo 35	0	128	115	5	248
KM 11					

NAS/8	V1 (*)	V2 = SVO	V2 = XVS	V3 (*)	Gesamt
Wo 40	0	68	32	0	100
KM 12					
Wo 46/47	0	113	45	0	158
KM 14					
Wo 55	1	135	62	1	199
KM 16					
Wo 62	3	161	98	0	262
KM 17					
Wo 68	1	126	67	0	194
alle	10	1589	611	123	2333

Tabelle A.12 Inversionsrate (absolute Zahlen)

	Inversion		Inversionskontexte	
	DAS	NAS	DAS	NAS
KM 02	1	3	6	8
KM 03	12	26	34	61
KM 04	19	46	38	76
KM 05	38	63	97	95
KM 06	21	29	47	41
KM 08	46	25	67	28
KM 09	41	115	51	120
KM 11	38	32	49	32
KM 12	30	45	38	45
KM 14	48	62	56	63
KM 16	47	98	49	98
KM 17	30	67	43	67
alle	371	611	575	734

Ad Kapitel 7.3

Tabelle A.13 Inversionsrate mit Kopulaverben (absolute Zahlen)

	Inversion mit Kopula		Inversionskontexte	
	DAS	NAS	DAS	NAS
KM 02	0	3	1	5
KM 03	4	29	10	33
KM 04	3	34	8	42
KM 05	4	56	14	71
KM 06	2	27	4	31
KM 08	7	5	13	7
KM 09	13	25	16	26
KM 11	2	8	4	9
KM 12	6	9	9	9
KM 14	3	16	5	16
KM 16	4	35	5	36
KM 17	7	10	8	10
alle	55	257	97	295

Ad Kapitel 7.4

Tabelle A.14 Verbstellung im Nebensatz (absolute Zahlen)

DAS/14		VE (ok)	V2 (ok)	Pseudo-V2 (*)	andere	alle
KM 02	Wo 06	0	0	0	0	0
	Wo 07	0	0	1	0	1
	Wo 08	0	0	2	0	2
KM 03	Wo 09	0	0	1	0	1
	Wo 10	1	0	1	0	2
	Wo 11	1	1	3	0	5
	Wo 12	0	0	3	0	3
KM 04	Wo 13	1	0	1	0	2
	Wo 15	1	0	0	1	2
	Wo 17	0	0	7	1	8
KM 05	Wo 18	7	1	21	4	33
	Wo 19	1	1	9	1	12
	Wo 21	4	1	13	2	20

DAS/14		VE (ok)	V2 (ok)	Pseudo-V2 (*)	andere	alle
KM 06	Wo 24	4	1	20	0	25
KM 08	Wo 29	5	6	21	4	36
KM 09	Wo 35	5	10	17	4	36
KM 11	Wo 40	7	5	23	3	38
KM 12	Wo 46/47	16	5	17	2	40
KM 14	Wo 55	3	1	8	0	12
KM 16	Wo 62	29	5	5	4	43
KM 17	Wo 68	21	6	13	1	41
alle		106	43	186	27	362

NAS/8		VE (ok)	V2 (ok)	Pseudo-V2 (*)	andere	alle
KM 02	Wo 06	0	0	0	0	0
	Wo 07	0	0	0	0	0
	Wo 08	0	0	1	0	1
KM 03	Wo 09	0	0	0	0	0
	Wo 10	2	0	0	0	2
	Wo 11	2	0	6	0	8
	Wo 12	3	0	7	0	10
KM 04	Wo 13	1	0	5	0	6
	Wo 15	12	0	34	2	48
	Wo 17	5	0	4	0	9
KM 05	Wo 18	11	0	5	0	16
	Wo 19	15	0	4	0	19
	Wo 21	45	21	11	8	85
KM 06	Wo 24	27	13	7	3	50
KM 08	Wo 29	22	7	9	1	39
KM 09	Wo 35	53	12	5	5	75
KM 11	Wo 40	23	2	0	0	25
KM 12	Wo 46/47	52	4	2	2	60
KM 14	Wo 55	33	4	0	1	38
KM 16	Wo 62	66	5	1	0	72
KM 17	Wo 68	47	3	1	1	52
alle		419	71	102	23	615

Tabelle A.15 VE-Rate im Nebensatz (absolute Zahlen)

	Verb-End		VE-Kontexte	
	DAS	NAS	DAS	NAS
KM 02	0	0	3	1
KM 03	1	7	9	20
KM 04	2	16	10	59
KM 05	9	65	52	85
KM 06	2	25	22	32
KM 08	2	22	23	31
KM 09	3	52	20	57
KM 11	5	23	28	23
KM 12	16	50	33	52
KM 14	3	32	11	32
KM 16	27	65	32	66
KM 17	20	45	33	46
alle	90	402	276	504

Ad Kapitel 7.5

Tabelle A.16 Satzklammer-Rate im Hauptsatz (absolute Zahlen)

	korrekte SK		SK-Kontexte	
	DAS	NAS	DAS	NAS
KM 02	8	2	10	7
KM 03	17	24	28	32
KM 04	27	71	31	80
KM 05	87	172	92	179
KM 06	51	69	56	71
KM 08	63	48	68	53
KM 09	64	93	66	97
KM 11	44	36	44	36
KM 12	41	55	42	57
KM 14	29	74	29	75
KM 16	57	100	60	102

	korrekte SK		SK-Kontexte	
	DAS	NAS	DAS	NAS
KM 17	43	76	44	76
alle	531	820	570	865

Ad Kapitel 8.1

Tabelle A.17 Verbtypen im finiten Slot in V2-Kontexten (deklarative HS)

DAS/14	lex	kop	semi-lex	mod	aux	alle
KM 02	10	65	36	16	0	127
KM 03	29	57	44	30	9	169
KM 04	46	63	48	26	12	195
KM 05	96	72	125	57	46	396
KM 06	59	30	27	23	49	188
KM 08	46	43	27	25	54	195
KM 09	85	78	25	41	29	258
KM 11	43	26	23	17	28	137
KM 12	40	31	15	16	29	131
KM 14	89	29	25	10	11	164
KM 16	68	32	22	36	12	170
KM 17	52	24	21	35	14	146
alle	663	550	438	332	293	2276

NAS/8	lex	kop	aux	semi-lex	mod	alle
KM 02	35	14	0	22	8	79
KM 03	104	76	14	102	24	320
KM 04	83	103	62	83	29	360
KM 05	148	181	92	54	64	539
KM 06	45	55	56	18	13	187
KM 08	42	39	26	23	26	156
KM 09	129	67	60	33	26	315
KM 11	52	28	16	21	11	128
KM 12	80	35	23	30	25	193
KM 14	107	46	43	35	14	245

NAS/8	lex	kop	aux	semi-lex	mod	alle
KM 16	116	85	56	46	44	347
KM 17	98	31	47	22	27	225
alle	1039	760	495	489	311	3094

Ad Kapitel 8.2

Tabelle A.18 Subjekt-Verb-Kongruenz in V2-Kontexten im Hauptsatz ohne Kopula (absolute Zahlen)

	korrekte SVK		V2-Kontexte	
	DAS	NAS	DAS	NAS
KM 02	53	55	62	65
KM 03	97	239	112	244
KM 04	112	247	132	257
KM 05	285	353	324	358
KM 06	142	130	158	132
KM 08	141	112	152	117
KM 09	163	245	180	248
KM 11	107	100	111	100
KM 12	99	155	100	158
KM 14	132	196	135	199
KM 16	137	261	138	262
KM 17	119	194	122	194
alle	1587	2287	1726	2334

Tabelle A.19 Subjekt-Verb-Kongruenz in VE-Kontexten im Nebensatz mit Kopula (absolute Zahlen)

	korrekte SVK		VE-Kontexte	
	DAS	NAS	DAS	NAS
KM 02	3	1	3	1
KM 03	9	16	9	20
KM 04	8	57	10	59
KM 05	46	79	52	85
KM 06	18	30	22	32

	korrekte SVK		VE-Kontexte	
	DAS	NAS	DAS	NAS
KM 08	20	29	23	31
KM 09	15	55	20	57
KM 11	27	23	28	23
KM 12	33	50	33	52
KM 14	10	32	11	32
KM 16	31	66	32	66
KM 17	33	46	33	46
alle	253	484	276	504

Tabelle A.20 SVK-Fehlerrate nach Verbtypen in V2-Kontexten im HS (mit Kopula), absolute Zahlen

		Auxiliar	Kopula	modal	semi-lexikalisch	lexikalisch	gesamt
SVK*	DAS	6	21	37	40	56	160
	NAS	1	36	5	9	32	83
finV	DAS	293	550	332	438	663	2276
	NAS	495	760	311	489	1039	3094

Ad Kapitel 10

Tabelle A.21 Lexikalische Diversität (Measure D, alle Äußerungen mit und ohne Verben, Sprecherzeile)

Measure D		DAS/14	NAS/8
KM 02	Wo 06	20,25	47,41
	Wo 07	35,17	16,8
	Wo 08	35	30,32
KM 03	Wo 09	34,56	35,13
	Wo 10	40,2	54,44
	Wo 11	38,17	40,39
	Wo 12	41,12	73,67
KM 04	Wo 13	50,24	47,29
	Wo 15	35,66	36,86
	Wo 17	57,59	75

Measure D		DAS/14	NAS/8
KM 05	Wo 18	49,13	72,03
	Wo 19	41,07	62,78
	Wo 21	45,53	48,15
KM 06	Wo 24	58,62	48,25
KM 08	Wo 29	49,79	50,09
KM 09	Wo 35	54,63	67,7
KM 11	Wo 40	67,51	104,4
KM 12	Wo 47	51,25	100,39
KM 14	Wo 55	47,03	68,01
KM 16	Wo 62	59,36	87,71
KM 17	Wo 68	60,83	77,1
alle	alle	58,45	65,95

Index